ANNA BERRY

Zur Auflösung des Spannungsverhältnisses zwischen Wissenschaftsfreiheit und Datenschutzgrundrecht im Kontext medizinischer Forschung

Schriften zum Gesundheitsrecht

Band 89

Herausgegeben von Professor Dr. Helge Sodan,
Direktor des Deutschen Instituts für Gesundheitsrecht (DIGR)
Präsident des Verfassungsgerichtshofes des Landes Berlin a.D.

Zur Auflösung des Spannungsverhältnisses zwischen Wissenschaftsfreiheit und Datenschutzgrundrecht im Kontext medizinischer Forschung

Von

Anna Berry

Duncker & Humblot · Berlin

Die Juristische Fakultät der Universität Bielefeld
hat diese Arbeit im Jahr 2025 als Dissertation angenommen.

Bibliografische Information der Deutschen Nationalbibliothek

Die Deutsche Nationalbibliothek verzeichnet diese Publikation in der Deutschen Nationalbibliografie; detaillierte bibliografische Daten sind im Internet über http://dnb.d-nb.de abrufbar.

Erschienen bei Duncker & Humblot GmbH, Berlin
Satz: 3w+p GmbH, Rimpar
Druck: Prime Rate Zrt., Budapest, Ungarn

ISSN 1614-1385
ISBN 978-3-428-19761-3 (Print)
ISBN 978-3-428-59761-1 (E-Book)
DOI 10.3790/978-3-428-59761-1

Gedruckt auf alterungsbeständigem (säurefreiem) Papier
entsprechend ISO 9706 ♾

Verlagsanschrift: Duncker & Humblot GmbH, Carl-Heinrich-Becker-Weg 9,
12165 Berlin, Germany | E-Mail: info@duncker-humblot.de
Internet: https://www.duncker-humblot.de

Meiner Mutter
Anke Berry

Vorwort

Die vorliegende Dissertation, die im Sommersemester 2025 von der Fakultät für Rechtswissenschaft der Universität Bielefeld angenommen wurde, widmet sich einem Thema von höchster aktueller Relevanz. Die fortschreitende Digitalisierung, die wachsende Verfügbarkeit medizinischer Daten, die auch durch Einführung der elektronischen Patientenakte vorangetrieben wird, eröffnen der Forschung enorme Potenziale für Prävention, Diagnostik und Therapien von Krankheiten. Zugleich stellen sie die Wissenschaft vor grundlegende rechtliche, ethische und technische Herausforderungen: Wie lässt sich der Schutz sensibler personenbezogener Daten gewährleisten, ohne den wissenschaftlichen Fortschritt zu hemmen? Diese Fragestellung sowie die Spannungslage zwischen individueller Privatsphäre und kollektiver Gesundheitsfürsorge bewegt nicht nur die Rechtswissenschaft, sondern auch das medizinische, ethische und gesellschaftliche Umfeld. Literatur und Rechtsprechung wurden bis Mai 2025, partiell bis Oktober 2025, berücksichtigt.

Mein besonderer Dank gilt meinem Doktorvater, Herrn Prof. Dr. Thomas Wischmeyer, für die sehr gute Betreuung und die inspirierende Zusammenarbeit während meiner vierjährigen Tätigkeit als wissenschaftliche Mitarbeiterin an seinem Bielefelder Lehrstuhl. Ebenso danke ich Herrn Prof. Dr. Christoph Gusy für die außerordentlich rasche und sorgfältige Erstellung des Zweitgutachtens. Dem Herausgeber der Reihe „Schriften zum Gesundheitsrecht“, Herrn Prof. Dr. Helge Sodan, danke ich für die Aufnahme dieser Arbeit in die Schriftenreihe.

Der Abschluss meiner Promotion wurde dankenswerterweise durch ein Abschlussstipendium des Bielefelder Nachwuchsfonds gefördert. Für die Unterstützung der Gold-Open-Access-Veröffentlichung danke ich dem Publikationsfonds der Universität Bielefeld. Diese Förderung leistet einen wichtigen Beitrag zur freien Verfügbarkeit wissenschaftlicher Erkenntnisse und zur Sichtbarkeit der Forschung.

Ebenso hat mich das Promotionsprogramm der Fakultät für Rechtswissenschaften unter der kompetenten und engagierten Leitung von Frau Dr. Kerstin Koopmann während meiner Promotionszeit fachlich und persönlich stets unterstützt. Besonders schöne Momente gab es während des Schreib-Retreats für Promovierende im Osnabrücker Land.

Ein besonderer Dank gilt Frau Prof. Dr. Marie Herberger, deren fachliche Expertise, konstruktives Feedback und ermutigende Begleitung mir stets eine wertvolle Orientierung geboten haben. Sie hat mich in meinen Bestrebungen und meinem Werdegang stets ermutigt und mich das ein oder andere Mal davon abgehalten, den gewünschten Pfad zu verlassen.

Mein tief empfundener Dank gilt schließlich meinen Eltern, Anke Berry und Robert Berry, die mich auf meinem Weg stets mit unerschütterlicher Unterstützung, Ermutigung und einem offenen Ohr begleitet haben. Ohne ihre beständige Rückendeckung wäre diese Arbeit in dieser Form nicht möglich gewesen. Insbesondere ohne die Unterstützung meiner Mutter, ihren Entbehrungen und ihrem starken Willen, hätte ich diesen Weg nicht oder mindestens bei weitem nicht so erfolgreich gehen können. Ihr sei dieses Buch gewidmet.

Bielefeld, November 2025 *Anna Berry*

Inhaltsübersicht

Inhaltsverzeichnis

Abkürzungsverzeichnis

a. A.	andere Ansicht/anderer Auffassung
a. a. O.	am angegebenen Ort
ABl.	Amtsblatt
abl.	ablehnend
Abs.	Absatz
AEUV	Vertrag über die Arbeitsweise der Europäischen Union
a. E.	am Ende
a. F.	alte Fassung
Alt.	Alternative
AMG	Arzneimittelgesetz
App. no.	Application number
APR	Allgemeines Persönlichkeitsrecht
APuZ	Aus Politik und Zeitgeschichte, Zeitschrift der Bundeszentrale für politische Bildung
Art.	Artikel
Az.	Aktenzeichen
BayDSG	Bayerisches Datenschutzgesetz
BayKrG	Bayerisches Krankenhausgesetz
BbgDSG	Brandenburgisches Datenschutzgesetz
BbgKHEG	Brandenburgisches Krankenhausentwicklungsgesetz
BDSG	Bundesdatenschutzgesetz
Beschl.	Beschluss
BfArM	Bundesinstitut für Arzneimittel und Medizinprodukte
BGBl.	Bundesgesetzblatt
BlnDSG	Berliner Datenschutzgesetz
BlnLKG	Landeskrankenhausgesetz Berlin
BMI	Bundesministerium des Innern und für Heimat
BRD	Bundesrepublik Deutschland
BR-Drs.	Bundesratsdrucksache
BremDSGVOAG	Bremisches EU-Datenschutz-Ausführungsgesetz
BremKHDSG	Bremisches Krankenhausdatenschutzgesetz
bspw.	beispielsweise
BT-Drs.	Bundestagsdrucksache
BvD	Berufsverband der Datenschutzbeauftragten Deutschlands e. V.
BVerfG	Bundesverfassungsgericht
BVerfGE	Amtliche Sammlung der Entscheidungen des Bundesverfassungsgerichts
BVR	Richter am Bundesverfassungsgericht
BVerwG	Bundesverwaltungsgericht
bzgl.	bezüglich
BZRG	Bundeszentralregistergesetz

Calliess/Ruffert, EUV/AEUV	Christian Calliess/Matthias Ruffert (Hrsg.), EUV/AEUV, Das Verfassungsrecht der Europäischen Union mit Europäischer Grundrechtecharta, 6. Aufl., München 2022
CCI	Codex Iuris Canonici (Kodex des kanonischen Rechts)
ders.	derselbe
DGA	Data Governance Act
d.h.	das heißt
dies.	dieselbe(n)
diesbzgl.	diesbezüglich
DÖV	Die öffentliche Verwaltung (Zeitschrift)
Dreier, GG	Frauke Brosius-Gersdorf (Hrsg.), GG-Kommentar, begründet von Horst Dreier, 4. Aufl., Bd. 1, Tübingen 2023
Drs.	Drucksache
DSAG LSA	Datenschutz-Grundverordnungs-Ausfüllungsgesetz Sachsen-Anhalt
DSG M-V	Landesdatenschutzgesetz Mecklenburg-Vorpommern
DSG NRW	Datenschutzgesetz Nordrhein-Westfalen
DSGVO/DS-GVO	Datenschutzgrundverordnung
DSK	Konferenz der Datenschutzbeauftragten von Bund und Ländern
DS-RL	Datenschutzrichtlinie RL 95/46/EG
Dtsch Med Wochenschr	Deutsche Medizinische Wochenschrift (Zeitschrift)
DuD	Datenschutz und Datensicherheit (Zeitschrift)
Dürig/Herzog/Scholz, GG	Roman Herzog/Rupert Scholz/Matthias Herdegen/Hans H. Klein (Hrsg.), Grundgesetz Kommentar, begründet von Theodor Maunz/Günter Dürig, Stand: 107. EL, München März 2025
Ed.	Edition
EHDS	European Health Data Space (Europäischer Raum für Gesundheitsdaten)
Ehmann/Selmayr, DS-GVO	Eugen Ehmann/Martin Selmayr (Hrsg.), Beck'scher Kurz-Kommentar DS-GVO, 3. Aufl., München 2024
EJHG	European Journal of Human Genetics
EGMR	Europäischer Gerichtshof für Menschenrechte
EMRK	Europäische Menschenrechtskonvention
ePA	elektronische Patientenakte
ErwG	Erwägungsgrund
EU	Europäische Union
EuGH	Europäischer Gerichtshof
EuR	Europarecht (Zeitschrift)
Fn.	Fußnote
GASP	Gemeinsame Außen- und Sicherheitspolitik
GDNG	Gesetz zur verbesserten Nutzung von Gesundheitsdaten („Gesundheitsdatennutzungsgesetz“)
GDSG NW	Gesundheitsdatenschutzgesetz Nordrhein-Westfalen
GesR	Gesundheitsrecht (Zeitschrift)
GG	Grundgesetz
ggf.	gegebenenfalls
ggü.	gegenüber

GMDS	Deutsche Gesellschaft für Medizinische Informatik, Biometrie und Epidemiologie
Gola/Heckmann, DS-GVO/BDSG	Peter Gola/Dirk Heckmann (Hrsg.), Datenschutz-Grundverordnung/Bundesdatenschutzgesetz, Kommentar, 3. Aufl., München 2022
GRC	Charta der Grundrechte der Europäischen Union
GSH, EUV/AEUV/GRC	Hans von der Groeben/Jürgen Schwarze/Armin Hatje (Hrsg.), Europäisches Unionsrecht, 7. Aufl., Baden-Baden 2015
HDSI	Datenschutz und Informationsfreiheitsgesetz Hessen
HmbDSG	Hamburgisches Datenschutzgesetz
HmbKHG	Hamburgisches Krankenhausgesetz
Hervorh.	Hervorhebung
HdB	Handbuch
HGR	Detlef Merten/Hans-Jürgen Papier (Hrsg.), Handbuch der Grundrechte in Deutschland und Europa, Bd. VI/2: Europäische Grundrechte II – Universelle Menschenrechte, Heidelberg 2009
HK	Handkommentar
HK-AKM	Hans-Jürgen Rieger/Franz-Josef Dahm/Christian Katzenmeier/Martin H. Stellpflug/Ole Ziegler, Heidelberger Kommentar – Arztrecht, Krankenhausrecht, Medizinrecht, Bd. 3, 102. Aktualisierung, Heidelberg 2025
HK-DA/DGA	Louisa Specht-Riemenschneider/Moritz Hennemann, Handkommentar Data Act, Data Governance Act, 2. Aufl., Baden-Baden 2025
HKHG 2011	Hessisches Krankenhausgesetz 2011
HK-NDSG	Tina Krügel/Fabian Schmieder (Hrsg.), Handkommentar, Niedersächsisches Datenschutzgesetz, Baden-Baden 2023
Hrsg.	Herausgeber
hrsg.	herausgegeben
Hs.	Halbsatz
i. d. R.	in der Regel
i. E.	im Ergebnis
insb.	insbesondere
IPbpR	Internationaler Pakt über bürgerliche und politische Rechte
i. R. v.	im Rahmen von
i. R. d.	im Rahmen der/des
i. S. d.	im Sinne des
i. S. v.	im Sinne von
i. Ü.	im Übrigen
i. V. m.	in Verbindung mit
i. W.	im Wesentlichen
Jarass, GRC	Hans D. Jarass, Charta der Grundrechte der Europäischen Union, Kommentar, 4. Aufl., München 2021
J Med Internet Res	Journal of Medical Internet Research
JRE	Jahrbuch für Recht und Ethik
Kahl/Waldhoff/Walter, BK	Wolfgang Kahl/Christian Waldhoff/Christian Walter (Hrsg.), Bonner Kommentar zum Grundgesetz, 230. EL, Heidelberg 2025
Kap.	Kapitel

KBV	Kassenärztliche Bundesvereinigung
KHG LSA	Krankenhausgesetz Sachsen-Anhalt
Komm.	Kommentar
krit.	kritisch
Kühling/Buchner, DS-GVO/BDSG	Jürgen Kühling/Benedikt Buchner (Hrsg.), DS-GVO/BDSG Kommentar, 4. Aufl., München 2024
Laufs/Kern/Rehborn, Arzt-HdB	Adolf Laufs/Bernd-Rüdiger Kern/Martin Rehborn (Hrsg.), Handbuch des Arztrechts, 5. Aufl., München 2019
LDSG BW	Landesdatenschutzgesetz Baden-Württemberg
LDSG RhPf	Landesdatenschutzgesetz Rheinland-Pfalz
LDSG SH	Landesdatenschutzgesetz Schleswig-Holstein
Lit.	Literatur
LKHG BW	Landeskrankenhausgesetz Baden-Württemberg
LKHG M-V	Landeskrankenhausgesetz Mecklenburg-Vorpommern
lt.	laut
max.	maximal
MBO-Ä	Deutsche Ärztinnen und Ärzte-(Muster-)Berufsordnung
MedR	Medizinrecht (Zeitschrift)
m. w. N.	mit weiteren Nachweisen
Meyer/Hölscheidt, GRC	Jürgen Meyer/Sven Hölscheidt (Hrsg.), Charta der Grundrechte der Europäischen Union, Kommentar, 6. Aufl., Baden-Baden 2024
MAH MedR	Tilman Clausen/Jörn Schroeder-Printzen (Hrsg.), Münchener Anwaltshandbuch Medizinrecht, 3 Aufl., München 2020
MII	Medizininformatik-Initiative
mind.	mindestens
MüKo-BGB, Bd. 5	Franz Jürgen Säcker/Roland Rixecker/Hartmut Oetker/Bettina Limperg/Claudia Schubert (Hrsg.), Münchener Kommentar zum Bürgerlichen Gesetzbuch, Bd. 5, 9. Aufl., München 2023
MüKo-StGB, Bd. 4	Volker Erb/Jürgen Schäfer (Hrsg.), Münchener Kommentar zum StGB, Bd. 4, 5. Aufl. München 2025
NDSG	Niedersächsisches Datenschutzgesetz
NKHG	Niedersächsisches Krankenhausgesetz
NJW	Neue Juristische Wochenschrift (Zeitschrift)
Nr.	Nummer
o. Ä.	oder Ähnliches
OVG	Oberverwaltungsgericht
Pechstein/Nowak/Häde, Frankfurter Kommentar	Matthias Pechstein/Carsten Nowak/Ulrich Häde (Hrsg.), Frankfurter Kommentar, 2. Aufl., Tübingen 2023
rd.	rund
Rs.	Rechtssache
Rspr.	Rechtsprechung
resp.	respektive
RiS	Recht auf informationelle Selbstbestimmung
RL	Richtlinie
Rn.	Randnummer
RphZ	Rechtsphilosophie, Zeitschrift für die Grundlagen des Rechts
RPLKG	Landeskrankenhausgesetz Rheinland-Pfalz

RW	Rechtswissenschaft, Zeitschrift für rechtswissenschaftliche Forschung
s.	siehe
S.	Seite(n), Satz
SaarlDSG	Saarländisches Datenschutzgesetz
SächsDSDG	Sächsisches Datenschutzdurchführungsgesetz
SächsKHG	Sächsisches Krankenhausgesetz
Schreiber/Pommerening/Schoel, Der neue Data Act	Kristina Schreiber/Patrick Pommerening/Philipp Schoel, Der neue Data Act, 2. Aufl., Baden-Baden 2024
Schwarze/Becker/Hatje/Schoo, EU-Kommentar	Jürgen Schwarze/Ulrich Becker/Armin Hatje/Johann Schoo (Hrsg.), EU-Kommentar, 4. Aufl., Baden-Baden 2019
SHLKHG	Landeskrankenhausgesetz Schleswig-Holstein
SKHG	Saarländisches Krankenhausgesetz
Slg.	Sammlung
sog.	sogenannt(e/er)
Specht/Mantz, DatenschutzR-HdB	Louisa Specht/Reto Mantz (Hrsg.), Handbuch Europäisches und deutsches Datenschutzrecht – Bereichsspezifischer Datenschutz in Privatwirtschaft und öffentlichem Sektor, München 2019
Spickhoff/Handorn, Medizinisches ForschungsR-HdB	Andreas Spickhoff/Boris Handorn (Hrsg.), Handbuch Medizinisches Forschungsrecht, München 2024
StPO	Strafprozessordnung
Streinz, EUV/AEUV	Rudolf Streinz (Hrsg.), Beck'scher Kurz-Kommentar, EUV/AEUV, 3. Aufl., München 2018
SGB V	5. Sozialgesetzbuch
SGB X	10. Sozialgesetzbuch
st.	ständig
StGB	Strafgesetzbuch
StPO	Strafprozessordnung
str.	strittig
stRspr.	ständige Rechtsprechung
ThürDSG	Thüringer Datenschutzgesetz
ThürKHG	Thüringer Krankenhausgesetz
tlw.	teilweise
TPG	Transplantationsgesetz
u.	und
u. a.	unter anderem
u. Ä.	und Ähnliches
UAbs.	Unterabsatz
UKG BW	Universitätsklinika-Gesetz Baden-Württemberg
UKVO NRW	Universitätsklinikum-Verordnung Nordrhein-Westfalen
umstr.	umstritten
Urt.	Urteil
usw.	und so weiter
u. U.	unter Umständen
v.	von/vom
v. a.	vor allem

Var.	Variante
vgl.	vergleiche
VN/UN	Vereinte Nationen
VO	Verordnung
Vorb.	Vorbemerkung
VVDStRL	Veröffentlichungen der Vereinigung der Deutschen Staatsrechtslehrer
Wolff/Brink/v. Ungern-Sternberg, BeckOK DatenschutzR	Heinrich Amadeus Wolff/Stefan Brink/Antje v. Ungern-Sternberg (Hrsg.), Beck'scher Online-Kommentar Datenschutzrecht, 53. Edition, München August 2025
WRV	Weimarer Reichsverfassung
ZaöRV	Zeitschrift für ausländisches öffentliches Recht und Völkerrecht
z. B.	zum Beispiel
ZD	Zeitschrift für Datenschutz
ZfDR	Zeitschrift für Digitalisierung und Recht
ZfPW	Zeitschrift für die gesamte Privatrechtswissenschaft
zit.	zitiert
ZRP	Zeitschrift für Rechtspolitik
zsf.	zusammenfassend
zutr.	zutreffend
zw.	zweifelhaft
zzgl.	zuzüglich

Einführung

§ 1 Medizinische Forschung zwischen Wissenschaftsfreiheit und Datenschutzgrundrecht

Ziel der medizinischen Forschung ist eine stete Verbesserung der Gesundheitsversorgung. Dafür ist die medizinische Forschung auf Informationen über den menschlichen Körper und dessen spezifische Merkmale bei Krankheitsverläufen angewiesen.[1] Als empirische Wissenschaft, die Sachverhalte durch Experimente, Beobachtungen und Befragungen analysiert, benötigt sie seit jeher umfassende Datensätze über den Gesundheits- bzw. Krankheitszustand. Solche Daten fallen bei Arztbesuchen, Klinik- oder Reha-Aufenthalten an und werden für die Behandlung und Therapie genutzt.[2] Angesichts rasanter digitaler Entwicklungen in jüngerer Zeit werden Forderungen nach immer umfassenderen Auswertungen laut: Denn nie waren mehr personenbezogene Daten[3] verfügbar als heute, die technisch auch auswertbar sind. Durch die Verarbeitung großer Datenbestände mit Künstlicher Intelligenz und Algorithmen ergeben sich zudem neue Forschungsansätze.[4] Auf der anderen Seite stehen nachvollziehbare Ängste der Patienten vor einem miss-

---

[1] *Hochschulmedizin*, Medizinische Forschung braucht Patientendaten, Faktenblätter 3, 2016, S. 9.

[2] Bei der Therapie wird auf die individuelle (Standard-)Behandlungssituation fokussiert, die Diagnose, Prävention sowie Linderung oder Heilung umfassen: *Huber*, in: Spickhoff/Handorn, Medizinisches ForschungsR-HdB, 2024, § 1 Rn. 14 f. Behandlungsdaten werden auch zu Abrechnungs- und Verwaltungszwecken genutzt: *Spitz*, Sekundärnutzung von Behandlungsdaten für medizinische Forschungszwecke, 2024, S. 35; *Jungkunz/Köngeter/Winkler u. a.*, Sekundärnutzung klinischer Daten in datensammelnden, nicht-interventionellen Forschungs- oder Lernaktivitäten – Begriff, Studientypen und ethische Herausforderungen, in: Richter u. a. (Hrsg.), Datenreiche Medizin und das Problem der Einwilligung – Ethische, rechtliche und sozialwissenschaftliche Perspektiven, 2022, S. 71 f.

[3] Für die Legaldefinition von „personenbezogene Daten" s. Art. 4 Nr. 1 DSGVO.

[4] Als Beispiel nennen *Specht-Riemenschneider/Radbruch*, Dtsch Arztebl. 2021, Jg. 118 (Heft 27–28): A 1358 (A 1358) die „Radiomics"-Analysen, bei der möglichst große Mengen an Bilddaten untersucht und damit erneut auftretende Texturmarker auffindbar werden sollen, sodass Rückschlüsse auf Krankheitsverläufe möglich werden. Zur wachsenden gesellschaftlichen Bedeutung von Algorithmen: *Hoffmann-Riem*, Rechtliche Rahmenbedingungen für und regulative Herausforderungen durch Big Data, in: Hoffmann-Riem (Hrsg.), Big Data – Regulative Herausforderungen, 2018, S. 21 ff. Obgleich die technologischen Möglichkeiten wachsen, bleibt die Digitalisierung in der Medizin bislang hinter ihren Möglichkeiten zurück: *Kühling/Schildbach*, ZfDR 2024, 1 (1).

bräuchlichen Bekanntwerden ihrer sensiblen Informationen, die zu Ausgrenzungen durch Stigmatisierungen oder Diskriminierungen führen können.

I. Drang der Forschenden nach Daten

Ohne medizinische Forschung kann die Qualität des Gesundheitssystems nicht verbessert und können Behandlungen nicht effektuiert werden.[5] Forschung ist nach der Definition des Bundesverfassungsgerichtes, „die geistige Tätigkeit mit dem Ziele, in methodischer, systematischer und nachprüfbarer Weise neue Erkenntnisse zu gewinnen".[6] Medizinische Forschung meint in der Folge das methodisch geleitete Suchen nach neuen Erkenntnissen im Bereich der Humanmedizin.

Die Eigenart medizinischer Forschung liegt darin begründet, dass mit und an Menschen geforscht wird.[7] Bei der Optimierung der Diagnose- und Therapieansätze steht der Mensch im Mittelpunkt medizinischer Forschung. Dennoch liegt bei der Forschung – anders als bei der Gesundheitsversorgung – nicht der individuelle Nutzen im Vordergrund, sondern der Nutzen einer unbestimmten Anzahl Betroffener.[8] Die Daten der Patienten bzw. Probanden[9] bilden die Grundlage für Erkenntnisgewinne und damit für Fortschritte bei Diagnosen, Präventionsmaßnahmen, Medikamenten und Therapien.[10] Solche Daten werden vielfach im Kontext der Krankenbehandlung generiert, können aber auch erst im Rahmen von medizinischen Studien erhoben werden. Dabei offenbaren sie viel über Lebenswandel und individuelle Gesundheitskonstitution und sind damit besonders sensibel. Je mehr Daten bekannt sind, desto umfangreicher können diese ausgewertet und Korrelationen von Verhalten, Umwelt- und Gesundheitsfaktoren gefunden werden, welche sodann in eine verbesserte Versorgungsstruktur in Form von gezielteren und ef-

---

[5] Medizinische Forschung diene dem Menschheitstraum, einmal Krankheit und Tod zu überwinden: *Pöttgen*, Medizinische Forschung und Datenschutz, 2009, S. 21.

[6] BVerfGE 35, 79 (113) mit Verweis auf die Begriffsbestimmungen aus dem Forschungsbericht III in BT-Drs. V/4335, S. 4.

[7] *Graumann*, JRE 2007, 291 (291); *Weltärztebund*, Deklaration von Helsinki, 1964, zuletzt geändert 2013. In dieser heißt es im Grundsatz Nr. 5: „Medizinischer Fortschritt beruht auf Forschung, die letztlich auch Studien am Menschen beinhalten muss".

[8] *Ethikkommission*, Dtsch Arztebl. v. 8.3.2019, A1 (A3).

[9] „Patienten" meint die Behandelten im Rahmen individueller Gesundheitsbehandlungen. Demgegenüber partizipieren „Probanden" an medizinischen Studien und Forschungsvorhaben, die höchstens reflexhaft individueller Heilung dienlich sind, überwiegend im überindividuellen Interesse stehen und einer unbestimmten Vielzahl an Personen zukünftig helfen sollen. Die Abgrenzung ist nicht immer trennscharf. Dies gilt insb., wenn Daten von vormaligen Patienten für Forschungszwecke genutzt werden. Vorliegend wird überwiegend auf „Patienten" oder auf (von Datenverarbeitungen) „Betroffene" Bezug genommen.

[10] *Roßnagel*, ZD 2019, 157 (158); *Pommerening/Drepper/Helbing u. a.*, Leitfaden zum Datenschutz in medizinischen Forschungsprojekten – Generische Lösungen der TMF 2.0, 2015, S. 13.

fektiveren Behandlungen verschiedener Erkrankungen und somit in eine Verbesserung der gesamten Gesundheitsversorgung einfließen können.[11] Unter Behandlung versteht man medizinische Maßnahmen zur Versorgung eines Patienten mit einem eindeutigen und unmittelbaren Krankheitsbezug, der ärztlicher Behandlung bedarf und dabei vom Leitbild einer gesunden Person abweicht.[12]

II. Untersuchungszuschnitt der vorliegenden Arbeit

Medizinische Forschung eignet sich besonders für die Untersuchung, ob Datenschutz diese übermäßig behindert und eine bloß unnötige Erschwernis darstellt. Denn im Rahmen der Verarbeitung[13] sensibler Daten für die medizinische Forschung entfaltet sich die Problematik der Forschungsbehinderung durch datenschutzrechtliche Regulierung in ihrer gesamten Brisanz. Es zeigt sich das spezifische Spannungsfeld zwischen dem Schutz der Privatsphäre und der Ermöglichung der Generierung der dem Allgemeinwohl dienenden medizinischen Erkenntnisse: Es sind zum einen besonders schützenswerte, sensible Gesundheitsdaten betroffen, die mit den Grundrechten eng verzahnt sind und daher besonderen Schutz verdienen, da im Kontext ihrer Verarbeitung erhebliche Risiken für diese Grundrechte auftreten können.[14] Damit sollen Diskriminierungen aufgrund der Gesundheit beim Abschluss von Versicherungsverträgen, Stigmatisierungen auf dem Arbeitsmarkt oder sonstige Benachteiligungen im Umgang mit der öffentlichen Verwaltung oder im Alltag vermieden werden.[15] Der ErwG 75 DSGVO zählt weitere Risiken auf, deren Wahrscheinlichkeit und Schwere von der jeweiligen Datenverarbeitung abhängen. Es besteht danach u. a. die Gefahr physischer, materieller oder immaterieller Schäden, wenn die Datenverarbeitung zu Diskriminierung, Identitätsdiebstahl oder -betrug, finanziellem Verlust oder Rufschädigung genutzt wird. Damit drohen mitunter erhebliche wirtschaftliche und gesellschaftliche Nachteile.

---

[11] Damit einher gehen Erwartungen an eine verbesserte Digitalisierung des Gesundheitssystems, um das Innovationspotential Deutschlands im medizinischen Bereich auszuschöpfen, s. etwa Antrag des Landes Baden-Württemberg in „Entschließung des Bundesrates zur Ausgestaltung eines Gesundheitsdatennutzungsgesetzes", dem die Länder Berlin und Bremen beigetreten sind und der vom Bundesrat beschlossen wurde, BR-Plenarprotokoll 1029 v. 16. 12. 2022, Tagesordnungspunkt 29, S. 549; BR-Drs. 597/22, S. 1 ff.

[12] *Schneider*, Sekundärnutzung klinischer Daten – Rechtliche Rahmenbedingungen, 2015, S. 26.

[13] Zur Definition „Verarbeitung", s. Art. 4 Nr. 2 DSGVO.

[14] ErwG 51 S. 1 DSGVO.

[15] *Günay*, DuD 2023, 96 (97); Art. 9 DSGVO buchstabiert den Art. 21 GRC normativ weiter aus: *Weichert*, in: Kühling/Buchner, DS-GVO/BDSG, 4. Aufl. 2024, Art. 9 DSGVO Rn. 2.

Zum anderen ist jeder Betroffener dieser Thematik.[16] Denn jeder hat zeit seines Lebens Kontakt mit Ärzten und offenbart dabei seine Daten zum Zwecke der Gesundheitsbehandlung oder ist im Rahmen von ärztlicher Konsultation auf neue Forschungserkenntnisse und bereits bestehende Datenauswertungen von anderen Patienten angewiesen; andere wiederum „spenden" ihre Daten direkt für Forschungsvorhaben. Damit ist jeder von Datenerhebungen betroffen und profitiert gleichzeitig von den Daten anderer.

1. Zweckbindung: Fluch oder Segen?

Eines der Kernprobleme der derzeitigen Datenschutzbestimmungen liegt in der Zweckbindung. Diese ist im Sinne einer Beschränkung der Verwendung personenbezogener Daten auf die ursprünglichen Zwecke der Datenverarbeitung zu verstehen.[17] Dieser Grundsatz soll sicherstellen, dass nicht zu viele personenbezogene Daten gesammelt werden. Daten müssen somit zu einem vorher „festgelegte[n], eindeutige[n] und legitime[n] Zweck" (Art. 5 Abs. 1 lit. b DSGVO) erhoben oder verarbeitet werden. Ebenso müssen Einwilligungen in die Datenverarbeitungen vor der Verarbeitung einen solchen Zweck erkennen lassen (Art. 6 Abs. 1 lit. a DSGVO: Einwilligung für „einen oder mehrere bestimmte Zwecke"; Art. 9 Abs. 2 lit. a DSGVO: „für einen oder mehrere festgelegte Zwecke").

Hintergrund des Zweckbindungsgrundsatzes ist die Reduktion der Gefahr, dass bereits erhobene sowie gespeicherte Daten für beliebige Zwecke verarbeitet werden. Damit würde nämlich in das Recht auf Schutz der personenbezogenen Daten des Betroffenen eingegriffen.[18]

Diese Festlegung auf einen Zweck mag in manchen Fällen vorab möglich sein. Etwa, wenn sich ein Patient zu seinem Arzt begibt und aufgrund bestimmter Beschwerden behandelt werden möchte. Der Zweck der Datenverarbeitung besteht dann in der individuellen Gesundheitsversorgung zur Behebung der konkreten Einschränkung. Andererseits können diese während der Behandlung erhobenen Daten später für die Forschung relevant werden. Gerade für die medizinische Forschung sind bereits erhobene Daten aus der Behandlung attraktiv, da so eine eigene, zeit- und kostenintensive Erhebung unnötig wird. Hinzu kommt, dass die von Ärzten im Rahmen der Gesundheitsbehandlung erhobenen Daten qualitativ gut und von hoher Validität und Verlässlichkeit sind.[19]

---

[16] Ähnlich auf die Brisanz medizinischer Forschung hinweisend: *Pöttgen*, Medizinische Forschung und Datenschutz, 2009, S. 20.

[17] *Loser/Lentzsch*, Forschungsprivilegien im neuen Datenschutzrecht, in: Richter/Mojescik (Hrsg.), Qualitative Sekundäranalysen – Daten der Sozialforschung aufbereiten und nachnutzen, 2021, S. 138.

[18] *Herbst*, in: Kühling/Buchner, DS-GVO/BDSG, 4. Aufl. 2024, Art. 5 DSGVO Rn. 22.

[19] An dieser Standardisierung fehlt es häufig bei von Betroffenen eigenständig in Fitness- oder Wellness-Apps gespeicherten Daten. Aus diesem Grund werden Anwendungen des sog.

Die ursprüngliche Zweckbindung „Gesundheitsversorgung zur Behebung einer bestimmten Beschwerde“ greift nicht für eine Weiterverarbeitung zu anderen Zwecken – wie der medizinischen Forschung. Ein erneuter Erlaubnistatbestand muss für die geänderte Zweckrichtung „medizinische Forschung“ gefunden werden. Dabei reicht die grobe Zweckrichtung der „medizinischen Forschung“ als Zweck nicht aus, vielmehr muss auch hier eine konkretere Angabe erfolgen. Diese kann etwa in der Erforschung einer bestimmten Erkrankung liegen. Dabei ist der Verarbeitungszweck, der im Einzelfall für den spezifisch Betroffenen als auch den spezifischen Sachverhalt vorliegen muss, für den Betroffenen nur überschaubar, wenn er schon bei Erhebung der Daten mitgeteilt wird.[20] Selbst, wenn die wissenschaftliche Forschung dabei gesetzlich teilweise privilegiert und eine Zweckkompatibilität mit dem neuen Verarbeitungszweck angenommen wird – anders als bei Weiterverwendungen im wirtschaftlichen Kontext – bedarf die zweckgeänderte Datenverarbeitung einer gesonderten Rechtsgrundlage.[21]

2. Primär- und Sekundärnutzung von Daten

Wegen dieser mit der Zweckbindung verbundenen Schwierigkeiten, haben sich die Begriffe der Primär- und Sekundärnutzung etabliert. Dabei werden beide Begriffe in der Literatur nicht immer einheitlich verwendet.[22] Eine Unterscheidung erfolgt überwiegend anhand des Zwecks der Datenverarbeitung. Meistens ist mit *Primärnutzung* die Datenverarbeitung zur Gesundheitsversorgung gemeint, wohingegen *Sekundärnutzung* eine Weiterverwendung für bereits zur Gesundheitsbehandlung erhobene Daten für medizinische Forschungszwecke umfasst.

Unter Sekundärnutzung fallen damit Daten, die aus der Gesundheitsbehandlung für die medizinische Forschung nutzbar gemacht werden: Ursprünglich wurden die Gesundheitsdaten des Patienten für seine individuelle Gesundheitsbehandlung erhoben. Später stellt man fest, dass sich seine Daten für ein medizinisches Forschungsprojekt eignen, und beabsichtigt eine Weiterverwendung der Gesundheitsdaten zu diesen wissenschaftlichen Forschungszwecken. Sekundärnutzung meint damit im Folgenden die zweckgeänderte Weiterverarbeitung von Daten, die mit dem Ursprungszweck der Erhebung differiert. Da mit einer Zweckänderung und Weiterverarbeitung bereits zu anderen Zwecken erhobener Daten erhebliche Schwierigkeiten einhergehen, wird der Schwerpunkt dieser Arbeit auf der Sekundärnutzung von Gesundheitsdaten liegen. Das große Forschungspotenzial der bereits erhobenen, qualitativ hochwertigen Daten aus der stationären und ambulanten

zweiten Gesundheitsmarktes, der sämtliche nicht von den Krankenkassen finanzierte Selbstzahler-Produkte mit Gesundheitsbezug umfasst, ausgeklammert.

[20] *Herbst*, in: Kühling/Buchner, DS-GVO/BDSG, 4. Aufl. 2024, Art. 5 DSGVO Rn. 22.

[21] *Herbst*, in: Kühling/Buchner, DS-GVO/BDSG, 4. Aufl. 2024, Art. 5 DSGVO Rn. 29. Dazu ausführlich § 4 I. 2. a) bb) (1).

[22] Ausführlich dazu § 6 I. 1.

Patientenversorgung, deren Bedeutung in der Forschungspraxis zunehmend wächst, gilt es, effektiv zu nutzen. Es müssen Kraftanstrengungen zur Hebung dieses Datenschatzes[23] unternommen werden, um die Gesundheitsversorgung stetig zu verbessern.[24] Dabei hinkt Deutschland im europäischen Vergleich beim Thema Digitalisierung des Gesundheitswesens generell hinterher, im Besonderen aber bei der Sekundärnutzung von Behandlungsdaten.[25]

3. Vorwurf: Datenschutz als Forschungshemmnis

Die wachsende Relevanz des Datenschutzrechtes liegt darin begründet, dass die Forschung immer mehr personenbezogene Daten nutzt und technisch nutzen kann. Mit zunehmender Digitalisierung und Interoperabilität wird dieser Trend weiter verstärkt.[26]

Die zahlreichen Datenschutzregelungen werden in der Medizin häufig als Hindernis betrachtet, welche nicht nur den medizinischen Fortschritt, sondern auch die internationale Zusammenarbeit gefährden.[27] Überspitzte Vorwürfe von Forschern, die den Eindruck haben, Daten seien besser geschützt als unsere Kinder,[28] oder dramatisierende Annahmen, wonach der Datenschutz durch seine Restriktionen Leben koste[29], da er sinnvolle medizinische Forschung verhindere, werden seit Erlass der DSGVO vermehrt laut.

Auch aktuelle Gutachten über datenschutzrechtliche Rahmenbedingungen medizinischer Forschung kommen zu vernichtenden Ergebnissen: Die Rechtslage in Deutschland sei „chaotisch, unübersichtlich, teilweise widersprüchlich und oft un-

---

[23] Begriff nach *Graf von Kielmansegg*, GesR 2022, 409 (409); Zur Forderung „ein Schatz soll gehoben werden!“: *Cornelius*, MedR 2017, 15 (15); *Spitz*, Sekundärnutzung von Behandlungsdaten für medizinische Forschungszwecke, 2024, S. 36; *Kühling/Schildbach*, ZfDR 2024, 1 (17).

[24] Daten können nicht nur aus Arztpraxen oder Krankenhäusern, sondern von Krankenkassen, Renten- oder Unfallversicherungen, Gesundheitsämtern oder speziellen Krankheitsregistern stammen und für weitere (Forschungs-)Zwecke nutzbar gemacht werden: *Pöttgen*, Medizinische Forschung und Datenschutz, 2009, S. 22.

[25] *Jungkunz/Köngeter/Spitz u. a.*, Stellungnahme zur Etablierung der sekundären Forschungsnutzung von Behandlungsdaten in Deutschland, 2022, S. 12; *Thiel/Deimel/Schmidtmann u. a.*, #SmartHealthSystems – Digitalisierungsstrategien im internationalen Vergleich, 2018, S. 224: Von 17 untersuchten Ländern mit vergleichbaren Gesundheitssystem landete Deutschland mit seinem berechneten Digital Health Index (vor Polen) auf Platz 16. Die Spitzengruppe wird angeführt von Estland, Kanada, Dänemark, Israel und Spanien.

[26] *Quinn*, Life Sciences, Society and Policy 17:4, 2021, 1 (2).

[27] Auf den Punkt gebracht von *Heller*, Wenn Datenschutz den medizinischen Fortschritt gefährdet, Frankfurter Allgemeine Zeitung v. 7.5.2021.

[28] Zitat der Kinderonkologin *Angelika Eggert*, in: Fricke, Datenschutz in Europa bremst den Kampf gegen Krebs ab, ÄrzteZeitung v. 11.2.2022.

[29] So *Alena Buyx*, Vorsitzende des Deutschen Ethikrates v. 2020–2024, in: Berndt, „Besserer Datenschutz ist eine moralische Pflicht“, Süddeutsche Zeitung v. 8.12.2022.

praktikabel".[30] Provokante, einseitige Stellungnahmen oder Fragen, wie „[w]o wird denn jemand durch die Datensammlungen geschädigt?"[31], scheinen den öffentlichen Diskurs zu dominieren.

Indes ist die Diskussion so alt wie das Datenschutzrecht selbst.[32] Schon früh wurden Missbilligungen laut, der Datenschutz behindere den wichtigen Forschungsfortschritt und hemme Innovationen,[33] er agiere „als potentielle Gesundheitsbarriere"[34] und stelle einen „feindlichen Akt gegenüber den Patienten von Morgen"[35] dar. Datenschutzkonforme Wissenschaft sei „zu bürokratisch, zu zeitaufwendig und mit erheblichen Unsicherheiten hinsichtlich der Genehmigungsverfahren durch die Datenschützer belastet".[36] Die dahinterstehende Vorhaltung: Man darf nicht auf individuelle Empfindlichkeiten umfassend Rücksicht nehmen, da die der Allgemeinheit dienende Forschung damit erschwert oder gar unmöglich gemacht werden würde. Teils wird deswegen vom Individuum ein Aufopferungsanspruch zur Offenlegung seiner Gesundheitsdaten zugunsten der Allgemeinheit dienenden medizinischen Forschung gefordert.[37]

Diesen Stimmen ist gemeinsam, dass der Datenschutz für die gewichtige, medizinische Forschung, zurücktreten müsse.[38]

---

[30] Zitat nach *Weichert*, Datenschutzrechtliche Rahmenbedingungen medizinischer Forschung – Vorgaben der EU-Datenschutz-Grundverordnung und national geltender Gesetze, 2022, S. VIII.

[31] Gestellt von *Lerch*, Vorstandsvorsitzender des LMU-Klinikums in München, in: *Müller-Jung*, Immer mehr Gesundheitsdaten – Ein digitaler Sommer für Deutschlands Medizin, Frankfurter Allgemeine Zeitung v. 2. 5. 2022.

[32] Näher dazu *Buchner*, DuD 2022, 555 (555).

[33] *Bizer*, Forschungsfreiheit und Informationelle Selbstbestimmung – Gesetzliche Forschungsregelungen zwischen grundrechtlicher Förderungspflicht und grundrechtlichem Abwehrrecht, 1992, S. 25 mit dem Hinweis, dass zu Beginn der Datenschutzdiskussion nicht das Selbstbestimmungsrecht des Einzelnen als Forschungshindernis im Vordergrund stand, sondern die Versagung eines Datenzugangsanspruchs staatlicher Stellen; *Bochnik*, MedR 1994, 398 (398 ff.).

[34] Zitat nach *Simitis*, Datenschutz – Ende der medizinischen Forschung?, in: Abt/Giere/Leiber (Hrsg.), Krankendaten, Krankheitsregister, Datenschutz, 29. Jahrestagung der GMDS Frankfurt, Oktober 1984, 1985, S. 56.

[35] *Bochnik*, Patientendaten als Grundlagen medizinischen Fortschritts, in: Dhom (Hrsg.), Epidemiologische Forschung und Datenschutz in der Medizin: Symposium der Akademie der Wissenschaften und der Literatur, Mainz am 22./23. Februar 1991, 1992, S. 16.

[36] Zitat nach *Pöttgen*, Medizinische Forschung und Datenschutz, 2009, S. 20 mit Verweis auf die ähnliche Formulierung von *Bochnik*, MedR 1996, 262 (263).

[37] Einen minimalen Aufopferungsanspruch mit Blick auf Gemeinwohlinteressen fordernd: *Bochnik*, Patientendaten als Grundlagen medizinischen Fortschritts, in: Dhom (Hrsg.), Epidemiologische Forschung und Datenschutz in der Medizin: Symposium der Akademie der Wissenschaften und der Literatur, Mainz am 22./23. Februar 1991, 1992, S. 17.

[38] *Bochnik*, MedR 1996, 262 (262 ff.) übt heftige Kritik an der gegenteiligen Auffassung von *Weichert*, MedR 1996, 258 (258), da letzterer darauf hinweist, dass Beschwerden von Medizinern über das Datenschutzrecht meist auf deren Rechtsunkenntnis beruhen und diese

4. (K)eine Besserstellung der medizinischen Forschung

Zwar ist es richtig, dass aufgrund eines Art Vorsorgeprinzips im Datenschutzrecht ein oftmals überschießender Schutzstandard besteht, der durch die Komplexität und Dichte der Regelung noch weiter verstärkt wird.[39] Somit erscheinen die Vorwürfe auf den ersten Blick nachvollziehbar. Dabei übersehen die Kritiker des Datenschutzes in der Medizin wichtige Punkte. Eine einseitige Besserstellung der dem Allgemeinwohl verpflichteten medizinischen Forschung verkennt die zunehmende Kommerzialisierung der Forschung wie auch gewichtige Eigeninteressen der – womöglich zuvörderst der eigenen Karriere sowie Reputation verpflichteten – Forschenden. Zudem werden die enormen Potenziale zunehmender Auswertungs- und Speichermöglichkeiten getrübt durch stetig steigende, nicht zu vernachlässigende Risiken. Denn fast alles, was wir erleben, kann Relevanz zur Gesundheit aufweisen und in diesem Zusammenhang analysiert werden. Ein versehentliches oder missbräuchliches Bekanntwerden solcher sensiblen Daten außerhalb des geschützten Raums medizinischer Forschungsvorhaben (z. B. im Internet) kann erhebliche Diskriminierungsgefahren aufweisen; sei es beim Abschluss einer Krankenversicherung bzw. eines Arbeitsvertrages oder im Privatleben.[40] Daten können zu Erpressungen oder Reputationsschädigungen genutzt werden. Ein Bekanntwerden führt zu Kontrollverlusten über Daten und nährt Ängste vor dem „gläsernen Patienten“[41]. Es droht eine Bloßstellung zutiefst Intimes wie der Gesundheit.[42] Totale Transparenz droht zur totalen Schutzlosigkeit zu werden, was mit einem Ende jeglicher Privatheit und Autonomie einhergeht.[43]

Auf die Gefahren automatischer Datenverarbeitungsmöglichkeiten wurde bereits 1983 im Volkszählungsurteil durch das Bundesverfassungsgericht hingewiesen, da die technisch unbegrenzte Speicherung und Abrufbarkeit in Sekundenschnelle eine Zusammenfügung zu einem vollständigen Persönlichkeitsprofil ermöglicht.[44] Diese Gefahren wiegen umso schwerer, als es sich bei den im medizinischen Bereich erhobenen Daten zugleich um besonders schützenswerte, sensible Daten handelt. Denn durch ein missbräuchliches Bekanntwerden können Diskriminierungen und Stigmatisierungen drohen. Deswegen schützen strenge datenschutzrechtliche Re-

---

deshalb ihre Vorwürfe nicht spezifizieren könnten. *Buchner*, DuD 2022, 555 (555) moniert eine fehlende Balance zwischen Datennutzen und Datenschutz.

[39] *Metzger/Schweitzer/Wagner*, ZfPW 2023, 227 (228).

[40] Auf Gefahren wie persönliche oder finanzielle Rufschädigungen hinweisend *Schröder*, Sachverständigengutachten zum Schutz medizinischer Daten, 2022, S. 45.

[41] *Ethikrat*, Big Data und Gesundheit – Datensouveränität als informationelle Freiheitsgestaltung – Stellungnahme, 2018, S. 106; Aufgreifend *Martini/Hohmann*, NJW 2020, 3573 (3573): „Der gläserne Patient: Dystopie oder Zukunftsrealität?“

[42] *Ethikrat*, Big Data und Gesundheit – Datensouveränität als informationelle Freiheitsgestaltung – Stellungnahme, 2018, S. 48 f.

[43] Bezogen auf das Szenario von *Dave Eggers* „The Circle“: *Gassner*, Informed Consent und Digital Health, in: Stiftung Datenschutz (Hrsg.), Big Data und E-Health, 2017, S. 36.

[44] BVerfGE 65, 1 (43).

gularien, aber auch flankierende zivil-, straf- und berufsrechtliche Regelungen der ärztlichen Schweigepflicht vor einem ungewollten Offenbaren.[45] Der Datenschutz ist damit „mächtiges Korrektiv einer liberalen Forschungsnutzung von Daten".[46] Auch aus historischer Sicht darf man der Forschung nach desaströsen Menschenversuchen nicht mehr uneingeschränkt den Vorrang einräumen oder sie vom Patientenwohl abkoppeln.

III. Datenschutz und Wissenschaftsfreiheit – eine Spannungslage

Die Wissenschaft strebt nach immer größeren Datenmengen, um diese umfassend und effektiv auszuwerten und so bestmögliche Ergebnisse zu erzielen. Das Datenschutzrecht hingegen zeichnet sich durch Grundsätze wie Datensparsamkeit aus. Danach werden Daten auf das für die Zwecke der Verarbeitung minimale Maß beschränkt. Diese Devise ist etwa einfach-rechtlich in Art. 5 Abs. 1 lit. c („Datenminimierung") und lit. e („Speicherbegrenzung") DSGVO verankert. Daten sollen nicht umfassend ohne Beschränkungen genutzt werden. Es scheint, als könne die Wissenschaftsfreiheit (Art. 5 Abs. 3 GG sowie Art. 13 GRC) nur zulasten der informationellen Selbstbestimmung bzw. des Datenschutzgrundrechtes (Art. 2 i. V. m. Art. 1 Abs. 1 GG bzw. Art. 7, 8 GRC) und der Datenschutz nur zulasten der Forschenden verwirklicht werden.[47]

---

[45] Bereits *Hippokrates* hat in seinem berühmten Eid (ca. 400 v. Chr.) verdeutlicht, dass Gesundheitsdaten schützenswert sind. Die entsprechende Passage des Eides lautet: „Was ich bei der Behandlung sehe oder höre oder auch außerhalb der Behandlung im Leben der Menschen, werde ich, soweit man es nicht ausplaudern darf, verschweigen und solches als ein Geheimnis betrachten"; übersetzt von *Müri*, Der Arzt im Altertum – Griechische und lateinische Quellenstücke von Hippokrates bis Galen mit der Übertragung ins Deutsche, 6. Aufl. 2001, S. 9. Die ersten Schweigeverpflichtungen sollten das Ansehen des Heilkünstlers wahren. Erst langsam setzte sich der Aspekt durch, dass dadurch die Vertrauensbeziehung zwischen Behandler und Patient geschützt wird: *Kircher*, Der Schutz personenbezogener Gesundheitsdaten im Gesundheitswesen, 2016, S. 35. Vertiefend zur historischen Entwicklung der Nutzung medizinischer Daten: *Spitz*, Sekundärnutzung von Behandlungsdaten für medizinische Forschungszwecke, 2024, S. 59 ff., 70 mit dem Hinweis, dass das Datenschutzrecht weitreichenderen Schutz gewährt als der mit dem hippokratischen Eid intendierte Schutz fremder Geheimnisse aus Vertrauensbeziehungen. Es beinhaltet nämlich auch den Schutz der Datenmacht und die Beschränkung und Kontrolle, was mit den eigenen Daten passiert. Zur ärztlichen Schweigepflicht als Ausgangspunkt des Datenschutzes im Gesundheitswesen: *Haimberger*, Datenschutz in der medizinischen und pharmazeutischen Forschung, 2021, S. 4.

[46] *Spitz*, Sekundärnutzung von Behandlungsdaten für medizinische Forschungszwecke, 2024, S. 40.

[47] Daneben können weitere Grundrechte betroffen sein, wie die Berufsfreiheit von überwiegend kommerziell Forschenden, das Recht auf ärztliche Geheimhaltung/Schweigepflicht oder das Recht auf körperliche Unversehrtheit/Gesundheit. Eine Berücksichtigung dieser multipolaren Interessenlage würde den Rahmen dieser Arbeit sprengen. Deshalb liegt der

1. Gewichtige Interdependenzen trotz Kollisionslage

Ein Zielkonflikt[48], insofern also eine Position stets zulasten der anderen Betrachtungsweise geht, besteht zwischen der Wissenschaftsfreiheit und dem Datenschutzgrundrecht in der Form nicht. Dies zeigen gewichtige Interdependenzen. Zwar besteht eine Kollisionslage zwischen den Forschenden, die so viele Daten wie möglich verarbeiten wollen, um unverfälschte und zuverlässige Ergebnisse zu erzielen, und den Patienten, die ein berechtigtes Interesse daran haben, dass möglichst wenige Personen ihre Gesundheitsdaten einsehen können. Nur durch die Reduktion der Zugriffsberechtigten auf die Daten kann das Missbrauchsrisiko minimiert werden. Denn mit jeder weiteren Person, welche die Gesundheitsdaten kennt, potenziert sich das Risiko eines Bekanntwerdens. Eine solche missbräuchliche Bekanntgabe droht u. a. wegen hoher finanzieller Anreize für Verkäufer solcher sensiblen Daten. Damit bestehen nicht unerhebliche Gefahren des An- und Weiterverkaufs der Daten auf dem Schwarzmarkt. Der Preis für Gesundheitsdaten schwankt dort in Abhängigkeit von der Vollständigkeit und Art der Daten zwischen 250 und 2600 USD pro Datenbankeintrag.[49] Selbst bei deutlich pessimistischerer Schätzung von 100 EUR pro Person bedeutet dies bei rund 73 Millionen gesetzlich Versicherten in der Bundesrepublik einen Wert von mindestens 7,3 Milliarden EUR.[50] Damit sind personenbezogene Daten ein attraktives Zahlungsäquivalent.[51]

Aber nicht nur die Patienten, sondern auch die medizinische Forschung hat ein großes Interesse daran, dass Gesundheitsdaten nicht missbräuchlich bekannt und verbreitet werden. Denn damit ginge eine erhebliche Reputationsschädigung sowie ein Vertrauensverlust der Patienten in die Forschung einher.[52] Vertrauen in einen

---

Fokus auf der Spannungslage von Wissenschaftsfreiheit und Datenschutzgrundrecht als stets betroffene Konstellation.

[48] Von einem Zielkonflikt ausgehend: *Buchner/Kipker*, Datenschutz und Forschungsfreiheit, in: Lenk/Duttge/Fangerau (Hrsg.), Handbuch Ethik und Recht der Forschung am Menschen, 2014, S. 507; *Wolters*, Datenschutz und medizinische Forschungsfreiheit, 1988, S. 1. Von einem Grundkonflikt ausgehend: *Roßnagel*, ZD 2019, 157 (158).

[49] *Schröder*, Sachverständigengutachten zum Schutz medizinischer Daten, 2022, S. 45.

[50] *Schröder*, Sachverständigengutachten zum Schutz medizinischer Daten, 2022, S. 46.

[51] *Dochow*, Grundlagen und normativer Rahmen der Telematik im Gesundheitswesen – Zugleich eine Betrachtung des Systems der Schutzebenen des Gesundheitsdaten- und Patientenschutzrechtes, 2017, S. 270.

[52] *Golla*, in: Specht/Mantz, DatenschutzR-HdB, 2019, § 23 Rn. 9 mit dem Hinweis, dass Vertrauen in die Integrität der Wissenschaft und damit verbunden der verantwortliche Umgang mit Gesundheitsdaten Grundbedingung für ihr funktionieren sei; *Tinnefeld/Buchner/Petri u. a.*, Einführung in das Datenschutzrecht, 8. Aufl. 2024, S. 26 ff., 319 f.; a. A. *Wolters*, Datenschutz und medizinische Forschungsfreiheit, 1988, S. 57, der – vermutlich der Zeit und fehlenden Digitalisierung geschuldet – feststellte, dass „die medizinische Forschungstechnik [...] mangels Entscheidungskompetenz über den einzelnen kein typisches besonderes Gefährdungspotential dar[stelle]. Auch ist bei der Verarbeitung von Daten zu medizinischen Forschungszwecken die potentielle Gefahr für das Persönlichkeitsrecht und die Menschenwürde des einzelnen eher als gering einzuschätzen, weil die medizinische Forschung regel-

funktionierenden Schutz sensibler Daten ist jedoch eine essenzielle Voraussetzung medizinischer Forschung. Selbst ein latentes oder versehentliches Bekanntwerden sensibler Gesundheitsdaten gefährdet die weitere Zusammenarbeit der Patienten mit dem Forschungsprojekt und damit dessen „Existenzgrundlage und Daseinsberechtigung“.[53]

Auf der anderen Seite sind die Patienten an einer bestmöglichen Gesundheitsversorgung interessiert und im Krankheitsfall darauf angewiesen. Damit besteht ein hohes Eigeninteresse an der steten Verbesserung von Therapien und Diagnosen. Medizinische Forschung liegt damit nicht nur im Allgemein-, sondern auch im Individualinteresse, sofern die gewonnenen Erkenntnisse dem Einzelnen zugutekommen.

Im Ergebnis haben beide Grundrechte ihre Berechtigung und schützen gewichtige Güter. Während die verfassungsrechtlich gewährleistete Wissenschaftsfreiheit der Förderung des Gemeinwohls dient, weshalb ihr ein erheblicher gesellschaftlicher Stellenwert einzuräumen ist, genießt auch das Datenschutzgrundrecht Verfassungsrang und schützt den Einzelnen davor, dass seine Privatsphäre (durch die Forschung) übermäßig tangiert wird.[54] Einen solchen Konflikt zwischen zwei Personengruppen (hier: Forschenden und Patienten), die sich beide auf ihre Grundrechte berufen, bezeichnet man als Grundrechtskollision. Diese muss der Gesetzgeber im Wege praktischer Konkordanz zu einem Kompromiss bringen.[55] Dabei geht es nicht allein um die Frage, wie die Grundrechtskollision im Einzelfall aufzulösen ist; vielmehr spielen auch ethische Fragen hinein, etwa wie der Konflikt zwischen individueller Autonomie der Patienten und dem Allgemeinnutzen medizinischer Forschung aufzulösen ist.[56]

Das Spannungsverhältnis zwischen der Wissenschaftsfreiheit und dem Datenschutzgrundrecht ist nicht eindimensional zugunsten eines Grundrechtes aufzulösen: Es darf weder ein zu einseitig akzentuiertes Datenschutzrecht geben, noch darf die Wissenschaft grenzenlos tätig werden.[57] Vielmehr bedarf es einer Abwägung im

---

mäßig nicht an der einzelnen Person, sondern an dem Individuum als Träger bestimmter Merkmale interessiert ist, die persönlichen Daten also nur als Hilfsmittel für die Durchführung von Forschungsvorhaben benötigt und weder ein erkennbares Interesse noch die Absicht besitzt, zweckfremde Persönlichkeitsprofile zu erstellen.“ Allerdings weist auch er auf Gefahren eines unbefugten Zugriffes auf Daten von Seiten Dritter hin.

[53] Zitat nach *Pommerening/Drepper/Helbing u. a.*, Leitfaden zum Datenschutz in medizinischen Forschungsprojekten – Generische Lösungen der TMF 2.0, 2015, S. 36 mit dem Hinweis, dass Forschungsverbünde deshalb an einer Umsetzung von „umfassenden, praktikablen, transparenten und kontrollierbaren“ Datenschutzlösungen interessiert seien.

[54] Ebenso *Kipker*, DuD 2016, 394 (394).

[55] *Kingreen/Poscher*, Grundrechte – Staatsrecht II, 40. Aufl. 2024, Rn. 396, 398.

[56] *Richter/Borzikowsky/Lesch u. a.*, EJHG 2021, 495 (496).

[57] Mit dem Hinweis, dass ein zu strikter Datenschutz ein „Technik- und Fortschrittsverhinderer“ sei: *Dochow*, Grundlagen und normativer Rahmen der Telematik im Gesundheits-

Einzelfall, bei der kein Grundrecht einen grundsätzlichen Vorrang beanspruchen kann.[58] Denn beide Grundrechte sind essenzielle Bestandteile des Grundgesetzes, sodass nach dem Willen der Verfassung keines abstrakten Vorrang beansprucht.[59]

2. Datenschutz als Mittel zur Auflösung des Konflikts

Bei der Auflösung der Kollisionslage zwischen dem „Datendurst" der Forschenden und dem Datenschutzgrundrecht der Betroffenen bedient sich der Gesetzgeber des einfach-rechtlichen Datenschutzrechtes. Dabei hat das Datenschutzrecht die Funktion, die größtenteils gegenläufigen Positionen der beteiligten Personen „in einen angemessenen Ausgleich zu bringen".[60] Dies kann ein probates Mittel zur Steuerung sein. Denn entgegen unlauteren Vorwürfen ist es nicht Aufgabe des Datenschutzrechtes, die Vorzüge des technischen Fortschritts oder die gesamte medizinische Forschung zu lähmen. Es muss vielmehr befriedigende Antworten liefern, ob konkret das Interesse des Betroffenen am Schutz seiner (Gesundheits-)Daten überwiegt oder der Betroffene Einschränkungen im Interesse des Gemeinwohls bzw. der Forschenden hinzunehmen hat.[61]

Das Datenschutzrecht ist in zahlreichen Gesetzen geregelt, wobei als Hauptwerk die Datenschutzgrundverordnung (DSGVO) angesehen werden kann. Dabei hat der Unionsgesetzgeber seine Einschätzungsprärogative genutzt, und sich für ein grundsätzliches Verbot der Datenverarbeitung entschieden. Die datenverarbeitende Stelle muss sich damit bei jedem Verarbeitungsschritt auf einen positiv normierten gesetzlichen Erlaubnistatbestand berufen, um nicht rechtswidrig zu handeln. Dabei stellt die DSGVO zwar verbindliche unionsweite Prinzipien für die Datenverarbeitung auf, lässt den Mitgliedstaaten aber gleichzeitig große Spielräume über sog. Öffnungsklauseln. Innerhalb derer können die einzelnen Mitgliedstaaten nationale Spezifikationen und Konkretisierungen vornehmen, sodass die DSGVO in diesem Bereich keine umfassende Harmonisierung auf Unionsebene bewirkt.[62]

Damit gilt es, Unions-, Bundes- und Landesrecht sowie spezifische Medizin-, Sozial- und Arzneimittelgesetze nebeneinander anzuwenden. Diese komplexe

---

wesen – Zugleich eine Betrachtung des Systems der Schutzebenen des Gesundheitsdaten- und Patientenschutzrechtes, 2017, S. 274.

[58] Ähnlich *Alexy*, Theorie der Grundrechte, 1985, S. 85. Für Rundfunkfreiheit und RiS: BVerfGE 35, 202 (225).

[59] BVerfGE 35, 202 (225).

[60] *Freye/Buchner*, Bundesgesundheitsbl. 2024, 285 (285).

[61] Zur Aufgabe des Datenschutzrechtes: *Kühling/Klar/Sackmann*, Datenschutzrecht, 5. Aufl. 2025, Rn. 12. Die DSGVO und das neue deutsche Datenschutzrecht zielen auf einen solchen Ausgleich ab: *Roßnagel*, ZD 2019, 157 (158). DSGVO sowie BDSG seien Beispiele eines „auf Freiheitsgewährleistung ausgerichteten Rechts": *Hoffmann-Riem*, Rechtliche Rahmenbedingungen für und regulative Herausforderungen durch Big Data, in: Hoffmann-Riem (Hrsg.), Big Data – Regulative Herausforderungen, 2018, S. 29.

[62] *Bäcker*, in: Wegener (Hrsg.), EnzEur. Bd. 8, 2. Aufl. 2021, § 11 Rn. 11.

Rechtslage und damit verbundene Rechtsunsicherheiten werden bei kirchlichen Trägern (z. B. Krankenhäusern in kirchlicher Trägerschaft) weiter verstärkt. Dort treten neben die bereits bestehenden unübersichtlichen horizontalen und vertikalen Verflechtungen noch eigene Datenschutzregelungen der Kirchen.[63] Damit existieren allein im Bund- und Länderverhältnis über 1.200 Gesetzeswerke, die (zumindest partiell) Datenschutzregelungen beinhalten, welche durch weitere rund 550 Rechtsverordnungen und damit „unzählige Ermächtigungen zur Datenverarbeitung" präzisiert werden.[64] Damit gilt es nicht nur die Frage zu beantworten, ob das Datenschutzrecht einen angemessenen Ausgleich in das Spannungsverhältnis von Datenschutzrecht und Wissenschaftsfreiheit bringt, in der Praxis stellt schon das Auffinden der spezifischen Rechtsnorm eine Herausforderung dar.

a) Kein Ende des „Gesetzesdschungels" in Sicht

Statt einer Reduktion der Gesetzesanzahl steuert der Gesetzgeber mit immer neuen Gesetzen nach. Die zunehmende Digitalisierung im Gesundheitswesen und die (datenschutzrechtlichen) Hürden für einen Zugang zu Daten, führen zu einer großen Flut an Reformplänen. Neben der Etablierung einer Telematikinfrastruktur[65] gibt es zahlreiche flankierende Legislativakte, welche technologische Entwicklungen zur Förderung des Datenaustauschs zwischen verschiedenen Gesundheitsdienstleistern effektiver nutzbar machen sollen. Beispielhaft sind dafür das E-Health-Gesetz[66] oder das Patientendaten-Schutzgesetz (PDSG)[67], welche ambitionierte Zeitspannen für weitergehende Digitalisierungen von Gesundheitsdaten – etwa in Form der seit über 20 Jahren in Planung befindlichen elektronischen Patientenakte

---

[63] Das kirchliche Datenschutzrecht unterscheidet sich teils vom staatlichen: Bspw. sieht das Kirchengesetz über den Datenschutz in der evangelischen Kirche in Deutschland die Zugehörigkeit zu einer Religions- oder Weltanschauungsgemeinschaft nicht als besonders sensibles Datum an (vgl. Art. 4 Nr. 2 lit. a HS. 2 DSG-EKD). Näher dazu *Blobel/Koeppe*, Handbuch Datenschutz und Datensicherheit im Gesundheits- und Sozialwesen, 4. Aufl. 2016, S. 27.

[64] *Heckmann/Paschke*, § 103 Datenschutz, in: Stern/Sodan/Möstl (Hrsg.), StaatsR IV, 2. Aufl. 2022, Rn. 63.

[65] Die Telematikinfrastruktur soll eine sichere Vernetzung der medizinischen Versorgung innerhalb Deutschlands ermöglichen und ein schnelles Versenden von medizinischen Dokumenten ermöglichen: https://tinyurl.com/4wtbfhvf (letzter Abruf: 1.11.2025).

[66] „E-Health-Gesetz" ist die Abkürzung für „Gesetz für sichere digitale Kommunikation und Anwendungen im Gesundheitswesen sowie zur Änderung weiterer Gesetze" (BGBl. I 2015, 2408). Dieses hat die Weichen für den Aufbau einer Telematikinfrastruktur und erste digitale Anwendungen gestellt. E-Health ist dabei als wichtiger Schlüsselbegriff eine Umschreibung für die Nutzung von Gesundheitsdaten zum Zweck der Gesundheitsversorgung in elektronischer Form: *Raum*, E-Health, Big Data, Gesundheits-Apps und Wearables – Neue Herausforderungen für den Gesundheitsdatenschutz im digitalen Zeitalter, in: Stiftung Datenschutz (Hrsg.), Big Data und E-Health, 2017, S. 126.

[67] „Gesetz zum Schutz elektronischer Patientendaten in der Telematikinfrastruktur" (BGBl. I 2020, 2115).

(ePA) – vorsehen. Daneben finden sich zahlreiche weitere Reformen, etwa die Einführung eines Forschungsdatenzentrums (§§ 303a ff. SGB V) oder eine Datenspende-Option innerhalb der elektronischen Patientenakte. Zudem plante die frühere Bundesregierung (20. Legislaturperiode) drei Gesetze, die einen neuen rechtlichen Rahmen für den Zugang zu Gesundheitsdaten, ihre Aufbereitung und Weitergabe betreffen.[68] Vorgesehene und teils umgesetzte Vorhaben sind dabei das Medizinforschungs-[69], das Gesundheitsdatennutzungs-[70] und das Registergesetz[71].

Die Reformvorhaben sind darauf zurückzuführen, dass die Datennutzung zu Forschungszwecken in Deutschland – anders als in vielen anderen EU-Mitgliedstaaten – sehr zurückhaltend gehandhabt wird. Dabei fehlen insbesondere bei der Sekundärnutzung nationale Standards.[72] Die aktuelle Regierung (21. Legislaturperiode) verspricht eine „Kultur der Datennutzung“, bei der „Datenschätze“ gehoben werden sollen.[73] Sie plant wie die Vorgängerregierung ein Registergesetz und baut auf eine verbesserte Datennutzung beim Forschungsdatenzentrum Gesundheit, um – so das Versprechen – „Deutschland zu einem Spitzenstandort für die Gesundheitsforschung und klinische Studien“ zu avancieren.[74]

Auch auf Unionsebene stehen zahlreiche Neuerungen an. Es wurde ein europäischer Raum für Gesundheitsdaten (European Health Data Space – EHDS) geschaffen, dessen Fokus u. a. auf der Ermöglichung der Nutzung von Betroffenendaten „auf vertrauenswürdige und sichere Weise unter Wahrung der Privatsphäre“ durch Forschende liegt.[75] Daneben trat der Data Governance Act (DGA) am 24.9. 2023 in Kraft und überschneidet sich partiell mit der DSGVO: Während in der

---

[68] *ZD-Redaktion*, ZD-Aktuell 2023, 01236 Zu den ambitionierten Plänen auch *Buchner*, DuD 2022, 555 (555).

[69] *Koalitionsparteien*, Mehr Fortschritt wagen – Bündnis für Freiheit, Gerechtigkeit und Nachhaltigkeit, Koalitionsvertrag zwischen SPD, Die Grünen und FDP, 2021–2025, S. 21 (dort noch „Forschungsdatengesetz“). BGBl. I 2024, 324.

[70] In Kraft seit dem 26.3.2024, BGBl. I 2024, 102.

[71] *Koalitionsparteien*, Mehr Fortschritt wagen – Bündnis für Freiheit, Gerechtigkeit und Nachhaltigkeit, Koalitionsvertrag zwischen SPD, Die Grünen und FDP, 2021–2025, S. 83. Ziel des Registergesetzes soll die verbesserte Nutzung und der Zugang zu vorhandenen medizinischen Registern für Forschung und Versorgung sein: s. Antwort der Bundesregierung auf die Kleine Anfrage der Fraktion CDU/CSU, in: BT-Drs. 20/6640, S. 2. Das Gesetz wurde aufgrund des Grundsatzes sachlicher Diskontinuität nicht mehr umgesetzt.

[72] *ZD-Redaktion*, ZD-Aktuell 2023, 01236.

[73] *Koalitionsparteien*, Verantwortung für Deutschland, 2025–2029, S. 69.

[74] *Koalitionsparteien*, Verantwortung für Deutschland, 2025–2029, S. 111.

[75] So die Begründung des Vorschlags für eine Verordnung des Europäischen Parlaments und des Rates über den europäischen Raum für Gesundheitsdaten v. 3.5.2022, COM(2022) 197 final, S. 1. Im Februar 2025 haben der Präsident des Rates der EU und der Präsident des Europäischen Parlaments das Gesetz unterzeichnet. Am 5.3.2025 wurde die Verordnung im Amtsblatt verkündet. Die Verordnung trat am 26.3.2025 in Kraft und markiert damit die Übergangsphase bis zu ihrer Anwendung (mit schrittweisem Inkrafttreten ab 2027, vgl. Art. 105 Abs. 2, 3 EHDS-VO).

DSGVO Einwilligungen für „wissenschaftliche Forschung" privilegiert werden, regelt der DGA eine Einwilligung zur Datenverarbeitung für „Ziele von allgemeinem Interesse" (Art. 2 Nr. 16 DGA), worunter auch wissenschaftliche Forschung fällt.[76] Damit wird der Gesetzeskomplexität nicht entgegengesteuert, sondern diese weiter zugespitzt.

b) Einwilligung als präferierter Erlaubnistatbestand

Das Mittel erster Wahl, der „Goldstandard" für den Nachweis des Vorliegens eines Erlaubnistatbestandes für die Datenverarbeitung, stellt die Einwilligung des Betroffenen in die Verarbeitung seiner Daten dar.[77] Dies liegt einerseits an der einfachen Nachweisbarkeit, da diese zumeist schriftlich erfolgt, zum anderen, weil sie als Ausdruck der Autonomie des Einzelnen gilt.[78] Der Betroffene macht mit der Einwilligung als zentralem Instrument von seinem Selbstbestimmungsrecht Gebrauch.[79] Eine Einwilligung mag sich bei einem Direktkontakt mit dem Patienten bzw. Probanden anbieten, wodurch die Einholung einfach handhabbar ist. Dies gilt bei der individuellen Gesundheitsbehandlung als auch bei der unmittelbaren Partizipation von Probanden an Forschungsvorhaben. Problematisch wird es, wenn kein Direktkontakt besteht. Dies betrifft insbesondere den Fall, wenn man Gesundheitsdaten aus der Krankenbehandlung für den geänderten Zweck (sog. Sekundärnutzung) der medizinischen Forschung nutzen möchte. In dem Zusammenhang scheitert die notwendige informierte Einwilligung regelmäßig an den Voraussetzungen der engen Zweckbestimmung.[80] Denn häufig wird zu Beginn des Forschungsvorhabens, dem Zeitpunkt der Einwilligungserteilung, das genaue Ziel der Datenverarbeitung nicht hinreichend genau feststehen.[81] Forschung benötigt zwangsläufig einen gewissen Spielraum, um Hypothesen zu verwerfen und Alternativen aufzustellen. Dies gilt umso mehr, wenn es sich um Big Data-Anwendungen handelt, bei denen nicht gezielt nach Antworten auf spezifische Fragen, sondern

---

[76] Zum Verhältnis zur DSGVO: *Schreiber/Pommerening/Schoel*, in: Schreiber/Pommerening/Schoel, Der neue Data Act, 2. Aufl. 2024, § 10 Rn. 8 ff.

[77] Ähnlich *Graf von Kielmansegg*, GesR 2022, 409 (410). Die Einwilligung als die bekannteste Rechtfertigung für eine Datenverarbeitung: *Quinn*, Life Sciences, Society and Policy 17:4, 2021, 1 (8).

[78] Die Einwilligung sei „genuiner Ausdruck informationeller Selbstbestimmung": *Buchner/Kühling*, in: Kühling/Buchner, DS-GVO/BDSG, 4. Aufl. 2024, Art. 7 DSGVO Rn. 9; *Buchner/Kühling*, in: Kühling/Buchner, DS-GVO/BDSG, 4. Aufl. 2024, Art. 4 Nr. 11 DSGVO Rn. 5. Die Einwilligung sei frei von Zwang und Paternalismus: *Arning/Rothkegel*, in: Taeger/Gabel (Hrsg.), DSGVO – BDSG – TTDSG, 4. Aufl. 2022, Art. 4 DSGVO Rn. 291.

[79] *Pöttgen*, Medizinische Forschung und Datenschutz, 2009, S. 224.

[80] Zur Zweckbestimmung § 4 I. 2. a) bb).

[81] Nicht alle potenziellen Ziele der zukünftigen Datennutzung für Forschungszwecke können zum Erhebungszeitraum antizipiert werden: *Richter/Borzikowsky/Lesch u. a.*, EJHG 2021, 495 (496).

ergebnisoffen nach Zusammenhängen oder bestimmten Mustern gesucht wird, woraus sich unerwartete, neue Erkenntnisse ergeben können.[82]

Bereits gespeicherte Daten müssen zum Schutz vor missbräuchlichem Bekanntwerden als Sicherungsmaßnahme möglichst anonymisiert oder pseudonymisiert werden, damit diese nicht (mehr) direkt mit einer identifizierbaren Person verknüpft werden können.[83] Forschende wissen somit nicht, an wen sie für eine (erneute) Einwilligungseinholung zur Weiterverarbeitung der Daten für den neuen Zweck der „medizinischen Forschung" herantreten müssen, da sie für Re-Kontaktierungen bei Daten oftmals einen Personenbezug erst wiederherstellen müssten.

Die Wiederherstellung nach erfolgreicher Löschung des Personenbezugs stellt selbst einen rechtfertigungsbedürftigen Datenverarbeitungsschritt dar.[84] Dieser bedarf eines datenschutzrechtlichen Erlaubnistatbestandes (Art. 6, 9 DSGVO), sodass eine erneute Kontaktaufnahme oftmals unmöglich wird.

Aber selbst, wenn eine gesetzliche Erlaubnisnorm vorläge, käme erschwerend hinzu, dass in Arztpraxen und Krankenhäusern die personellen und finanziellen Ressourcen für eine umfassende und individuelle Aufklärung fehlen. Nur eine solche könnte sicherstellen, dass der Einzelne die gesamte Tragweite seiner Entscheidung erfasst. Ließe man eine Einwilligungseinholung per Brief ausreichen, wären die äußerst geringen Rücklaufquoten problematisch.[85]

Daneben ist die Einwilligung weder ein sachgerechtes noch ein zeitgemäßes Rechtfertigungselement: Moderne medizinische Forschung ist geprägt von „hoher technischer Komplexität, Arbeitsteilung, Langfristigkeit, Interdisziplinarität und Internationalität".[86] Damit sind Einwilligungen, die datenschutzrechtlichen Anforderungen genügen, regelmäßig viel zu komplex, um sie in einer „klaren und einfachen Sprache" (so indes Art. 7 Abs. 2 S. 1 DSGVO) den Patienten vorzulegen. Daneben besteht das Problem von Nichteinwilligungsfähigen: Zu deren medizinischen Nutzen muss es ebenso möglich sein, Daten von Kindern, Hochbetagten, psychisch schwer Erkrankten, aber auch von Verstorbenen zu verarbeiten.

Eine Einwilligungseinholung ist damit oftmals unmöglich oder mit unverhältnismäßig hohem Aufwand verbunden. Insbesondere bei großen Datenmengen kann eine Re-Identifizierung aller möglichen involvierten Personen aus dem Datensatz

---

[82] *Kühling/Klar/Sackmann*, Datenschutzrecht, 5. Aufl. 2025, Rn. 7; *Kühling*, DuD 2020, 182 (183); *Boehme-Neßler*, DuD 2016, 419 (421).

[83] Näher zum Begriff des Personenbezugs in Abgrenzung zur Anonymisierung § 3 II. 2. b) und § 4 I. 1. b) aa).

[84] *Roßnagel/Geminn*, ZD 2021, 487 (487); *Borges*, RW 2023, 159 (183). S. auch § 3 II. 2. b).

[85] Rücklaufquoten von acht Prozent gelten als gut: *Jendges/Koeppe/Letter u. a.*, Datenschutz bei klinischen Studien, 2019, S. 13.

[86] Zitiert nach *Weichert*, Datenschutzrechtliche Rahmenbedingungen medizinischer Forschung – Vorgaben der EU-Datenschutz-Grundverordnung und national geltender Gesetze, 2022, S. 2.

für eine Re-Kontaktierung ein sehr aufwendiger, komplexer und kostenintensiver verwaltungstechnischer Prozess sein.[87]

c) Weitere Erlaubnistatbestände bei der Sekundärnutzung

Aufgrund der aufgezeigten Schwierigkeiten, die mit einer (bei Sekundärnutzungen: erneuten) Einwilligungseinholung verbunden sind, müssen andere Erlaubnistatbestände für Datenverarbeitungen existieren. Diese bestehen in sog. Forschungsklauseln. Sie kennzeichnen sich dadurch, dass sie Datenverarbeitungen zu wissenschaftlichen Forschungszwecken gegenüber anderen Formen von (z. B. wirtschaftlichen) Datenverarbeitungen privilegieren und Wege neben der Verarbeitung auf Grundlage der Betroffeneneinwilligung eröffnen. Damit soll der Forschungsfreiheit Rechnung getragen werden – bei gleichzeitiger Einschränkung der Betroffenenmitwirkung, die durch geeignete Sicherungsmaßnahmen kompensiert werden soll, um das Datenschutzgrundrecht nicht auszuhöhlen. Solche Klauseln gewähren punktuelle Lockerungen für wissenschaftliche Forschungsvorhaben, etwa durch Einschränkung der Betroffenenrechte unter gleichzeitiger Sicherstellung hoher Anforderungen an Sicherheit und Vertraulichkeit.[88] Sie sehen dabei regelmäßig Abwägungsmöglichkeiten vor, die an die Stelle der Betroffeneneinwilligungen treten. Dafür muss etwa ein (erhebliches) Überwiegen der Forschungsinteressen im konkreten Fall gegenüber den Datenschutzbelangen der Betroffenen vorliegen. Ebenso muss die Nutzung dieser Daten regelmäßig zur Erreichung des Forschungszwecks erforderlich sein oder das Ziel des Forschungsvorhabens darf ansonsten nur mit unverhältnismäßigem Aufwand erreichbar sein. Damit erkennt der Gesetzgeber nicht nur die informierte Einwilligung als Erlaubnistatbestand an, sondern lässt auch eine Interessenabwägung mit hohen technischen und organisatorischen Sicherheitsmaßnahmen ausreichen. Solche Forschungsklauseln sind wegen der Schwierigkeiten einer ständigen Einwilligungserteilung notwendig, zeichnen sich in der Rechtspraxis aber durch erhebliche Unsicherheiten aus und werden daher wenig genutzt.[89] Ihre Anwendung wird zusätzlich durch variierende Prüfungsmaßstäbe in den verschiedenen horizontalen und vertikalen Gesetzen erschwert. Hinzu kommt, dass die Normen oftmals unspezifisch sind und in ihrer Weite historische und soziologische Forschung einschließen, sodass sie schwerlich spezifische Aussagen für die medizinische Forschung treffen können.

---

[87] *Quinn*, Life Sciences, Society and Policy 17:4, 2021, 1 (8).

[88] *Kipker*, DuD 2016, 394 (394).

[89] *Kipker*, DuD 2016, 394 (394): So führt die Interessenabwägung nicht immer zu eindeutigen Ergebnissen, sodass auch die Anwendbarkeit der Forschungsklausel nicht immer klar ist. Dabei gilt: Je bedeutsamer ein Forschungsvorhaben für die Allgemeinheit ist, umso eher tritt der Persönlichkeitsschutz zurück.

3. Grundrechtliche Reflexion der Spannungslage

Um zu verstehen, welche verfassungsrechtlichen Voraussetzungen an die Spannungslage zwischen Wissenschaftsfreiheit und Datenschutzgrundrecht zu stellen und somit im einfachen Recht umzusetzen sind, sind beide Grundrechte näher zu beleuchten. Denn die derzeitigen Datenschutzregelungen bieten keine befriedigenden Lösungen zur Auflösung des Spannungsverhältnisses. Für das Auffinden einer passgenauen Lösung erscheint es sachgerecht, den übergeordneten Konflikt zwischen beiden Grundrechtspositionen zu betrachten. Denn nur durch eine solche Überlegung wird deutlich, ob Forschenden aus der Wissenschaftsfreiheit subjektive Datenzugangsansprüche erwachsen, in deren Folge sie ohne Mitwirkung der Betroffenen auf Daten zurückgreifen dürfen. Dabei wird sich zeigen, dass ein solch subjektiver Datenzugangsanspruch nicht aus der Verfassung folgt.[90] Damit beschränkt sich der Untersuchungsgegenstand auf die grundrechtlichen Voraussetzungen, unter denen die Rechte der Betroffenen, die ihre Gesundheitsdaten offenbaren, eingeschränkt werden können. Somit müssen verfassungsrechtliche Anforderungen an eine Kollisionslage herausgearbeitet werden. Nur so kann festgestellt werden, was die Minimalanforderungen an einen Ausgleich beider kollidierenden Rechte sind, um diese mit den Voraussetzungen aktueller Datenschutzregelungen abzugleichen.

IV. Stand der Forschung

In der Literatur wird sich bislang wenig mit einfachgesetzlichen Reformvorschlägen auseinandergesetzt. Oftmals erfolgen Impulse für unionsweite Reformen, Grundgesetzänderungen oder Anregungen zum Abschluss von Bund-Länder-Staatsverträgen. Damit fehlt es an einer Auseinandersetzung mit aktuellen Normen, deren Änderungsvorschläge auf das einfache Recht fokussieren und für den (Bundes-)Gesetzgeber möglich erscheinen.

Es bestehen dennoch wertvolle Vorarbeiten im Schrifttum, an die diese Arbeit anknüpfen möchte. Einige Monografien zu dem Thema sind indes schon mehrere Jahrzehnte alt und/oder stammen aus einer Zeit vor Inkrafttreten der DSGVO. Auch bei neueren Monografien fehlt es an einer Berücksichtigung des Zusammenspiels mit den Gesetzen auf europäischer Ebene, wie der EHDS-VO oder dem DGA, und den nationalen Reformbestrebungen, um das „ungenutzte Potential, das in zahlreichen Forschungsdaten liegt“,[91] effizienter nutzbar zu machen.

---

[90] Dazu § 3 I. 2. c).

[91] Zitat und Plan nach *Koalitionsparteien*, Mehr Fortschritt wagen – Bündnis für Freiheit, Gerechtigkeit und Nachhaltigkeit, Koalitionsvertrag zwischen SPD, Die Grünen und FDP, 2021–2025, S. 21.

1. Vorarbeiten mit ähnlichem Themenzuschnitt

Bizer (1992) befasst sich im Ausgangspunkt seiner Arbeit mit der Frage, ob Forschende einen ungehinderten Zugang zu von staatlichen Stellen gespeicherten Daten haben. Nach seiner Auffassung besteht eine objektiv-rechtliche Pflicht des Staates zur Förderung der Wissenschaft, aus welcher sich jedoch kein grundrechtlicher Datenzugangsanspruch der Forschenden ergibt.[92] Indes verbleibt dem Gesetzgeber die Möglichkeit im einfachen Recht Datenzugangsregelungen zu erlassen und so Eingriffe in das Recht auf informationelle Selbstbestimmung zu erlauben.[93] Sodann analysiert er bestehende Normen, betrachtet dabei aber die Forschung in ihrer Gesamtheit und stellt nicht auf Spezifika medizinischer Forschung ab.

Pöttgen (2008) analysiert den Vorwurf der Forschungsbehinderung durch das Datenschutzrecht.[94] Im Anschluss an ihre Analyse zieht sie ein positives Fazit: Das geltende Datenschutzrecht erlaube beinahe sämtliche Forschungsvorhaben in der Bundesrepublik; vorrangiges Ziel müsse eine Vereinfachung der Rechtsanwendung sein.[95] Dabei sieht sie die Einwilligung als bedeutsames Element der informationellen Selbstbestimmung des Einzelnen an, auf das nur in Ausnahmesituationen verzichtet werden dürfe.[96] Diese Aussage entstammt einer mittlerweile veralteten Rechtslage, sodass die Vorwürfe nunmehr erneut geprüft werden müssen.

Eine neuere Ausarbeitung zu dem Thema bietet Haimberger (2021), welche zentrale Auswirkungen der Datenschutzgrundverordnung auf die medizinische Forschung in Österreich beantwortet und die österreichischen Umsetzungsakte näher beleuchtet. Es fehlt damit an einer Analyse deutscher Normierungen.[97]

Weichert (2022) moniert hauptsächlich die Behinderung der Nutzung zweckgebundener Primärdaten für Forschungszwecke unter dem Hinweis, dass weder das Patientenschutzgeheimnis noch das Recht auf informationelle Selbstbestimmung solch strenger Regelungen bedürften.[98]

---

[92] Zusammenfassung in Thesen: *Bizer*, Forschungsfreiheit und Informationelle Selbstbestimmung – Gesetzliche Forschungsregelungen zwischen grundrechtlicher Förderungspflicht und grundrechtlichem Abwehrrecht, 1992, S. 411 ff. Auf diese Argumentation wird i. R. d. grundrechtlichen Datenzugangsanspruchs eingegangen § 3 I. 2. c).

[93] Für den weiteren Gang seiner Untersuchung s. *Bizer*, Forschungsfreiheit und Informationelle Selbstbestimmung – Gesetzliche Forschungsregelungen zwischen grundrechtlicher Förderungspflicht und grundrechtlichem Abwehrrecht, 1992, S. 163.

[94] *Pöttgen*, Medizinische Forschung und Datenschutz, 2009, S. 20.

[95] *Pöttgen*, Medizinische Forschung und Datenschutz, 2009, S. 224, 231.

[96] *Pöttgen*, Medizinische Forschung und Datenschutz, 2009, S. 224.

[97] *Haimberger*, Datenschutz in der medizinischen und pharmazeutischen Forschung, 2021, S. 1 ff.

[98] Bereits im Vorwort klarstellend: *Weichert*, Datenschutzrechtliche Rahmenbedingungen medizinischer Forschung – Vorgaben der EU-Datenschutz-Grundverordnung und national geltender Gesetze, 2022, S. VII.

Die neueste Ausarbeitung von Spitz (2024) fokussiert auf die Problematiken einer Sekundärnutzung von Behandlungsdaten für medizinische Forschungszwecke, analysiert bestehende Gesetze und arbeitet Probleme heraus. Dabei legt er jedoch einen anderen Schwerpunkt, indem er auf die Verschwiegenheitspflicht und das Forschungsgeheimnis fokussiert und nicht die Spezifika medizinischer Forschung berücksichtigt.

Daneben existieren etliche Gutachten[99] und anderweitige Publikationen[100], mit einem unüberschaubaren Sammelsurium an Änderungsideen.

Es mangelt gleichwohl bislang an einem Vorschlag, wie der nationale Bundesgesetzgeber auf die anhaltende Kritik der Praxis und Literatur konkret und minimalinvasiv (d. h. mit einfacher Gesetzesmehrheit) reagieren kann.

2. Forschungslücke

Die Forschungslücke besteht in der fehlenden Betrachtung aktueller Gesetze, die nicht nur die Datenschutzgrundverordnung berücksichtigen, sondern auch den Europäischen Gesundheitsdatenraum, den Data Governance Act und nationale Gesetzesakte, die die Digitalisierung im Gesundheitswesen vorantreiben. Es fehlt an dem Versuch, Verbesserungsvorschläge unterhalb der Ebene des Grundgesetzes oder der Union anzusiedeln, da beide Ebenen in praxi (zu) hohe Hürden darstellen. Zudem mangelt es an einer Fokussierung auf die medizinische Forschung im Speziellen. Selbst, wenn nicht nur „wissenschaftliche Forschung" analysiert wird, sondern eine Eingrenzung auf medizinische Forschung erfolgt, fehlt es an einer Untersuchung ihrer Besonderheiten. Medizinische Forschung kann etwa danach unterschieden werden, ob Daten bereits erhoben wurden oder noch zu erheben sind. Außerdem gliedert sie sich in drei große, nicht immer trennscharfe Kategorien: die klinische,

---

[99] *Jungkunz/Köngeter/Spitz u. a.*, Stellungnahme zur Etablierung der sekundären Forschungsnutzung von Behandlungsdaten in Deutschland, 2022; *Schröder*, Sachverständigengutachten zum Schutz medizinischer Daten, 2022; *Specht-Riemenschneider*, Studie zur Regulierung eines privilegierten Zugangs zu Daten für Wissenschaft und Forschung durch die regulatorische Verankerung von Forschungsklauseln in den Sektoren Gesundheit, Online-Wirtschaft, Energie und Mobilität, 2021; *Sachverständigenrat*, Digitalisierung für Gesundheit – Ziele und Rahmenbedingungen eines dynamisch lernenden Gesundheitssystems, 2021; *Strech/Graf von Kielmansegg/Zenker u. a.*, Wissenschaftliches Gutachten: „Datenspende" – Bedarf für die Forschung, ethische Bewertung, rechtliche, informationstechnologische und organisatorische Rahmenbedingungen, 2020; *Dierks/Kircher/Husemann u. a.*, Rechtsgutachten – Lösungsvorschläge für ein neues Gesundheitsforschungsdatenschutzrecht in Bund und Ländern, 2019; *Koch/Schütze/Spyra u. a.*, Datenschutzrechtliche Anforderungen an die medizinische Forschung unter Berücksichtigung der EU Datenschutz-Grundverordnung (DS-GVO), 2017; *Jendges/Koeppe/Letter u. a.*, Datenschutz bei klinischen Studien, 2019.

[100] Hinzuweisen ist auf die Schriftenreihe der TMF (= Technologie- und Methodenplattform für die vernetzte Medizin), darunter *Dierks/Kircher/Husemann u. a.*, Data Privacy in European Medical Research: A Contemporary Legal Opinion, 2021, S. 1 ff.; *Dierks/Roßnagel*, Sekundärnutzung von Sozial- und Gesundheitsdaten – Rechtliche Rahmenbedingungen, 2019, S. 1 ff.

die epidemiologische sowie die Grundlagenforschung. Vorliegend soll untersucht werden, ob eine Unterscheidung und genauere Benennung des Forschungsdesigns für Datenschutzregelungen Relevanz haben.[101] Mit dieser Arbeit soll zudem ein konkreter Vorschlag entstehen, wie der deutsche Bundesgesetzgeber durch geringfügige Änderungen ein adäquates Gesetz erlassen kann, das einen schonenden Ausgleich zwischen der Wissenschaftsfreiheit der Forschenden und den Datenschutzgrundrechten der Betroffenen bildet.

V. Forschungsfrage und Gang der Darstellung

Zentrale Aufgabe dieser Arbeit ist das Herausarbeiten von Schwachstellen des derzeitigen Datenschutzrechtes. Es wird sich zeigen, dass die momentanen Regelungen zu restriktiv gegenüber der Wissenschaftsfreiheit sind und der Datenschutz die medizinische Forschung übermäßig behindert. Es soll ein konkreter Lösungsvorschlag erarbeitet werden, um die Situation der Forschenden – bei gleichzeitiger Sicherstellung hoher Anforderungen an den Datenschutz – zu verbessern.

Im ersten Teil geht es um den verfassungsrechtlichen Rahmen der beiden Grundrechtspositionen. Dabei werden in § 2 die in der Bundesrepublik geltenden Grundrechte genannt, die sich nicht auf solche des Grundgesetzes beschränken, sondern auf vertikaler Ebene weitere Grundrechtsregime kennen. Es gelten internationale Normen wie die Rechte des Internationalen Paktes über bürgerliche und politische Rechte (IPbpR), die Grundrechte der Europäischen Menschenrechtskonvention (EMRK), die unionsrechtliche Grundrechtecharta (GRC) sowie die Grundrechte der Landesverfassungen. Es wird sich zeigen, dass die Grundrechte des Grundgesetzes und die Unionsgrundrechte regelmäßig nebeneinander anwendbar sind und beide für die Auflösung des Konfliktes zwischen Wissenschaftsfreiheit und Datenschutzgrundrecht Relevanz entfalten. Beide Grundrechtsregime haben zumeist eine identische Gewährleistung, sodass auch das Bundesverfassungsgericht von einem Gleichlauf ausgeht. Dazu wird unter § 3 näher auf die Schutzrichtungen beider Grundrechtspositionen eingegangen. Dabei wird vorrangig auf die Unionsgrundrechte abgestellt, bei denen – trotz dogmatischer Durchbrechung – partiell, wegen des bedeutenden deutschen Einflusses bei ihrer Schaffung sowie des inhaltlichen Gleichlaufs im Einzelfall, die Rechtsprechung des Bundesverfassungsgerichtes vorsichtig und in Maßen zur Präzisierung herangezogen werden kann. Am Ende des ersten Abschnitts finden sich konkrete Aussagen, die für eine Abwägung im Umgang mit beiden kollidierenden Grundrechten heranzuziehen sind.

Im zweiten Teil geht es um die Ausgestaltung dieses Konfliktes *de lege lata* im einfachen Recht. Dabei sollen die im ersten Teil herausgearbeiteten, grundrechtlichen Maßstäbe auf ihre Umsetzung hin überprüft werden. Dies geschieht durch eine überblicksartige Bestandsaufnahme und Bewertung der im einfachen Recht vorzu-

[101] § 6 I.

findenden Forschungsklauseln. Hierbei wird sich zeigen, dass die Vorwürfe an ein zu strenges Datenschutzrecht nicht grundlos sind. So finden sich (zu) strenge Anforderungen und Rechtsunsicherheiten. Dazu werden in § 4 die einzelnen Gesetzesebenen (Union, Bund und Länder) untersucht und die derzeitigen Voraussetzungen an die Datenverarbeitung bei medizinischen Forschungsvorhaben herausgestellt. Danach folgt in § 5 eine Darstellung der Reformideen in Praxis und Literatur. Diese beinhalten vorwiegend die Forcierung des Broad Consent, einer Einwilligung mit weiter Zweckbindung, bei der sich rechtliche Probleme in Form einer fehlenden Vereinbarkeit mit der DSGVO zeigen. Daneben werden alternative Formen wie die Datenspende, Dynamic oder Meta Consent und das innovative „Konzept mit begleitenden Schutzgarantien" vorgestellt.

Im dritten Teil geht es um Reformüberlegungen, die die Spezifika der medizinischen Forschung berücksichtigen. Dabei werden in § 6 die Besonderheiten medizinischer Forschung herausgestellt, wichtige Differenzierungen nach Primär- und Sekundärnutzung vorgenommen sowie konkrete Lösungsansätze *de lege ferenda* aufgezeigt. Es folgt ein Gesetzesreformvorschlag, der für den Gesetzgeber auf einen kleinstmöglichen Aufwand zielt.

Die Arbeit schließt mit Schlussbemerkungen und einem Ausblick in § 7 sowie einer Zusammenfassung in Leitsätzen in § 8.

Teil 1

Verfassungsrechtlicher Rahmen

Im ersten Teil sollen die verfassungsrechtlichen Voraussetzungen an einen schonenden Ausgleich zwischen Wissenschaftsfreiheit und Datenschutzgrundrecht herausgearbeitet werden. Dafür werden in § 2 zunächst die einschlägigen Grundrechte, innerhalb der sich wechselseitig beeinflussenden Grundrechtsregime, benannt. Dabei entfalten insbesondere die Grundrechte der EMRK, der GRC und des Grundgesetzes in der Bundesrepublik Relevanz und fordern in unterschiedlichen Bereichen Verbindlichkeit. Nationale Grundrechte verlieren gerade bei internationalen Forschungskooperationen immer weiter an Relevanz. Mit der teils komplexen Frage, wann welches Grundrechtsregime anwendbar ist, korrespondiert das Problem der konkurrierenden Zuständigkeiten der verschiedenen Grundrechtsgerichte: des Europäischen Gerichtshofs für Menschenrechte (EGMR), des Europäischen Gerichtshofs (EuGH) und der nationalen Verfassungsgerichte, wobei Reichweite und Gewährleistungen der Grundrechte durch ihre Interpretationen maßgeblich geprägt werden.[1] In § 3 werden die relevanten kollidierenden Grundrechtspositionen einander gegenübergestellt und spezifische Folgerungen für die Reichweite der Wissenschaftsfreiheit im Lichte des Datenschutzrechtes getroffen.

§ 2 Grundrechtliche Wechselwirkungen im Mehrebenensystem

Bei der Verarbeitung von Gesundheitsdaten im Bereich medizinischer Forschung schützen nationale, europäische und internationale (Grund-)Rechte sowohl die Wissenschaftsfreiheit der Forschenden als auch die Datenschutzbelange der Betroffenen. Damit gehen Wechselwirkungen und Konflikte der verschiedenen Regelungsebenen einher.[2] Es gilt die einschlägigen Grundrechte aus dem Internationalen Pakt über bürgerliche und politische Rechte (IPbpR), der EMRK, der GRC, dem Grundgesetz und den Landesverfassungen zu finden.

---

[1] *Ludwigs/Sikora*, JuS 2017, 385 (385).

[2] *Weichert*, Datenschutzrechtliche Rahmenbedingungen medizinischer Forschung – Vorgaben der EU-Datenschutz-Grundverordnung und national geltender Gesetze, 2022, S. 9; *Ludwigs/Sikora*, JuS 2017, 385 (385).

Während nur das jeweilige (Bundes-)Land, nicht jedoch der Bund, durch die Grundrechte in der jeweiligen Landesverfassung verpflichtet wird, ist die Landesstaatsgewalt gem. Art. 1 Abs. 3 GG an die „folgenden Grundrechte" und nach Art. 20 Abs. 3 GG an die „verfassungsmäßige Ordnung" des Grundgesetzes gebunden. Die Landesgrundrechte werden damit weitestgehend durch die Grundrechte des Grundgesetzes verdrängt. Wegen ihrer geringen Relevanz im Bundesgebiet werden die Landesgrundrechte vorliegend nicht erörtert, obgleich einige sogar dezidiertere Gewährleistungen beim Datenschutz aufweisen als das Grundgesetz.[3] Ebenfalls keine Erwähnung erhalten vorliegend die Gewährleistungen des Art. 19 IPbpR (Wissenschaftsfreiheit als Teil der Meinungsfreiheit) und Art. 17 IPbpR (Allgemeines Persönlichkeitsrecht als Teil des Schutzes des Privatlebens). Denn der UN-Pakt steht als Völkerrechtsvertrag im Rang eines einfachen Bundesgesetzes, sodass die Grundrechte des Grundgesetzes normenhierarchisch vorgehen.[4]

Es bleiben die EMRK, die GRC und die Grundrechte des Grundgesetzes auf ihre Funktion und Anwendbarkeit hin zu untersuchen. Es steht fest, dass es durch das Nebeneinander verschiedener Grundrechtsregime zu einer Summierung von Schutzvorschriften kommt, was jedoch nicht mit einer zwingenden Optimierung des Grundrechtsschutzes der Bürger gleichzusetzen ist.[5]

I. EMRK als „Mindeststandard"

Bei der EMRK[6] sichern die Vertragsstaaten „allen ihrer Hoheitsgewalt[7] unterstehenden Personen"[8] das in der Konvention garantierte menschenrechtliche Schutzniveau zu (Art. 1 EMRK) und unterwerfen sich dem EGMR, indem sie dessen Urteile als verbindlich anerkennen und durchführen (Art. 46 Abs. 1 EMRK).

---

[3] Z. B. Art. 12a S. 1 Hessische Verfassung.

[4] Zur Rechtsverbindlichkeit völkerrechtlicher Abkommen der UN: *Wissenschaftliche Dienste*, Sachstand – Rechtsverbindlichkeit völkerrechtlicher Abkommen sowie der Beschlüsse von Einrichtungen der VN, 2019.

[5] *Kirchhof*, EuR 2014, 267 (267). Mit dem Hinweis, dass sich die verschiedenen Rechtsquellen zueinander kumulativ, nicht alternativ verhalten: *Hobe/Fremuth*, Europarecht, 11. Aufl. 2023, § 13 Rn. 9.

[6] Die EMRK v. 4. 11. 1950 (BGBl. II 1952, 685) wurde von der BRD am 5. 12. 1952 ratifiziert und trat am 3. 9. 1953 allgemein in Kraft (BGBl. II 1954, 14). Sie gilt nach dem Ausschluss Russlands aus dem Europarat infolge des Angriffskrieges auf die Ukraine nunmehr in 46 Staaten.

[7] Es gilt die Vermutung der Identität von Jurisdiktion und Staatsgebiet, was die Verpflichtung in tatsächlicher sowie rechtlicher Hinsicht begrenzt. Das Erfordernis der Jurisdiktion wirkt somit als „Anwendungsschwelle": *Johann*, in: Karpenstein/Mayer (Hrsg.), EMRK, 3. Aufl. 2022, Art. 1 EMRK Rn. 18 f.

[8] Jede Person kann sich unabhängig von der Staatsangehörigkeit auf die EMRK stützen. Entscheidend ist die Betroffenheit durch die vertragsstaatliche Hoheitsgewalt: *Grabenwarter/Pabel*, Europäische Menschenrechtskonvention, Ein Studienbuch, 7. Aufl. 2021, § 17 Rn. 2.

Dabei können die Staaten mittels Staatenbeschwerde nach Art. 33 EMRK gegenseitig die Einhaltung der Konvention ohne Nachweis besonderer Interessen verlangen.[9] Der EGMR hat eine bedeutende Rolle – auch innerhalb der Union. Denn seit der Ratifizierung des 11. Zusatzprotokolls[10] zur EMRK kann jeder nach Ausschöpfung nationaler Rechtswege eine Individualbeschwerde zum EGMR (Art. 34 EMRK) erheben, was den Weg zu einer „neuen Dimension des Menschenrechtsschutzes eröffnet" hat.[11]

1. Mitgewährleistung der EMRK bei Unionsgrundrechten

Trotz diverser Bemühungen und der mittlerweile in den Verträgen vorgesehenen Möglichkeiten in Art. 6 Abs. 2 EUV und Art. 59 Abs. 2 EMRK, ist die Europäische Union – anders als ihre einzelnen Mitgliedstaaten – kein Mitglied der EMRK, sodass ihre Rechtsakte formal auch nicht Gegenstand einer Beschwerde vor dem EGMR sein können.[12] Dennoch hat der EGMR deutlich gemacht, dass er Mitgliedstaaten für Unionsrecht, das gegen die Konventionsrechte verstößt, zur Verantwortung ziehen wird, soweit die Mitgliedstaaten (etwa durch Abstimmungen) selbst an den Regelungen mitwirken konnten.[13]

a) Reduzierte Kontrolldichte des EGMR

Bereits vor der rechtsverbindlichen Geltung der unionsrechtlichen Grundrechtecharta am 1. 12. 2009 legte der EGMR fest, dass, solange ein bestimmter Grad an Grundrechtsschutz in der Union existiert, die Mitgliedstaaten der Union zwar an die EMRK gebunden sind, der EGMR dies aber nicht prüft, es sei denn, es besteht ein konkreter Anlass dafür, dass der Grad an Grundrechtsschutz nicht eingehalten

---

[9] *Johann*, in: Karpenstein/Mayer (Hrsg.), EMRK, 3. Aufl. 2022, Art. 1 EMRK Rn. 4.

[10] Das Protokoll v. 11. 5. 1994 ist am 1. 11. 1998 allgemein in Kraft getreten (BGBl. 1995 II, 578).

[11] Zitat nach *van Ooyen*, Die Staatstheorie des Bundesverfassungsgerichts und Europa – von Solange über Maastricht und Lissabon zur EU-Grundrechtecharta und EZB, 9. Aufl. 2022, S. 82.

[12] Der EuGH hat dem Beitritt eine Absage erteilt, damit die Autonomie der Unionsrechtsordnung gewahrt bleibt und es keine verbindliche Auslegung des Unionsrechts durch den EGMR gibt: *Ehlers*, in: Schulze/Janssen/Kadelbach (Hrsg.), Europarecht – Handbuch für die deutsche Rechtspraxis, 4. Aufl. 2020, § 11 Rn. 42; EuGH, Gutachten 2/13 v. 18. 12. 2014, Rn. 183 f., 200.

[13] EGMR (Kokkelvisserij u. a.), Urt. v. 20. 1. 2009, App. No. 13645/05, S. 17 ff.; EGMR (Matthews), Urt. v. 18. 2. 1999, App. No. 24833/94, Rn. 32: „The Court observes that acts of the EC [= European Community] as such cannot be challenged before the Court because the EC is not a Contracting Party. The Convention does not exclude the transfer of competences to international organisations provided that Convention rights continue to be ‚secured'. Member States' responsibility therefore continues even after such a transfer"; *Haratsch*, ZaöRV 2006, 927 (930).

wird. So stellte der EGMR im Fall *Melchers* (1990) fest, dass eine Übertragung von Hoheitsrechten eines souveränen Staates auf eine internationale Organisation mit den Garantien der EMRK vereinbar sei, wenn in dieser Organisation ein mit der EMRK äquivalenter Schutz bestehe, was aufgrund der hohen Bedeutung der Menschenrechte in der Union gegeben sei.[14] Jedenfalls seit *Bosphorus v. Ireland* (2005) attestiert der EGMR der Union ein mindestens gleichwertiges Schutzniveau der Grundrechtsverbürgungen.[15] Wegen dieser Konventionskonformitätsvermutung der Unionsgrundrechte überprüft der EGMR keine Unionsakte, wenngleich die einzelnen Staaten an ihnen mitgewirkt haben und damit eine Kontrollmöglichkeit des EGMR besteht.[16]

Ein Jahrzehnt später bestätigte der EGMR in der Rechtssache *Avotinš v. Latvia* (2016) diese Rechtsprechungslinie, wonach der materielle Schutz der Union gleichwertig sei, soweit die Grundrechtecharta Rechte enthält, die mit denen in der EMRK korrespondieren.[17] Hintergrund ist Art. 52 Abs. 3 S. 1 GRC, nach dem die Rechte der EMRK im Rahmen der Unionsgrundrechte mit „gleiche[r] Bedeutung und Tragweite" mitgewährleistet werden. Das Unionsrecht kann damit einen weitergehenden Schutz gewähren und soll somit für die notwendige Kohärenz zwischen Charta und EMRK sorgen.[18] Das Schutzniveau der EMRK darf jedenfalls nicht unterschritten werden.[19]

Zusammenfassend gilt: Der EGMR reduziert seine Prüfungskompetenz auf anlassbezogene Situationen, in denen Unionsakte ein evident mangelhaftes Grundrechtssystem aufweisen.[20] Bedeutung erlangt in dem Zusammenhang Art. 6 Abs. 3 EUV, der festlegt, dass die EMRK-Grundrechte ebenso wie die gemeinsamen

---

[14] EGMR (Melchers), Urt. v. 9.2.1990, App. No. 13258/87, S. 7; *Wiethoff*, Das konzeptionelle Verhältnis von EuGH und EGMR – unter besonderer Berücksichtigung der aktuellen Verfassungsentwicklung der Europäischen Union, 2008, S. 22.

[15] EGMR (Bosphorus v. Ireland), Urt. v. 30.6.2005, App. No. 45036/98, Rn. 165, 156: „the Court finds that the protection of fundamental rights by Community law can be considered to be, and to have been at the relevant time ‚equivalent' [...] to that of the Convention system"; *Haratsch*, ZaöRV 2006, 927 (929).

[16] EGMR (Bosphorus v. Ireland), Urt. v. 30.6.2005, App. No. 45036/98, Rn. 156. Der EGMR nimmt eine unionsfreundliche Auslegung der Konvention vor, die teilweise der EMRK-konformen Auslegung des Europäischen Gemeinschaftsrechts durch den EuGH ähnelt: *Haratsch*, ZaöRV 2006, 927 (933).

[17] EGMR (Avotinš v. Latvia), Urt. v. 23.5.2016, App. No. 17502/07, Rn. 103. Art. 52 Abs. 3 GRC verlangt nunmehr einander entsprechende Rechte in EMRK und GRC.

[18] Feststellung in ABl. 2004 C 310/456. Das Kohärenzgebot verbietet eine Unterschreitung der Unionsgrundrechte unter das Schutzniveau der Konventionsrechte: *Cornils*, in: Grabenwarter (Hrsg.), EnzEur Bd. 2, 2. Aufl. 2022, § 7 Rn. 17; Art. 52 Abs. 3 GRC ist als dynamischer Verweis nicht nur auf die EMRK-Rechte, sondern auch auf die Rechtsprechung des EGMR zu verstehen: *Marsch*, Das europäische Datenschutzgrundrecht, 2018, S. 41.

[19] „Auf jeden Fall darf der durch die Charta gewährleistete Schutz niemals geringer als der durch die EMRK gewährte Schutz sein": ABl. 2004 C 310/456.

[20] EGMR (Avotinš v. Latvia), Urt. v. 23.5.2016, App. No. 17502/07, Rn. 103 f.

Verfassungsüberlieferungen der Mitgliedstaaten allgemeine Grundsätze des Unionsrechts sind. Damit einher geht eine gewisse Verbindlichkeit der EGMR-Urteile für die Unionsorgane.[21] Der EGMR sieht in der Union ein äquivalentes Schutzsystem verwirklicht und prüft keine Unionsgrundrechte. Die EMRK-Rechte gehen in den Unionsgrundrechten auf. Damit nicht zu verwechseln ist die Verpflichtung des EuGH, die Schutzziele und Gewährleistungen der EMRK als Mindeststandard in die Unionsgrundrechte hineinzulesen. Damit wird der grundsätzliche Geltungsanspruch der EMRK bekräftigt, „bei gleichzeitiger Achtung der Eigenart supranationaler Organisationsformen", bei denen die Kontrolle des EGMR umso mehr reduziert wird, je stärker das Unionsrecht ist.[22] Dabei hat die EMRK (insbesondere beim Datenschutzgrundrecht) eine wichtige Impulsfunktion.

b) „Entsprechungen" der EMRK-Grundrechte in konkreter Fallkonstellation

Weder die Wissenschaftsfreiheit noch das Datenschutzgrundrecht werden von der EMRK ausdrücklich geschützt. Dennoch sind beide Rechte in der Rechtsprechung des EGMR etabliert: Mit Art. 8 EMRK besteht ein Recht auf Achtung des Privatlebens, was der EGMR weiter zu einem Datenschutzgrundrecht präzisiert hat.[23] Zwar hat der EGMR keine eigene Fallgruppe im Sinne eines allgemeinen Datenschutzgrundrechtes entwickelt, dennoch entspricht es diesem in der Tendenz.[24] Die Wissenschaftsfreiheit ist – anders als in der GRC (dort: Art. 13) – ebenfalls nicht explizit in der EMRK normiert, wird vom EGMR aber in Art. 10 EMRK als spezielle Teilgewährleistung und Ausdruck der Meinungsäußerungs-

---

[21] *Kirchhof*, EuR 2014, 267 (273).

[22] *Kraus*, in: Dörr/Grote/Marauhn (Hrsg.), EMRK/GG Bd. I, 3. Aufl. 2022, Kap. 3: Grundrechtsschutz in der EU, Rn. 39, 43: Darin ist keine pauschale Abstufung zu sehen, da im Rechtsschutz der Union eine der EMRK vergleichbare Prüfung vorgenommen werden muss, um die Vermutungswirkung auszulösen.

[23] Eines der ersten Urteile, das in Art. 8 EMKR ein „Datenschutzgrundrecht" für Daten aus dem Privatleben anerkennt: EGMR (Klass et al. v. Germany), Urt. v. 6.9.1978, App. No. 5029/71, Rn. 41; EGMR (Leander v. Sweden), Urt. v. 26.3.1987, App. No. 9248/81, Rn. 48. Nach und nach erfolgten deutliche Ausweitungen des Begriffs des „Privatlebens" bis zur gänzlichen Aufgabe und der Anerkennung, dass alle Informationen mit Bezug auf eine natürliche Person geschützt sind: EGMR (Amann v. Switzerland), Urt. v. 16.2.2000, App. No. 27798/95, Rn. 65. Selbst öffentliche Daten können Schutz genießen: EGMR (Rotaru v. Romania), Urt. v. 4.5.2000, App. No. 28341/95, Rn. 43; *Schneider*, in: Wolff/Brink/v. Ungern-Sternberg, BeckOK DatenschutzR, 53. Aufl. v. 1.8.2025, Syst. B. Völker- und unionsverfassungsrechtliche Grundlagen, Rn. 14: Der EGMR handelt einzelfallbezogen und verzichtet auf eine abstrakte Definition des Schutzgehaltes des Art. 8 EMRK. Somit bleibt unklar, ob der EGMR eine Rechtfertigungsbedürftigkeit jeglicher Verarbeitungsschritte personenbezogener Daten verlangt.

[24] *Kühling/Raab*, in: Kühling/Buchner, DS-GVO/BDSG, 4. Aufl. 2024, Einführung Rn. 18.

freiheit hineingelesen.[25] Die Rechte von Art. 10 EMRK und Art. 13 GRC „entsprechen" sich damit gem. Art. 52 Abs. 3 GRC und haben somit die „gleiche Bedeutung und Tragweite".

Auch die Rechte, aus denen das Datenschutzgrundrecht hergeleitet werden (Art. 7 und 8 GRC sowie Art. 8 EMRK), könnten sich „entsprechen". Zwar entspricht Art. 7 GRC nach der Auflistung des Konventionspräsidiums dem Art. 8 EMRK.[26] Indes ist Art. 8 GRC („Schutz personenbezogener Daten") ausweislich seines Wortlautes spezieller, dem wiederum eine Entsprechungsklausel mit Art. 8 EMRK fehlt.[27] Damit kann die Frage eines „entsprechen" im Sinne der Norm nicht zweifelsfrei beantwortet werden.

Indes bedarf dieses Problems hier keiner Präzisierung, da der EuGH hinsichtlich der Gewährleistungen auf die Rechtsprechung des EGMR (insbesondere auf Art. 8 EMRK) und deren Konkretisierungen für seine Auslegung zurückgreift.[28]

Es bleibt dabei unklar, ob und wie die Schranken der EMRK auf die Charta-Grundrechte übertragen werden müssen oder ob bei der Grundrechtecharta nur die allgemeine Schranke des Art. 52 Abs. 1 GRC greift.[29] Ebendarum wird gegen das Erfordernis einer „Entsprechung" Kritik vorgebracht: Die Staaten sind an die EMRK umfassend gebunden, an das Unionsrecht nur im Rahmen von Art. 51 Abs. 1 GRC. Zudem lasse sich eine Entsprechung nicht losgelöst von den einzelnen Stufen einer Grundrechtsprüfung feststellen.[30]

Hinsichtlich der unterschiedlichen Schranken kann jedoch vorliegend festgehalten werden: In der hier zu untersuchenden Konstellation ist die Einschränkbar-

[25] EGMR (Sorguç v. Turkey), Urt. v. 23.6.2009, App. No. 17089/03, Rn. 35: „academic freedom [...] comprises the academics' freedom to express freely their opinion about the institution or system in which they work and freedom to distribute knowledge and truth without restriction"; *Daiber*, in: Meyer-Ladewig/Nettesheim/von Raumer (Hrsg.), HK-EMRK, 5. Aufl. 2023, Art. 10 EMRK, Rn. 22; EGMR (Sapan c. Turquie), Urt. v. 8.6.2010, App. No. 44102/04, Rn. 34; *Grote/Wenzel*, in: Dörr/Grote/Marauhn (Hrsg.), EMRK/GG Bd. I, 3. Aufl. 2022, Kap. 18: Die Meinungsfreiheit, Rn. 128; *Marauhn/Jaś-Nowopolska*, in: Ehlers/Germelmann (Hrsg.), Europäische Grundrechte und Grundfreiheiten, 5. Aufl. 2023, § 5.1 Kommunikationsgrundrechte Rn. 23; *Grabenwarter/Pabel*, Europäische Menschenrechtskonvention, Ein Studienbuch, 7. Aufl. 2021, § 23 Rn. 14.

[26] ABl. 2004 C 310/430.

[27] Vielmehr „stützte" sich Art. 8 GRC auf Art. 8 EMRK: ABl. 2004 C 310/431.

[28] *Kingreen*, in: Calliess/Ruffert, EUV/AEUV, 6. Aufl. 2022, Art. 8 GRC Rn. 5.

[29] Die Erläuterungen zu Art. 13 GRC gehen von einer Übertragbarkeit der Schranken des Art. 10 EMRK aus, da beide Gewährleistungen sich aus der Gedankenfreiheit und der Freiheit der Meinungsäußerung ableiten: ABl. 2004 C 310/434. Die Übertragung einer Schranke der EMRK kann zu größeren Einschränkungen führen als die allgemeinen Schrankenvorbehalte der GRC. Damit kann es zu Differenzen in der Auflösung einer Grundrechtskollision kommen. Gleichwohl geht es vorliegend um die Einschränkung auf Grundlage der „Rechte anderer" (Art. 10 Abs. 2 EMRK), was deckungsgleich mit dem Schutz „der Rechte und Freiheiten anderer" (Art. 52 Abs. 1 S. 2 GRC) ist, sodass insofern keine Unterschiede bestehen.

[30] *Kingreen*, in: Calliess/Ruffert, EUV/AEUV, 6. Aufl. 2022, Art. 52 GRC Rn. 28.

keit aufgrund von kollidierenden Grundrechten Dritter (die Wissenschaftsfreiheit der Forschenden bzw. das Datenschutzgrundrecht der Patienten) relevant. Diese Einschränkung findet sich sowohl in der EMRK („zum Schutz der Rechte und Freiheiten anderer“ in Art. 8 Abs. 2 EMRK oder „der Rechte anderer“ in Art. 10 Abs. 2 EMRK) als auch in der allgemeinen Schrankenregelung des Art. 52 Abs. 1 GRC, wonach Einschränkungen für die Erfordernisse des „Schutzes der Rechte und Freiheiten anderer“ vorgenommen werden können. Daher bedarf es keiner weiteren Erörterung, auf welche Schrankenregelung abzustellen ist.

Aufgrund der gewichtigen Interdependenzen beider Grundrechtsregime kann von einer Mitgewährleistung der Rechte des Datenschutzes (Art. 8 Abs. 1 EMRK) sowie der Wissenschaftsfreiheit (Art. 10 EMRK) in den Unionsgrundrechten ausgegangen werden. Damit kann die Rechtsprechung des EGMR im Rahmen der Auslegung der entsprechenden Unionsgrundrechte mitberücksichtigt werden.

2. Mitgewährleistung der EMRK durch Grundrechte des GG

Die Stellung der EMRK in den Vertragsstaaten ist abhängig von nationalen Regelungen.[31] In der Bundesrepublik wird die EMRK samt Zusatzprotokollen mittels nationalen förmlichen Rechtes nach Art. 59 Abs. 2 GG in das deutsche Recht mit dem Rang eines einfachen Bundesgesetzes transferiert. Dabei ist die Konvention bei der Interpretation des nationalen Rechtes, insbesondere auch der Grundrechte, bei Unklarheiten als Auslegungshilfe heranzuziehen. Bei völkerrechtlichen Verträgen in der Bundesrepublik gilt zwar, dass diese nicht über Bundesgesetzen stehen – auch wenn die Völkerrechtsfreundlichkeit Verfassungsrang besitzt.[32] Die EMRK stellt jedoch wegen ihres grundrechtlichen Charakters im europäischen Grundrechtssystem einen besonderen Völkerrechtsvertrag dar, sodass ihr faktischer Vorrang vor Bundesrecht zukommt.[33] Dieser Vorrang darf indes nicht zu einer von der EMRK selbst nicht gewollten Minderung des nationalen Grundrechtsschutzes führen (Art. 53 EMRK).[34] Bei einer Divergenz zwischen Grundrechten der EMRK und des Grundgesetzes hat letzteres aufgrund seines formell höheren Ranges in der

---

[31] *Kirchhof*, EuR 2014, 267 (273 f.). Völkerrechtsverträge stehen in den Niederlanden oder Belgien über der nationalen Verfassung, während sie in der Bundesrepublik den Rang eines einfachen Bundesgesetzes einnehmen: *Klatt*, Die praktische Konkordanz von Kompetenzen – Entwickelt anhand der Jurisdiktionskonflikte im europäischen Grundrechtsschutz, 2014, S. 140. Daneben steht die Frage, ob die EMRK in nationales Recht transferiert werden muss oder unmittelbar gilt.

[32] *Herrmann/Michl*, Examens-Repetitorium Europarecht, 8. Aufl. 2022, Rn. 56. Denn eine uneingeschränkte Befolgung würde gegen das Demokratieprinzip und den Grundsatz parlamentarischer Diskontinuität verstoßen.

[33] *Herrmann/Michl*, Examens-Repetitorium Europarecht, 8. Aufl. 2022, Rn. 58 f.

[34] Dies kann besondere Relevanz in mehrpoligen Grundrechtsverhältnissen haben, denn ein Mehr an Freiheit für den einen, bedeutet zugleich ein Weniger für den anderen Grundrechtsträger: BVerfGE 128, 326 (367 f., 371); E 148, 296 (355) Rn. 134.

Normenhierarchie Vorrang. Damit scheidet der *lex posterior*-Grundsatz aus, wonach entgegenstehende, vor der EMRK geltende nationale Grundrechte beseitigt werden, denn dieser kommt nur bei widersprechenden Normen des gleichen Rangs zur Anwendung.[35] Das Grundgesetz steht normenhierarchisch jedoch über der in (einfaches) Bundesrecht transferierten EMRK.

Nur gegenüber einfachem Bundesrecht kann aufgrund der völkerrechtlichen Überformung eine gewisse Besserstellung der EMRK mit dem *lex specialis*-Grundsatz erklärt werden.[36] Für die Grundrechte des Grundgesetzes gilt dies jedoch nicht, sodass die EMRK-freundliche Auslegung des Grundgesetzes eine denklogische Durchbrechung der normativen Hierarchie zu sein scheint. Anders als die anderen Bundesgesetze, die auf „gewöhnlichen" Gesetzgebungskompetenzen beruhen, zeigen die Art. 23, 59 Abs. 2 GG eine programmatische, völkerrechtsfreundliche Ausrichtung des Grundgesetzes, aus der die Pflicht folgt, die EMRK sowie die Rechtsprechung des EGMR bei Anwendung deutscher Grundrechte nach Art. 1 Abs. 3, 59 Abs. 2 GG heranzuziehen.[37] Aus dieser verfassungsrechtlichen Überformung der EMRK folgt weder ein Verfassungsrang noch eine zwingende schematische Parallelisierung der Aussagen des Grundgesetzes mit den EMRK-Gewährleistungen; jedoch eine Aufnahme der Wertungen der Konvention, soweit dies methodisch vertretbar und mit den Vorgaben des Grundgesetzes vereinbar ist.[38] Damit gewinnt die EMRK zwar nicht auf der abstrakten Ebene an Bedeutung, aber auf der faktischen Geltungsstufe aufgrund ihres hohen Stellenwertes zur Absicherung des Mindestniveaus der Menschenrechte.[39] Die EMRK etabliert einen solchen Basisstandard in Form einer Kontrollfunktion.[40]

---

[35] *Masing*, in: Herdegen u. a. (Hrsg.), VerfassungsR-HdB, 2021, § 2 Rn. 47: Das BVerfG gesteht dem Gesetzgeber sogar die Möglichkeit zu, sich einfachrechtlich über völkerrechtliche Verpflichtungen hinwegzusetzen (sog. *treaty overriding*); *Grabenwarter*, in: Merten/Papier (Hrsg.), HGR VI/2, 2009, § 169 Rn. 13.

[36] Ablehnend zum *lex specialis*-Grundsatz: *Grabenwarter*, in: Merten/Papier (Hrsg.), HGR VI/2, 2009, § 169 Rn. 13. A. A. *Pache*, EuR 2004, 393 (400 f.), der die EMRK-Regelungen als spezieller ansieht.

[37] BVerfGE 111, 307 (316 ff.).

[38] BVerfGE 152, 152 (176) Rn. 58. Mangels Verfassungsranges kann die EMRK kein unmittelbarer verfassungsrechtlicher Prüfungsmaßstab sein: BVerfGE 111, 307 (315 ff.); E 128, 326 (366 f.); E 148, 296 (355) Rn. 133: Die Grenze völkerrechtsfreundlicher Auslegung ergibt sich durch das Grundgesetz selbst. Es steht nicht im Widerspruch zur Völkerrechtsfreundlichkeit des GG, wenn das Völkerrecht ausnahmsweise unbeachtet bleibt und anders ein Verstoß gegen tragende Verfassungsprinzipien nicht vermieden werden kann. Denn es soll „keine jeder verfassungsrechtlichen Begrenzung und Kontrolle entzogene Unterwerfung unter nichtdeutsche Hoheitsakte" erfolgen: BVerfGE 111, 307 (319).

[39] Ebenso *Kirchhof*, EuR 2014, 267 (274).

[40] Dies jedoch unterhalb der nationalen Grundrechte: *Masing*, JZ 2015, 477 (479).

3. Fazit zur Rolle der EMRK

Unter Berücksichtigung der Rechtsprechung des EGMR, dessen Konventionskonformitätsvermutung sowie des damit verbundenen Vertrauensvorsprungs der GRC werden vorliegend vorrangig die Unionsgrundrechte analysiert. Dafür spricht, dass die Gewährleistungen der Wissenschaftsfreiheit und des Datenschutzrechtes im Bereich der Datenverarbeitung zu (medizinischen) Forschungszwecken weder vom EGMR noch vom EuGH ausbuchstabiert wurden und Differenzen nicht sichtbar sind, sodass die EMRK-Rechte nicht näher analysiert werden.

Auch hinsichtlich der Grundrechte des Grundgesetzes gilt, dass diese konventionskonform auszulegen sind.[41] Damit spielen die Wertungen der EMRK auch bei nationalen Grundrechten eine Rolle. Wegen der ausdifferenzierten Rechtsprechung des Bundesverfassungsgerichtes ist jedenfalls davon auszugehen, dass der Standard der EMRK nicht unterschritten und eine Kollision – mangels Präzisierung durch die EGMR-Rechtsprechung – auch nicht in Widerspruch mit nationalen oder unionsrechtlichen Grundrechten aufgelöst wird. Damit dient die EMRK als Mindeststandard, der hauptsächlich innerhalb der Auslegung von EuGH und Bundesverfassungsgericht Wertungen beeinflussen kann. Jedoch hat sie durch die ausdifferenzierte Grundrechtsdogmatik von Grundgesetz und Grundrechtecharta an Bedeutung eingebüßt. Daher fließen vorliegend die Wertungen der EMRK in die Grundrechtsauslegung ein, der Fokus liegt indes auf den Grundrechten der Grundrechtecharta und des Grundgesetzes.

II. Grundrechtecharta als Vorrangordnung

Obgleich die Grundrechtecharta der Europäischen Union erst spät Verbindlichkeit erlangte,[42] reicht die Entwicklung einer unionsrechtlichen Grundrechtsdogmatik bis in die 1960er Jahre zurück und beruht vornehmlich auf der Rechtsprechung des EuGH. Bereits 1969 ging der EuGH in der Rs. *Stauder* erstmalig ausdrücklich vom Vorhandensein von Grundrechten auf Gemeinschaftsebene aus.[43] Bereits we-

[41] Die Bindungswirkung von Entscheidungen des EGMR erstreckt sich auf alle staatlichen Organe, welche im Rahmen ihrer Zuständigkeiten verpflichtet sind, einen Konventionsverstoß zu vermeiden oder einen konventionsmäßigen Zustand (wieder-)herzustellen: BVerfGE 111, 307 (316).

[42] Die GRC wurde im Jahr 2000 feierlich proklamiert: ABl. 2000 C 364/1 ff. In der Präambel wird zwar von einer „Anerkennung" der Grundrechte durch die Union gesprochen (ABl. 2000 C 364/8) – dies aber nur i. R. e. Stärkung bzw. Sichtbarmachung dieser. Erst durch Einfügung des Art. 6 Abs. 1 EUV mit dem Vertrag von Lissabon am 1.12.2009 wurde die GRC verbindlich. Gleichwohl war die Union bereits zuvor zur Achtung der Grundrechte via Hinweis auf die Verfassungsüberlieferungen der Mitgliedstaaten und der EMRK verpflichtet, Art. 6 Abs. 2 EUV a.F. (konsolidierte Fassung v. 2002 in ABl. 2002 C 325/12).

[43] EuGH (Stauder), Urt. v. 12.11.1969, Rs. 29/69, S. 425 Rn. 7. Noch keine Grundrechte anerkennend: EuGH (Storck), Urt. v. 4.2.1959, Rs. C-1/58, S. 63 f.; EuGH (Präsident Ruhr-

nige Jahre darauf judizierte er, dass die Grundrechte nicht nur zu den allgemeinen und zu wahrenden Rechtsgrundsätzen gehörten, sondern dass bei der Gewährleistung der Rechte von den gemeinsamen Verfassungsüberlieferungen der Mitgliedstaaten auszugehen sei.[44] Mittlerweile bildet die GRC die zentrale Rechtsquelle der Union in grundrechtlichen Fragen und gewinnt zunehmend an Bedeutung.[45]

1. Anwendungsvorrang der GRC

Bereits früh entwickelte der EuGH eine Vorrangstellung des Unionsrechts (in seinem jeweiligen Anwendungsbereich) gegenüber den nationalen (Verfassungs-) Vorschriften.[46] So erkannte der EuGH die Normierungen der Europäischen Wirtschaftsgemeinschaft als neue Rechtsordnung des Völkerrechtes an, die aufgrund von wirksamen Souveränitätsbeschränkungen zustande kam.[47] Neu gegenüber dem bisherigen Völkerrecht war, dass Rechtssubjekte nicht nur die vertragsschließenden Staaten, sondern unmittelbar auch die einzelnen Bürger sein sollten.[48] Kurz darauf bestätigte der EuGH die Vorrangstellung mit dem Hinweis, dass der Charakter des Gemeinschaftsrechtes und die Funktionsfähigkeit der Union ansonsten aberkannt würden, wenn innerstaatliche Rechtsvorschriften normenhierarchisch vorgingen.[49] Später bekräftigte der EuGH den Anwendungsvorrang des Unionsrechts immer

---

kohlen-Verkaufsgesellschaft), Urt. v. 15.7.1960, Rs. C-36/59 u.a., S. 920 f., für weitere Nachweise und Vertiefungen s. *Riedel*, Die Grundrechtsprüfung durch den EuGH, 2020, S. 366 f.

[44] EuGH (Nold), Urt. v. 14.5.1974, Rs. C-7/73, S. 507.

[45] *Hobe/Fremuth*, Europarecht, 11. Aufl. 2023, § 13 Rn. 11, 14.

[46] Erstmals in EuGH (Costa/E.N.E.L.), Urt. v. 15.7.1964, Rs. C-6/64, S. 1269 ff.; später bestätigend EuGH (Simmenthal), Urt. v. 9.3.1978, Rs. C-106/77, S. 643 f.; EuGH (Kommission/Luxemburg), Urt. v. 2.7.1996, Rs. C-473/93, S. I-3259.

[47] EuGH (Van Gend en Loos), Urt. v. 5.2.1963, Rs. C-26/62, S. 24 f. Zur Frage des Anwendungsvorrangs musste der EuGH in der genannten Entscheidung noch keine Stellung beziehen, da das Unionsrecht als Völkerrecht in den Niederlanden über der nationalen Verfassung steht.

[48] Nach *Haltern*, Europarecht Bd. II, 3. Aufl. 2017, Rn. 587 stellt der Grundsatz der unmittelbaren Anwendbarkeit die wichtigste richterrechtlich etablierte Sicherstellung der Effektivität des Unionsrechts dar, denn es sei Grundbedingung für das Vorabentscheidungsverfahren, dass sich der Einzelne unmittelbar auf das Unionsrecht berufen könne. Europarecht bedarf damit – anders als sonstiges Völkerrecht – keiner Transformation in nationales Recht: *Grimm*, in: Merten/Papier (Hrsg.), HGR VI/2, 2009, § 168 Rn. 30.

[49] In der Rs. EuGH (Costa/E.N.E.L.), Urt. v. 15.7.1964, Rs. C-6/64, S. 1269 ff. konnte der EuGH das Verhältnis des Unionsrechts zum nationalen Verfassungsrecht nicht offenlassen, da das Völkerrecht in Italien – ebenso wie in der Bundesrepublik – keine Vorrangstellung vor dem nationalen Verfassungsrecht zukommt. Seit diesem Urteil geht der EuGH von einem strikten Vorrang des Unionsrechts aus: *Ehlers*, in: Schulze/Janssen/Kadelbach (Hrsg.), Europarecht – Handbuch für die deutsche Rechtspraxis, 4. Aufl. 2020, § 11 Rn. 13.

wieder, auch gegenüber nationalem Verfassungsrecht.[50] Die Anerkennung von Grundrechten auf Gemeinschaftsebene war somit kein „verfassungsrechtlicher Selbstzweck", sondern hat eine mögliche „Erosion des unmittelbar geltenden und Vorrang beanspruchenden Gemeinschaftsrechts durch mitgliedstaatliche Grundrechte und Verfassungsgerichte" verhindert.[51] Damit stehen sowohl das unionale Primär- als auch das Sekundärrecht über dem Grundgesetz, das ein Abtreten von Souveränitätsrechten an die Union erlaubt.[52]

2. Grundgesetz als Auffangordnung?

Auch das Bundesverfassungsgericht erkennt den Vorrang des Unionsrechts an, da Art. 23 Abs. 1 GG[53] die Übertragung von Hoheitsrechten auf zwischenstaatliche Ebenen gerade erlaubt, wenngleich es nationales Recht verdrängt.[54] Anders als der EuGH will das Bundesverfassungsgericht in unionsrechtlich nicht vollständig determinierten Bereichen vorrangig am Maßstab der nationalen Grundrechte und nicht der Unionsgrundrechte prüfen.[55] Dies gilt insbesondere, wenn das innerstaatliche Recht *auch* der Durchführung von Unionsrecht dient. Damit soll nicht der grundsätzliche Anwendungsvorrang der Unionsgrundrechte infrage gestellt werden, jedoch soll die verfassungsrechtliche Ermächtigung zur Übertragung von Hoheits-

---

[50] EuGH (Internationale Handelsgesellschaft), Urt. v. 17.12.1970, Rs. C-11/70, S. 1134 f.; Konkret spricht EuGH (Simmenthal), Urt. v. 9.3.1978, Rs. C-106/77, S. 643 ff. erstmals von einem Anwendungsvorrang und lässt einen Geltungsvorrang unnötig erscheinen; später bestätigend: EuGH (Kommission/Luxemburg), Urt. v. 2.7.1996, Rs. C-473/93, S. I-3259; EuGH (Naderhirn), Urt. v. 15.10.2015, Rs. C-581/14, Rn. 37. Kurzzeitige Verwirrung stiftete der Gerichtshof, als er einen nationalen Rechtsakt für „nichtig", also ungültig, und nicht bloß *nicht anwendbar* erklärte, was zu einem Geltungs-, aber nicht zu einem Anwendungsvorrang passt. Dieses Urteil ist jedoch als enge Ausnahme zu verstehen und rüttelt nicht am generellen Anwendungsvorrang des Unionsrechts: EuGH (Rimševičs), Urt. v. 26.2.2019, Rs. C-202/18 u. C-238/18, Rn. 97. Zur Begründung des engen Ausnahmecharakters: *Weinzierl*, EuR 2019, 434 (434 ff.).

[51] Zitat nach *Kingreen*, JURA 2014, 295 (296).

[52] Der Vorrang des Unionsrechts erstreckt sich auf sämtliches Unionsrecht gegenüber sämtlichen mitgliedstaatlichen Normen: *Ehlers*, in: Schulze/Janssen/Kadelbach (Hrsg.), Europarecht – Handbuch für die deutsche Rechtspraxis, 4. Aufl. 2020, § 11 Rn. 15, 17. Dieser Vorrang wurde unter Beifügung der Erklärung Nr. 17 („Erklärung zum Vorrang") zur Schlussakte des Vertrags von Lissabon festgeschrieben, deren Zweck jedoch nicht ganz eindeutig ist, s. Gutachten des Juristischen Dienstes des Rates v. 22.6.2007 beigefügt in ABl. 2012 C 326/346; *Mayer*, Verfassungsgerichtsbarkeit, in: von Bogdandy/Bast (Hrsg.), Europäisches Verfassungsrecht, 2. Aufl. 2009, S. 572.

[53] Früher: Art. 24 Abs. 1 GG a.F.

[54] BVerfGE 31, 145 (174); *Ehlers*, in: Schulze/Janssen/Kadelbach (Hrsg.), Europarecht – Handbuch für die deutsche Rechtspraxis, 4. Aufl. 2020, § 11 Rn. 19. Vom Anwendungsvorrang sprechend BVerfGE 126, 286 (301 f.); E 129, 78 (94, 99 f.), E 140, 317 (335) Rn. 38.

[55] BVerfGE 152, 152 (170) Rn. 45; *Grabenwarter*, in: Grabenwarter (Hrsg.), EnzEur Bd. 2, 2. Aufl. 2022, § 1 Rn. 58.

rechten auf die Union begrenzt werden, um die staatliche Souveränität nicht komplett auszuhöhlen.[56]

Dem liegt eine lange, nicht immer konsequente Rechtsprechungslinie zugrunde. So bemühte das Bundesverfassungsgericht in den 1970er Jahren noch eine strikte Trennungstheorie, wonach es selbst nur die nationalen und der EuGH die unionsrechtlichen Grundrechte prüfen durfte.[57] Dabei sollte selbst bei Umsetzungsspielräumen für den nationalen Gesetzgeber, das Unionsrecht nicht am Maßstab deutscher Grundrechte durch das Bundesverfassungsgericht geprüft werden, um eine gemeinsame und kontinuierliche europäische Politik zu ermöglichen.[58] Diesen Entscheidungs- und Kontrollvorbehalt gab das Bundesverfassungsgericht ein Jahrzehnt später mit dem Hinweis auf den nun ausreichend bestehenden Unionsgrundrechtsschutz auf.[59] Damit war lange Konsens, dass die Union, insbesondere durch die Rechtsprechung des EuGH, einen allgemeinen Standard der Grundrechte gegenüber der Hoheitsgewalt der Gemeinschaft generell und wirksam gewährleistet, der dem unabdingbaren grundgesetzlichen Schutz adäquat ist.[60]

Eine abrupte, radikale Umkehr dieser Zurückhaltung, Unionsgrundrechte nicht zu prüfen, folgte Ende 2019 mit den Beschlüssen *Recht auf Vergessen I und II.*[61] Seitdem nimmt das Bundesverfassungsgericht eine Differenzierung nach dem unionsrechtlichen Determinierungsgrad vor, um zu entscheiden, ob nationale und/oder unionale Grundrechte anwendbar sind. Dies entspricht dem begrenzten Anwendungsbereich der Unionsgrundrechte aus Art. 51 Abs. 1 S. 1 GRC, nachdem die

---

[56] Feststellend, dass Art. 24 GG a. F. zwar eine Übertragung von Hoheitsrechten ermöglicht, zugleich aber auch rechtsstaatliche Grenzen zieht: BVerfGE 75, 223 (240); *Herrmann/Michl*, Examens-Repetitorium Europarecht, 8. Aufl. 2022, Rn. 69.

[57] BVerfGE 37, 271 (280 ff.).

[58] *Masing*, NJW 2006, 264 (265, 267). Damit verzichtete das BVerfG einige Jahrzehnte auf sein Prüfungsrecht, solange ein ausreichender, unionsrechtlicher Grundrechtsschutz gewährleistet wurde, vgl. stRspr., u. a. BVerfGE 130, 151 (177); E 129, 186 (199); E 129, 78 (90); E 102, 147 (162 f.); E 73, 339 (387).

[59] BVerfGE 73, 339 (379). Die Kehrtwende aufgrund der Entscheidung EuGH (Nold), Urt. v. 14. 5. 1974, Rs. C-7/73, ist ein Scheinargument, das den Grund geänderter Rechtsansichten aufgrund von Personaländerungen der Richterschaft des BVerfG verschleiern sollte. Denn die o. g. EuGH-Entscheidung war ausweislich der Sondervoten der BVR Dr. Rupp, Hirsch und Wand bereits bei der Solange I-Entscheidung bekannt. Denn diese Richter verweisen auf den hektographierten Text des EuGH in Rs. Nold v. 14. 5. 1974 und halten in ihrem Sondervotum fest: „Inzwischen liegt [...] genügend Rechtsprechung vor, um die Feststellung zu gestatten, daß die Grundrechte auf Gemeinschaftsebene ausreichend geschützt sind. [...] Trotz des Fehlens eines Grundrechtekatalogs ist somit der Schutz der im Grundgesetz gewährleisteten Grundrechte auch in der Rechtsordnung der Europäischen Gemeinschaften – wenn auch teilweise in modifizierter Form – durch die Rechtsprechung des Europäischen Gerichtshofes gewährleistet", s. BVerfGE 37, 271 (293 f.).

[60] *Burchardt*, ZaöRV 2016, 527 (542). Damit übte das BVerfG seine noch in Solange-I festgestellte Entscheidungsbefugnis über sekundäres Unionsrecht nicht mehr aus: BVerfGE 73, 339 (387).

[61] BVerfGE 152, 152; E 152, 216.

Grundrechtecharta in den Mitgliedstaaten „ausschließlich bei der Durchführung[62] des Rechts der Union“ gilt.[63] Dies überzeugt, weil – anders als die DSRL, welche primär auf der Binnenmarktkompetenz aufbaute – die DGSVO seit dem Lissabon-Vertrag ausdrücklich eine Vollharmonisierung des Datenschutzrechtes in der Union anstrebt, sodass es für die Abgrenzung der Grundrechtssphären nur auf den Art. 51 Abs. 1 S. 1 GRC ankommt.[64]

a) Vollständige unionsrechtliche Determination

Im konsentierten Fall von EuGH und Bundesverfassungsgericht geht es um den vollständig unionsrechtlich bestimmten Bereich, in dem den Mitgliedstaaten aufgrund des Anwendungsvorrangs des Unionsrechts kein Spielraum verbleibt. Damit kommt es allein auf die Unionsgrundrechte an, die das Bundesverfassungsgericht nunmehr selbstständig prüft, um Lücken im Individualrechtsschutz auf Unionsebene zu schließen.[65] Dies entspricht dem Umstand, dass Unionsrecht regelmäßig nicht durch unionsrechtliche, sondern durch nationale Behörden umgesetzt wird.[66] Zwar ist die DSGVO als grundsätzlich vollharmonisierende Verordnung unionsrechtlich geprägt, jedoch belässt sie durch zahlreiche Öffnungsklauseln den nationalen Gesetzgebern (gerade im Gesundheitsdatenbereich) große Gestaltungsräume, sodass nicht von einer vollständigen (und alleinigen) unionsrechtlichen Determination ausgegangen werden kann.

---

[62] Was noch als „Durchführung“ des Unionsrechts gilt, ist im Einzelnen umstritten, zumal die deutsche Übersetzung eine engere Interpretation gegenüber den anderen Sprachen („implementing“ im englischen; „mettre en œuvre“ im französischen) zulässt. Aus den Diskussionen im Konvent um die jeweilige Sprachfassung soll im Umkehrschluss ersichtlich sein, dass die Grundrechtsverpflichtung der Mitgliedstaaten gegenüber der bisherigen Rechtslage nicht ausgeweitet werden sollte. Mit Art. 51 Abs. 1 S. 1 GRC wollte die Union keinen umfassenden Grundrechtsschutz errichten, sondern die föderative Vielfältigkeit der Union (vgl. Art. 4 Abs. 2 S. 1 EUV resp. Art. 23 Abs. 1 S. 1 GG) anerkennen. Dies darf indes nicht durch eine zu extensive Auslegung des Begriffs „Durchführung des Unionsrechts“ unterminiert werden; *Grabenwarter*, in: Grabenwarter (Hrsg.), EnzEur Bd. 2, 2. Aufl. 2022, § 1 Rn. 27; *Honer*, JA 2021, 219 (220); BVerfGE 152, 152 (174) Rn. 54; *Kirchhof*, EuR 2014, 267 (270). Das Regelungsziel sei, dass der Grundrechtsschutz als Annex zur politischen Entscheidungsverantwortung zu verstehen sei: *Masing*, JZ 2015, 477 (482).

[63] „Geltung“ meint dabei Anerkennung des Unionsrechts im nationalen Rechtskreis ohne weiteren Umsetzungsakt: *Ehlers*, in: Schulze/Janssen/Kadelbach (Hrsg.), Europarecht – Handbuch für die deutsche Rechtspraxis, 4. Aufl. 2020, § 11 Rn. 2. Die Grundrechtecharta gilt ebenso wie die Verträge (Art. 6 Abs. 1 UAbs. 1 EUV) nach Art. 52 f. EUV unmittelbar.

[64] *Grimm*, JZ 2013, 585 (590).

[65] BVerfGE 152, 216 (240 f.) Rn. 60; *Hoffmann*, NVwZ 2020, 33 (35).

[66] *Masing*, JZ 2015, 477 (481).

b) Rein nationale Sachverhalte

Für die Anwendung allein nationaler Grundrechte bleiben hauptsächlich Konstellationen ohne Unionsrechtsbezug. Eine solche ist etwa gegeben, wenn kein anzuwendendes Unionsrecht vorliegt, sodass – mangels Anknüpfung an die „Durchführung" von Unionsrecht – ein rein nationaler Sachverhalt gegeben ist.[67] In dem Fall sind die Unionsgrundrechte von den nationalen Rechtsanwendern nicht zu beachten.[68] Hintergrund dessen ist, dass die Grundrechtecharta keine Vereinheitlichung der mitgliedstaatlichen Grundrechtestandards im nicht vollständig durch Unionsrecht bestimmten innerstaatlichen Recht herbeiführen soll, auch wenn die nationalen Grundrechte wiederum im Lichte der Unionsgrundrechte ausgelegt werden müssen.[69]

Zur Prüfung, welcher unionsrechtliche Determinationsgrad vorliegt, muss auf das Fachrecht, nicht auf die Grundrechte, geschaut werden.[70] Angesichts der stetig steigenden unionsrechtlichen Vorgaben, ist in nahezu sämtlichen Lebensbereichen das Unionsrecht zumindest partiell zu berücksichtigen, sodass die Grundrechtecharta stets neben den nationalen Grundrechten anwendbar sein könnte.[71] Dies ist indes nicht gewollt. Lediglich reflexhafte oder mittelbare Auswirkungen auf nationales Handeln reichen nicht aus.[72] Auch dem EuGH genügt nicht irgendein Bezug zu einem Rechtssatz der Union; vielmehr versteht er unter „Durchführung des Unionsrechts" die legislative Umsetzung bei Richtlinien und den administrativen Vollzug von Verordnungen.[73] Jedenfalls muss ein hinreichender Zusammenhang von einem gewissen Grad bestehen, „der darüber hinausgeht, dass die fraglichen Sachbereiche benachbart sind oder eine von ihnen mittelbare Auswirkungen auf den anderen haben kann".[74] Das Bundesverfassungsgericht stimmt in diesen Konstellationen mit dem EuGH überein, dass nicht „jeder sachliche Bezug einer Regelung zum bloß abstrakten Anwendungsbereich des Unionsrechts oder rein tatsächliche Auswirkungen auf dieses" zur Anwendbarkeit der Unionsgrundrechte führen darf.[75] Bei der Umsetzung der Öffnungsklauseln aus der DSGVO geht es sowohl um legislative Umsetzungen bei den Öffnungsklauseln als auch um den administrativen

---

[67] *Honer*, JA 2021, 219 (220).

[68] *Schneider*, in: Wolff/Brink/v. Ungern-Sternberg, BeckOK DatenschutzR, 53. Aufl. v. 1.8.2025, Syst. B. Völker- und unionsverfassungsrechtliche Grundlagen, Rn. 10.

[69] *Hoffmann*, NVwZ 2020, 33 (36).

[70] *Masing*, JZ 2015, 477 (485).

[71] *Honer*, JA 2021, 219 (220).

[72] *Honer*, JA 2021, 219 (220 f.).

[73] *Kingreen*, in: Calliess/Ruffert, EUV/AEUV, 6. Aufl. 2022, Art. 51 GRC Rn. 8; *Hobe/Fremuth*, Europarecht, 11. Aufl. 2023, § 13 Rn. 16.

[74] EuGH (Demarchi Gino Sas), Urt. v. 7.9.2017, Rs. C-177/17 und C-178/17, Rn. 19. Bereits EuGH (Siragusa), Urt. v. 6.3.2014, Rs. C-206/13, Rn. 24.

[75] BVerfGE 133, 277 (316) Rn. 91; *Honer*, JA 2021, 219 (221).

Vollzug der ansonsten verbindlichen Verordnung. Damit liegt kein rein nationaler Sachverhalt vor, sondern eine beide Rechtsräume tangierende Konstellation.

c) *Gestaltungsspielraum belassendes Unionsrecht*

Diese *auch* dem Unionsrecht unterliegenden Konstellationen belassen den Mitgliedstaaten einen gewissen Gestaltungsspielraum bei der Umsetzung von Unionsrecht. Der EuGH sieht in dieser Konstellation einen Anwendungsvorrang des Unionsrechts, denn die Mitgliedstaaten sollen den Anforderungen der Grundrechtecharta in allen unionsrechtlich geregelten Fallgestaltungen genügen.[76] Dabei setzt er „Durchführung" gleich mit „im Anwendungsbereich des Unionsrechts"[77] Handeln.[78] In der Rs. *Hernández* gab der EuGH einen Maßstab für die Beurteilung vor, ob eine nationale Maßnahme die Durchführung des Rechts der Union betrifft. Fragen dabei sind, „ob mit der fraglichen nationalen Regelung die Durchführung einer Bestimmung des Unionsrechts bezweckt wird, welchen Charakter diese Regelung habe und ob mit ihr andere als die unter das Unionsrecht fallenden Ziele verfolgt würden, wenngleich sie das Unionsrecht mittelbar beeinflussen könnte, sowie ferner, ob es eine Regelung des Unionsrechts gäbe, die für diesen Bereich spezifisch sei oder ihn beeinflussen könne".[79] Damit sind nach dem EuGH im nicht vollständig vom Unionsrecht determinierten Bereich die Unionsgrundrechte neben den nationalen Grundrechten anwendbar (sog. Kumulationsthese), soweit die nationalen Grundrechte nicht das Schutzniveau der GRC oder eben den Vorrang des Unionsrechts sowie seine Wirksamkeit und Einheit beeinträchtigen.[80]

Das Bundesverfassungsgericht prüft hingegen vorrangig die Grundrechte des Grundgesetzes, behält sich zugleich aber auch eine eigene Prüfung der Unionsgrundrechte vor. Hintergrund dieser Differenzen ist wohl der Unwille des Bundesverfassungsgerichts, dem EuGH in diesem Bereich die alleinige Letztentschei-

---

[76] EuGH (Åkerberg Fransson), Urt. v. 26.2.2013, Rs. C-617/10, Rn. 18 f.

[77] Ebenso der Wortlaut der Erläuterungen zu Art. 51 GRC in: ABl. C 303/32, welcher nach Art. 6 Abs. 1 UAbs. 3 EUV und Art. 52 Abs. 7 GRC bei der Auslegung zu berücksichtigen ist. Dabei bleibt die exakte Bedeutung von „Durchführung" bzw. „Anwendungsbereich" unklar: *Lorenzen*, JURA 2021, 482 (486).

[78] In EuGH (Åkerberg Fransson), Urt. v. 26.2.2013, Rs. C-617/10, Rn. 20 knüpft der Gerichtshof an seine Rspr. vor Inkrafttreten der GRC an, eine ausdrückliche Bezugnahme auf Art. 51 Abs. 1 S. 1 GRC erfolgt erst mit EuGH (Hernández), Urt. v. 10.7.2014, Rs. C-198/13, Rn. 34 ff.

[79] EuGH (Hernández), Urt. v. 10.7.2014, Rs. C-198/13, Rn. 37; *Kingreen*, in: Calliess/Ruffert, EUV/AEUV, 6. Aufl. 2022, Art. 51 GRC Rn. 9.

[80] *Kingreen*, in: Calliess/Ruffert, EUV/AEUV, 6. Aufl. 2022, Art. 51 GRC Rn. 10; EuGH (Åkerberg Fransson), Urt. v. 26.2.2013, Rs. C-617/10, Rn. 29. Der EuGH spart das Problem aus, dass Unionsgrundrechte das Schutzniveau der nationalen Grundrechte absenken könnten, was Art. 53 GRC gerade verhindern möchte: *Grimm*, JZ 2013, 585 (591).

dungskompetenz zu überlassen.[81] Mögliche Diskrepanzen versucht das Bundesverfassungsgericht durch Relativierungen der Feststellung zu umgehen, dass nationale Grundrechte das Schutzniveau der Unionsgrundrechte grundsätzlich mitgarantieren.[82] Als Begründung für seine Entscheidung zieht es den vorhandenen legislativen Gestaltungsspielraum heran, der gerade auch der Beibehaltung der Grundrechte-Vielfalt dienen soll.[83] Damit hebt das Bundesverfassungsgericht die bis dahin bestehende Akzessorietät zwischen materiell-rechtlichem Prüfungsmaßstab und prozessualer Zuständigkeit auf, indem es nun die Unionsgrundrechte – zuvor exklusiver Kontrollmaßstab des EuGH – prüft. [84]

Hintergrund ist, dass das Bundesverfassungsgericht in Art. 53 GRC eine Regelvermutung für eine nationale Grundrechtsinterpretation sieht.[85] Denn *prima facie* erscheint Art. 53 GRC als Meistbegünstigungsprinzip, wonach stets der höhere nationale oder unionale Grundrechtsschutz bei Überschneidungen des Anwendungsbereiches gelte.[86] Diese uneingeschränkte Auslegung widerspricht jedoch dem Anwendungsvorrang des Unionsrechts.[87] Zudem würde es den Mitgliedstaaten somit erlaubt, die Anwendung von vollständig im Einklang mit der Charta stehen-

---

[81] Ebenso und mit dem Hinweis, dass das BVerfG zuvörderst seine eigene Position stärken wollte: *van Ooyen*, Die Staatstheorie des Bundesverfassungsgerichts und Europa – von Solange über Maastricht und Lissabon zur EU-Grundrechtecharta und EZB, 9. Aufl. 2022, S. 191 ff.

[82] BVerfGE 152, 216 (233 f.) Rn. 44; *Hoffmann*, NVwZ 2020, 33 (35 f.); *Bering*, Solange bis Vergessen – Kritische Analyse der Entwicklung der gegenwärtigen Position der BVerfG-Rechtsprechung zum Verhältnis von EU-Recht und den Grundrechten des Grundgesetzes, in: Tietje (Hrsg.), Beiträge zum Europa- und Völkerrecht Heft 21, 2020, S. 22. Dies diene auch der Bewältigung der Prüfungsmaterie des BVerfG, da so die Unionsgrundrechte ohne weiteres zurücktreten würden: *Honer*, JA 2021, 219 (221 f.).

[83] Etwa BVerfGE 152, 152 (170 f.) Rn. 48, wo u. a. vom „Respekt vor der Vielgestaltigkeit des Grundrechtschutzes“ bei Gestaltungsspielräumen die Rede ist.

[84] *Kingreen*, in: Calliess/Ruffert, EUV/AEUV, 6. Aufl. 2022, Art. 51 GRC Rn. 11. Beide Gerichte scheinen sich indes wieder anzunähern: Zwar stellt der EuGH klar, dass eine Bindung der Mitgliedstaaten an Unionsgrundrechte auch bei Richtlinien bestehe, die nationale Ermessens- und Umsetzungsspielräume belassen, der Anwendungsbereich der Unionsgrundrechte aber nicht eröffnet sei, wenn die Mitgliedstaaten nationale Vorschriften erlassen, die über die Mindestvorgaben einer Richtlinie hinausgehen: EuGH (Milkova), Urt. v. 9.3.2017, Rs. C-406/15, Rn. 52. Sobald eine Richtlinie im Einzelfall nicht anwendbar ist, sei keine nationale Regelung zur Durchführung des Unionsrechts betroffen: EuGH (Mesonero), Urt. v. 18.9. 2019, Rs. C-366/18, Rn. 51; EuGH (TSN), Urt. v. 19.11.2019, Rs. C-609/17 u. C-610/17, Rn. 53.

[85] *Kingreen*, in: Calliess/Ruffert, EUV/AEUV, 6. Aufl. 2022, Art. 53 GRC Rn. 4.

[86] Ansicht von *Jarass*, in: Jarass, GRC, 4. Aufl. 2021, Art. 53 GRC Rn. 1. Näher: *Wissenschaftliche Dienste*, Die Wissenschaftsfreiheit im Grundgesetz und in der Charta der Grundrechte der Europäischen Union, 2010, S. 13.

[87] *Pache*, in: Pechstein/Nowak/Häde, Frankfurter Kommentar, 2. Aufl. 2023, Art. 53 GRC Rn. 13.

den Unionsrechtsakten zu verhindern[88] und damit mitunter die Maßgeblichkeit des Sekundärrechts zu bestreiten.[89]

Während der EuGH in der Rs. *Åkerberg Fransson* grundrechtliche Doppelstrukturen in unionsrechtlich nicht vollständig determinierten Bereichen für möglich hält, schränkte der Gerichtshof in der Rs. *Melloni* ein, dass nicht vorbehaltlos ein doppelter Grundrechtsschutz nebeneinander existieren kann – denn beide Grundrechtsregime können miteinander kollidieren.[90] In Zusammenschau dieser Urteile kann festgestellt werden, dass das Günstigkeitsprinzip nur greift, wenn dadurch nicht Vorrang, Einheit und Wirksamkeit des Unionsrechts beeinträchtigt werden.[91]

Dafür spricht, dass die DSGVO den Mitgliedstaaten mit Öffnungsklauseln gerade Spielräume einräumt, die durch nationale Grundrechte bestimmt werden. Dagegen spricht der hohe unionsrechtliche Grundrechtestandard und die vollharmonisierende Wirkung der DSGVO, die durch unterschiedliche nationale Grundrechtestandards konterkariert würde.[92] Damit geht es bei den Bestimmungen der DS-GVO um beiden Rechtsordnungen unterliegende Konstellationen, da nicht nur zwingende Unionsregeln bestehen, sondern auch Platz für nationale Bestimmungen bleibt.

Während der EuGH in Konstellationen des Gestaltungsspielräume belassenden Unionsrechts anhand der Unionsgrundrechte prüft und das Bundesverfassungsgericht vorrangig die Grundrechte des Grundgesetzes kontrolliert, die jedoch regel-

[88] Ähnlich argumentierend EuGH (Melloni), Urt. v. 26.2.2013, Rs. C-399/11, Rn. 58 f. Das Schutzniveau der Grundrechtecharta sei maßgeblich und verdränge einen möglichen höheren nationalen Grundrechtsschutz: *Ehlers*, in: Schulze/Janssen/Kadelbach (Hrsg.), Europarecht – Handbuch für die deutsche Rechtspraxis, 4. Aufl. 2020, § 11 Rn. 16, 25.

[89] *Kingreen*, in: Calliess/Ruffert, EUV/AEUV, 6. Aufl. 2022, Art. 53 GRC Rn. 2 mit Verweis auf EuGH (Melloni), Urt. v. 26.2.2013, Rs. C-399/11, Rn. 58.

[90] *Kingreen*, in: Calliess/Ruffert, EUV/AEUV, 6. Aufl. 2022, Art. 53 GRC Rn. 2; *Pache*, in: Pechstein/Nowak/Häde, Frankfurter Kommentar, 2. Aufl. 2023, Art. 52 GRC Rn. 20.

[91] Vgl. Wortlaut von EuGH (Melloni), Urt. v. 26.2.2013, Rs. C-399/11, Rn. 60; EuGH (Åkerberg Fransson), Urt. v. 26.2.2013, Rs. C-617/10, Rn. 29; später bestätigend EuGH (M.A.S. und M.B.), Urt. v. 5.12.2017, Rs. C-42/17, Rn. 47; *Ehlers*, in: Schulze/Janssen/Kadelbach (Hrsg.), Europarecht – Handbuch für die deutsche Rechtspraxis, 4. Aufl. 2020, § 11 Rn. 16.

[92] Bei der DSGVO haben die Mitgliedstaaten trotz des zwingenden EU-Rechts in vielen Punkten durch Öffnungsklauseln Ermessen bei der Durchführung des Unionsrechts. Bieten die Unionsgrundrechte einen niedrigeren Standard als das nationale Verfassungsrecht, liegt eine Grundrechtskonkurrenz vor, für die Art. 53 GRC nach seinem Wortlaut nicht einschlägig ist. Der Bürger kann sich auf das für ihn günstigere Recht berufen. In mehrpoligen Grundrechtsfällen („Dreiecksfälle") können sich beide Seiten auf die günstigeren Grundrechtsstandards berufen. Nach Art. 53 GRC siegt derjenige, der den höheren nationalen Grundrechtsstandard für sich in Anspruch nimmt: *Hoppe*, in: Meyer/Hölscheidt, GRC, 6. Aufl. 2024, Art. 53 GRC Rn. 31 f.; Ansichten zusammenfassend *Kingreen*, in: Calliess/Ruffert, EUV/AEUV, 6. Aufl. 2022, Art. 53 GRC Rn. 2 ff.; *Pache*, in: Pechstein/Nowak/Häde, Frankfurter Kommentar, 2. Aufl. 2023, Art. 53 GRC Rn. 19 ff.

mäßig die Unionsgrundrechte mitverwirklichen, gilt für die weitere Arbeit: Beinhaltet das unionsrechtliche Fachrecht – wie vorliegend die DSGVO – legislative Spielräume für den nationalen Gesetzgeber, gelangen sowohl die Grundrechte der Grundrechtecharta als auch des Grundgesetzes zur Anwendung.[93] Da es im vorliegenden Kollisionsfall um die Einschränkbarkeit aufgrund von (Grund-)Rechten Dritter geht, die beiden Grundrechtsregimen zugeordnet sind, erfolgt auch die Auflösung des Konflikts ohne nennenswerte Unterschiede im Rahmen einer Verhältnismäßigkeitsprüfung.

3. Vorbehalte des Bundesverfassungsgerichts

Das Bundesverfassungsgericht akzeptiert mit einem Gleichlauf der Grundrechte von Grundgesetz und GRC, dass die Mitgliedstaaten an die Unionsgrundrechte bei der Umsetzung zwingenden primären und sekundären Unionsrechts gebunden sind, dies aber nur im Rahmen des Übertragenen und Übertragbaren.[94] Der völkerrechtliche Vorrang des Unionsrechts gilt nur so weit, wie Deutschland dieser Kollisionsregel zugestimmt hat, aber auch zustimmen durfte.[95] Damit können materielle Bestimmungen der nationalen Verfassungen bedeutsam werden, wenn Grenzen der Union bei Ratifikation der Verträge überschritten werden: Die Verfassungen agieren als „Filter für das europäische Primärrecht".[96] Deshalb überprüft das Bundesverfassungsgericht das Primärrecht nicht nur auf die Beachtung eines dem Grundgesetz vergleichbaren Grundrechtsstandards, sondern zudem auf die Erhaltung eines unantastbaren Kernbereichs deutscher Staatlichkeit sowie die Einhaltung der Grenzen der übertragenen Kompetenzen.[97]

---

[93] Für ein Nebeneinander nationaler (dort: österreichischer) und unionsrechtlicher Grundrechte: *Haimberger*, Datenschutz in der medizinischen und pharmazeutischen Forschung, 2021, S. 6. Der nationale Gesetzgeber muss sowohl national- als auch unionsgrundrechtskonform handeln: *Pache*, in: Pechstein/Nowak/Häde, Frankfurter Kommentar, 2. Aufl. 2023, Art. 53 GRC Rn. 19. Dabei entsteht kein Konflikt mit dem grundsätzlichen Anwendungsvorrang des Unionsrechts, da die Chartagrundrechte entweder ein Mindest- oder ein Höchstmaß gegenüber den nationalen Grundrechten darstellen.

[94] *Ehlers*, in: Schulze/Janssen/Kadelbach (Hrsg.), Europarecht – Handbuch für die deutsche Rechtspraxis, 4. Aufl. 2020, § 11 Rn. 27.

[95] BVerfGE 123, 267 (402) mit Verweis auf *Nettesheim*, EuR 2004, 511 (545 f.); *Ehlers*, in: Schulze/Janssen/Kadelbach (Hrsg.), Europarecht – Handbuch für die deutsche Rechtspraxis, 4. Aufl. 2020, § 11 Rn. 27.

[96] Zitat nach *Grimm*, in: Merten/Papier (Hrsg.), HGR VI/2, 2009, § 168 Rn. 15, 21 mit dem Hinweis, dass das Zustandekommen von unionsrechtlichem Primärrecht nicht nur in Deutschland an einer verfassungsrechtlichen Prüfung scheitern kann.

[97] Das Sekundärrecht entsteht auf Grundlage des Primärrechts, geschaffen durch den Rat der Europäischen Union, der nicht an nationale Verfassungen gebunden ist: *Grimm*, in: Merten/Papier (Hrsg.), HGR VI/2, 2009, § 168 Rn. 23, wenngleich die im Rat vertretenen Mitgliedstaaten nach Möglichkeit verhindern, dass mit dem nationalen Verfassungsrecht unvereinbares Unionsrecht entsteht.

Die Bundesrepublik darf nicht unbeschränkt Kompetenzen auf die Union übertragen, denn die Ermächtigung des Art. 23 GG ist selbst nicht unbeschränkt.[98] Dies soll eine Umgehung der Ewigkeitsgarantie verhindern.[99] Auf dieser Grundstruktur des Grundgesetzes (Art. 23 Abs. 1 S. 3 i.V.m. Art. 79 Abs. 3 GG) beruht der unantastbare Kerngehalt der Verfassungsidentität, der ohne Änderung des Grundgesetzes auch nicht durch Unionsrecht geändert werden darf.[100] Dabei ist die Begrenzung auf die unantastbare Verfassungsidentität enger als die durch Art. 4 Abs. 2 EUV geschützte nationale Identität der Mitgliedstaaten.[101]

Eine hinreichend qualifizierte Kompetenzüberschreitung, wie sie im *Honeywell*-Beschluss gefordert wird, berührt zugleich die Identität der Verfassung, sodass die *ultra-vires*-Kontrolle als Sonderfall der Identitätskontrolle durch das Bundesverfassungsgericht greifen würde.[102] Während bei der Identitätskontrolle jeder Verstoß gegen die Verfassungsidentität erheblich ist, treten bei der *ultra-vires*-Kontrolle qualifizierte Anforderungen hinzu.[103] Bei der Prüfung, ob die nationale Verfassungsidentität dem Europarecht im Wege steht, ist das bilaterale Verhältnis zwischen Mitgliedstaat und Union betroffen; die Feststellung einer Kompetenzüberschreitung durch ein Verfassungsgericht verursacht hingegen einen größeren Konflikt, da sie im Verhältnis aller Mitgliedstaaten und der Union wirkt.[104]

---

[98] *Herrmann/Michl*, Examens-Repetitorium Europarecht, 8. Aufl. 2022, Rn. 69.

[99] Das BVerfG begrenzte mit E 135, 317 (399) Rn. 159 die Reichweite auf Grundsätze des Art. 79 Abs. 3 GG als Identität der Verfassung, denn es darf zu keiner Aufgabe nationaler Souveränität kommen, *Ehlers*, in: Schulze/Janssen/Kadelbach (Hrsg.), Europarecht – Handbuch für die deutsche Rechtspraxis, 4. Aufl. 2020, § 11 Rn. 23.

[100] *Ehlers*, in: Schulze/Janssen/Kadelbach (Hrsg.), Europarecht – Handbuch für die deutsche Rechtspraxis, 4. Aufl. 2020, § 11 Rn. 23; BVerfGE 140, 317 (334) Rn. 36.

[101] BVerfGE 134, 366 (386) Rn. 29; *Uerpmann-Wittzack*, in: von Münch/Kunig (Hrsg.), GG-Kommentar Bd. I, 7. Aufl. 2021, Art. 23 GG Rn. 95.

[102] Stark umstritten. Dafür spricht die eindeutige Feststellung in BVerfGE 142, 123 (203) Rn. 153. Hingegen nennt BVerfGE 123, 267 (354) beide Kontrollmechanismen unterschiedslos nebeneinander. In der Literatur ist das Verhältnis beider Verfahren zueinander unklar: Teils wird von einem Spezialitätsverhältnis in beide Richtungen, teil von Überschneidungen der Anwendungsbereiche, teils von einem konzeptionellen Nebeneinander ausgegangen, s. *Burchardt*, ZaöRV 2016, 527 (544 ff.) m. w. N. Vertiefend und für die Eigenständigkeit beider Kontrollarten plädierend: *Schwerdtfeger*, EuR 2015, 290 (294 ff.). Für die Feststellung eines *ultra-vires*-Akts verlangt das BVerfG qualifizierte Erfordernisse und weist auf die Koordinationsaufgabe mit dem EuGH hin, die Einheit und Kohärenz des Unionsrechts wahren soll. Ein hinreichend qualifizierter Kompetenzverstoß bedeutet nach der Rspr. des BVerfG, dass das kompetenzwidrige Handeln der Union offensichtlich und im Hinblick auf das Prinzip der begrenzten Einzelermächtigung erheblich ins Gewicht fallen muss: BVerfGE 126, 286 (303 f.). Erstmalig einen solchen *ultra-vires*-Akt anerkennend: BVerfGE 154, 17 (94 ff.) Rn. 116 ff.

[103] *Schwerdtfeger*, EuR 2015, 290 (296 f.).

[104] *Mayer*, JZ 2020, 725 (731). In BVerfGE 126, 286 (303) erkannte das BVerfG schon die Brisanz einer solchen Kontrolle an, da so der Anwendungsbereich des Unionsrechts komplett leerlaufen würde, würde jeder Mitgliedstaat eine solche Prüfung durchführen.

Der Vorrang des Unionsrechts beruht somit aus deutscher Sicht auf der verfassungsrechtlichen Ermächtigung zur Übertragung von Hoheitsrechten, sodass bei einer Überschreitung dieser übertragenen Kompetenz ein unionaler Rechtsakt in Deutschland nach der Rechtsprechung des Bundesverfassungsgerichts keine Geltung beansprucht.[105] Denn die Union kann sich nicht selbstständig Kompetenzen schaffen; ihr fehlt es an einer Kompetenz-Kompetenz.[106] Die Unionsorgane sind nur für die Bereiche zuständig, für die sie im Primärrecht Kompetenzen besitzen (Prinzip der begrenzten Einzelermächtigung).[107] Anders als der Nationalstaat, der mittels seiner Kompetenzordnung über alle Politikbereiche disponieren kann, kann die Union ihre Kompetenzen nicht einfach erweitern.[108] Die Union ist damit auf die Kompetenzen beschränkt, die ihr die Mitgliedstaaten in ihren Zustimmungsgesetzen zu den europäischen Verträgen übertragen haben.[109] Sowohl für das Datenschutzrecht als auch für die Wissenschaftsfreiheit gibt es keine singuläre Regelungskompetenz, sondern ein Durcheinander verschiedener Gesetzgebungskompetenzen.[110]

a) Kompetenzen zur Regelung des Datenschutzrechtes

Die Datenschutzkompetenz der Union wird nicht im Zuständigkeitskatalog der Art. 3–6 AEUV genannt, sodass von einer geteilten Zuständigkeit von Union und Mitgliedstaaten auszugehen ist.[111] Mit Schaffung des Art. 16 AEUV emanzipiert sich der Datenschutz in der Union von seiner bisherigen Akzessorietät und Abhängigkeit von der Binnenmarktkompetenz (heute: Art. 114 AEUV) und ermöglicht die Etablierung eines unionsrechtlichen Datenschutzkomplexes.[112] Damit besteht mit Art. 16 Abs. 2 AEUV an „exponierter Stelle“[113] eine umfassende Kompetenz zur Regelung des Datenschutzrechtes, welche das Datenschutzniveau in Europa erweitert.[114] Diese Kompetenz greift bei der Verarbeitung personenbezogener Daten durch Unionsorgane oder Mitgliedstaaten, soweit diese im Anwendungsbereich des

---

[105] *Ultra-vires*-Akte verletzen nicht nur Unions-, sondern zugleich deutsches Verfassungsrecht: *Calliess*, in: Dürig/Herzog/Scholz, GG, 107. EL März 2025, Art. 24 Abs. 1 GG Rn. 202; *Herrmann/Michl*, Examens-Repetitorium Europarecht, 8. Aufl. 2022, Rn. 69.

[106] *Nettesheim*, in: Grabitz/Hilf/Nettesheim (Hrsg.), Das Recht der Europäischen Union, 85. EL Mai 2025, Art. 1 AEUV Rn. 18; *Nettesheim*, Kompetenzen, in: von Bogdandy/Bast (Hrsg.), Europäisches Verfassungsrecht, 2009, S. 402.

[107] *Nettesheim*, Kompetenzen, in: von Bogdandy/Bast (Hrsg.), Europäisches Verfassungsrecht, 2009, S. 398.

[108] *Fehling*, JA 2016, 498 (498).

[109] *Fehling*, JA 2016, 498 (498). Dies ergibt sich bereits aus dem Prinzip der begrenzten Einzelermächtigung: *Grzeszick*, NVwZ 2018, 1505 (1505).

[110] Dies zeigt sich in der Regelungsfülle auf Unions-, Bundes- und Landesebene, § 4.

[111] *Kingreen*, in: Calliess/Ruffert, EUV/AEUV, 6. Aufl. 2022, Art. 16 AEUV Rn. 5.

[112] *Kircher*, Der Schutz personenbezogener Gesundheitsdaten im Gesundheitswesen, 2016, S. 54.

[113] Formulierung nach *Spiecker gen. Döhmann/Eisenbarth*, JZ 2011, 169 (172).

[114] *Spiecker gen. Döhmann/Eisenbarth*, JZ 2011, 169 (172).

Unionsrechts tätig werden, und dies dem freien Datenverkehr als Ausprägung der Binnenmarktkompetenz dient.[115] Aufgrund weitreichender Zuständigkeiten der Union (vgl. Art. 2 ff. AEUV) sowie eines „potenziellen Binnenmarktbezugs der meisten staatlichen Handlungen" ist die Eröffnung des Anwendungsbereichs des Unionsrechts für Datenverarbeitungen im Regelfall zu bejahen.[116] Zudem bedarf es eines weiten Anwendungsbereichs des Unionsrechts beim Datenschutz, da ansonsten weder ein wirksamer Vorfeldschutz noch ein freier Datenverkehr zwischen den Mitgliedstaaten gewährleistet würde.[117]

Für die Verarbeitung personenbezogener Daten wird eine Vollharmonisierung angestrebt, die auch „Abweichungen nach oben" durch zusätzliche, strengere Voraussetzungen für die Datenverarbeitungen verhindern soll.[118] Restriktive Stimmen begrenzen den Anwendungsbereich des Art. 16 Abs. 2 AEUV und verweisen darauf, dass Gesundheitspolitik, Organisation des Gesundheitswesens und medizinische Versorgung (Art. 168 Abs. 7 S. 1, 2 AEUV) Sache der Mitgliedstaaten seien.[119]

Für die Bundesrepublik hat der Anwendungsvorrang des Unionsrechts keine Auswirkungen auf die Verteilung nationaler Gesetzgebungskompetenzen.[120] Im Grundgesetz ist keine spezielle Gesetzgebungskompetenz für das Datenschutzrecht vorgesehen, sondern es folgt als Querschnittmaterie bzw. Annexkompetenz der Gesetzgebungskompetenz für die übergeordnete Sachmaterie.[121] Das bedeutet, dass der Bundesgesetzgeber Datenschutzregelungen als zu regelnde Folgematerie mit erfassen darf, sofern seine Gesetzgebungsbefugnisse für die Hauptsache reichen.[122]

---

[115] *Kingreen*, in: Calliess/Ruffert, EUV/AEUV, 6. Aufl. 2022, Art. 16 AEUV Rn. 5; *Weichert*, ZD 2020, 18 (18).

[116] *Bäcker*, in: Wegener (Hrsg.), EnzEur. Bd. 8, 2. Aufl. 2021, § 11 Rn. 17.

[117] *Bäcker*, in: Wegener (Hrsg.), EnzEur. Bd. 8, 2. Aufl. 2021, § 11 Rn. 16; Datenschutz als „Schutz im Vorfeld der eigentlichen Gefahr", um möglichen Rechtsgutsverletzungen vorzubeugen: *Grimm*, JZ 2013, 585 (586).

[118] *Kingreen*, in: Calliess/Ruffert, EUV/AEUV, 6. Aufl. 2022, Art. 16 AEUV Rn. 5; EuGH (ASNEF), Urt. v. 24.11.2011, Rs. C-468/10 und C-469/10, Rn. 30 ff.

[119] Der „Anwendungsbereich des Unionsrechts" (Art. 2 Abs. 2 lit. a DSGVO) ist eng zu verstehen und erfasst keine innerstaatlichen, vom Unionsrecht unberührten Fälle der Datenverarbeitung durch öffentliche Stellen: *Schröder*, in: Streinz, EUV/AEUV, 3. Aufl. 2018, Art. 16 AEUV Rn. 9.

[120] *Dierks/Kircher/Husemann u. a.*, Rechtsgutachten – Lösungsvorschläge für ein neues Gesundheitsforschungsdatenschutzrecht in Bund und Ländern, 2019, S. 33; *Gusy/Eichenhofer*, in: Wolff/Brink/v. Ungern-Sternberg, BeckOK DatenschutzR, 53. Aufl. v. 1.8.2025, § 1 BDSG Rn. 30: So beziehen sich Geltungsanspruch und Anwendungsbereich des BDSG nur auf den Bereich der Gesetzgebungskompetenzen des Bundes.

[121] *Dierks/Kircher/Husemann u. a.*, Rechtsgutachten – Lösungsvorschläge für ein neues Gesundheitsforschungsdatenschutzrecht in Bund und Ländern, 2019, S. 33 f.; *Spiecker gen. Döhmann/Eisenbarth*, JZ 2011, 169 (169): Datenschutz ist jeweils Annexkompetenz.

[122] *Gusy/Eichenhofer*, in: Wolff/Brink/v. Ungern-Sternberg, BeckOK DatenschutzR, 53. Aufl. v. 1.8.2025, § 1 BDSG Rn. 27.

Aus einigen Gesetzgebungsbefugnissen aus dem Gesundheitssektor lassen sich so die entsprechenden Gesetzgebungskompetenzen des Bundes bzw. der Länder für die dazugehörigen Datenschutzregelungen heranziehen. Für den Bund sind hierbei insbesondere das Recht der Sozialversicherung (Art. 74 Abs. 1 Nr. 12 GG) und das Recht der Arzneien und Medizinprodukte (Art. 74 Abs. 1 Nr. 19 GG) relevant. Für die Länder besteht insbesondere nach Art. 70 Abs. 1 GG eine Kompetenz für das Recht der Krankenhausorganisation und -planung.[123]

b) Kompetenzen zur Forschungsförderung (im Gesundheitsbereich)

Die Union hat für die allgemeine Forschung keine eigene Normsetzungskompetenz. Zwar bestehen im Gesundheitsbereich weitreichende Möglichkeiten wie Art. 168 Abs. 1 S. 1 AEUV, der jedoch keine Kompetenz begründet, sondern eine solche Kompetenzausübung nur mit materiell-rechtlichen Anforderungen ausfüllt.[124] Eine Kompetenz liegt indes in Art. 168 Abs. 2 UAbs. 1, Abs. 5 AEUV, wonach die Union die Zusammenarbeit zwischen den Mitgliedstaaten in den in Abs. 1 UAbs. 2 genannten Bereichen (u.a. Verbesserung der Gesundheit der Bevölkerung, Beseitigung von Ursachen für die Gefährdung der körperlichen und geistigen Gesundheit, Förderung der Erforschung der Ursachen, der Übertragung und Verhütung dieser Krankheiten sowie Gesundheitsinformationen) fördert und durch erforderliche Tätigkeiten unterstützt.[125] Diese Kompetenz ist jedoch eine bloße Unterstützungs-, Ergänzungs- und Koordinierungskompetenz.[126]

Wenig besprochen ist auf nationaler Ebene die Möglichkeit, Datenschutzregelungen für medizinische Forschungsvorhaben als einheitliche Bundesregelungen nach Art. 74 Abs. 1 Nr. 13 i.V.m. Art. 72 Abs. 2 GG auszugestalten.[127] Die Ent-

---

[123] Zur detaillierten Auflistung: *Dierks/Kircher/Husemann u. a.*, Rechtsgutachten – Lösungsvorschläge für ein neues Gesundheitsforschungsdatenschutzrecht in Bund und Ländern, 2019, S. 35 f. Wegen des Charakters als Querschnittsmaterie ist es zumindest verkürzt eine „Datenschutz-Kompetenz" aus Art. 70 Abs. 1 GG anzunehmen mit der Folge, dass grundsätzlich die Länder zuständig seien. So jedoch *Werry/Ntanas*, MMR 2024, 641 (642).

[124] *Kingreen*, in: Calliess/Ruffert, EUV/AEUV, 6. Aufl. 2022, Art. 168 AEUV Rn. 10. Teilweise wird aus Art. 168 Abs. 7 AEUV und Art. 5 Abs. 3 EUV hergeleitet, dass die Union und konkret die DSGVO keine Gesundheitsdatenverarbeitung regeln darf, da der Gesundheitsbereich nicht dem Unionsrecht unterfällt: *Dochow*, GesR 2016, 401 (403). Obgleich die Regelung von Gesundheitsdaten „kompetenziell-überschießend" sei, ist dies aufgrund des Art. 16 Abs. 2 in Zusammenhang mit dem Grundsatz der praktischen Wirksamkeit zulässig: *Albers/Veit*, in: Wolff/Brink/v. Ungern-Sternberg, BeckOK DatenschutzR, 53. Aufl. v. 1.8. 2025, Art. 9 DSGVO Rn. 94. Dafür plädierend, dass weder Struktur noch Organisation des Gesundheitswesens oder der Gesundheitspolitik tangiert sind, da lediglich Rahmenbedingungen nach Art. 16 Abs. 2 AEUV vorgegeben würden: *Weichert*, in: Kühling/Buchner, DS-GVO/BDSG, 4. Aufl. 2024, Art. 9 DSGVO Rn. 96.

[125] *Kingreen*, in: Calliess/Ruffert, EUV/AEUV, 6. Aufl. 2022, Art. 168 AEUV Rn. 14.

[126] *Kingreen*, in: Calliess/Ruffert, EUV/AEUV, 6. Aufl. 2022, Art. 168 AEUV Rn. 15.

[127] Dafür aussprechend: *Dierks/Kircher/Husemann u. a.*, Rechtsgutachten – Lösungsvorschläge für ein neues Gesundheitsforschungsdatenschutzrecht in Bund und Ländern, 2019,

stehungsgeschichte dieser Norm ist wenig ergiebig, dem Parlamentarischen Rat ging es vor allem um die Sicherstellung der Finanzierung im außeruniversitären Bereich, erschöpft sich darin aber nicht.[128] Die Norm erlaubt zwar keine allgemeine Gesetzgebungskompetenz für die Materie Forschungsdatenschutz, aber eine Sachkompetenz zur Etablierung eines rechtssicheren und einheitlichen Datenschutzregimes, insofern es daran fehlt und die Forschung dessen bedarf.[129] Ausgeschlossen sind Regelungen der Forschung selbst sowie ihre institutionelle Ausgestaltung der Hochschulstrukturen, denn es ist eine Kompetenz zur Forschungs*förderung*, nicht zur Forschung selbst – zumal die materielle Kompetenz für Forschung regelmäßig auf Landesrecht beruht.[130]

Partielle Relevanz für den Bereich der Gesundheitsforschung bietet das Recht der Sozialversicherung (Art. 74 Abs. 1 Nr. 12 Var. 4 GG) für das Sozialdatenschutzrecht.[131] Sind Daten(weiter)nutzungen aus dem Krankenhausbereich betroffen, sind die Länder zuständig. Denn Art. 74 Abs. 1 Nr. 19a GG ist eng und gibt dem Bund nur im Bereich der wirtschaftlichen Sicherung der Krankenhäuser eine (konkurrierende) Gesetzgebungszuständigkeit.[132] Kirchliche Träger haben das Recht – innerhalb gewisser Grenzen – eigene Datenschutzregelungen zu treffen.[133]

c) Fazit zu den Kompetenzen

Sowohl für das Datenschutzrecht als auch für die Wissenschaftsförderung sind die Kompetenzen zwischen Union, Bund und Ländern aufgeteilt.[134] Dabei könnten sowohl mehr Kompetenzen auf die Union (Stichwort: Art. 16 AEUV) als auch auf den Bund (Stichwort: Art. 74 Abs. 1 Nr. 13 GG) übertragen werden. Auch der Bund selbst geht davon aus, dass ihm aus den Kompetenztiteln des Rechts der Wirtschaft, der Förderung der Wissenschaft und der Finanzierung der Krankenhäuser eine

S. 35; *Engelke/Kipker/Voskamp*, A. Sozialdatenschutz – Allgemeiner Teil, Kap. 1 Allgemeiner Teil, in: Kipker/Voskamp (Hrsg.), Sozialdatenschutz in der Praxis, 1. Aufl. 2021, Rn. 15: Die Regelung soll nicht nur finanzielle Förderungen, sondern auch organisatorische Maßnahmen umfassen, die zur Förderung der bundesweiten Durchführung von Forschungsvorhaben dienlich sind. Damit könne man unmittelbar aus Art. 74 Abs. 1 Nr. 13 GG folgend, eine Kompetenz zur datenschutzrechtlichen Regelung im Bereich der Forschung annehmen. Dabei muss der Bundesgesetzgeber jedoch die Voraussetzungen des Art. 72 Abs. 2 GG beachten und Forschungshemmnisse aufgrund heterogener Anforderungen in den Ländern identifizieren.

[128] *Graf von Kielmansegg*, VerwArch 2021, 133 (142).

[129] *Graf von Kielmansegg*, VerwArch 2021, 133 (144).

[130] *Graf von Kielmansegg*, VerwArch 2021, 133 (142, 147 f.).

[131] *Kühling/Schildbach*, ZfDR 2024, 1 (5). Für das Recht der Privatversicherten besteht eine Bundeszuständigkeit nach Art. 74 Nr. 11 GG mit dem „Recht der Wirtschaft“: *Weichert*, GuP 2023, 183 (184).

[132] *Kühling/Schildbach*, ZfDR 2024, 1 (5).

[133] Dazu § 4 IV. 2.

[134] Die Kompetenzen sind „kleinteilig und kontextabhängig“ auf Bund und Ländern aufgeteilt: *Kühling/Schildbach*, ZfDR 2024, 1 (5).

Gesetzgebungskompetenz zur Zuweisung landesübergreifender Forschungsvorhaben in das Datenschutzrecht des Bundes zusteht.[135] Es gibt keine Hinweise, dass ein Vorbehalt des Bundesverfassungsgerichtes greift, wonach die Union ihre übertragenen Kompetenzen überschritten habe. Das hier relevante Gesundheitsdatenschutzrecht ist überwiegend unionsrechtlich geprägt (v. a. durch die DSGVO),[136] enthält aber auch Ermächtigungen für einen weiterreichenden (auch zukünftigen) nationalen Gesundheitsdatenschutz, etwa in Art. 89, 9 Abs. 2 lit. j DSGVO.[137]

Der Anwendungsvorrang des Unionsrechts besteht zwar auch vor nationalem Verfassungsrecht, was zur Unanwendbarkeit des nationalen Rechts im Einzelfall führen könnte; dies gilt aber nicht im Bereich der Öffnungsklauseln, die nationales Recht gerade erlauben.

Es ist keine Kompetenzüberschreitung der Union bei Setzung allgemeiner Datenschutzregelungen ersichtlich, sodass die nationale Verfassungsidentität nicht durch die Auflösung des Konflikts zwischen Wissenschaftsfreiheit und Datenschutzgrundrecht berührt wird. Ein Vorbehalt des Bundesverfassungsgerichtes greift nicht, vielmehr ist von einem Gleichlauf der Grundrechte der Charta und des Grundgesetzes auszugehen.

4. Ergebnis: Gleichlauf der Grundrechte

Der Datenschutz ist überwiegend unionsrechtlich geprägt, lässt den Mitgliedstaaten aber in bestimmten Bereichen, für die die Union keine Kompetenzen besitzt, zahlreiche Gestaltungsspielräume. Dies ist vorwiegend im Bereich der Forschung der Fall. Die Union hat zwar unspezifische, weite Förderkompetenzen, daneben bleibt die Zuständigkeit der Mitgliedstaaten (vorliegend aufgeteilt auf Bund und Länder) bestehen. Bei Sachverhalten, die sowohl dem nationalen Recht als auch dem Unionsrecht unterfallen, prüft der EuGH vorrangig anhand der Charta-Grundrechte, während das Bundesverfassungsgericht die nationalen Grundrechte heranzieht, die regelmäßig die Gewährleistungen der Charta beinhalten. Damit besteht ein – wie vom Bundesverfassungsgericht festgestellt – gewisser Gleichlauf der Grundrechte.

Zwar können die drei über Grundrechte urteilenden Gerichte (EGMR, EuGH und das Bundesverfassungsgericht) mit der Möglichkeit abweichender Rechtsprechung eine Gefahr für die Rechtssicherheit und Glaubwürdigkeit in Europa darstellen, tatsächlich sorgen sie aber für einen Gleichlauf der Rechtsprechung.[138] Denn

---

[135] BT-Drs. 19/18111, S. 26.

[136] *Spitz*, Sekundärnutzung von Behandlungsdaten für medizinische Forschungszwecke, 2024, S. 56.

[137] Vertiefend zu den einfach-rechtlichen Ausgestaltungen § 4.

[138] Bezogen auf EGMR und EuGH: *Wiethoff*, Das konzeptionelle Verhältnis von EuGH und EGMR – unter besonderer Berücksichtigung der aktuellen Verfassungsentwicklung der Europäischen Union, 2008, S. 29. Mahnend an den EuGH wendend, dass dieser Rechtspre-

alle drei Gerichte rezipieren einander und sind bereit, die Maßstäbe der anderen Rechtsordnungen in ihre Rechtsprechung zur Sicherstellung einer größeren Einheitlichkeit und eines höheren Schutzniveaus zu integrieren.[139] Dieses Zusammenwirken der Gerichte zeichnet sich als Kooperationsverhältnis derart aus, dass sie nicht nur gegenseitig Urteile rezipieren, sondern eine Zurückhaltung im Rahmen der vorrangigen Kompetenzen der anderen Gerichte mit der Annahme üben, dass diese ebenfalls den notwendigen Grundrechtsschutz garantieren.[140] Die EMRK-Rechtsprechung ist „im Sinne einer Ergebniskohärenz als Mindeststandard vom EuGH zu beachten, ohne dass dieser zur Übernahme auch der dogmatischen Strukturen verpflichtet ist."[141]

Die Unionsgrundrechte wie auch die Grundrechte des Grundgesetzes sind im Bereich der überschneidenden Kompetenzen von Datenschutz und Wissenschaftsfreiheit maßgeblich, wobei von einem grundsätzlichen Gleichlauf beider Grundrechtsregime ausgegangen wird. Dies betrifft nicht nur den Schutzbereich, sondern auch die Einschränkungsmöglichkeiten. Wenngleich die Forschungsfreiheit im Grundgesetz schrankenlos gewährleistet wird, kann es durch kollidierendes Verfassungsrecht, wozu insbesondere die Grundrechte Dritter (hier: Recht auf informationelle Selbstbestimmung) gehören, beschränkt werden.[142] Eben diese Einschränkung ist auch nach Art. 52 S. 2 GRC („den Erfordernissen des Schutzes der Rechte und Freiheiten anderer") einschlägig, sodass es keine Divergenzen gibt, insofern als ein Grundrechtsregime ein Grundrecht weitergehend schützt und damit

---

chung der nationalen Verfassungsgerichte berücksichtigen soll, damit es zu keinen unüberwindlichen Hindernissen komme: *Grimm*, in: Merten/Papier (Hrsg.), HGR VI/2, 2009, § 168 Rn. 44.

[139] *Grabenwarter*, in: Grabenwarter (Hrsg.), EnzEur Bd. 2, 2. Aufl. 2022, § 1 Rn. 93. Mit einer solchen affirmativen Bezugnahme werden die Urteile erstens bekannter, v. a. die oftmals nicht in allen Sprachen verfügbaren Urteile des EGMR, zweitens verringert sich die Begründungslast des jeweiligen Gerichts durch die Ersparnis einer parallelen Ableitung: *Grabenwarter*, in: Grabenwarter (Hrsg.), EnzEur Bd. 2, 2. Aufl. 2022, § 1 Rn. 16, 18.

[140] *Grabenwarter*, in: Grabenwarter (Hrsg.), EnzEur Bd. 2, 2. Aufl. 2022, § 1 Rn. 22. Zum Kooperationsverhältnis zwischen BVerfG und EuGH: *Ehlers*, in: Schulze/Janssen/Kadelbach (Hrsg.), Europarecht – Handbuch für die deutsche Rechtspraxis, 4. Aufl. 2020, § 11 Rn. 37. Problematiken, wie eine „institutionelle Überforderung" der drei Gerichtsbarkeiten, die teils über dieselben Fälle entscheiden oder eine (versehentlich) nicht erfolgte Vorlage bei Zweifeln über die Auslegung europäischen Rechts, werden kaum thematisiert: *Masing*, JZ 2015, 477 (484). Auch das BVerfG spart diese Thematik aus, indem es konsequent die Rolle als Superrevisionsinstanz meidet und nur *willkürliche* Verletzungen der Vorlagepflicht im Vorabentscheidungsverfahren nach Art. 267 AEUV durch ein anderes nationales Gericht feststellt: *Kühling/Drechsler*, NJW 2017, 2950 (2951). Auch die Acte éclairé- und Acte claire-Grundsätze können Gefahren verkannter anderer Interpretationen durch den EuGH bergen, der einen solchen Fall mitunter für einen Rechtsprechungsänderung genutzt hätte. Ähnlich *Marsch*, Das europäische Datenschutzgrundrecht, 2018, S. 46.

[141] *Marsch*, Das europäische Datenschutzgrundrecht, 2018, S. 42.

[142] *Krüper*, in: Dreier, GG, 4. Aufl. 2023, Art. 5 Abs. 3 GG (Wissenschaft) Rn. 85.

zugleich das kollidierende Recht in multipolaren Grundrechtskonstellationen weiter begrenzt.

Wegen dieses Gleichlaufs kann man von einer im Grunde einheitlichen Lösung der drei Gerichte bei Kollisionen mit dem Datenschutzgrundrecht ausgehen. Gleichwohl soll wegen der weniger dichten Rechtsprechung des EuGH gegenüber der seit Jahrzehnten ausdifferenzierten Rechtsprechung des Bundesverfassungsgerichts der Fokus auf der Grundrechtecharta liegen, um einen nötigen Beitrag zur bislang teilweise fehlenden Präzisierung dieser zu leisten.

§ 3 Grundrechtliche Spannung zwischen Forschungsfreiheit und Datenschutzgrundrecht

Das Spannungsverhältnis zwischen der Forschungsfreiheit und dem Datenschutzgrundrecht ist entscheidend von der Auslegung des jeweiligen Grundrechts geprägt. Relevante Fragen dabei sind, ob die Wissenschaft bloßer Selbstzweck sein soll oder sie höheren, sozialen Zielen des Allgemeinwohls untersteht. Daneben steht die Frage, wie man das Problem handhabt, dass die Gefahren der Datenverarbeitungen nicht nur von staatlichen Informationstätigkeiten ausgehen, sondern zunehmend von unkontrollierten und international agierenden privaten Wirtschaftsakteuren.

Im Nachfolgenden soll der Blick auf die Rolle der Wissenschaftsfreiheit in der Union gerichtet werden (I.), bevor die Gewährleistungen und Funktionen des Datenschutzgrundrechts dargestellt werden (II.). Am Ende dieses Kapitels schließen sich spezifische Aussagen zur Auflösung der Kollisionslage beider Grundrechte an (III.).

I. Wissenschaftsfreiheit in Europa

„Wissenschaft ist frei" – so oder ähnlich wird die Wissenschaftsfreiheit in der Union sowie in zahlreichen Mitgliedstaaten garantiert.[143] Die Wissenschaftsfreiheit stellt die Grundlage für Innovation und Fortschritt dar, denn wissenschaftliche Erkenntnisse prägen in hohem Maße das gesellschaftliche Leben und dessen Lebensstandard.[144] Man kann in ihr eine Basis für internationale Zusammenarbeit beim

---

[143] Für eine Aufzählung der Mitgliedstaaten, die mittlerweile über ein mit Art. 13 GRC vergleichbares Grundrecht verfügen: *Bernsdorff*, in: Meyer/Hölscheidt, GRC, 6. Aufl. 2024, Art. 13 GRC Rn. 2.

[144] *Thiele*, in: Pechstein/Nowak/Häde, Frankfurter Kommentar, 2. Aufl. 2023, Art. 13 GRC Rn. 6.

Finden von Lösungen globaler Herausforderungen sehen.[145] Wissenschaft darf in Demokratien kein reiner Selbstzweck sein: So besteht die prinzipielle Aufgabe in der Stabilisierung der Grundlagen der Demokratie selbst durch offene Kritik, Austausch und Diskurse.[146] Auch medizinische Forschung ist kein reiner Selbstzweck, sondern dient Zielen des Allgemeinwohls, indem sie die Gesundheitsvorsorge beständig vorantreibt und verbessert. Gleichwohl bestehen Herausforderungen, denn die Arbeit von Wissenschaftlern wird zunehmend durch Verfälschung von Fakten („alternative Fakten") und von wissenschaftlichen Methoden bedroht sowie aus politischen, religiösen, wirtschaftlichen oder ideologischen Motiven erschwert.[147] Einerseits wird ein Rekurs auf wissenschaftliche Erkenntnisse bei politischen Entscheidungen vorausgesetzt, andererseits steht das Ausmaß und damit der Verlust politischer Gestaltungsspielräume in ständiger Kritik.[148] Die Gefahren für die Wissenschaftsfreiheit gehen in funktionierenden Demokratien nicht mehr von Regierungen oder deren Zensurbemühungen aus, sie erwachsen zunehmend forschungspolitischen Ausrichtungen mit den mittlerweile gängigen Kriterien der „Verwertbarkeit von Ergebnissen und damit verbundene[n] Anreiz- und Belohnungssysteme[n], Kooperationen mit privaten Unternehmen sowie [... der] Herausbildung eines Wissenschaftsprekariats".[149]

Während die Wissenschaftsfreiheit in der EMRK nicht ausdrücklich geregelt ist, sondern vom EGMR in die Meinungsfreiheit hineingelesen wird und somit überwiegend die wissenschaftliche Kommunikation als Verwertungsphase der Forschungsergebnisse schützt,[150] wird sie in der Grundrechtecharta explizit und ei-

---

[145] Punkt 6 lit. e der Resolution der 77. Hauptversammlung der *UNESCO-Kommission*, Wissenschaftsfreiheit weltweit, Bonn 2017.

[146] *Frick*, ZfP (Sonderband 10) 2022, 55 (60 f.).

[147] Mit Hinweis auf weitere Gefahren, Punkt 7 der Resolution der 77. Hauptversammlung der *UNESCO-Kommission*, Wissenschaftsfreiheit weltweit, Bonn 2017. Die Wissenschaftsfreiheit ist nicht nur in autoritären Regimen wie China oder der Türkei gefährdet, sondern zunehmend auch in Europa. So durfte in Ungarn beispielsweise eine ausländische Universität (d.h. eine solche, ohne Sitz im Ursprungsland) nicht mehr tätig werden. Auch wenn dies zu einem Vertragsverletzungsverfahren der Union führte, das in EuGH (Europäische Kommission gegen Ungarn), Urt. v. 6.10.2020, Rs. C-66/18 gipfelte, wurde die *Central European University* aus dem Land gedrängt.

[148] Als Beispiele für diesen Zwiespalt eignen sich sowohl die COVID-19-Pandemie als auch der Klimawandel: *Krüper*, in: Dreier, GG, 4. Aufl. 2023, Art. 5 Abs. 3 GG (Wissenschaft) Rn. 24. Die COVID-19-Pandemie belegt, wie sehr die Gesellschaft auf rasche wissenschaftliche Erkenntnisse angewiesen ist: *Spitz*, Sekundärnutzung von Behandlungsdaten für medizinische Forschungszwecke, 2024, S. 38.

[149] Zitat nach *Frick*, ZfP (Sonderband 10) 2022, 55 (56).

[150] EGMR (Sorguç v. Turkey), Urt. v. 23.6.2009, App. No. 17089/03, Rn. 35; *Daiber*, in: Meyer-Ladewig/Nettesheim/von Raumer (Hrsg.), HK-EMRK, 5. Aufl. 2023, Art. 10 EMRK Rn. 22; *Grote/Wenzel*, in: Dörr/Grote/Marauhn (Hrsg.), EMRK/GG Bd. I, 3. Aufl. 2022, Kap. 18: Die Meinungsfreiheit Rn. 128; *Marauhn/Jaś-Nowopolska*, in: Ehlers/Germelmann (Hrsg.), Europäische Grundrechte und Grundfreiheiten, 5. Aufl. 2023, § 5.1 Kommunikationsgrundrechte Rn. 23.

genständig geschützt[151]. Damit wird der Weg geebnet, neben den kommunikativen auch die anderen Gewährleistungsdimensionen der Wissenschaftsfreiheit, wie die institutionelle Garantie, zu betonen. Art. 13 GRC hat somit kein direktes Vorbild in der EMRK; letztere ist gleichwohl als Mindeststandard anzusehen.[152] Trotz dieser eigenständigen Regelung der Wissenschaftsfreiheit besteht auch in der Charta ein enger Zusammenhang zur Meinungs- (Art. 11 GRC), aber auch zur Gedankenfreiheit (Art. 10 GRC), sodass neben Forschung und Lehre auch die wissenschaftliche Kommunikation geschützt wird.[153]

1. Wissenschaftsfreiheit mehr als bloße Meinungsäußerung

Trotz des engen Zusammenhangs zwischen Meinungsäußerungs- und Wissenschaftsfreiheit, besteht die Notwendigkeit einer Differenzierung. Denn Wissenschaftsfreiheit darf nicht auf eine bloße akademische Meinungs- und Redefreiheit reduziert werden. Die Wissenschaftsfreiheit ist mehr als die Zusammenführung schutzbereichsüberschneidender Grundrechte; sie ist eigenständiges Schutzgut mit eigenen Schutzwirkungen.[154] Die Wissenschaftsfreiheit soll Schutz gegen staatliche Einflussnahme mit den Risiken politisierender Meinungskämpfe bieten, indem wissenschaftliche Richtigkeit und damit Wahrheitsfragen für den Staat unverfügbar werden.[155] Wissenschaft soll indirekt über Expertenwissen am demokratischen Prozess in vielfältiger Form teilhaben.[156] Dort, wo Meinungsfreiheit durch Emotionalität und Unreflektiertheit geprägt sein kann, weist die Wissenschaftsfreiheit eine spezielle Bindung an vernunftgeleitete Standards auf und erschöpft sich nicht in einem negativen Verständnis im Sinne einer Freiheit von Zwang.[157] Die Wissenschaftsfreiheit muss nicht an der alltäglichen Meinungsbildung mitwirken, sondern zeichnet sich vielmehr durch das „Leitbild einer staats- und machtfernen,

---

[151] *Bernsdorff*, in: Meyer/Hölscheidt, GRC, 6. Aufl. 2024, Art. 13 GRC Rn. 1, 11.

[152] *Augsberg*, in: GSH, EUV/AEUV/GRC, 7. Aufl. 2015, Art. 13 GRC Rn. 2.

[153] Vgl. die unverbindlichen Erläuterungen zur Grundrechtecharta: „Dieses Recht [Anm.: Art. 13 GRC] leitet sich in erster Linie aus der Gedankenfreiheit und der Freiheit der Meinungsäußerung ab“, ABl. 2007 C 303/22; *Holoubek*, in: Grabenwarter (Hrsg.), EnzEur Bd. 2, 2. Aufl. 2022, § 16 Rn. 7; *Thiele*, in: Pechstein/Nowak/Häde, Frankfurter Kommentar, 2. Aufl. 2023, Art. 13 GRC Rn. 3; *Juliane Kokott*, Schlussantrag beim EuGH v. 5. 3. 2020 in der Rs. C-66/18, Rn. 146.

[154] *Holoubek*, in: Grabenwarter (Hrsg.), EnzEur Bd. 2, 2. Aufl. 2022, § 16 Rn. 9.

[155] Mit dem Hinweis, dass die Wissenschaftsfreiheit keine spezifische Auffassung von Wissenschaft oder spezielle Wissenschaftstheorie schützt: BVerfGE 90, 1 (12); E 47, 327 (367); E 35, 79 (113).

[156] *Gärditz*, APuZ 2021 (46), 10 (12). Es sei kein Zufall, dass Meinungs- und Wissenschaftsfreiheit in einem Grundrecht in der Bundesrepublik geregelt seien: *Özmen*, APuZ 2021 (46), 4 (4).

[157] *Gärditz*, APuZ 2021 (46), 10 (12); *Özmen*, APuZ 2021 (46), 4 (7); Ähnlich *Barendt*, Academic Freedom and the Law: A Comparative Study, 2010, S. 20.

zweckbefreiten Erkenntnisgewinnung zum eher langfristigen Nutzen der Allgemeinheit"[158] aus.

2. Gewährleistungsbereich der GRC

Im Nachfolgenden sollen der Gewährleistungsbereich sowie die verfassungsrechtliche Rechtfertigung eines Eingriffs im Mittelpunkt stehen. Obwohl Kritik dahingehend besteht, den dreistufigen Grundrechteaufbau auf die Grundrechtecharta zu übertragen, kann die deutsche Dogmatik als Quelle der Inspiration dienen, wie Grundrechte systematisiert werden können.[159] Zudem wird der dreigliedrige Aufbau der Unionsgrundrechte für Freiheitsrechte normativ in Art. 52 Abs. 1 GRC anerkannt[160] und seit Jahrzehnten vom EuGH geprüft.[161]

a) Entwicklung der Wissenschaftsfreiheit

Historisch betrachtet ist die Wissenschaftsfreiheit ein genuin deutsches Grundrecht, das zu Art. 13 GRC inspirierte.[162] Im Unterschied zu vielen anderen Grundrechten, gehört die Wissenschaftsfreiheit nicht zu den klassischen Menschenrechten des revolutionären 18. Jahrhunderts.[163] Erst 1849 wurde die Wissenschaftsfreiheit mit den Worten „Die Wissenschaft und Lehre ist frei" in § 152 der Paulskirchenverfassung garantiert.[164] Auch wenn die spätere Reichsverfassung von 1871 keinen

[158] Zitat nach *Hevers*, Informationszugangsansprüche des forschenden Wissenschaftlers, 2015, S. 100.

[159] *Marsch*, Das europäische Datenschutzgrundrecht, 2018, S. 36 mit Verweis auf den bedeutenden deutschen Einfluss bei Schaffung der Grundrechtecharta.

[160] *Pache*, in: Pechstein/Nowak/Häde, Frankfurter Kommentar, 2. Aufl. 2023, Art. 52 GRC Rn. 8.

[161] Bspw. EuGH (Digital Rights Ireland), Urt. v. 8.4.2014, Rs. C-293/12 u. C-594/12, Rn. 23 („zur Relevanz"); 31 („zum Vorliegen eines Eingriffs"); 37 („zur Rechtfertigung des Eingriffs"); EuGH (Sky Österreich), Urt. v. 22.1.2013, Rs. C-283/11, Rn. 42 („gewährte[r] Schutz"); 44 („greift ein"); 45 („nicht schrankenlos"); *Lorenzen*, JURA 2021, 482 (488); *Cornils*, in: Grabenwarter (Hrsg.), EnzEur Bd. 2, 2. Aufl. 2022, § 7 Rn. 2; *Kingreen*, in: Calliess/Ruffert, EUV/AEUV, 6. Aufl. 2022, Art. 52 GRC Rn. 44 ff.

[162] *Stern/Sachs/Dietlein*, § 117 Die Freiheit der Kunst und der Wissenschaft, in: Stern (Hrsg.), StaatsR IV/2, 2011, S. 725 f.; *Roßnagel*, ZD 2019, 157 (158); *Ruffert*, in: Calliess/Ruffert, EUV/AEUV, 6. Aufl. 2022, Art. 13 GRC Rn. 6. Mit der Ansicht, dass für eine europaweite Interpretation auf die Rspr. des BVerfG zurückgegriffen werden könne: *Geminn*, DuD 2018, 640 (640). Von einer „spezifisch deutsche[n] Prägung" sprechend: *Krüper*, in: Dreier, GG, 4. Aufl. 2023, Art. 5 Abs. 3 GG (Wissenschaft) Rn. 1.

[163] Die Wissenschaftsfreiheit sei kein „ursprüngliches" Menschenrecht: *Gärditz*, APuZ 2021 (46), 10 (10).

[164] Erstmalig geregelt in Art. 6 § 22 Gesetz, betreffend die Grundrechte des deutschen Volkes vom 27.12.1848, sodann aufgenommen in Art. VI § 152 Frankfurter Reichsverfassung vom 28.3.1849, obgleich die Verfassung nie in Kraft trat; *Krüper*, in: Dreier, GG, 4. Aufl. 2023, Art. 5 Abs. 3 GG (Wissenschaft) Rn. 2.

Grundrechtskatalog enthielt, war die Wissenschaftsfreiheit im Verfassungsrecht der Länder sowie als gemeindeutsches Verfassungsprinzip anerkannt.[165] In der Weimarer Reichsverfassung wurde die Wissenschaftsfreiheit gemeinsam mit der Kunstfreiheit in Art. 142 WRV gewährleistet.[166] Da in der Weimarer Zeit Lehrstühle teilweise gegen die Republik agierten, wurde im Parlamentarischen Rat lange über eine Einschränkbarkeit und Begrenzung der Wissenschaftsfreiheit im Grundgesetz gerungen.[167] Während davon aus deutscher Sicht abgesehen wurde, greift in der Union die allgemeine Schrankenregelung des Art. 52 Abs. 1 GRC.

b) Sachlicher Gewährleistungsbereich

Art. 13 GRC bietet dem Wortlaut nach wenig Anhaltspunkte für den Gewährleistungsbereich. Auch die historische Auslegung bietet wenig Material. Denn Art. 13 GRC war nicht umstritten und fand damit in den Erörterungen wenig Beachtung.[168] Dennoch ist Art. 13 GRC mehr als ein bloßer Grundsatz im Sinne von Art. 52 Abs. 5 GRC – es ist ein Grundrecht.[169]

Bereits in der EMRK ist die Wissenschaftsfreiheit weit zu verstehen. Dies wird durch die (rechtlich nicht verbindliche) Empfehlung der Parlamentarischen Versammlung des Europarates in Punkt 4.1. deutlich. Danach gilt: „Die akademische Freiheit [in] der Forschung […] sollte die Meinungs- und Handlungsfreiheit garantieren, die Freiheit der Informationsverarbeitung sowie die Freiheit der uneingeschränkten Suche beim Streben und der Verbreitung von Wissen und Wahrheit."[170] Dieser Punkt wird in Gerichtsentscheidungen bestätigend aufgegriffen.[171] Damit umfasst die Forschung in der Union, unter anderem auch wegen der Über-

---

[165] *Krüper*, in: Dreier, GG, 4. Aufl. 2023, Art. 5 Abs. 3 GG (Wissenschaft) Rn. 3; *Huber*, Grundrechte im Bismarckschen Reichssystem, in: Ehmke u. a. (Hrsg.), FS für Ulrich Scheuner, 1973, S. 173 f.

[166] Art. 142 WRV lautete: „Die Kunst, die Wissenschaft und ihre Lehre sind frei. Der Staat gewährt ihnen Schutz und nimmt an ihrer Pflege teil": *von Coelln*, § 124 Wissenschaftsfreiheit, in: Stern/Sodan/Möstl (Hrsg.), StaatsR IV, 2. Aufl. 2022, Rn. 4.

[167] Entschärft wurde die Debatte durch Aufnahme der Lehrfreiheit als zu verwirkendes Grundrecht in Art. 18 GG: *von Coelln*, § 124 Wissenschaftsfreiheit, in: Stern/Sodan/Möstl (Hrsg.), StaatsR IV, 2. Aufl. 2022, Rn. 6.

[168] Lediglich eine kurzzeitige Streichung der Norm führte zu heftiger Kritik unter den Konventsmitgliedern: *Bernsdorff*, in: Meyer/Hölscheidt, GRC, 6. Aufl. 2024, Art. 13 GRC Rn. 6, 9; *Sparr*, in: Schwarze/Becker/Hatje/Schoo, EU-Kommentar, 4. Aufl. 2019, Art. 13 GRC Rn. 1.

[169] *Holoubek*, in: Grabenwarter (Hrsg.), EnzEur Bd. 2, 2. Aufl. 2022, § 16 Rn. 24.

[170] BT-Drs. 16/3400, S. 74 f.; Empfehlung 1762 (2006) der Parlamentarischen Versammlung des Europarates.

[171] EGMR (Lombardi Vallauri c. Italie), Urt. v. 20.10.2009, App. No. 39128/05, Rn. 43; EGMR (Kula v. Turkey), Urt. v. 19.6.2018, App. No. 20233/06, Rn. 38; Für eine Übertragbarkeit der Rspr. zu Art. 10 EMRK auf Art. 13 GRC zumindest bei der Vermittlung von Forschungsergebnissen wegen der Parallele zur kommunikativen Freiheit plädierend: *Holoubek*, in: Grabenwarter (Hrsg.), EnzEur Bd. 2, 2. Aufl. 2022, § 16 Rn. 26.

nahme des weiten Begriffes der EMRK, vorbereitende Arbeiten. Bezogen auf die hier zu untersuchende Konstellation bedeutet dies, dass sowohl die Erhebung von Daten als auch deren Verknüpfung, Auswertung und Veröffentlichung durch Publikation der Forschungsergebnisse erfasst sind.[172]

Während die deutsche Definition von Wissenschaft und Forschung durch die ständige Rechtsprechung des Bundesverfassungsgerichts weitgehend etabliert ist, fällt die Rechtsprechung des EuGH dazu weniger dezidiert aus. „Wissenschaft" kann auch in der Union als Oberbegriff für „Forschung und Lehre" angesehen werden.[173] Dies bestätigt ein systematischer Blick in die amtliche Überschrift des Art. 13 GRC („Freiheit der Wissenschaft"), die sich sodann in „freie Forschung" (S. 1) sowie „akademische Freiheit" (S. 2) gliedert.

Trotz des großen deutschen Einflusses bei der Schaffung des Art. 13 GRC[174] verbietet sich eine zu strenge, schematische Parallelisierung und Gleichsetzung mit der deutschen Rechtsprechung des Bundesverfassungsgerichts zu Art. 5 Abs. 3 GG. Denn nationale Grundrechte können das Unionsrecht nur in begrenztem Maße formen, zumal, wenn sie – wie die Wissenschaftsfreiheit – in den einzelnen Mitgliedstaaten unterschiedliche Ausprägungen erfahren haben.[175] Daher leitet der EuGH die Präzisierungen der Unionsgrundrechte aus einer wertenden Betrachtung gemeinsamer Verfassungsüberlieferungen der verschiedenen Mitgliedstaaten her, aber auch aus Völkerrechtsverträgen wie der EMRK. Damit stellt das Grundgesetz keine Rechtsquelle, sondern grundsätzlich nur *eine* Rechts*erkenntnis*quelle dar.[176]

---

[172] *Jarass*, in: Jarass, GRC, 4. Aufl. 2021, Art. 13 GRC Rn. 8; *Augsberg*, in: GSH, EUV/AEUV/GRC, 7. Aufl. 2015, Art. 13 GRC Rn. 5. Teilweise finden sich auch in den Landesgesetzen Privilegierungen für Eigenforschung, u.a. § 25 Abs. 1 Nr. 1 LKG Berlin oder § 6 Abs. 2 S. 1 GDSG NW.

[173] Begründungslos angenommen von *Jarass*, in: Jarass, GRC, 4. Aufl. 2021, Art. 13 GRC Rn. 7 und übernommen von *Ruffert*, in: Calliess/Ruffert, EUV/AEUV, 6. Aufl. 2022, Art. 13 GRC Rn. 5 sowie *Bernsdorff*, in: Meyer/Hölscheidt, GRC, 6. Aufl. 2024, Art. 13 GRC Rn. 14 und *Thiele*, in: Pechstein/Nowak/Häde, Frankfurter Kommentar, 2. Aufl. 2023, Art. 13 GRC Rn. 12.

[174] Das Grundrecht der Wissenschaftsfreiheit sei eine „typisch deutsche Erscheinung": *Paulus*, in: Huber/Voßkuhle (Hrsg.), GG, 8. Aufl. 2024, Art. 5 GG Rn. 472; *Thiele*, in: Pechstein/Nowak/Häde, Frankfurter Kommentar, 2. Aufl. 2023, Art. 13 GRC Rn. 1.

[175] Ebenso *Ruffert*, in: Calliess/Ruffert, EUV/AEUV, 6. Aufl. 2022, Art. 13 GRC Rn. 6 mit dem Hinweis, dass die vom deutschen Idealismus geprägte Sicht nicht zwingend ein europäisches Verständnis widerspiegelt; *Holoubek*, in: Grabenwarter (Hrsg.), EnzEur Bd. 2, 2. Aufl. 2022, § 16 Rn. 11.

[176] Vertiefend *Ehlers/Germelmann*, in: Ehlers/Germelmann (Hrsg.), Europäische Grundrechte und Grundfreiheiten, 5. Aufl. 2023, § 2.1 Europäische Menschenrechskonvention Rn. 22 f. Dabei gehe es nicht um eine quantitative, sondern um eine qualitative Betrachtung bestehender nationaler Verfassungsnormen. Dabei wird die bestmögliche Lösung für die Union gesucht, ohne zwanghaft alle mitgliedstaatlichen Rechtsnormen auf einen Nenner zu bringen.

Gleichzeitig muss die Definition dynamisch sein und Interpretationsspielräume beinhalten, damit nicht exklusiv der Staat den Inhalt diktiert.[177]

aa) Weites Begriffsverständnis von Wissenschaft und Forschung

Dabei sollte die Definitionslinie für Wissenschaft und Forschung vom Bundesverfassungsgericht nicht unverändert übernommen, sondern teilweise angepasst werden. Nach dem Bundesverfassungsgericht wird *Wissenschaft* weit gefasst als „nach Inhalt und Form […] ernsthafter, planmäßiger Versuch zur Ermittlung der Wahrheit“.[178]

Forschung wird konkretisiert als „die geistige Tätigkeit mit dem Ziele, in methodischer, systematischer und nachprüfbarer Weise neue Erkenntnisse zu gewinnen“.[179] Diese Definitionen bedürfen wegen fehlender Spezifität und Breite jedoch einer kritischen Anpassung im Unionsrecht. Eine solche Anpassung kann durch die sinnvollen Kriterien der Unabhängigkeit, Transparenz und Ergebnisoffenheit erfolgen. Hinzu kommt, dass naturwissenschaftliche und damit medizinische Forschung nicht die Wahrheit entdeckt, sondern die Wirklichkeit gestaltet, sodass sich ein alternatives Verständnis anbietet, in Form von Wissenschaft als „methodisch geleitete[m] Generieren neuen Wissens“.[180]

bb) Kommerzielle = abhängige Forschung?

Ein sachlicher Grund dafür, Private aus dem Schutzbereich der Forschungsfreiheit herauszunehmen und damit eine Ungleichbehandlung von Privaten und öffentlichen Stellen herzustellen, kann nicht mit einem geringeren Schutz der Daten bei Privaten sowie einem dort potenziell erhöhten Missbrauchsrisiko gerechtfertigt werden.[181] Zwar lässt sich der Kritik, dass man ein erhöhtes Risiko bei Privaten nicht pauschal unterstellen dürfe,[182] entgegnen, dass bei kommerziellen Interessen an den Informationen eine erhöhte Missbrauchsgefahr besteht, zumal der (oftmals) weisungsgebundene Forschende schwer sicherstellen kann, dass nur er Zugang zu

---

[177] *Krüper*, in: Dreier, GG, 4. Aufl. 2023, Art. 5 Abs. 3 GG (Wissenschaft) Rn. 39 f.

[178] BVerfGE 90, 1 (12); E35, 79 (113).

[179] BVerfGE 35, 79 (113) mit Verweis auf die Begriffsbestimmungen von BT-Drs. V/4335, S. 4.

[180] Bezogen auf technologische Forschung: *Ruffert*, Grund und Grenzen der Wissenschaftsfreiheit, in: VVDStRL (Hrsg.), Bd. 65 (Kultur und Wissenschaft), 2006, S. 157 f.; *Ruffert*, in: Calliess/Ruffert, EUV/AEUV, 6. Aufl. 2022, Art. 13 GRC Rn. 6.

[181] *Bizer*, Forschungsfreiheit und Informationelle Selbstbestimmung – Gesetzliche Forschungsregelungen zwischen grundrechtlicher Förderungspflicht und grundrechtlichem Abwehrrecht, 1992, S. 131.

[182] So auch *Bizer*, Forschungsfreiheit und Informationelle Selbstbestimmung – Gesetzliche Forschungsregelungen zwischen grundrechtlicher Förderungspflicht und grundrechtlichem Abwehrrecht, 1992, S. 131.

den Daten erhält.[183] Dennoch ist eine Ungleichbehandlung abzulehnen und auch die kommerzielle Forschung zu schützen. Es ist Aufgabe des Staates, bei einem möglichen Missbrauch von Daten strafrechtliche (oder ordnungswidrigkeitenrechtliche) Sanktionen ebenso wie zivilrechtliche Ansprüche zu ermöglichen.[184] Die diffuse Angst, dass sich Private weniger an geltende Gesetze halten als (vermeintlich) vertrauenswürdigere öffentliche Stellen, genügt nicht, um Private aus dem grundrechtlichen Schutz der Wissenschaftsfreiheit herauszunehmen und sie nur über (ggf. leichter einschränkbare) Grundrechte zu schützen. Überdies sind öffentliche Stellen wie Universitäten nur ausnahmsweise Grundrechtsträger, sodass private Stellen grundsätzlich von der Wissenschaftsfreiheit geschützt werden müssen. Überzeugend und im Gleichklang mit dem nationalen Art. 5 Abs. 3 GG ist es, die kommerzielle Forschung zu schützen, soweit der Schwerpunkt auf der Generierung neuer Erkenntnisse liegt und damit die Voraussetzungen der Forschungsdefinition erfüllt werden. Das Streben nach kommerziellem Gewinn wird nicht durch die Wissenschaftsfreiheit geschützt. Denn die ökonomische Verwertung der „Früchte“ bereits abgeschlossener Forschungsvorhaben berührt nicht den wissenschaftlichen Erkenntnisvorgang.[185]

Dieses Argument strahlt in zwei Richtungen: Einerseits wird von begleitenden Motiven die eigentliche Forschungstätigkeit nicht beeinträchtigt, solange noch der Erkenntnisprozess im Mittelpunkt steht, andererseits werden die Verwertungshandlungen nicht von der Wissenschaftsfreiheit geschützt.[186]

Anders als in den meisten staatlichen Einrichtungen, sind Forschende in kommerziellen Unternehmen nicht derart unabhängig, dass sie ihre Forschungsvorhaben frei wählen können. Im Vordergrund stehen unternehmerische Vorgaben und Erwartungen hoher Gewinnmargen. Indes führen gerade diese erstrebten Profite (etwa der pharmazeutisch-medizinischen Forschung) zu einer potenziell beliebig häufig wiederholbaren Reproduktion der Ergebnisse und sind aufgrund dieser Wiederholbarkeit, Planmäßigkeit und damit Nachprüfbarkeit als qualitativ hochwertig anzusehen. Dennoch sollte nicht vollständig auf das Erfordernis der Unabhängigkeit verzichtet werden. Das bedeutet, dass Forschende trotz Bindung an unternehmerische Leitlinien, regelmäßig eigene Handlungsspielräume haben müssen. Die Absicherung solcher Handlungsspielräume kann durch transparente Vorgaben sowie eine vertraglich zugesicherte Unabhängigkeit der Forschenden unter Beachtung ethischer und wissenschaftlicher Standards frei von sachfremden Erwägungen erfolgen. Gleiches gilt, wenn Drittmittelgeber ein Interesse an einem bestimmten Forschungsergebnis haben. In diesem Fall ist es ratsam, wenn Forschende ihren

---

[183] Ebenso *Hevers*, Informationszugangsansprüche des forschenden Wissenschaftlers, 2015, S. 199.

[184] *Hevers*, Informationszugangsansprüche des forschenden Wissenschaftlers, 2015, S. 200.

[185] *Gärditz*, in: Dürig/Herzog/Scholz, GG, 107. EL März 2025, Art. 5 Abs. 3 GG Rn. 90.

[186] *Gärditz*, in: Dürig/Herzog/Scholz, GG, 107. EL März 2025, Art. 5 Abs. 3 GG Rn. 90 f.

Interessenkonflikt offenlegen und ihnen vertraglich eine gewisse Unabhängigkeit und Ergebnisoffenheit zuerkannt wird. Sollte dies nicht der Fall sein, bleibt (allein) der Grundrechtsschutz über die Berufsfreiheit oder subsidiär über die allgemeine Handlungsfreiheit.[187]

Die Gewährleistung von (zumindest teilweiser) Unabhängigkeit in der Forschung stellt den Motor für Innovationen und die Garantie dafür dar, dass der Erkenntnisgewinn im Vordergrund steht. Zwar verlieren Universitäten und andere akademische Institutionen mit der Öffnung für kommerzielle Forschung ihren Exklusivitätsanspruch auf die Produktion wissenschaftlicher Erkenntnisse, gleichwohl kommt es dadurch zu einer Pluralisierung der Orte der Wissensproduktion.[188] Bereits heute findet rund zwei Drittel der Forschung im kommerziellen, industriellen Sektor statt.[189] Das traditionelle Bild der Forschung, die vordergründig an Universitäten und deren Kliniken stattfindet, gehört der Vergangenheit an, vielmehr gewinnen private Akteure an Bedeutung.[190]

Mit der Unabhängigkeit der Forschenden untrennbar verknüpft sind die Ergebnisoffenheit und auch Transparenz dieser Voraussetzungen nach außen. Es steht fest: Je geringer die Abhängigkeit der Forschenden und je ergebnisoffener sie forschen können, desto schützenswerter ist die Forschung und desto größer kann das Allgemeinwohlinteresse an dieser Forschung sein.[191] Damit gilt, dass bei einer komplett abhängigen Forschung, regelmäßig keine das Selbstbestimmungsrecht überwiegenden Gemeinwohlgründe bestehen, die ein Zurücktreten des Datenschutzrechtes des Einzelnen rechtfertigen können.[192]

---

[187] Anderes mag für die abhängige, d.h. als staatliche Aufgabe weisungsgebundene, Behördenforschung gelten. Medizinische Forschung findet nicht als staatliche Aufgabe statt. Dies gilt selbst für Forschungsbereiche wie die Epidemiologie, hinter der staatliche Interessen zur Krankheitsprävention stehen, die jedoch zumeist von Institutionen vorgenommen werden, die unabhängig forschen und sich wie Universitäten selbst auf die Wissenschaftsfreiheit berufen können.

[188] Ebenso *Schulte*, Grund und Grenzen der Wissenschaftsfreiheit, in: VVDStRL (Hrsg.), Bd. 65 (Kultur und Wissenschaft), 2006, S. 116.

[189] *Schulte*, Grund und Grenzen der Wissenschaftsfreiheit, in: VVDStRL (Hrsg.), Bd. 65 (Kultur und Wissenschaft), 2006, S. 117. Dies gilt auch heute noch: Bundesministerium für Bildung und Forschung, Daten und Fakten zum deutschen Forschungs- und Innovationssystem, Bundesbericht Forschung und Innovation 2024, https://tinyurl.com/yxwjs996, S. 11 (letzter Abruf: 1.11.2025).

[190] *Quinn*, Life Sciences, Society and Policy 17:4, 2021, 1 (1). A. A. noch für einen Ausschluss kommerzieller, nicht in Hochschulen institutionalisierter, Forschung: *Hailbronner*, Die Freiheit der Forschung und Lehre als Funktionsgrundrecht, 1979, S. 23, der eine verfassungsrechtliche Trennung zwischen staatlichen Wissenschaftsbetrieb und privater wissenschaftlicher Betätigung des einzelnen Wissenschaftlers fordert.

[191] Bezogen auf die Gefahr von Interessenkollisionen der Wissenschaftler: *Hevers*, Informationszugangsansprüche des forschenden Wissenschaftlers, 2015, S. 194.

[192] *Bizer*, Forschungsfreiheit und Informationelle Selbstbestimmung – Gesetzliche Forschungsregelungen zwischen grundrechtlicher Förderungspflicht und grundrechtlichem Abwehrrecht, 1992, S. 132 f.

Es bleibt festzuhalten, dass kommerzielle Forschung bereits einen großen gesellschaftlichen Nutzen erbringt, zumal pharmazeutische Unternehmen größere Ressourcen und mitunter mehr Erfahrungen bei der anwendungsorientierten Forschung haben als die oftmals grundlagenorientierte akademische Forschung.[193]

Für passende Rahmenbedingungen kann auf den Maßnahmenkatalog von Jungkunz et al. verwiesen werden:

Danach sollten Gesundheitsdaten nur für die medizinische Forschung Verwendung finden dürfen, sodass Marketingzwecke o. Ä. herausfallen.[194] Dem Gesetzgeber steht es offen, der privatwirtschaftlichen Forschung Rahmenbedingungen für einen (noch) größeren Allgemeinwohlnutzen vorzugeben; etwa in der Form, dass die entwickelten Produkte, Medikamente und Behandlungen, die von Daten aus dem öffentlichen Gesundheitsbereich stammen, zu einem fairen Preis erhältlich sind und Entschädigungs- und Schadensbegrenzungsverfahren implementiert werden, die eine Haftung im Schadensfall regeln.[195] Sofern die Datennutzung von der Einwilligung des Patienten abhängt, sollte seine Zustimmungsoption zwischen Datennutzung für die Privatwirtschaft und öffentlich geförderter medizinischer Forschung differieren, sodass dem Betroffenen eine echte Entscheidungsmöglichkeit verbleibt.[196]

cc) Keine zwingende Veröffentlichungspflicht von Forschungsergebnissen

Unter „Veröffentlichung“ versteht man das Zugänglichmachen von Daten für einen Personenkreis, der bisher nicht an der Verarbeitung beteiligt war.[197] Ziel der Forschung ist ein über das Individuum hinausgehender Erkenntnisgewinn, d. h. die Forschungsergebnisse dürfen keine personenbeziehbaren Daten beinhalten. Denn Telos der medizinischen Forschung ist ein verallgemeinerbarer, vom Individuum losgelöster Erkenntnisgewinn.[198] Deshalb wird teilweise eine Veröffentlichungspflicht der Forschungsergebnisse (in anonymisierter Form) gefordert.[199] Darauf sollte nicht bestanden werden, da dies zu Konflikten mit geistigem Eigentum oder

---

[193] *Jungkunz/Köngeter/Spitz u. a.*, Stellungnahme zur Etablierung der sekundären Forschungsnutzung von Behandlungsdaten in Deutschland, 2022, S. 81.

[194] *Jungkunz/Köngeter/Spitz u. a.*, Stellungnahme zur Etablierung der sekundären Forschungsnutzung von Behandlungsdaten in Deutschland, 2022, S. 81.

[195] *Jungkunz/Köngeter/Spitz u. a.*, Stellungnahme zur Etablierung der sekundären Forschungsnutzung von Behandlungsdaten in Deutschland, 2022, S. 81.

[196] *Jungkunz/Köngeter/Spitz u. a.*, Stellungnahme zur Etablierung der sekundären Forschungsnutzung von Behandlungsdaten in Deutschland, 2022, S. 81.

[197] *Louven*, in: Taeger/Gabel (Hrsg.), DSGVO – BDSG – TTDSG, 4. Aufl. 2022, § 27 BDSG Rn. 21.

[198] Verallgemeinerbar und auf Länderebene übertragbar: *Krügel*, in: Krügel/Schmieder (Hrsg.), HK-NDSG, 2023, § 13 NDSG Rn. 9. Dies hinterfragend *Louven*, in: Taeger/Gabel (Hrsg.), DSGVO – BDSG – TTDSG, 4. Aufl. 2022, Art. 89 DSGVO Rn. 8.

[199] Forderung etwa der Datenschutzkonferenz *DSK*, ZD-Aktuell 2022, 01417.

Patenten führen kann. Auch wenn die Allgemeinheit von Veröffentlichungen der Forschungsergebnisse profitiert, darf der wichtige Nutzen etwa im pharmazeutischen Bereich trotz ausgeprägter kommerzieller Eigeninteressen nicht übersehen werden. Denn pharmazeutische oder sonstige kommerzielle Forschung ist nicht nur Motor für Innovation und Fortschritt,[200] sondern trägt auch erheblich zur Verbesserung der medizinischen Behandlungen bei. Es muss nicht jede wissenschaftliche Arbeit unbedingt und unmittelbar publiziert werden. Wenngleich der Schutzbereich nur für diejenigen eröffnet ist, die sich nicht systematisch der Kritik anderer Forschender entziehen.[201] Erwartungen an ein Forschungsvorhaben als Teil eines „kollektiven Erkenntnisfortschrittes" mögen zwar faktisch bestehen, aber eine Veröffentlichung ist nicht Voraussetzung für das Greifen der Schutzpflicht.[202] Die Umsetzung ist schon fraglich: etwa, wenn die Forschung nie zu neuen veröffentlichungswürdigen Erkenntnissen führt oder erst in entfernter Zukunft. Es kann nicht sein, dass ein ungewisses Kriterium wie eine potenzielle Veröffentlichung eines Tages in der Zukunft zur Eröffnung des Schutzbereiches führt. Reicht die bloße subjektive Absicht des Forschenden, die Arbeit zum Zeitpunkt des Forschungsbeginns zu veröffentlichen oder soll der Schutzbereich – sinnbefreit – rückwirkend greifen? Beides überzeugt nicht, sodass eine Veröffentlichungspflicht abzulehnen ist. Vielmehr ist teleologisch zu argumentieren, dass der gesellschaftliche Mehrwert der Forschung nicht nur in deren Veröffentlichung, sondern auch in ihrem konkreten Einsatz liegt.[203] Gleichwohl bleiben Veröffentlichungen möglich. Der Gesetzgeber kann strengere Vorgaben machen und für besonders wichtige Vorhaben (etwa im Rahmen von klinischen Prüfungen) verlangen, dass die Ergebnisse unabhängig vom Ausgang der Forschung in eine Datenbank eingetragen werden.[204]

dd) Qualitätsanforderungen und Grenzen der Forschung

Der Sinn und Zweck des Grundrechts aus Art. 5 Abs. 3 GG ist wegen des großen deutschen Einflusses bei Schaffung des Art. 13 GRC auf diesen übertragbar. Auch für die Union muss gelten: Die Wissenschaftsfreiheit dient im Kern der Vermeidung (staatlicher) Denkverbote. Es soll die Wissenschaft als Lebensform geschützt werden, denn ein Gemeinwohlnutzen ist nur von freier Wissenschaft und ihrem Fortschritt zu erwarten.[205] Der Staat darf nicht zum Wächter über Wissenschaftsbeanstandungen erhoben werden. Somit muss auch qualitativ defizitäre Wissenschaft geschützt werden, welche sodann innerhalb der Wissenschaftsgemeinschaft

---

[200] So *Quinn*, Life Sciences, Society and Policy 17:4, 2021, 1 (1).

[201] *von Coelln*, § 124 Wissenschaftsfreiheit, in: Stern/Sodan/Möstl (Hrsg.), StaatsR IV, 2. Aufl. 2022, Rn. 16.

[202] *Krüper*, in: Dreier, GG, 4. Aufl. 2023, Art. 5 Abs. 3 GG (Wissenschaft) Rn. 54.

[203] *Krüper*, in: Dreier, GG, 4. Aufl. 2023, Art. 5 Abs. 3 GG (Wissenschaft) Rn. 55.

[204] So etwa bei Art. 37 Abs. 4 VO (EU) 536/2014.

[205] *Ruffert*, Grund und Grenzen der Wissenschaftsfreiheit, in: VVDStRL (Hrsg.), Bd. 65 (Kultur und Wissenschaft), 2006, S. 162 ff.

kritisiert werden kann und muss.[206] Die Kritik defizitärer Forschung und das Offenlegen fehlerhafter Methoden sind wichtige und genuine Aufgaben der Wissenschaftsgemeinschaft zur Aufrechterhaltung ihrer wissenschaftlichen Standards. Das bedeutet, dass der Schutz des Grundrechts weder von der „Richtigkeit der Methoden oder Ergebnisse" noch von der „Stichhaltigkeit der Argumentation und Beweisführung oder der Vollständigkeit der Gesichtspunkte und Belege, die einem wissenschaftlichen Werk zugrunde liegen" abhängen darf.[207] Während die Frage, ob eine wissenschaftliche Tätigkeit im Rechtssinne vorliegt, im Einzelfall von den zuständigen staatlichen Stellen wie Gerichten geklärt werden muss, ist die Beurteilung der wissenschaftlichen Qualität eine gesellschaftliche Aufgabe.[208] Damit ist Forschung geschützt, unabhängig davon, ob sie legal ist oder ihre Ergebnisse wirtschaftlich verwertbar sind.[209] Anderes gilt bei einer kompletten Verkennung der Standards guter wissenschaftlicher Praxis der jeweiligen Disziplin, also bei Verfälschungen oder Unterdrückung von Daten oder Plagiaten von einigem Gewicht.[210]

Teilweise wird gefordert, auf weitere Einschränkungen des Begriffs „Forschung" zu verzichten, ebenso auf das Heranziehen anderer Disziplinen, da dies zu einer enormen Komplexitätssteigerung führe.[211] Dagegen spricht, dass die Berücksichtigung anderer Disziplinen wie der Ethik gerade in rechtlich schwer zu beurteilenden Sachverhalten wie der Gen- oder Präimplantationsdiagnostik wichtig ist. Denn das Recht hat in sensiblen Bereichen allein, ohne Rückgriff auf andere Disziplinen wie Medizin oder Ethik, oftmals keine Antwort auf bestimmte Fragen. Etwa, wann menschliches Leben beginnt. Auch die Frage, wann eine Einwilligung in die Datenverarbeitung durch andere Erlaubnistatbestände ersetzt werden darf, ist keine genuin rechtliche. So fordert die Ethik, dass bei einem reinen Fremdnutzen eine Studienteilnahme, die weder dem (einwilligungsunfähigen) Betroffenen noch Personen seiner (Erkrankungs-)Gruppe dient, ausscheidet, da der Betroffene sonst

---

[206] Korrekt *Gärditz*, Forschungsfreiheit, in: Lenk/Duttge/Fangerau (Hrsg.), Handbuch Ethik und Recht der Forschung am Menschen, 2014, S. 152. Es ist nicht Aufgabe des Staates darüber zu urteilen, welche Ansichten „wissenschaftlich zutreffend" sind: *Krüper*, in: Dreier, GG, 4. Aufl. 2023, Art. 5 Abs. 3 GG (Wissenschaft) Rn. 41.

[207] Zitat nach BVerfGE 90, 1 (12). Qualität ist ein innerwissenschaftliches Merkmal, was Relevanz für die Reputation des Wissenschaftlers besitzt, aber kein Merkmal der Schutzbereichseröffnung: *von Coelln*, § 124 Wissenschaftsfreiheit, in: Stern/Sodan/Möstl (Hrsg.), StaatsR IV, 2. Aufl. 2022, Rn. 11.

[208] Ebenso *von Coelln*, § 124 Wissenschaftsfreiheit, in: Stern/Sodan/Möstl (Hrsg.), StaatsR IV, 2. Aufl. 2022, Rn. 18.

[209] *Huber*, in: Spickhoff/Handorn, Medizinisches ForschungsR-HdB, 2024, § 1 Rn. 12; *Gärditz*, in: Dürig/Herzog/Scholz, GG, 107. EL März 2025, Art. 5 Abs. 3 GG Rn. 98; *Krüper*, in: Dreier, GG, 4. Aufl. 2023, Art. 5 Abs. 3 GG (Wissenschaft) Rn. 49.

[210] *Krüper*, in: Dreier, GG, 4. Aufl. 2023, Art. 5 Abs. 3 GG (Wissenschaft) Rn. 61 spricht etwa von „notorischen Plagiate[n]". Deshalb stellen Sanktionen aufgrund einer Verletzung dieser Regeln guter wissenschaftlicher Praxis schon keinen Eingriff in die Wissenschaftsfreiheit dar: *Krüper*, in: Dreier, GG, 4. Aufl. 2023, Art. 5 Abs. 3 GG (Wissenschaft) Rn. 84.

[211] *Stern/Sachs/Dietlein*, § 117 Die Freiheit der Kunst und der Wissenschaft, in: Stern (Hrsg.), StaatsR IV/2, 2011, S. 746 f.

zum bloßen Objekt degradiert würde.[212] Eine Komplexitätssteigerung ist kein Grund für eine Nichtberücksichtigung. Zumal auch der Gesetzgeber an zahlreichen Stellen eine Offenheit für andere Disziplinen zeigt und deren Berücksichtigung fordert.[213] Damit ist die Definition der „Forschung" des Bundesverfassungsgerichts anzupassen: Ein bloßes planmäßiges Streben nach Wahrheit reicht nicht aus, um die Wissenschaftsfreiheit von anderen Grundrechten abzugrenzen. Wie aufgezeigt, ist die Verwendung weiterer, sich wechselseitig beeinflussender Kriterien wie Unabhängigkeit, Transparenz und Ergebnisoffenheit sinnvoll.

ee) Definition von Forschung und ihre Bestimmbarkeit

„Wissenschaft" nach der Grundrechtecharta sollte als das methodisch geleitete Generieren neuen Wissens verstanden werden.[214] Forschung bildet neben der Lehre zusammen die Wissenschaft. „Forschung" im Sinne des Art. 13 GRC meint dabei die unabhängige, geistige Tätigkeit mit dem Ziel, in ergebnisoffener, methodischer und transparenter Weise neue Erkenntnisse zu gewinnen. Diese Voraussetzungen implizieren, dass eine gewisse Ernsthaftigkeit vorliegen muss, um pseudowissenschaftliche Vorgänge zu exkludieren.[215] Es sollte mithin nur Forschung datenschutzrechtlich privilegiert werden, die diese Kernmerkmale wissenschaftlicher Forschung erfüllt. Dies dient u. a. dazu, zu verhindern, dass Tech-Giganten mit fragwürdigen Mitteln unter dem Deckmantel der Forschung Daten auswerten.[216]

Die Merkmale sind dabei objektiv zu bestimmen. Ein Abstellen auf das Selbstverständnis der Person, die sich auf die Forschungsfreiheit berufen möchte, wäre verfehlt.[217] Für eine autonome Bestimmung spricht zwar, dass Wissenschaft von Auseinandersetzungen und wechselseitigen Beurteilungen lebt, die sich nicht für alle Forschungsrichtungen verallgemeinern lassen, und zudem eine wissenschaftsspezifische Vorläufigkeit besteht, die bisherige Kriterien in der Zukunft als fragwürdig erscheinen lässt.[218] Zu Recht verlangte schon Morlok, dass nicht jeder mit der Behauptung, Wissenschaft zu betreiben, den Schutz des Grundrechts genießen

---

[212] *Ethikkommission*, Dtsch Arztebl. v. 8.3.2019, A1, S. A3 f.

[213] Gesetzliche Forderungen an ethische Vertretbarkeit als Rechtmäßigkeitsvoraussetzungen für Forschungsvorhaben finden sich u. a. in ErwG 4, 7, 14 VO (EG) 1901/2006 (Kinderarzneimittel); § 36 Abs. 3 S. 1 StrahlSchG; ErwG 33 DSGVO („Einhaltung der anerkannten ethischen Standards"); § 35 Abs. 1 S. 1 MPDG (Berücksichtigung von „ethischen und rechtlichen Gesichtspunkten"); *Berry*, Die Ethisierung des Rechts – Ethikkommissionen als Beispiel gelungener rechtlicher Interdisziplinarität, in: Bahmer u. a. (Hrsg.), Interaktionen: Internationalität, Intra- und Interdisziplinarität, 2024, S. 112.

[214] § 3 I. 2. b) aa).

[215] *Huber*, in: Spickhoff/Handorn, Medizinisches ForschungsR-HdB, 2024, § 1 Rn. 10.

[216] *Buchner*, DuD 2022, 555 (560).

[217] *Krüper*, in: Dreier, GG, 4. Aufl. 2023, Art. 5 Abs. 3 GG (Wissenschaft) Rn. 44.

[218] *Morlok*, Selbstverständnis als Rechtskriterium, 1993, S. 94 f.

darf.[219] Denn ansonsten gingen die objektivierbaren Standards wissenschaftlicher Forschung verloren und die Wissenschaftsfreiheit würde dem Subjektivismus (auch) von Nicht-Forschern überantwortet.[220] Deshalb und aufgrund des der Wissenschaft inhärenten objektiven Erkenntnisanspruchs[221] sollte das Vorliegen der oben herausgearbeiteten Merkmale objektiviert geprüft werden. Nur dort, wo Zweifel an dem Vorliegen wissenschaftlicher Arbeiten bestehen, soll auf das Selbstverständnis des Einzelnen abgestellt werden, im Idealfall abgesichert durch eine Plausibilitätskontrolle auf Grundlage des Selbstverständnisses von Wissenschaftlern aus derselben oder zumindest verwandten Forschungsrichtung.[222] Damit wird eine gerichtliche Kontrollintensität gewählt, die verhindert, dass das Grundrecht in das Belieben des Einzelnen gestellt wird. Dabei geht die Kontrolle im Zweifelsfall über eine bloße Evidenzkontrolle hinaus, bleibt aber hinter einer voll intensivierten Kontrolle zurück.[223]

c) Leistungsanspruch aus der Wissenschaftsfreiheit

Bereits seit Jahrzehnten wird in unterschiedlicher Häufigkeit ein fehlender Datenzugangsanspruch der Forschenden bemängelt.[224] Teils wird versucht, einen solchen Leistungsanspruch direkt aus dem Grundrecht der Wissenschaftsfreiheit herzuleiten. Dabei ist mit einem Leistungsanspruch ein originäres, d. h. ein aus den Grundrechten abgeleitetes, subjektives Recht auf eine staatliche Tätigkeit ge-

---

[219] *Morlok*, Selbstverständnis als Rechtskriterium, 1993, S. 99.

[220] Zitat nach *Morlok*, Selbstverständnis als Rechtskriterium, 1993, S. 94.

[221] Es besteht dabei ein Spannungsverhältnis zwischen dem Schutz des individuellen wissenschaftlichen Zugriffs und dem objektiven Erkenntnisanspruchs der Forschung: *Krüper*, in: Dreier, GG, 4. Aufl. 2023, Art. 5 Abs. 3 GG (Wissenschaft) Rn. 44.

[222] A. A. mit dem Hinweis, dass das Selbstverständnis der Wissenschaft als Fachgemeinschaft ausschlaggebend sei, aber nicht der einzelne Wissenschaftler: *Krüper*, in: Dreier, GG, 4. Aufl. 2023, Art. 5 Abs. 3 GG (Wissenschaft) Rn. 44. Dies mag nicht überzeugen, da es nicht „die" Wissenschaft gibt, vielmehr viele verschiedene Disziplinen, die sich innerhalb ihrer Bereiche heterogen noch weiter ausdifferenzieren. Es wäre sonst unmöglich einmalige, innovative Forschung auf das Vorliegen ihrer Schutzwürdigkeit zu prüfen.

[223] Diese Vertretbarkeits- oder Plausibilitätskontrolle ist i. R. d. Religionsfreiheit anerkannt. Wenn schon bei einem solch individuellen, subjektiven Grundrecht nicht nur auf autonome Merkmale abgestellt wird, sollten bei der auf objektive Wahrheit gerichteten Wissenschaftsfreiheit das Vorliegen der heteronomen Merkmale objektiviert geprüft werden. Nur soweit es bei dem Grad der Unabhängigkeit auf das Selbstverständnis des Forschenden ankommen kann (z. B. bei spezieller Forschung), muss eine zusätzliche Plausibilitätskontrolle des Vortrags erfolgen.

[224] Ein fehlender Forschungsdatenzugang wird anders als bei *Specht-Riemenschneider*, Studie zur Regulierung eines privilegierten Zugangs zu Daten für Wissenschaft und Forschung durch die regulatorische Verankerung von Forschungsklauseln in den Sektoren Gesundheit, Online-Wirtschaft, Energie und Mobilität, 2021, S. 1 dargestellt, nicht erst in jüngster Zeit moniert; *Bizer*, Forschungsfreiheit und Informationelle Selbstbestimmung – Gesetzliche Forschungsregelungen zwischen grundrechtlicher Förderungspflicht und grundrechtlichem Abwehrrecht, 1992, S. 39 ff.

meint.[225] Vorliegend ist ein potenzieller Leistungsanspruch in Form eines Informations- bzw. Datenzugangsanspruchs gegenüber staatlichen Stellen von Interesse.

Auf nationaler Ebene gilt: Private Stellen, die (personenbezogene) Daten speichern, sind von einem möglichen Leistungsanspruch aus den Grundrechten nicht derart betroffen, dass sie Forschenden Daten zu Verfügung stellen müssten. Denn Private sind nicht grundrechtsgebunden, sondern können sich selbst auf Grundrechte, insbesondere den Grundsatz der Privatautonomie und der Vertragsfreiheit nach Art. 2 Abs. 1 GG, berufen und – innerhalb gewisser rechtlicher Grenzen – entscheiden, ob und wem sie Daten zur Verfügung stellen wollen.[226] Sie können somit von einem Leistungsanspruch nur profitieren, wenn staatliche Stellen ihnen gegenüber Daten herausgeben müssten. Zwar könnte ein solcher grundrechtlicher Datenzugangsanspruch nicht schrankenlos gelten, denn es gibt gesetzliche Grenzen für Offenbarungen sensibler Daten. Indes würde sich die Rechtfertigungslast umkehren, sodass Behörden nicht mehr mit pauschalen Verweisen auf Datenschutzregelungen Gesuche von Forschenden ablehnen könnten.[227] Teils wird die Möglichkeit gefordert, sich selbst aus staatlichen Datenbeständen zu informieren (sog. indirekte Informationsgewährung) als Art einer „Erfüllung eines abwehrrechtlich gebotenen Störungsbeseitigungsanspruchs".[228]

Überwiegend wird auf nationaler Ebene ein solcher Leistungsanspruch abgelehnt.[229] Selbst dann, wenn der Staat über Datenbestände eine Monopolstellung innehat, besteht kein Datenzugangsanspruch: Denn die Forschenden haben grund-

---

[225] *Sauer*, in: Dreier, GG, 4. Aufl. 2023, Vorb. vor Art. 1 GG Rn. 101.

[226] Zutreffend *Hevers*, Informationszugangsansprüche des forschenden Wissenschaftlers, 2015, S. 147.

[227] Ebenso *Bizer*, Forschungsfreiheit und Informationelle Selbstbestimmung – Gesetzliche Forschungsregelungen zwischen grundrechtlicher Förderungspflicht und grundrechtlichem Abwehrrecht, 1992, S. 39; *Krüper*, in: Dreier, GG, 4. Aufl. 2023, Art. 5 Abs. 3 GG (Wissenschaft) Rn. 104 hält nur „derivative Rechte im Rahmen vorangehender staatlicher Förderungsmaßnahmen" für denkbar.

[228] *Mayen*, Der grundrechtliche Informationsanspruch des Forschers gegenüber dem Staat, 1992, S. 134 ff., 136.

[229] BVerfG, Beschl. v. 30.11.1986, Az. 1 BvR 1352/85, NJW 1986, 1243, wonach der Staat als Forschungsobjekt selbst keine Akteneinsicht gewähren oder anderweitig Hilfestellung geben muss. Es besteht allein ein Anspruch auf sachgerechte Entscheidung, die frei von Willkür und unter angemessener Berücksichtigung des Zwecks des Anliegens erfolgen muss. Bereits einen verfassungsunmittelbaren Anspruch auf Einsichtnahme in Behördenakten verneinend: BVerwG, Beschl. v. 9.10.1985, Az. 7 B 188/85, NJW 1986, 1277 (1278). „Die Herleitung einzelner positiver Leistungspflichten des Staates aus einer wertentscheidenden Grundsatznorm ist nur aufgrund einer Abwägung dieses Verfassungswertes mit anderen, verfassungsrechtlich ebenfalls verbürgten Freiheitsrechten und Wertentscheidungen möglich", OVG Koblenz, Urt. v. 27.10.1982, Az. 2 A 47/82, NJW 1984, 1135 (1136); *Pöttgen*, Medizinische Forschung und Datenschutz, 2009, S. 30; *Wollenteit*, Informationsrechte des Forschers im Spannungsfeld von Transparenzforderungen und Datenschutz, 1993, S. 59 f.

sätzlich die Möglichkeit, mit eigenen Daten zu forschen, sodass ihnen kein originärer grundrechtlicher Leistungsanspruch aus der Wissenschaftsfreiheit zusteht.[230]

Dies gilt ebenso auf unionsrechtlicher Ebene. Für eine vom Grundgesetz abweichende Betrachtung auf Unionsebene sprechen die gegenüber dem Grundgesetz weiten Förderungskompetenzen der Union. Zwar besitzt die Union keine direkten Eingriffsbefugnisse im Forschungsbereich (vgl. Art. 179 ff. AEUV), sondern gewährt erhebliche Gestaltungsmöglichkeiten,[231] aber auch diese unionsrechtliche Förderungs*pflicht* beinhaltet keine konkreten Zielvorgaben. Somit ist eine spezifische Handlungspflicht des Staates zu verneinen.[232] Für das Unionsrecht gilt damit trotz verstärkter Förderpflichten: Jedenfalls solange Forschung unabhängig von staatlichen Datenbeständen möglich ist, besteht aus Art. 13 GRC kein originärer Informationszugangsanspruch.[233] Dies ist bei der medizinischen Forschung der Fall. Es besteht keine Abhängigkeit von der staatlichen Bereitschaft zur Informationsgewährung, da die Erhebung eigener Daten möglich sowie umfassend durch die Wissenschaftsfreiheit geschützt ist.

Damit steht es dem Unionsgesetzgeber frei, über die genaue einfach-rechtliche Ausgestaltung von Datenzugangsregelungen zu bestimmen. Denn eine Optimierung der Forschung mag gesellschaftlich erstrebenswert sein, ein direkter Datenzugangsanspruch aus den (Unions-)Grundrechten besteht nicht. Dies bedeutet gleichwohl nicht, dass der Gesetzgeber keine Regelungen für den Datenzugang schaffen kann, die die Forschungsfreiheit (mehr) berücksichtigt.

d) Vertraulichkeit von Daten

Die Forschungsfreiheit umfasst neben der Datenerhebung auch die Vertraulichkeit von Daten, welche elementar bei der Erkenntnissuche ist.[234] Denn die Teilnehmenden an medizinischen Studien werden oftmals nur wahrheitsgemäße Aussagen über sensible Gesundheitsangaben treffen, wenn ihnen Vertraulichkeit zugesichert wird. Eine vertrauliche Erhebung von Daten wird von der Forschungsfreiheit

---

[230] Argumentierend *Bizer*, Forschungsfreiheit und Informationelle Selbstbestimmung – Gesetzliche Forschungsregelungen zwischen grundrechtlicher Förderungspflicht und grundrechtlichem Abwehrrecht, 1992, S. 80 ff.

[231] *Sparr*, in: Schwarze/Becker/Hatje/Schoo, EU-Kommentar, 4. Aufl. 2019, Art. 13 GRC Rn. 1; *Augsberg*, in: GSH, EUV/AEUV/GRC, 7. Aufl. 2015, Art. 13 GRC Rn. 3; *Bernsdorff*, in: Meyer/Hölscheidt, GRC, 6. Aufl. 2024, Art. 13 GRC Rn. 14.

[232] Bezogen auf Art. 5 Abs. 3 GG: *Bizer*, Forschungsfreiheit und Informationelle Selbstbestimmung – Gesetzliche Forschungsregelungen zwischen grundrechtlicher Förderungspflicht und grundrechtlichem Abwehrrecht, 1992, S. 74; *Hevers*, Informationszugangsansprüche des forschenden Wissenschaftlers, 2015, S. 89.

[233] Für das Grundgesetz schlussfolgernd: *Hevers*, Informationszugangsansprüche des forschenden Wissenschaftlers, 2015, S. 113.

[234] BVerfG, Beschl. v. 25.9.2023, Az. 1 BvR 2219/20 Rn. 13.

als wissenschaftliche Methode geschützt.[235] Hintergrund ist die vorbehaltlose Gewährleistung der Wissenschaftsfreiheit im Grundgesetz, die den Forschenden Freiheit von jeder Ingerenz öffentlicher Gewalt zusichert.[236] In diesem Bereich werden insbesondere die auf den Besonderheiten der Forschung beruhenden Prozesse, Entscheidungen oder Verhaltensweisen, die der Wahrheitserforschung dienlich sind, geschützt.[237] Zwar ist auch das Strafverfolgungsinteresse ein legitimes Ziel, dem aber nicht pauschal Vorrang gegenüber der Forschungsfreiheit einzuräumen ist. Denn die Angst der Probanden vor Beschlagnahme ihrer Daten kann bei der medizinischen Forschung dazu führen, dass diese nicht wahrheitsgemäße oder umfassende Angaben zu ihren Krankheiten machen, sodass die Forschungsfreiheit mitunter verhindert oder eingeschränkt wird.[238]

Insofern ist über ein Beschlagnahmeverbot für Forschungsdaten bzw. ein Forschungsgeheimnis nachzudenken, das nicht nur behandelnden Ärzten im Sinne von § 53 Abs. 1 S. 1 Nr. 3 StPO ein Zeugnisverweigerungsrecht gibt (und über § 97 Abs. 1 Nr. 2 deren Aufzeichnungen vor einer Beschlagnahme schützt), sondern allen Forschenden einen solchen Schutz einräumt.[239] Im Rahmen der medizinischen Forschung werden es zwar oftmals Hochschulmediziner sein, die etwa einen strafrechtlich Beschuldigten im Rahmen von medizinischen Studien behandeln.[240] Dies ist aber nicht immer der Fall, gerade auch Gehilfen können Forschungsdaten erheben und unterliegen keinem Zeugnisverweigerungsrecht. Auch können Forschungsdaten außerhalb der Krankenbehandlung relevant werden, etwa zu Rauscherlebnissen oder anderen Ereignissen mit grundsätzlichem Bezug zu Straftaten.[241] Hinzu kommt, dass selbst dem approbierten Arzt nur dann ein Zeugnisverweigerungsrecht und ein damit korrespondierendes Beschlagnahmeverbot zusteht, wenn er sein Wissen gerade in seiner Funktion als Arzt erlangt hat – und nicht wie jeder sonstige nichtärztliche Forscher.[242] Sobald der Arzt die Gesundheitsdaten an die Forschenden übermittelt, verlieren diese ihren strafrechtlichen Schutz vor Offenbarung und Beschlagnahme im Strafverfahren. Außerdem kommt der Schutz zufällig zustande: Primäres Ziel ist der Schutz des Arztgeheimnisses, der Schutz der Wissenschaftsfreiheit ist bloße Kollateralfolge.[243]

---

[235] BVerfG, Beschl. v. 25.9.2023, Az. 1 BvR 2219/20 Rn. 13.

[236] BVerfGE 35, 79 (112); E 47, 327 (367).

[237] BVerfGE 47, 327 (367); E 111, 333 (354).

[238] *Spitz*, Sekundärnutzung von Behandlungsdaten für medizinische Forschungszwecke, 2024, S. 555.

[239] Schon früh ein Forschungsgeheimnis fordernd: *Bochnik*, MedR 1994, 398 (399 f.).

[240] *Gärditz*, StV 2020, 716 (717).

[241] *Gärditz*, StV 2020, 716 (717; 719).

[242] *Spitz*, Sekundärnutzung von Behandlungsdaten für medizinische Forschungszwecke, 2024, S. 546.

[243] *Gärditz*, StV 2020, 716 (717). Zwar fordert das Bundesverfassungsgericht nicht ein solch umfangreichen Schutz, sondern verlangt lediglich eine Berücksichtigung der grundrechtlichen Forschungsfreiheit im Einzelfall in der Verhältnismäßigkeitsprüfung der staatli-

Die Wissenschaftsfreiheit nennt selbst keine konkreten Kriterien zur Begrenzung, sodass der Gesetzgeber hier tätig werden und Ausnahmen schaffen muss. Wegen dieser Defizite fordern Praxis und Wissenschaft seit Jahrzehnten ein Forschungsgeheimnis, das aus dem Dreiklang einer strafrechtlichen Sanktion für das Offenbaren personenbezogener medizinischer Forschungsdaten, einem Beschlagnahmeverbot und einem korrespondierenden Zeugnisverweigerungsrecht für wissenschaftlich Forschende und ihre Berufshelfer besteht.[244] Das im GDNG geplante Forschungsgeheimnis wurde teilweise in § 9 GDNG umgesetzt, nachdem die Nutzung, Weitergabe und sonstige Verarbeitung geheimhaltungspflichtiger Daten entgegen § 7 GDNG unter Strafe gestellt wurde. Damit wurde jedoch nur das Offenbaren von Gesundheitsdaten sanktioniert, aber keine Änderungen beim Beschlagnahmeverbot oder dem Zeugnisverweigerungsrecht vorgenommen.

e) Privilegierung der Eigenforschung

Forschung und Daten sind untrennbar miteinander verbunden. Während ursprünglich (beinahe ausschließlich) eigene Forschungsdaten verarbeitet wurden, ist dies heute angesichts von Synergie-, Kosten- und Effizienzeffekten durch Nutzung (auch) von dritter Seite erhobener Daten nicht mehr zeitgemäß.[245] Vielmehr bieten sich mit zunehmender Digitalisierung und umfassenderen Speichermöglichkeiten zahlreiche Quellen an, aus denen eine Vielzahl von Daten genutzt werden können. Dennoch bestehen aufgrund der früheren Gegebenheiten noch heute Vorteile bei der Nutzung eigener Daten. Werden die Daten selbst erhoben, erhalten sie bereits zu diesem Erhebungszeitpunkt den vollen Schutz der Wissenschaftsfreiheit. Die Nutzung eigener Daten zu Forschungszwecken ist damit durch den durchgehenden Schutz der Wissenschaftsfreiheit privilegiert. Eigenforschung meint dabei die Nutzung der Daten zu Forschungszwecken, die der Forschende im Vorfeld selbst von seinen Patienten, die er (mit)behandelt hat, erhoben hat. Gleichwohl ist es bei der Eigenforschung unmöglich, die Daten zu anonymisieren und damit den Personenbezug vollständig zu löschen, denn er wird weiter regelmäßig Zugriff auf die Behandlungsdaten haben, die zudem 10 Jahre aufbewahrt werden müssen (§ 630f Abs. 3 BGB; § 10 Abs. 3 MBO-Ä).[246] Wegen dieses Personenbezugs finden bei Eigenforschung Datenschutzregelungen stets Anwendung.

---

chen Maßnahme (es ging um die Beschlagnahme von Forschungsdaten): BVerfG, Beschl. v. 25.9.2023, Az. 1 BvR 2219/20 Rn. 12. Gärditz fordert darüber hinausgehend ein relatives Beschlagnahmeverbot für Forschungsdaten, an denen ein begründetes Vertraulichkeitsinteresse besteht und bei denen bei Bekanntwerden unzumutbare Nachteile für die (auch zukünftige) Forschung zu erwarten sind: *Gärditz*, StV 2020, 716 (720).

[244] *DSK*, Petersberger Erklärung zur datenschutzkonformen Verarbeitung von Gesundheitsdaten in der wissenschaftlichen Forschung, 2022, S. 11.

[245] Ähnlich Feststellung der Bundesregierung in BT-Drs. 20/6640, S. 2.

[246] *Spitz*, Sekundärnutzung von Behandlungsdaten für medizinische Forschungszwecke, 2024, S. 182.

f) Persönlicher Gewährleistungsbereich

Nach Klärung des sachlichen Schutzbereichs und der derzeitigen Defizite für wissenschaftlich Forschende, muss geklärt werden, wer sich in persönlicher Hinsicht auf die Forschungsfreiheit berufen kann. Gesundheitsdaten werden nämlich von verschiedenen Akteuren verarbeitet: von Ärzten, Krankenhäusern in privater, kirchlicher oder staatlicher Trägerschaft und Forschern in privaten oder öffentlichen Forschungseinrichtungen. Die Wissenschaftsfreiheit schützt sowohl natürliche als auch juristische Personen, selbst öffentlich-rechtliche Einrichtungen.[247] Denn Wissenschaft findet weithin in solchen öffentlich-rechtlichen Einrichtungen statt.[248] Die Wissenschaftsfreiheit wird nicht jedem Menschen aufgrund seines Menschseins gewährt, sondern nur der Gruppe von Personen, die wissenschaftlich tätig ist.[249] Dabei sind Forschende nach hiesigem Verständnis solche Personen, die in ergebnisoffener, methodischer und transparenter Weise neue Erkenntnisse gewinnen.[250]

Für juristische Personen gibt es keine dem Art. 19 Abs. 3 GG entsprechende Regelung im Unionsrecht. Während sich teilweise dem Wortlaut eine solche Ausweitung des Schutzbereichs entnehmen lässt, wird ansonsten darauf abgestellt, ob das Grundrecht seinem Wesen nach auf eine juristische Person anwendbar ist.[251] Juristische Personen können sich somit auf die Wissenschaftsfreiheit berufen, soweit ihre Tätigkeit die Anforderungen an eine grundrechtlich geschützte Forschung erfüllt.[252] Der einzelne Forschende wird um seiner selbst willen von den Grund-

---

[247] *Thiele*, in: Pechstein/Nowak/Häde, Frankfurter Kommentar, 2. Aufl. 2023, Art. 13 GRC Rn. 8; *Jarass*, in: Jarass, GRC, 4. Aufl. 2021, Art. 13 GRC Rn. 10; *Hobe/Fremuth*, Europarecht, 11. Aufl. 2023, § 13 Rn. 25 f.

[248] Obgleich juristische Personen des öffentlichen Rechts als Grundrechtsverpflichtete nicht zugleich Träger von Grundrechten sein können (Konfusionsargument), können sie sich ausnahmsweise als Träger freier Wissenschaft wegen der grundrechtstypischen Gefährdungslage auf die Forschungsfreiheit berufen: *Ehlers/Germelmann*, in: Ehlers/Germelmann (Hrsg.), Europäische Grundrechte und Grundfreiheiten, 5. Aufl. 2023, § 2.2 Grundrechte der Europäischen Union Rn. 70. Dabei gilt die unabhängige Hochschulforschung gerade als „Idealtypus des grundrechtlichen Leitbildes für eine freie Wissenschaft“: *Hevers*, Informationszugangsansprüche des forschenden Wissenschaftlers, 2015, S. 55.

[249] *Frick*, ZfP (Sonderband 10) 2022, 55 (62).

[250] Zu den Kriterien § 3 I. 2. b) ee).

[251] *Lorenzen*, JURA 2021, 482 (484); *Ehlers/Germelmann*, in: Ehlers/Germelmann (Hrsg.), Europäische Grundrechte und Grundfreiheiten, 5. Aufl. 2023, § 2.2 Grundrechte der Europäischen Union Rn. 69 mit dem Hinweis, dass der EuGH diese Formulierung nicht kennt, aber in zahlreichen Fällen Grundrechtsberechtigungen juristischer Personen anerkannt habe.

[252] Die bloße Organisation oder finanzielle Förderung der Wissenschaft (gewissermaßen „von außen“) wird nicht von der Wissenschaftsfreiheit geschützt, obgleich die Wissenschaft auf solche Handlungen angewiesen ist. Dennoch genießt etwa die Deutsche Forschungsgemeinschaft (DFG) teilweisen Schutz durch das Grundrecht. Der Grund liegt in ihrer Existenzberechtigung, die als öffentliches System der Forschungsförderung der Wissenschaft gerade einen zum Staat neutralen Raum geben soll. Diese Argumentation lässt sich auf das Unionsrecht übertragen; für Art. 5 Abs. 3 GG: *Trute*, Die Forschung zwischen grundrechtlicher Freiheit und staatlicher Institutionalisierung, 1994, S. 677.

rechten geschützt, wohingegen die wissenschaftlichen Einrichtungen aufgrund ihrer Funktion geschützt werden.[253] Universitäten sind als öffentliche Einrichtungen grundsätzlich grundrechtsgebunden, können sich aber ausnahmsweise gegenüber dem Staat, nicht gegenüber ihren grundrechtsberechtigten Mitgliedern, auf die Wissenschaftsfreiheit berufen, da sie die Rahmenbedingungen der Freiheitsbetätigung ihrer Mitglieder sicherstellen.[254]

3. Eingriffe in die Wissenschaftsfreiheit

Der unionsrechtliche Eingriffsbegriff ist mit dem deutschen vergleichbar. Demnach kann von einem Eingriff gesprochen werden, wenn der Grundrechtsverpflichtete den Gewährleistungsbereich zurechenbar verkürzt; dabei ist eine mittelbare Beeinträchtigung von einigem Gewicht ausreichend.[255] Im Bereich medizinischer Forschung kommen vordergründig Eingriffe aufgrund von Genehmigungserfordernissen vor Beginn einer Studie, einer zwingenden vorherigen Befassung durch eine Ethikkommission oder einer bloßen Anzeigepflicht von Forschungsvorhaben in Betracht.[256] Aber auch Datenschutzregelungen bei der Erhebung bzw. Verarbeitung eigens erhobener Daten zu Forschungszwecken stellen einen Eingriff dar.[257]

4. Schrankenvorbehalte der Wissenschaftsfreiheit

Aufgrund eines engen Zusammenhangs zur Meinungsfreiheit, wird bei Art. 13 GRC in den Erläuterungen des Präsidiums auf die Einschränkbarkeit des Art. 10 EMRK verwiesen.[258] Obgleich diese Erläuterungen „gebührend zu berücksichtigen" (Art. 52 Abs. 7 GRC) sind, haben sie keinerlei Bindung und sind bloß eine „nützliche Interpretationshilfe"[259]. Durch ihre prominente Herausstellung erhalten sie höchstens eine gewisse Aufwertung.[260] Gegen eine Übertragung von Regelungen der EMRK spricht, dass in der Grundrechtecharta geschriebene Schrankenregelun-

---

[253] *Krüper*, in: Dreier, GG, 4. Aufl. 2023, Art. 5 Abs. 3 GG (Wissenschaft) Rn. 38.

[254] *Krüper*, in: Dreier, GG, 4. Aufl. 2023, Art. 5 Abs. 3 GG (Wissenschaft) Rn. 73.

[255] *Jarass*, in: Jarass, GRC, 4. Aufl. 2021, Art. 52 GRC Rn. 11; *Hobe/Fremuth*, Europarecht, 11. Aufl. 2023, § 13 Rn. 34.

[256] Ähnlich *von Coelln*, § 124 Wissenschaftsfreiheit, in: Stern/Sodan/Möstl (Hrsg.), StaatsR IV, 2. Aufl. 2022, § 124 Rn. 99.

[257] Das gelte für alle Bundes- sowie Landesdatenschutzgesetze, die die Forschungsfreiheit begrenzen: *Pöttgen*, Medizinische Forschung und Datenschutz, 2009, S. 31.

[258] ABl. C 303/22; *Augsberg*, in: GSH, EUV/AEUV/GRC, 7. Aufl. 2015, Art. 13 GRC Rn. 2, 13.

[259] ABl. C 303/17 Erläuterungen zur GRC, Präambel.

[260] *Cornils*, in: Grabenwarter (Hrsg.), EnzEur Bd. 2, 2. Aufl. 2022, § 7 Rn. 15; *Schwerdtfeger*, in: Meyer/Hölscheidt, GRC, 6. Aufl. 2024, Art. 52 GRC Rn. 93 ff.

gen für die Wissenschaftsfreiheit in Art. 52 Abs. 1 GRC existieren.[261] Eine Übertragung der Schrankenregelungen der EMRK ist allein im Bereich der wissenschaftlichen Kommunikation diskutabel, denn nur dort besteht eine inhaltliche Nähe der GRC zur Meinungsfreiheit aus der EMRK.[262] Weiter spricht gegen eine Anwendbarkeit direkter Schrankenregelungen der EMRK unter Sperrung des Art. 52 Abs. 1 GRC die fehlende unmittelbare Bindung der Union an die EMRK, die erst durch einen Beitritt der Union herbeigeführt werden könnte.[263] Vorliegend kommen Beschränkungen der Wissenschaftsfreiheit vorrangig zum „Schutze [...] der Rechte und Freiheiten anderer“ (Art. 52 Abs. 1 GRC) und „zum Schutz [...] der Rechte anderer“ (Art. 10 Abs. 2 EMRK) in Betracht, sodass beide Einschränkungsmöglichkeiten nach EMRK und GRC bei der hier zu untersuchenden Grundrechtsbetroffenheit Dritter greifen, sodass es keiner ausführlicheren Untersuchung und Entscheidung bedarf.

II. Datenschutzgrundrecht

Seit Jahrtausenden werden Daten verarbeitet, wobei die Entwicklung von Computern in den vergangenen Jahrzehnten zu einer rasanten Steigerung des Datenaufkommens führte und noch immer führt, denn jeder digitale Prozessschritt produziert weitere Metadaten.[264] Damit wachsen die Datenmengen seit Jahren exponentiell an. Aufgrund der erwähnten Gefahren, die von einem missbräuchlichen Bekanntwerden von Gesundheitsdaten ausgehen, wie Stigmatisierungen am Arbeitsplatz, aber auch das Wissen, dass der Patient im Rahmen des Forschungsvorhabens Zufalls(be)funde mitgeteilt bekommt, kann für diesen Nachteile (etwa in Form einer Mitteilungspflicht beim Abschluss von Versicherungsverträgen) bergen. Das Datenschutz(grund)recht setzt daher schon vor Beginn des ersten Verarbeitungsschrittes an, birgt also einen Vorfeldschutz, der vor Persönlichkeitsbeeinträchtigungen schützen soll.[265]

---

[261] Ebenso *Ruffert*, in: Calliess/Ruffert, EUV/AEUV, 6. Aufl. 2022, Art. 13 GRC Rn. 11.

[262] Ähnlich *Augsberg*, in: GSH, EUV/AEUV/GRC, 7. Aufl. 2015, Art. 13 GRC Rn. 13. Hintergrund ist Art. 52 Abs. 3 S. 1 GRC, über den konventionsrechtlichen Schranken gewissermaßen „transferiert“ werden, soweit die Gewährleistungen der GRC denen der EMRK entsprechen. Als weitergehend ist dann die allgemeine Schrankenregelung des Art. 52 Abs. 1 GRC anwendbar: *Thiele*, in: Pechstein/Nowak/Häde, Frankfurter Kommentar, 2. Aufl. 2023, Art. 13 GRC Rn. 16; *Bernsdorff*, in: Meyer/Hölscheidt, GRC, 6. Aufl. 2024, Art. 13 GRC Rn. 12.

[263] *Kingreen*, in: Calliess/Ruffert, EUV/AEUV, 6. Aufl. 2022, Art. 52 GRC Rn. 32; *Lorenzen*, JURA 2021, 482 (491).

[264] *Heckmann/Paschke*, § 103 Datenschutz, in: Stern/Sodan/Möstl (Hrsg.), StaatsR IV, 2. Aufl. 2022, Rn. 1.

[265] *Grimm*, JZ 2013, 585 (586); *Spitz*, Sekundärnutzung von Behandlungsdaten für medizinische Forschungszwecke, 2024, S. 185.

1. Entwicklung des Datenschutzes

Die erste ausdrückliche Regelung von Datenverarbeitungen ist im Hessischen Datenschutzgesetz von 1970 zu sehen.[266] Das Bundesverfassungsgericht entwickelte 1983 das „Datenschutzgrundrecht" als Teil des Rechts auf informationelle Selbstbestimmung aus Art. 2 Abs. 1 i. V. m. Art. 1 Abs. 1 GG.[267] Im deutschen Recht ist es damit – anders als mittlerweile auf unionsrechtlicher Ebene – kein Grundrecht, sondern konkretisiert das Grundrecht auf freie Persönlichkeitsentfaltung in Anbetracht neuer Gefahren für dieses Recht.[268] Die europarechtliche Ebene eroberte das Datenschutzrecht mit der Datenschutzkonvention des Europarates (1981)[269] sowie mit der Verabschiedung der EG-Datenschutzrichtlinie (1995)[270]. Seit dem Inkrafttreten der Grundrechtecharta mit dem Vertrag von Lissabon (2009) ist der Datenschutz in Art. 7 GRC und Art. 8 GRC grundrechtlich normiert. Dabei wurde Art. 7 GRC wortlautgleich von Art. 8 EMRK übernommen, lediglich der Begriff „Korrespondenz" wurde durch „Kommunikation" ersetzt, um der technischen Entwicklung Rechnung zu tragen.[271] Anders als häufig beim Allgemeinen Persönlichkeitsrecht soll beim Datenschutzrecht nicht erst ex post auf Verletzungen reagiert werden, sondern bereits ex ante vorgebeugt werden.[272]

2. Sachlicher Gewährleistungsbereich

Der Datenschutz in der Union wird überwiegend auf Art. 8 GRC, teilweise in Verbindung mit Art. 7 GRC, gestützt. Daneben bestehen mit Art. 16 AEUV und Art. 39 EUV[273] weitere datenschutzrechtliche Regelungen auf europäischer Ebene,

---

[266] Das Hessische Datenschutzgesetz trat am 13. 10. 1970 in Kraft (GVBl. I 1970, 625 ff.); *Bretthauer*, in: Specht/Mantz, DatenschutzR-HdB, 2019, § 2 Rn. 3; Bereits in den späteren 1970er Jahren fanden sich weitere Datenschutzgesetze in Deutschland, Frankreich oder Schweden: *Marsch*, Das europäische Datenschutzgrundrecht, 2018, S. 1.

[267] BVerfGE 65, 1 (41 ff.).

[268] *Grimm*, JZ 2013, 585 (585).

[269] Amtliche Übersetzung vom *Europarat*, Übereinkommen zum Schutz des Menschen bei der automatischen Verarbeitung personenbezogener Daten, 1981.

[270] 95/46/EG v. 24. 10. 1995 (DSRL). Als RL war die Zielsetzung verbindlich, die Art und Weise der Umsetzung oblag den einzelnen Mitgliedstaaten. Dennoch war schon dort wegen der Verwendung zahlreicher Generalklauseln der genaue Umsetzungsbedarf umstritten: *Bretthauer*, in: Specht/Mantz, DatenschutzR-HdB, 2019, § 2 Rn. 5.

[271] ABl. 2007 C 303/20; Art. 8 EMRK ist die älteste grundrechtliche Gewährleistung eines Datenschutzgrundrechts auf europäischer Ebene: *Kircher*, Der Schutz personenbezogener Gesundheitsdaten im Gesundheitswesen, 2016, S. 50; *Kühling/Raab*, in: Kühling/Buchner, DS-GVO/BDSG, 4. Aufl. 2024, Einführung Rn. 24; *Nowak*, in: Pechstein/Nowak/Häde, Frankfurter Kommentar, 2. Aufl. 2023, Art. 7 GRC Rn. 2.

[272] *Metzger/Schweitzer/Wagner*, ZfPW 2023, 227 (228).

[273] Diese Norm ist vorliegend nicht relevant, da ein systematischer Blick auf Kap. 2 EUV („Besondere Bestimmungen über die Gemeinsame Außen- und Sicherheitspolitik") zeigt, dass Art. 39 EUV nur i. R. d. GASP gilt.

die durch Art. 6 Abs. 3 EUV ergänzt werden, welcher eine Berücksichtigung des Art. 8 EMRK als Teil des Unionsrechts fordert, sodass ein „Rechtsquellenpluralismus“ besteht.[274]

Auch im Unionsrecht genügt es nicht, wenn Grundrechtsverpflichtete ein freiheitsverkürzendes Verhalten in dem Gewährleistungsbereich vermeiden; sie müssen Grundrechte aktiv schützen.[275] Derartige positive Verpflichtungen ergeben sich aus Art. 51 Abs. 1 S. 2 GRC, wonach die Grundrechtsverpflichteten die Grundrechte achten müssen.[276] Dabei ist die genaue Ausgestaltung einer solchen positiven Schutz- bzw. Handlungspflicht abhängig von dem jeweiligen Grundrecht.[277] Für das Datenschutzgrundrecht gehen von Privaten ähnliche Gefahren der Beeinträchtigung einher wie bei staatlichen Datenverarbeitungen.[278]

a) Verhältnis von Art. 7 GRC und Art. 8 GRC zueinander

Das Verhältnis von Art. 7 GRC und Art. 8 GRC ist nicht eindeutig. Vielfach wird versucht, das Problem mit der Behauptung herunterzuspielen, dass der EuGH beide Normen gemeinsam prüfe und beide gemeinsam jedenfalls das Schutzniveau des Art. 8 EMRK gewährleisteten.[279] Teilweise nimmt der EuGH keine gemeinsame, sondern eine getrennte Prüfung vor und weist lediglich auf die inhaltliche Nähe der beiden Normen hin.[280] Teils entnimmt der EuGH den beiden Bestimmungen des Art. 7, 8 GRC gemeinsam, dass eine Verarbeitung personenbezogener Daten grundsätzlich einen Eingriff in diese Rechte darstellt.[281] Die Literatur hingegen geht teilweise von einem Spezialitätsverhältnis aus, wonach Art. 7 GRC insbesondere

---

[274] Zitat nach *Bretthauer*, in: Specht/Mantz, DatenschutzR-HdB, 2019, § 2 Rn. 6, der dabei auf *Schorkopf*, in: Grabitz/Hilf/Nettesheim (Hrsg.), Das Recht der Europäischen Union, Art. 6 EUV Rn. 13 Bezug nimmt, wobei sich die Begriffswahl dort allein auf Art. 6 EUV bezieht.

[275] *Cremer*, in: Grabenwarter (Hrsg.), EnzEur Bd. 2, 2. Aufl. 2022, § 3 Rn. 77.

[276] *Cremer*, in: Grabenwarter (Hrsg.), EnzEur Bd. 2, 2. Aufl. 2022, § 3 Rn. 77.

[277] *Cremer*, in: Grabenwarter (Hrsg.), EnzEur Bd. 2, 2. Aufl. 2022, § 3 Rn. 78.

[278] Die Bekämpfung von Übergriffen, also Grundrechtsbeeinträchtigungen Dritter, stellt den häufigsten Grund für Grundrechtsbeschränkungen dar: *Grimm*, JZ 2013, 585 (587).

[279] Zur parallelen Anwendung durch den EuGH: *Jarass*, in: Jarass, GRC, 4. Aufl. 2021, Art. 8 GRC Rn. 4; *Streinz*, in: Streinz, EUV/AEUV, 3. Aufl. 2018, Art. 8 GRC Rn. 7. Zur geringen Unterscheidung des EuGH zwischen den Gewährleistungen von Art. 7 und 8 GRC: *Schneider*, in: Wolff/Brink/v. Ungern-Sternberg, BeckOK DatenschutzR, 53. Aufl. v. 1.8. 2025, Syst. B. Völker- und unionsverfassungsrechtliche Grundlagen Rn. 27. Selbst das BVerfG geht davon aus, dass Art. 7 und 8 GRC – soweit es um die Verarbeitung personenbezogener Daten geht – einheitliche Schutzverbürgung aufweisen: BVerfGE 152, 216 (254 f.) Rn. 99.

[280] EuGH (Digital Rights Ireland), Urt. v. 8.4.2014, Rs. C-293/12 u. C-594/12, Rn. 34 ff.; uneindeutig EuGH (ASNEF), Urt. v. 24.11.2011, Rs. C-468/10 und C-469/10, Rn. 42; EuGH (Schecke und Eifert), Urt. v. 9.11.2010, Rs. C-92/09 u.a., Rn. 47; *Kühling*, in: Pechstein/Nowak/Häde, Frankfurter Kommentar, 2. Aufl. 2023, Art. 8 GRC Rn. 79 mit dem Hinweis, dass der EuGH beide Normen parallel prüfe.

[281] EuGH (Schwarz), Urt. v. 17.10.2013, Rs. C-291/12, Rn. 25.

die elektronische Kommunikation erfasst, wohingegen Art. 8 GRC ein Datenschutzgrundrecht normiert, das gegenüber Art. 7 GRC *lex specialis* sei.[282] Teils wird Art. 8 GRC so gedeutet, dass die bei Inkrafttreten der Norm gültigen Vorschriften der DSRL[283] auf die Primärebene der Grundrechtecharta erhoben wurden und somit die wesentlichen Merkmale des Datenschutzrechtes nicht mehr zur Disposition des europäischen Gesetzgebers stehen.[284] Dies erscheint fragwürdig, zumal so neue Fragen aufgeworfen werden, wie was „wesentliche Merkmale" des Datenschutzrechtes sind. Richtigerweise kann durch die Verweise des EuGH im Zusammenhang mit Art. 7 GRC und Art. 8 GRC auf die Rechtsprechung des EGMR zu Art. 8 EMRK davon ausgegangen werden, dass jedenfalls beide Charta-Rechte gemeinsam dem Art. 8 EMKR hinsichtlich der Verarbeitung personenbezogener Daten entsprechen und sich eine gemeinsame Prüfung anbietet.[285]

b) Personenbezogene Daten

Der Schutz von Art. 8 GRC (ggf. in Verbindung mit Art. 7 GRC) gilt für alle personenbezogenen Daten.[286] Dabei meint „Personenbezug", dass sich die Informationen auf eine bestimmte oder bestimmbare Person beziehen.[287] Der Schutz (lediglich) personenbezogener Daten ergibt sich für das deutsche Recht auf informationelle Selbstbestimmung aus dessen engen Zusammenhang zum Persönlichkeitsschutz,[288] beim unionsrechtlichen Art. 8 GRC direkt aus dem Wortlaut.

---

[282] *Heckmann/Paschke*, § 103 Datenschutz, in: Stern/Sodan/Möstl (Hrsg.), StaatsR IV, 2. Aufl. 2022, Rn. 34; *Kühling/Raab*, in: Kühling/Buchner, DS-GVO/BDSG, 4. Aufl. 2024, Einführung Rn. 26; *Bernsdorff*, in: Meyer/Hölscheidt, GRC, 6. Aufl. 2024, Art. 8 GRC Rn. 13. Verständnisvoll für diese Auslegung *Kühling*, in: Pechstein/Nowak/Häde, Frankfurter Kommentar, 2. Aufl. 2023, Art. 8 GRC Rn. 79.

[283] RL 95/46/EG.

[284] *Bernsdorff*, in: Meyer/Hölscheidt, GRC, 6. Aufl. 2024, Art. 8 GRC Rn. 15, 17, 37. Daher wird teils auch von einer Konstitutionalisierung einfachgesetzlicher Schutzelemente des Datenschutzrechtes gesprochen: *Kühling/Raab*, in: Kühling/Buchner, DS-GVO/BDSG, 4. Aufl. 2024, Einführung Rn. 26; *Heckmann/Paschke*, § 103 Datenschutz, in: Stern/Sodan/Möstl (Hrsg.), StaatsR IV, 2. Aufl. 2022, Rn. 33.

[285] Der EuGH zitiert die Rspr. des EGMR zu Art. 8 EMRK u. a. in EuGH (Digital Rights Ireland), Urt. v. 8. 4. 2014, Rs. C-293/12 u. C-594/12, Rn. 35, 47, 54 f. Als Schrankenregelung prüft der EuGH indes nur Art. 52 Abs. 1 GRC und erwähnt trotz der möglichen Entsprechung mit Art. 8 EMRK den Art. 52 Abs. 3 S. 1 GRC i. V. m. Art. 8 Abs. 2 EMRK nicht: EuGH (Schwarz), Urt. v. 17. 10. 2013, Rs. C-291/12, Rn. 34 ff.; *Kingreen*, JURA 2014, 295 (299). Für ein Kombinationsrecht aussprechend: *Kreitz*, NJOZ 2024, 65 (67).

[286] *Kühling*, in: Pechstein/Nowak/Häde, Frankfurter Kommentar, 2. Aufl. 2023, Art. 8 GRC Rn. 14.

[287] *Kühling*, in: Pechstein/Nowak/Häde, Frankfurter Kommentar, 2. Aufl. 2023, Art. 8 GRC Rn. 14. Vgl. für die einfach-rechtliche Definition Art. 4 Nr. 1 DSGVO.

[288] Denn das Datenschutzgrundrecht folgt letztlich aus der Menschenwürdegarantie und dem APR und ist nichts anderes als Persönlichkeitsschutz: *Boehme-Neßler*, DuD 2016, 419 (419). Andere Daten sind nicht zwingend schutzlos, sondern können wie Geschäftsgeheim-

aa) Vom Datum zur Information

Als Daten werden Zeichen oder Symbole für Mitteilungen verstanden, die formalisierbar, beliebig reproduzierbar und mittels technischer Medien leicht transportierbar sind.[289] Während verschiedene Symbole oder Zeichen bloße Daten sind, entsteht im Kontext mittels Verknüpfung mehrerer Daten eine „Information".[290] Dabei ist nach der gängigen Definition, etwa in der Informatik, eine Information als Kenntnis über Sachverhalte oder Personen zu verstehen.[291] Demnach ist ein einzelnes kontextloses Datum für die medizinische Forschung (z. B. 01012010) nicht brauchbar. Erst der Kontext (hier: Geburtsdatum 01.01.2010) lässt daraus eine Information entstehen. Wegen des unterschiedlichen Verständnisses in verschiedenen Disziplinen hat sich kein einheitliches rechtliches Verständnis beider Begriffe herausgebildet.[292] Im Recht werden beide Begriffe nicht klar voneinander abgegrenzt, sondern weitgehend synonym verwendet.[293] Angesichts dessen erfolgt in der nachfolgenden Arbeit keine trennscharfe Unterscheidung beider Begriffe.

---

nisse (dort: Art. 12 GG) durch andere Grundrechte geschützt werden: *Grimm*, JZ 2013, 585 (586).

[289] *Hoffmann-Riem*, Rechtliche Rahmenbedingungen für und regulative Herausforderungen durch Big Data, in: Hoffmann-Riem (Hrsg.), Big Data – Regulative Herausforderungen, 2018, S. 16.

[290] Im Ergebnis *Spitz*, Sekundärnutzung von Behandlungsdaten für medizinische Forschungszwecke, 2024, S. 82. Daten sind Träger einer Information: *Hoffmann-Riem*, Rechtliche Rahmenbedingungen für und regulative Herausforderungen durch Big Data, in: Hoffmann-Riem (Hrsg.), Big Data – Regulative Herausforderungen, 2018, S. 16.

[291] Die Begrifflichkeiten werden in jeder Disziplin anders definiert. Sie sind nicht eindeutig, ebenso wenig wie das Verhältnis zwischen Datum und Information. Für einen Überblick über die verschiedenen Begriffsauffassungen: *Spiecker gen. Döhmann*, RW 2010, 247 (250 ff.). Für unterschiedliche Informationsbegriffe: *Zier*, Investitionsschutz für Maschinendaten, Eine Untersuchung des Schutzes maschinengenerierter Daten der Industrie 4.0 durch das Datenbankherstellerrecht, 2022, S. 13 ff. Anders *Bäcker*, in: Wegener (Hrsg.), EnzEur. Bd. 8, 2. Aufl. 2021, § 11 Rn. 40, nachdem eine Unterscheidung zwischen Datum und Information in der deutschen Rechtswissenschaft verbreitet sei.

[292] *Karg*, in: Simitis/Hornung/Spiecker gen. Döhmann (Hrsg.), Datenschutzrecht, 2. Aufl. 2025, Art. 4 Nr. 1 DSGVO Rn. 26 erklärt die uneinheitliche Verwendung dieser Begriffe mit den unterschiedlichen Eigenschaften (Unteilbarkeit, Irreversibilität), Wirkungen (Informiertheit, Überraschung, Differenzierungsfähigkeit), Dimensionen (Information als Vorgang, Inhalt oder Zustand) sowie verschiedene begriffliche Ebenen (syntaktisch, semantisch oder pragmatisch), die in den jeweiligen Disziplinen ihre eigene Gewichtung erhalten.

[293] Die Begriffe „Datum" oder „Information" sind weder auf europäischer noch nationaler Ebene legaldefiniert und werden nicht trennscharf unterschieden. So setzt § 2 Abs. 3 Umweltinformationsgesetz (UIG) Umwelt*informationen* mit „alle Daten über..." gleich. Auch Art. 4 Nr. 1 DSGVO spricht davon, dass personenbezogene Daten alle *Informationen* mit bestimmten Eigenschaften sind. Vertiefend zur rechtlichen Einordnung beider Begriffe: *Zier*, Investitionsschutz für Maschinendaten, Eine Untersuchung des Schutzes maschinengenerierter Daten der Industrie 4.0 durch das Datenbankherstellerrecht, 2022, S. 1 ff., 8.

bb) Personenbezug vs. Anonymität

Bei anonymen Daten fehlt es an einem Personenbezug, da dort eine Identifizierung des Betroffenen *per definitionem* ausscheidet, sodass auch der Schutzbereich nicht eröffnet ist.[294] Dahinter steht der Gedanke des Datenschutzrechtes, welches nicht dem Schutz der Daten selbst dient, sondern die Privatsphäre der hinter diesen Daten stehenden Personen und dessen Entscheidungsfreiheit über die eigenen Daten schützen soll.[295] Nicht die Daten an sich bergen Gefahren, sondern sie nähren bei missbräuchlicher Bekanntgabe Gefahren für eine freie Persönlichkeitsentfaltung.[296] Anonymität ist insbesondere dann gegeben, wenn die Daten keinen Informationsgehalt mehr aufweisen.[297] Solche Daten gibt es aber faktisch nicht in der medizinischen Forschung. Denn besitzen die anonymen Daten keine Informationen mehr, sind sie für die Wissenschaft unbrauchbar. Für ein Nutzen für die Forschung müssen die Daten zwangsläufig Informationen enthalten, sodass ein „perfektes" anonymes Datum kaum vorstellbar ist, zumal Gesundheitsdaten zumeist einen einzigartigen Personenbezug aufweisen.[298]

Was sinnvoll und klar abgrenzbar erscheint, wird angesichts des zunehmenden technologischen Fortschritts immer fragwürdiger. Neue Technologien ermöglichen es, vormals anonyme Daten zusammenzuführen und die dahinterstehenden Personen zu re-identifizieren. Auch die Zusammenführung mehrerer anonymer Datensätze kann zu einer Re-Identifikation und damit zu einem Personenbezug führen. So bietet nicht nur Künstliche Intelligenz gänzlich neue Gefahren der Zusammenführung von Datensätzen, sondern auch die Tatsache der häufig parallel im Internet veröffentlichten Daten.[299]

---

[294] Anonymes Datum als Gegenteil vom personenbezogenen Datum: *Dierks/Kircher/Husemann u. a.*, Data Privacy in European Medical Research: A Contemporary Legal Opinion, 2021, S. 7; Für das RiS: *Heckmann/Paschke*, § 103 Datenschutz, in: Stern/Sodan/Möstl (Hrsg.), StaatsR IV, 2. Aufl. 2022, Rn. 13. Hintergrund ist der bei anonymen Daten mangelnde Bezug zum Individuum, so bereits für das RiS: BVerfGE 65, 1 (45 f.). Kritisch und für eine Ausdehnung des Begriffs personenbezogener Daten plädierend: *Hoffmann-Riem*, Rechtliche Rahmenbedingungen für und regulative Herausforderungen durch Big Data, in: Hoffmann-Riem (Hrsg.), Big Data – Regulative Herausforderungen, 2018, S. 55 f.

[295] *Büscher/Gutjahr/Hornung u. a.*, DuD 2023, 503 (504); Für das RiS: *Heckmann/Paschke*, § 103 Datenschutz, in: Stern/Sodan/Möstl (Hrsg.), StaatsR IV, 2. Aufl. 2022, Rn. 7.

[296] *Grimm*, JZ 2013, 585 (586): Datenschutz setzt als Vorfeldschutz an.

[297] *Schröder*, Sachverständigengutachten zum Schutz medizinischer Daten, 2022, S. 10.

[298] Ebenso *Spitz*, Sekundärnutzung von Behandlungsdaten für medizinische Forschungszwecke, 2024, S. 192. Die Nichtanwendung des Datenschutz(grund)rechtes aufgrund anonymer Daten sei unter den technischen Gegebenheiten illusorisch: *Krönke/Tschachler*, Rechtswissenschaftliche Studie zum Thema Opt-out-Modelle für die Elektronische Patientenakte aus datenschutzrechtlicher Perspektive, Mai 2022, S. 19; *Martini/Hohmann*, NJW 2020, 3573 (3574).

[299] Der Artikel von *Sweeney*, Only You, Your Doctor, and Many Others May Know, 2015, belegt eindrücklich, wie einfach eine Re-Identifikation von „anonymen" Gesundheitsdaten, die etliche US-Staaten legal verkaufen, mittels einfacher Zeitungsrecherche von Kranken-

cc) Datenschutzgrundrecht als Recht auf informationelle Selbstbestimmung?

Teilweise wird das Datenschutzgrundrecht als europäische Version des deutschen Rechts auf informationelle Selbstbestimmung mit einem großen Bedarf an Verrechtlichung gesehen, teils als Mischung verschiedener Grundrechtsdimensionen mit „einem innovationsoffenen Ausgestaltungsauftrag".[300] Dabei wird häufig auf die Patienten- bzw. Betroffenenautonomie Rekurs genommen, wobei zu beachten ist, dass die Interpretation des Begriffes „Autonomie" von kulturellen Vorstellungen abhängt, situations- und rollenspezifisch ist.[301] Selbstbestimmung und Autonomie hängen eng zusammen. Selbstbestimmung meint im Folgenden die Fähigkeit des Einzelnen, sein Leben autonom, d.h. überwiegend nach eigenen Vorstellungen zu gestalten.[302]

(1) Gleichsetzung beider Grundrechte

Gegen eine zu strikte Gleichsetzung mit dem deutschen Recht auf informationelle Selbstbestimmung spricht der Schutz durch den korrespondierenden Art. 16 Abs. 2 AEUV mit dem Ziel des Schutzes der Datenverkehrsfreiheit, sodass weniger an einer den deutschen Eigentumsrechten ähnelnden, analogen Datenverfügungsbefugnis festgehalten, sondern die Ausprägung der Persönlichkeitsentfaltung gestärkt werden sollte.[303] Für den Schutz der Privatsphäre spricht der enge Zusammenhang von Art. 7 GRC und Art. 8 GRC, die zusammen geprüft werden, sowie Art. 8 EMRK.[304] Indes wird auch das Recht auf informationelle Selbstbestimmung aus dem Persönlichkeitsrecht entwickelt, angereichert durch den Schutz der Privatsphäre.[305] Hintergrund ist die Ungewissheit und der psychische Druck, der durch mögliches (Geheim-)Wissen, Beobachtungen und Überwachungen Dritter oder des Staates, das Handeln und die Entscheidungsbefugnis des Betroffenen tangieren

---

hauseinlieferungen, ist. Danach gelang eine Identifizierung in 43% der Fälle. Zu beachten ist indes, dass Anonymisierung in den USA anders als in der Union verstanden und schon bei Entfernung bestimmter vorgegebener Attribute (u.a. Name) bejaht wird.

[300] Zitiert nach *Schneider*, in: Wolff/Brink/v. Ungern-Sternberg, BeckOK DatenschutzR, 53. Aufl. v. 1.8.2025, Syst. B. Völker- und unionsverfassungsrechtliche Grundlagen, vor Rn. 1. Das RiS weist einen engen Zusammenhang mit dem Datenschutzrecht auf: *Lorenz*, in: Kahl/Waldhoff/Walter, BK Bd. 2, 228. EL März 2025, Art. 2 Abs. 1 GG Rn. 328.

[301] „Autonomie" als westlich geprägter Begriff aus der Medizinethik, der in Asien bspw. durch familiäre Werte, eine Mischung aus Patientenzustimmung und Familienbeteiligung verstanden wird: *Wiesemann*, Ethik Med 2012, 287 (289 f.).

[302] Solche Fähigkeiten sind nicht mit Ja/Nein zu beantworten; sie variieren graduell: *Ethikrat*, Big Data und Gesundheit – Datensouveränität als informationelle Freiheitsgestaltung – Stellungnahme, 2018, S. 178 f.

[303] *Schneider*, in: Wolff/Brink/v. Ungern-Sternberg, BeckOK DatenschutzR, 53. Aufl. v. 1.8.2025, Syst. B. Völker- und unionsverfassungsrechtliche Grundlagen Rn. 25.1.

[304] *Klement*, JZ 2017, 161 (169).

[305] *Lorenz*, in: Kahl/Waldhoff/Walter, BK Bd. 2, 228. EL März 2025, Art. 2 Abs. 1 GG Rn. 331.

kann.[306] Bereits die klassische Definition der Privatheit als Recht in Ruhe gelassen zu werden, umfasst nicht nur den Staat, sondern auch andere gesellschaftliche Kräfte, die die Privatsphäre als Ort unbeeinflusster Selbstgestaltung des Lebens bedrohen könnten.[307] Ähnlich weit wird das Datenschutzgrundrecht verstanden, das auch vor privaten Akteuren schützen soll.

Bei der Anknüpfung an die Selbstbestimmung muss beachtet werden, dass die Verweigerung einer Information oder Aufklärung als autonome Entscheidung eingestuft werden kann.[308] Das Datenschutzgrundrecht knüpft wie das Recht auf informationelle Selbstbestimmung sowohl an den Persönlichkeitsschutz als auch an die Privatheit an.[309] Damit kann es in gewissen Grenzen mit dem deutschen Recht auf informationelle Selbstbestimmung gleichgesetzt werden. Die Einwilligung stellt damit eine Ausprägung der Grundrechtsausübung und keinen Grundrechtsverzicht dar.[310]

Dass jemand selbstbestimmt Entscheidungen treffen kann, bedeutet nicht, dass er davon durchgängig Gebrauch machen muss, sondern er kann seine Entscheidungen anderen überlassen.[311] Kriterien für eine solche selbstbestimmte Lebensführung sind etwa „die hinreichende Unabhängigkeit von den Entscheidungen anderer, eine hinreichende Authentizität der eigenen Entscheidungen sowie die hinreichende Selbstkontrolle der Handlungen, mit denen solche Entscheidungen ausgeführt werden."[312] Dies heißt im Umkehrschluss jedoch nicht, dass jede Entscheidung, die extern motiviert oder von Dritten bestimmt wurde, rechtlich nicht verbindlich wäre.[313]

---

[306] *Lorenz*, in: Kahl/Waldhoff/Walter, BK Bd. 2, 228. EL März 2025, Art. 2 Abs. 1 GG Rn. 328.

[307] *Ethikrat*, Big Data und Gesundheit – Datensouveränität als informationelle Freiheitsgestaltung – Stellungnahme, 2018, S. 189.

[308] Dabei muss sich jede Gesellschaft fragen, was sie unter Freiheit und eigenen Interessen versteht: *Wiesemann*, Ethik Med 2012, 287 (291).

[309] Für das deutsche RiS: *Eichberger*, in: Huber/Voßkuhle (Hrsg.), GG-Kommentar Bd. 1, 8. Aufl. 2024, Art. 2 GG Rn. 281.

[310] Die Einwilligung und den Verzicht einander gegenüberstellend: *Ehlers/Germelmann*, in: Ehlers/Germelmann (Hrsg.), Europäische Grundrechte und Grundfreiheiten, 5. Aufl. 2023, § 2.2 Grundrechte der Europäischen Union Rn. 122. Die Einwilligung lässt den Grundrechtseingriff entfallen und zeugt vom Respekt vor der Autonomie des Einzelnen: *Pache*, in: Pechstein/Nowak/Häde, Frankfurter Kommentar, 2. Aufl. 2023, Art. 52 GRC Rn. 16. Ausführlich zur Einwilligung beim RiS: *Geiger*, NVwZ 1989, 35 (37).

[311] *Ethikrat*, Big Data und Gesundheit – Datensouveränität als informationelle Freiheitsgestaltung – Stellungnahme, 2018, S. 179.

[312] *Ethikrat*, Big Data und Gesundheit – Datensouveränität als informationelle Freiheitsgestaltung – Stellungnahme, 2018, S. 179.

[313] *Ethikrat*, Big Data und Gesundheit – Datensouveränität als informationelle Freiheitsgestaltung – Stellungnahme, 2018, S. 180.

(2) Recht auf Nichtwissen

Entspricht das Datenschutzgrundrecht dem Recht auf informationelle Selbstbestimmung, müsste es konsequenterweise auch das „Recht auf Nichtwissen“ beinhalten. Im nationalen Recht wird die Konstruktion über einen subjektiven Abwehranspruch aus der negativen Ausprägung des Rechts auf informationelle Selbstbestimmung oder als unmittelbare Ausgestaltung des Allgemeinen Persönlichkeitsrechts hergeleitet.[314] Denn das Wissen um eine unheilbare Krankheit kann die eigene Lebensqualität erheblich und existenziell beeinträchtigen.[315] Diese Problematik wird im Bereich der Medizin vorrangig durch prädiktive Diagnosen virulent, die genetische Dispositionen lange vor Krankheitsbeginn feststellen können.[316] Es geht dabei nicht um einen Schutz vor zu vielen Informationen („*Information Overload*“), sondern um einen Schutz vor Konfrontation mit Fakten, die geeignet sind, den Kern der Persönlichkeit zu tangieren und starke seelische Belastungen hervorzurufen.[317]

Auf internationaler Ebene ist das Recht auf Nichtwissen in Art. 10 S. 2 des Übereinkommens über Menschenrechte und Biomedizin des Europarates garantiert, welches u. a. Deutschland nicht ratifiziert hat. Obgleich eine Diskussion auf unionsrechtlicher Ebene fehlt, sollte ein solches Recht auf Nichtwissen wegen der sonst existenziellen Bedrohung des Einzelnen durch Informationen aus Genomanalysen oder von Zufalls(be)funden, die die Lebensplanung auf den Kopf stellen können, anerkannt und wegen seiner Wichtigkeit für das Privat- und ggf. Familienleben auf Art. 7 GRC gestützt werden. Denn bereits Bluttests, genetische Auswertungen oder Verknüpfungen von Daten (v. a. im Zeitalter von Big-Data-Anwendungen) können Befunde (und insbesondere Zufallsfunde) zutage fördern, die den Patienten und seine Lebensplanung durcheinanderbringen, indem sie seine unvermeidbare Zukunft zeigen oder eine Anpassung des Lebensstils abnötigen.[318]

---

[314] *Hahn*, MedR 2019, 197 (199). Nach BGH, NJW 2014, 2190 (2191) Rn. 14 umfasst das APR ein Recht auf Nichtwissen der eigenen genetischen Veranlagung, welches dem Betroffenen Schutz vor ungewollter Erlangung eigener genetischer Informationen mit Aussagekraft für die persönliche Zukunft bietet; *Di Fabio*, in: Dürig/Herzog/Scholz, GG, 107. EL März 2025, Art. 2 Abs. 1 GG Rn. 192; *Neuner*, ZfpW 2015, 257 (259). Kritisch bzgl. des Bestehens eines Rechts auf Nichtwissen: *Lorenz*, in: Kahl/Waldhoff/Walter, BK Bd. 2, 228. EL März 2025, Art. 2 Abs. 1 GG Rn. 256.

[315] *Kunig/Kämmerer*, in: von Münch/Kunig (Hrsg.), GG-Kommentar Bd. I, 7. Aufl. 2021, Art. 2 GG Rn. 80; *Laufs/Rehborn*, in: Laufs/Kern/Rehborn, Arzt-HdB, 5. Aufl. 2019, § 130 Rn. 85.

[316] Als Beispiel sei die seit 1993 genetisch nachweisbare Erbkrankheit *Chorea Huntington* genannt: *Neuner*, ZfpW 2015, 257 (258). Während manche Personen ihre genetischen Dispositionen kennen möchten, um ggfs. ihr Leben bzw. ihre Nachwuchsplanung darauf einzustellen, möchten andere nicht aufgeklärt werden; *Kühling/Seidel*, Grundlagen – Allgemeiner Teil, in: Kingreen/Kühling (Hrsg.), Gesundheitsdatenschutzrecht, 2015, S. 171 ff.

[317] *Neuner*, ZfpW 2015, 257 (265).

[318] *Hahn*, MedR 2019, 197 (198 f., 201).

c) Schutz öffentlich zugänglicher oder „belangloser" Daten?

Nicht alle personenbezogenen Daten sind gleich schutzwürdig. Man könnte etwa aufgrund des Schadenspotenzials durch denkbare Verwendungsmöglichkeiten zum Nachteil der Betroffenen und der Privatheit der Daten im jeweiligen Kontext differenzieren.[319] Bezüglich der Privatheit der Daten könnte Rekurs auf die deutsche Drei-Stufen-Lehre genommen werden, wonach Daten aus der Intimsphäre zum absolut geschützten Kernbereich des Persönlichkeitsrechts gehören.[320] Daten aus der Privatsphäre bedürften demnach mehr Schutz als solche aus der Sozialsphäre. Indes ist diese Differenzierung angesichts der wachsenden Möglichkeiten von Big-Data-Anwendungen nicht überzeugend, wonach beispielsweise zwei vermeintlich belanglose Daten eine neue, sensible Information ergeben könnten. Richtigerweise müssen die Daten keine besonders sensitiven Informationen beinhalten. Denn bereits das Bundesverfassungsgericht stellte im Volkszählungsurteil fest, dass es kein „belangloses" Datum mehr in Zeiten automatisierter Verarbeitungen gibt.[321] In der Bundesrepublik erfolgte eine revidierende Klarstellung dahingehend, dass öffentlich und jedermann zugängliche Daten keine „besondere Relevanz für die Freiheit und Privatheit des Betroffenen" besäßen und ein Eingriff erst dann vorläge, „wenn die aus öffentlich zugänglichen Quellen stammenden Daten durch ihre systematische Erfassung, Sammlung und Verarbeitung einen zusätzlichen Aussagewert erhalten, aus dem sich die für das Grundrecht auf informationelle Selbstbestimmung spezifische Gefährdungslage für die Freiheitsrechte oder die Privatheit des Betroffenen ergibt".[322]

Ob eine solche modifizierende Einschränkung auf europäischer Ebene sinnvoll ist, kann dahinstehen. Im vorliegenden Kontext geht es regelmäßig um besonders sensible Gesundheitsdaten. Selbst wenn jemand solche sensitiven Daten (ggf. unbedacht) im Internet veröffentlicht, dürfen diese Daten nicht (zu Forschungszwecken) genutzt werden. Zudem werden solche Gesundheitsdaten in der medizinischen Forschung faktisch kaum Relevanz entfalten, denn sie sind wenig kontrolliert, standardisiert oder hochwertig und damit für die Forschung untauglich.[323]

---

[319] *Hevers*, Informationszugangsansprüche des forschenden Wissenschaftlers, 2015, S. 167.

[320] *Hevers*, Informationszugangsansprüche des forschenden Wissenschaftlers, 2015, S. 168.

[321] Bezogen auf die automatisierte Datenverarbeitung: BVerfGE 65, 1 (45); E 128, 1 (45); *Barczak*, in: Dreier, GG, 4. Aufl. 2023, Art. 2 Abs. 1 GG Rn. 107.

[322] Zitate nach BVerfGE 120, 351 (362); *Heckmann/Paschke*, § 103 Datenschutz, in: Stern/Sodan/Möstl (Hrsg.), StaatsR IV, 2. Aufl. 2022, Rn. 12.

[323] Nach Einschätzung von *Kelber*, Wissenschaftliche Forschung – selbstverständlich mit Datenschutz, in: Roßnagel/Wallmann (Hrsg.), Stärkung der Forschung durch Datenschutz, 2023, S. 16 scheitern selbst bei Forschungskooperationen, Studien mit hohen Fallzahlen häufig an fehlender Interoperabilität und inkompatiblen Erfassungsstrukturen.

3. Persönlicher Gewährleistungsbereich

Das Datenschutzgrundrecht schützt „jede Person" (Art. 8 Abs. 1 GRC).[324] Dabei sind für die medizinische Forschung auch Gesundheitsdaten relevant, die von Verstorbenen stammen. Dies kann daher herrühren, dass Todesursachen erforscht oder sonst archivierte Unterlagen für die medizinische Forschung nutzbar gemacht werden sollen.[325] In ständiger Rechtsprechung des Bundesverfassungsgerichtes wird seit dem *Mephisto*-Beschluss eine Fortwirkung des Persönlichkeitsschutzes nach dem Tod verneint, der Schutz des Allgemeinen Persönlichkeitsrechts endet vielmehr mit dem Tod.[326] Dies gilt für das Allgemeine Persönlichkeitsrecht in seiner Gänze, sodass auch die einzelnen Ausprägungen wie das Recht auf informationelle Selbstbestimmung damit enden.[327] Indes erkennt das BVerfG einen postmortalen Persönlichkeitsschutz aus Art. 1 Abs. 1 GG mit dem Hinweis an, dass die Pflicht des Staates, den Einzelnen vor Angriffen auf seine Menschenwürde zu schützen, nicht mit dem Tod erlischt.[328] Daneben können Lebende auf Grundlage des Rechts auf informationelle Selbstbestimmung Verfügungen treffen, was mit ihren Daten nach dem Tod geschieht.[329]

Dies muss auf unionsrechtlicher Ebene nicht ebenso gelten. Zumal ein vergleichender Blick auf andere Rechtsordnungen zeigt, dass die meisten Staaten nicht dem Verstorbenen selbst, sondern seinen Angehörigen Schutz zugestehen.[330] Diese mitgliedstaatliche Vielfalt ist Grund, dass der Grundrechtsschutz am Beginn und

---

[324] Ob das unionsrechtliche Datenschutzrecht nur natürliche oder auch juristische Personen schützt, ist im Rahmen medizinischer Forschung unbeachtlich, da diese nur an Daten natürlicher Personen interessiert ist: Näher dazu *Bäcker*, in: Wegener (Hrsg.), EnzEur. Bd. 8, 2. Aufl. 2021, § 11 Rn. 41; *Heckmann/Paschke*, § 103 Datenschutz, in: Stern/Sodan/Möstl (Hrsg.), StaatsR IV, 2. Aufl. 2022, Rn. 33. Gegen eine wesensmäßige Anwendbarkeit des Datenschutzgrundrechtes auf juristische Personen wegen der Nähe zur Menschenwürde (mit Ausnahmen): *Bernsdorff*, in: Meyer/Hölscheidt, GRC, 6. Aufl. 2024, Art. 8 GRC Rn. 25. Richtigerweise sind juristische Personen nur durch das Datenschutzgrundrecht zu schützen, wenn durch Datenverarbeitungen die dahinterstehende natürliche Person betroffen wird (z. B. Ein-Personen-GmbH): *Kühling*, in: Pechstein/Nowak/Häde, Frankfurter Kommentar, 2. Aufl. 2023, Art. 8 GRC Rn. 12; *Streinz*, in: Streinz, EUV/AEUV, 3. Aufl. 2018, Art. 8 GRC Rn. 6; a. A. für einen (vollumfänglichen) Schutz juristischer Personen: *Kingreen*, in: Calliess/Ruffert, EUV/AEUV, 6. Aufl. 2022, Art. 8 GRC Rn. 12; *Knecht*, in: Schwarze/Becker/Hatje/Schoo, EU-Kommentar, 4. Aufl. 2019, Art. 8 GRC Rn. 3. Ausführliche Auslegung zur Frage, ob juristische Personen geschützt sind und dies i. E. bejahend: *Kreitz*, NJOZ 2024, 65 (67 ff.).

[325] *Pöttgen*, Medizinische Forschung und Datenschutz, 2009, S. 33; *Bizer*, Forschungsfreiheit und Informationelle Selbstbestimmung – Gesetzliche Forschungsregelungen zwischen grundrechtlicher Förderungspflicht und grundrechtlichem Abwehrrecht, 1992, S. 274.

[326] BVerfGE 30, 173 (194).

[327] *Pöttgen*, Medizinische Forschung und Datenschutz, 2009, S. 33.

[328] BVerfGE 30, 173 (194).

[329] *Pöttgen*, Medizinische Forschung und Datenschutz, 2009, S. 34.

[330] Knapper Überblick über den postmortalen Persönlichkeitsrechtsschutz in einigen anderen europäischen Staaten: *Krause*, Der Schutz des postmortalen Persönlichkeitsrechts im Internet: Internationale Zuständigkeit und Kollisionsrecht, 2022, S. 40 ff., 48.

Ende des Lebens auf europäischer Ebene nicht eindeutig geklärt ist.[331] Der EuGH hat sich bislang nicht explizit zur Frage der Grundrechtsträgerschaft ungeborenen Lebens verhalten, wohl um die Klärung den Mitgliedstaaten sowie deren Verfassungsgerichten zu überlassen.[332] Die Rechtsprechung des Bundesverfassungsgerichts kann dabei bloße Anhaltspunkte bieten,[333] ebenso wie das Sekundärrecht. Das Datenschutzgrundrecht steht dabei Minderjährigen oder Geschäfts- bzw. Einwilligungsunfähigen zu.[334] Nicht geschützt werden das ungeborene Leben[335] oder Verstorbene[336] im Rahmen des Datenschutzgrundrechts.[337] Dies entspricht der Tatsache, dass „jede Person" jedenfalls alle rechtsfähigen, d.h. lebenden, natürlichen Personen sind.[338] Die Ausnahme von Ungeborenen und Verstorbenen entspricht der

---

[331] *Gundel*, in: Grabenwarter (Hrsg.), EnzEur Bd. 2, 2. Aufl. 2022, § 4 Rn. 8.

[332] *Calliess*, in: Calliess/Ruffert, EUV/AEUV, 6. Aufl. 2022, Art. 1 GRC Rn. 11.

[333] Mangels europäischen Konsenses kann die Rspr. des BVerfG Anhaltspunkte für den persönlichen Schutzbereich bieten: *Calliess*, in: Calliess/Ruffert, EUV/AEUV, 6. Aufl. 2022, Art. 1 GRC Rn. 13.

[334] Geschützt werden jedenfalls alle natürlichen Personen: *Jarass*, in: Jarass, GRC, 4. Aufl. 2021, Art. 8 GRC Rn. 8; *Augsberg*, in: GSH, EUV/AEUV/GRC, 7. Aufl. 2015, Art. 8 GRC Rn. 7. Bezogen auf das deutsche APR, das auch auf Minderjährige anwendbar ist: BVerfGE 24, 119 (144); E 47, 46 (74); E 53, 185 (203); E 59, 360 (382); E 75, 201 (218); E 79, 51 (63); E 99, 145 (156); *Barczak*, in: Dreier, GG, 4. Aufl. 2023, Art. 2 Abs. 1 GG Rn. 51. Bezogen auf die Grundrechtsberechtigung „Entmündigter": BVerfGE 84, 192 (194 f.).

[335] Für den Schutz des Nasciturus könnte im Umkehrschluss sprechen, dass ErwG 27 DSGVO nur Verstorbene explizit aus dem Schutzbereich der Grundverordnung ausnimmt, was eine einfach-rechtliche Interpretation des Grundrechtes nahelegen könnte: *Klar/Kühling*, in: Kühling/Buchner, DS-GVO/BDSG, 4. Aufl. 2024, Art. 4 Nr. 1 DSGVO Rn. 7. Teils wird darauf verwiesen, dass der Nasciturus im deutschen Recht u.a. schon erbfähig ist, sodass man Wertungswidersprüche mit der DSGVO vermeiden und das RiS deshalb vorverlagern müsste: *Schild*, in: Wolff/Brink/v. Ungern-Sternberg, BeckOK DatenschutzR, 53. Aufl. v. 1.8.2025, Art. 4 DSGVO Rn. 9.

[336] Für diese Interpretation spricht das einfache Recht: ErwG 27 DSGVO legt fest, dass die Grundverordnung nicht für die Verarbeitung personenbezogener Daten Verstorbener greift – gleichwohl lässt sie den Mitgliedstaaten Spielräume für die Schaffung solcher Regelungen. Vom Schutz umfasst sind Daten Verstorbener, wenn sie Bezug zu einer lebenden Person (und damit Personenbezug) aufweisen. Diese können Informationen über Erbkrankheiten, aber auch genetische Daten betreffen: *Klar/Kühling*, in: Kühling/Buchner, DS-GVO/BDSG, 4. Aufl. 2024, Art. 4 Nr. 1 DSGVO Rn. 5; *Schild*, in: Wolff/Brink/v. Ungern-Sternberg, BeckOK DatenschutzR, 53. Aufl. v. 1.8.2025, Art. 4 DSGVO Rn. 11.

[337] *Barczak*, in: Dreier, GG, 4. Aufl. 2023, Art. 2 Abs. 1 GG Rn. 51. Der Nasciturus ist nicht geschützt: *Jarass*, in: Jarass/Kment (Hrsg.), Jarass/Pieroth, GG, 18. Aufl. 2024, Art. 2 GG Rn. 6. Der Nasciturus wird nur im Zusammenhang mit Art. 1 Abs. 1, Art. 2 Abs. 2 S. 1 GG und damit partiell als Grundrechtsträger geschützt: BVerfGE 39, 1 (36); E 88, 203 (238).

[338] Für das Jedermann-Grundrecht aus Art. 2 Abs. 1 GG: *Starck*, in: von Mangold/Klein/Starck (Hrsg.), GG, 7. Aufl. 2018, Art. 2 GG Rn. 43.

Tatsache, dass diese tatsächlich nicht über ihre Daten verfügen und keine Mitwirkungsrechte geltend machen können.[339]

Gleichwohl stehen diese Daten nicht gänzlich schutzlos dar. Daten des ungeborenen Kindes werden als Daten der Mutter von deren Datenschutzgrundrecht geschützt.[340] Der Schutz der Daten Verstorbener wird jedenfalls in der Bundesrepublik neben dem postmortalen Persönlichkeitsschutz durch flankierende Regelungen wie das über den Tod hinausreichende Sozialgeheimnis (§ 35 SGB I) oder die ärztliche Schweigepflicht (§ 203 Abs. 4 StGB; § 9 MBO-Ä) gewährleistet.[341]

4. Datenschutzgrundrecht kein „gewöhnliches" Abwehrrecht

Die klassische Abwehrfunktion von Grundrechten bedeutet, dass zunächst nur vor Eingriffen staatlicher Stellen ein Schutz besteht. Dennoch geht eine Gefahr bei Datenverarbeitungen nicht ausschließlich von staatlicher Informationstätigkeit aus. Zunehmend geht die Gefahr durch die unkontrolliert und international agierende Privatwirtschaft aus, die sich territorial (durch Verlagerung ihres Unternehmenssitzes) dem Geltungsbereich besonders strenger Datenschutzregelungen zu entziehen versucht.[342] Daher muss auch vor Datenverarbeitungen von privater Seite geschützt werden.

Private benötigen aus (grundrechtlicher) Sicht keine Ermächtigungsgrundlage zur Verarbeitung von Daten.[343] Gleichwohl bedarf das Datenschutzgrundrecht keiner künstlichen Konstruktion über Eingriffe privater Akteure mittels einer mittelbaren oder gar unmittelbaren Drittwirkung, denn die Ausgestaltungsdimension des Art. 8 Abs. 1 GRC verpflichtet den Gesetzgeber grundrechtsadäquate, auch für Private geltende, Datenschutzregelungen zu erlassen.[344] Dies geschieht vorwiegend

---

[339] Gemeint sind die in der DSGVO ausbuchstabierten Auskunfts-, Löschungs- oder Berichtigungsrechte: *Klar/Kühling*, in: Kühling/Buchner, DS-GVO/BDSG, 4. Aufl. 2024, Art. 4 Nr. 1 DSGVO Rn. 7.

[340] *Klar/Kühling*, in: Kühling/Buchner, DS-GVO/BDSG, 4. Aufl. 2024, Art. 4 Nr. 1 DSGVO Rn. 7; *Arning/Rothkegel*, in: Taeger/Gabel (Hrsg.), DSGVO – BDSG – TTDSG, 4. Aufl. 2022, Art. 4 DSGVO Rn. 21; *Pöttgen*, Medizinische Forschung und Datenschutz, 2009, S. 36.

[341] *Spitz*, Sekundärnutzung von Behandlungsdaten für medizinische Forschungszwecke, 2024, S. 186.

[342] *Dochow*, Grundlagen und normativer Rahmen der Telematik im Gesundheitswesen – Zugleich eine Betrachtung des Systems der Schutzebenen des Gesundheitsdaten- und Patientenschutzrechtes, 2017, S. 270 f.; *Spiecker gen. Döhmann/Eisenbarth*, JZ 2011, 169 (169); *Heckmann/Paschke*, § 103 Datenschutz, in: Stern/Sodan/Möstl (Hrsg.), StaatsR IV, 2. Aufl. 2022, Rn. 86.

[343] Dieser Gedanke ist auf das Unionsrecht übertragbar. Für die deutschen Grundrechte: *Di Fabio*, in: Dürig/Herzog/Scholz, GG, 107. EL März 2025, Art. 2 Abs. 1 GG Rn. 189; *Marsch*, Das europäische Datenschutzgrundrecht, 2018, S. 249 f.

[344] *Marsch*, Das europäische Datenschutzgrundrecht, 2018, S. 265 ff.

über eine (datenschutzrechtliche) sekundärrechtliche Ausgestaltung.[345] Damit entsteht eine „ubiquitäre Ordnung“, die jeden bindet und über Sonderrecht für Hoheitsträger hinausgeht, die sich mit dem Schutz der (inneren sowie äußeren) Entfaltungsfreiheit des Einzelnen legitimieren lässt.[346] Heckmann/Paschke gehen so weit, dass der Unionsgesetzgeber mit seinem umfassenden (sekundären) Datenschutzrecht sogar eine „faktische Grundrechtsbindung Privater“ geschaffen habe.[347] Damit schützt das Datenschutzgrundrecht aufgrund seines umfassenden Schutzauftrages an den Staat weitergehender und umfassender als andere Abwehrrechte vor Gefahren privater Dritter wie Big Playern aus der Wirtschaft.

Masing weist auf die grundsätzliche Freiheit Privater hin, Daten zu verarbeiten, und kritisiert, dass nicht jede Zweckänderung oder Weitergabe einem Gesetzesvorbehalt unterliegen dürfe.[348] Damit wäre das derzeitige Datenverarbeitungsverbot, das nicht zwischen privaten und staatlichen Stellen unterscheidet, und immer eine rechtliche Erlaubnisnorm fordert, für Private zu streng. Indes besteht die typische Gefahrenlage gerade bei einem fehlenden Gleichordnungsverhältnis unter Privaten, sodass aufgrund der asymmetrischen Kräfteverhältnisse eine Gleichbehandlung ausscheidet und die staatlichen Schutzpflichten aktiviert werden müssen.[349] Durch die Ausgestaltung der Einwilligung als Erlaubnistatbestand wird sichergestellt, dass sich Private auch auf Ebene der Gleichordnung über die Überlassung von Daten verständigen können. Zudem wird durch die derzeitige Ausgestaltung eines grundsätzlichen Verbots eine Differenzierung zwischen öffentlichen und privaten Stellen entbehrlich. So bedarf es keiner Einordnung von schwierigen Zwischenbereichen, etwa öffentlich-rechtlicher Einrichtungen wie Universitäten, die selbst ihre Forschungsfreiheit wahrnehmen. Diese wären somit zugleich grundrechtsberechtigt und -verpflichtet (sog. Konfusionsargument).[350]

Beim Handeln Privater ist die Schutzpflicht des Datenschutzgrundrechts relevant. Dabei ist anstelle eines Eingriffs des Staates ein eingriffsgleiches Handeln eines Dritten/Privaten nötig. Dies bezeichnet man als *Übergriff.* Da solche Datenverarbeitungen für Betroffene dieselben Konsequenzen haben und ebenso ihre Rechte tangieren, ist davon auszugehen, dass die Bundesrepublik ihrer Schutzpflicht aus dem Datenschutzgrundrecht nachgekommen ist. Dabei wird die genaue Umsetzung in das einfache Recht in § 4 analysiert. Grundsätzlich ist sowohl der Union, der Bundesrepublik als auch den Ländern ein weiter Einschätzungs-, Wer-

---

[345] *Marsch*, Das europäische Datenschutzgrundrecht, 2018, S. 4.

[346] Begriff nach *Bäcker*, in: Wegener (Hrsg.), EnzEur. Bd. 8, 2. Aufl. 2021, § 11 Rn. 1 f.

[347] *Heckmann/Paschke*, § 103 Datenschutz, in: Stern/Sodan/Möstl (Hrsg.), StaatsR IV, 2. Aufl. 2022, Rn. 91.

[348] *Masing*, NJW 2012, 2305 (2307).

[349] Schutzpflichten bestehen auch auf unionsrechtlicher Ebene: *Grimm*, JZ 2013, 585 (587, 589).

[350] *Spitz*, Sekundärnutzung von Behandlungsdaten für medizinische Forschungszwecke, 2024, S. 135 f.

tungs- und Gestaltungsspielraum zuzuerkennen, der erst verletzt wird, wenn die getroffenen Datenschutzregelungen komplett fehlen, ihr Schutzziel überhaupt nicht erreicht und das Untermaßverbot unterschritten wird, weil kein angemessener oder vollkommen ungeeigneter Schutz besteht. Davon ist angesichts des restriktiven Datenverarbeitungsverbots nicht auszugehen.

5. Eingriff/Übergriff

Nach dem modernen Begriffsverständnis liegt ein Eingriff in das Datenschutzgrundrecht in jeder staatlichen Datenverarbeitung, die mit oder ohne Hilfe von automatisierten Verfahren die Identifizierung einer natürlichen Person ermöglicht.[351] Eine Datenverarbeitung Privater stellt grundsätzlich selbst eine Ausübung von grundrechtlichen Freiheiten dar und kann nicht als Eingriff gegenüber den Betroffenen klassifiziert werden. Gleichwohl ist der Staat gehalten, eine unbegrenzte Datenverarbeitung Privater zu verhindern, sodass unzureichende Regelungen als mittelbarer Eingriff in das Grundrecht dem Staat zugerechnet werden können.[352] Der Gesetzgeber muss auch Schutzmechanismen für Zweckänderungen bei der Datenverarbeitung bereithalten. Durch die Verarbeitung sensibler Gesundheitsdaten zu einem anderen Zweck, kann der Betroffene bei fehlendem Wissen keine Rechte geltend machen und den Datenfluss nicht kontrollieren. Deshalb muss der Datenschutz als Vorfeldschutz die Persönlichkeitsentfaltung schützen und Restriktionen unabhängig von einer konkreten Gefahr aufstellen.[353]

a) Autonomieschutz durch Einwilligung

Bislang wenig beachtet ist die Frage, ob eine Einwilligung schon einen Eingriff verhindert oder trotz Einwilligung ein Eingriff in das Grundrecht vorliegt, sodass die Rechtfertigungsanforderungen des Art. 52 Abs. 1 GRC vorliegen müssten.[354] Für den Ausschluss eines Grundrechtseingriffs durch eine Einwilligung spricht der mögliche Sinn einer Einwilligung, der die gesetzliche Eingriffsermächtigung für die Datenverarbeitung obsolet machen soll. Für diese Ansicht wird teils der Wortlaut des Art. 8 Abs. 2 S. 1 GRC angeführt, wonach eine Datenverarbeitung auf Grundlage einer nach Treu und Glauben für festgelegte Zwecke erteilten Einwilligung keiner gesetzlich geregelten legitimen Grundlage bedarf: „Diese Daten dürfen nur [...] mit Einwilligung der betroffenen Person *oder* auf einer *sonstigen* gesetzlich

---

[351] Für das deutsche RiS: *Heckmann/Paschke*, § 103 Datenschutz, in: Stern/Sodan/Möstl (Hrsg.), StaatsR IV, 2. Aufl. 2022, Rn. 40.

[352] Diese Ansicht von *Heckmann/Paschke*, § 103 Datenschutz, in: Stern/Sodan/Möstl (Hrsg.), StaatsR IV, 2. Aufl. 2022, Rn. 65 ist auf das unionsrechtliche Grundrecht übertragbar.

[353] *Spitz*, Sekundärnutzung von Behandlungsdaten für medizinische Forschungszwecke, 2024, S. 149.

[354] *Kingreen*, in: Calliess/Ruffert, EUV/AEUV, 6. Aufl. 2022, Art. 8 GRC Rn. 14.

geregelten legitimen Grundlage verarbeitet werden" [Hervorh. d. Verf.].[355] Damit könnte man von einem Alternativverhältnis von Einwilligung und sonstigen gesetzlichen Datenverarbeitungsgrundlagen ausgehen, sodass bei einer Einwilligung keine „Einschränkung" und damit kein Eingriff gegeben ist. Denn ansonsten setzte sich der Art. 8 Abs. 2 S. 1 GRC in Widerspruch zu Art. 52 Abs. 1 S. 1 GRC, forderte man über dessen Hintertür eine gesetzliche Verarbeitungsgrundlage.

Der Wortlaut lässt sich aber auch so verstehen, dass die Einwilligung ebenso wie die sonstigen Regelungen einer gesetzlich legitimierten Grundlage bedarf und somit bloß auf Rechtfertigungsebene zu beachten ist. Die jederzeit modifizierbare und nach dem einfachen Recht jederzeit widerrufbare Einwilligung stellt damit eine Form der Grundrechts*ausübung* dar.[356] Deswegen kann auch eine Übermittlung von (sensiblen) Daten in Drittstaaten, die über keinen Angemessenheitsbeschluss der EU-Kommission und damit kein angemessenes Datenschutzniveau verfügen, durch Einwilligung erlaubt werden.[357] Der Fokus liegt (allein) auf der selbstbestimmten Entscheidung, sodass die Datenpreisgabe Teil der grundrechtlich geschützten Freiheit ist.[358] Nur wenn man allein den Persönlichkeitsschutz in den Vordergrund des Charta-Grundrechts stellt, tritt der Betroffene mit Datenfreigabe aus dem Schutzbereich des Grundrechts heraus.[359] Richtigerweise sollte man in beiden Konzepten (Persönlichkeitsentfaltung bzw. Selbstbestimmung) keine einander widersprechenden Ansichten sehen.[360] Der Entwurf einer Persönlichkeit verwirklicht sich nicht in der Einsamkeit, sondern in der selbstbestimmten Interaktion mit anderen.[361] Deshalb sollten beide Ansichten miteinander verbunden und um Aspekte der Datensouveränität erweitert werden.[362]

---

[355] Ähnlich *Kingreen*, in: Calliess/Ruffert, EUV/AEUV, 6. Aufl. 2022, Art. 8 GRC Rn. 14.

[356] Ebenso *Taeger*, in: Taeger/Gabel (Hrsg.), DSGVO – BDSG – TTDSG, 4. Aufl. 2022, Art. 7 DSGVO Rn. 1.

[357] *Taeger*, in: Taeger/Gabel (Hrsg.), DSGVO – BDSG – TTDSG, 4. Aufl. 2022, Art. 7 DSGVO Rn. 2. Konsequenterweise wurde dies auch einfach-rechtlich ausdrücklich in Art. 49 Abs. 1 UAbs. 1 lit. a DSGVO festgeschrieben.

[358] *Klement*, JZ 2017, 161 (169); *Masing*, NJW 2012, 2305 (2308).

[359] Ebenso *Klement*, JZ 2017, 161 (169), der sich i. E. für eine Deutung als Recht auf Selbstbestimmung entscheidet.

[360] Anders *Klement*, JZ 2017, 161 (169 f.).

[361] Ähnlich *Klement*, JZ 2017, 161 (169).

[362] Datensouveränität bezeichnet dabei die Befugnis selbstbestimmt mit seinen eigenen Daten umzugehen und über diese die Entscheidungshoheit zu halten. Dabei ist die genaue Abgrenzung zwischen Datenschutz und Datensouveränität uneindeutig. So werden beide Begriffe teils synonym verwendet, teils wird von einer Einschränkung des Datenschutzrechtes durch das Konzept der Datensouveränität, teils als einander ergänzende Konzepte ausgegangen oder aber Datensouveränität als praktische Effektuierung des Datenschutzes angesehen. In diese vier möglichen Verständniskategorien zusammengefasst von *Hornung/Schomberg*, CR 2022, 508 (509 ff.). Dafür, dass das Konzept der Datensouveränität dem europäischen Datenschutzrecht immanent sei: *Buchner/Kühling*, in: Kühling/Buchner, DS-GVO/BDSG, 4. Aufl. 2024, Art. 7 DSGVO Rn. 19. Nach *Appenzeller/Bretthauer/Birnstill*, DuD 2021, 173 (174) fordert Datensouveränität nicht mehr als das RiS schon an Schutz gewährt. Dies liegt

Datensouveränität erlaubt mittels Mitbestimmung des Betroffenen einen selbstbestimmteren Freiheitsgebrauch, indem Einwilligungen in spezifischen Kontexten ermöglicht oder ausgeschlossen werden, etwa bei medizinisch-militärischer, Human-Enhancement- oder kommerzieller Forschung, sodass ein feingranularer Freiheitsgebrauch möglich ist. Wie der Wortlaut schon impliziert, geht das Konzept der Datensouveränität über eine bloße Nachvollziehbarkeit von Datenverarbeitungen hinaus, indem es weitergehende Kontroll- und Interventionsmöglichkeiten verlangt.[363] Aber ob sie datenschutzrechtlich wirklich mehr als das Datenschutzgrundrecht fordert, ist zweifelhaft.[364] Vielmehr ist die Datensouveränität mit Kühling als bloße Neuakzentuierung des Datenschutzgrundrechts zu verstehen, das eine Big-Data-Anwendungen ermöglichende Lesart erlaubt.[365] Dies entspricht auch der Gangart des Bundesverfassungsgerichts zum Recht auf informationelle Selbstbestimmung, nicht starr an einem Konzept festzuhalten, sondern es stets weiterzuentwickeln.[366] Damit spricht auch die Möglichkeit einer partiellen Einwilligung für die Grundrechtsausübung und keinen Grundrechtsausschluss.[367]

aa) Höchstpersönlichkeit der Einwilligung?

Im deutschen Recht besteht eine auf das Unionsrecht übertragbare Diskussion, ob eine Einwilligung stets durch den betroffenen Grundrechtsträger, also höchstpersönlich, erteilt werden muss oder ob Dritte eine solche Erklärung abgeben dürfen.[368]

Hintergrund des Arguments der Höchstpersönlichkeit ist die Herleitung des informationellen Selbstbestimmungsrechts aus dem allgemeinen Persönlichkeitsrecht mit seinem engen Bezug zur Menschenwürde.[369] Dagegen spricht der gewisse

---

daran, dass die Verwendung des Begriffs nicht einheitlich ist und verschiedene Akteure (der Einzelne, bestimmte Populationen oder gar Länder) als potenziell datensouverän verstanden werden können: *Hummel/Braun/Augsberg u. a.*, Datensouveränität – Governance-Ansätze für den Gesundheitsbereich, 2021, S. 1 f. Im Folgenden geht es um die Datensouveränität der einzelnen Individuen. Damit ist die Einschätzung der Datensouveränität als „diffuser verbaler Hoffnungsträger“, der von der Wirtschaft etabliert wurde, um strenge datenschutzrechtliche Regelungen wie Zweckbestimmtheit oder den Grundsatz der Datenminimierung zur lockern, zu einseitig: Zitat und a. A. *Kühling*, DuD 2020, 182 (186).

[363] *Appenzeller/Bretthauer/Birnstill*, DuD 2021, 173 (174).

[364] Ablehnend *Appenzeller/Bretthauer/Birnstill*, DuD 2021, 173 (174).

[365] *Kühling*, DuD 2020, 182 (185).

[366] *Hummel/Braun/Augsberg u. a.*, Datensouveränität – Governance-Ansätze für den Gesundheitsbereich, 2021, S. 21 f.

[367] Auch das BVerfG, Beschluss v. 28. 1. 2019, Az. 1 BvR 1738/16, ZUM-RD 2019, 505 (508) anerkennt bei grundsätzlicher Einwilligung in die Ausstellung eines Porträts noch eine geringfügige Beeinträchtigung des APR des Porträtierten.

[368] *Heckmann/Paschke*, § 103 Datenschutz, in: Stern/Sodan/Möstl (Hrsg.), StaatsR IV, 2. Aufl. 2022, Rn. 54.

[369] *Freiherr von Ulmenstein*, DuD 2020, 528 (532).

„Alltagscharakter" gegenüber den grundsätzlich nur einmal oder selten im Leben vorkommenden anderen höchstpersönlichen Erklärungen wie einer Testamentserrichtung oder Eheschließung. Als weiteres Argument für einen Ausschluss einer Stellvertretung wird das Bundesverfassungsgericht zitiert, das in einer Entscheidung trotz Einwilligung durch den Betreuer den Eingriffscharakter nicht verneinte.[370] Dabei gilt es zu beachten, dass der natürliche Wille des einsichts- und einwilligungsunfähigen Betroffenen entgegenstand.[371] Zudem handelte es sich um eine Einwilligung aufgrund eines Eingriffs in die körperliche Integrität, die im zugrundeliegenden Sachverhalt (§ 6 Maßregelvollzugsgesetz Rheinland-Pfalz a. F.) durch die Einwilligung des gesetzlichen Vertreters ersetzt werden sollte.[372] In der vorliegenden Arbeit geht es jedoch um die Einwilligung in das Datenschutzgrundrecht. Damit sind die Sachverhalte unterschiedlich, sodass keine rechtlichen Voraussetzungen übertragen werden können.

Der Wortlaut des Datenschutzgrundrechts ist unergiebig. Es fehlen Stellvertretungsregeln in der DSGVO, ebenso fehlen Öffnungsklauseln für nationale Normierungen. Aus dem Fehlen kann einmal geschlossen werden, dass bei einem bestehenden Stellvertretungsverbot diese wie bei den übrigen höchstpersönlichen Rechten ausdrücklich normiert worden wären (z. B. § 2064 BGB; § 1311 BGB), sodass eine Stellvertretung mangels expliziter Regelung nicht entgegensteht, oder aber, dass durch das ausdrückliche Fehlen der Normierung ein Rückgriff auf die allgemeinen Regelungen ausgeschlossen werden soll.[373]

Weiterhin soll eine Stellvertretung an dem fehlenden rechtsgeschäftlichen Charakter der Einwilligung scheitern.[374] Richtig ist die Auffassung, die Buchner/Kühling vertreten: Das Datenschutzgrundrecht umfasst das Recht, eine Einwilligung nicht höchstpersönlich, sondern unter Einschaltung eines Vertreters zu erteilen.[375] Dafür gelten die gleichen Voraussetzungen wie für die Einwilligung selbst, was insbesondere den Grundsatz der Zweckbindung umfasst, sodass eine Generalvollmacht ausscheidet.[376] Der Vertretene muss ausdrücklich eine Entscheidung für die Vertretung im Rahmen eines festgelegten Sachverhaltes getroffen haben und über die ausgeübte Vertretung informiert werden, damit er von seinem jederzeitigen

---

[370] BVerfGE 128, 282 (301): „Selbst die Einwilligung des für einen einsichts- und einwilligungsunfähigen Untergebrachten bestellten Betreuers nimmt daher der Maßnahme nicht den Eingriffscharakter, der darin liegt, dass sie gegen den natürlichen Willen des Betroffenen erfolgt."

[371] Ausweislich BVerfGE 128, 282 (301).

[372] Vgl. BVerfGE 128, 282 (283 ff.).

[373] *Freiherr von Ulmenstein*, DuD 2020, 528 (532 f.).

[374] Auf das Problem hinweisend: *Specht-Riemenschneider/Blankertz/Sierek u. a.*, MMR-Beil. 2021, 25(41).

[375] *Buchner/Kühling*, in: Kühling/Buchner, DS-GVO/BDSG, 4. Aufl. 2024, Art. 7 DSGVO Rn. 31.

[376] *Buchner/Kühling*, in: Kühling/Buchner, DS-GVO/BDSG, 4. Aufl. 2024, Art. 7 DSGVO Rn. 31.

Widerrufsrecht Gebrauch machen kann.[377] Dies entspricht auch dem Charakter der Einwilligung als Ausübung des Selbstbestimmungsrechts: Der Einzelne kann selbstbestimmt anderen die Entscheidung überlassen.

Während man weder grundsätzliche Entscheidungs- oder Handlungsfähigkeiten delegieren kann, kann man in bestimmten Zusammenhängen aus ethisch-rechtlicher Sicht die Selbstbestimmung an Dritte delegieren.[378] So kann sowohl ein individuell eingesetzter Vertreter (sog. mandatierte Selbstbestimmung) als auch ein von der Person mit anderen kollektiv gewählter Vertreter (repräsentative Selbstbestimmung) oder ein durch Dritte eingesetzter Vertreter (advokatorische oder assistierte Selbstbestimmung) ernannt werden. [379]

Eine Ausnahme bilden Datenverarbeitungsvorgänge, die das Selbstbestimmungsrecht Dritter tangieren. In diese kann mangels Dispositionsfähigkeit nicht eingewilligt werden.[380] Das Datenschutzrecht kennt grundsätzlich keine „Einwilligung zulasten Dritter".[381] Streng genommen bedeutet dies, dass eine Verarbeitung genetischer Daten im Rahmen medizinischer Forschungsvorhaben ausgeschlossen sein müsste. Diese betreffen immer auch Daten von Verwandten. Für diese „mitbetroffenen" Dritten fehlt es dabei regelmäßig an der Vorhersehbarkeit und Transparenz der Datenverarbeitung.[382] Auskunftsrechte sind nicht umsetzbar, weil man nicht jeden entfernten, mitunter unbekannten, Verwandten über seine Rechte informieren kann. Unstreitig besteht ein großes und wachsendes Bedürfnis der medizinischen Forschung, solche genetischen Daten zu verarbeiten. Damit solche Verarbeitungen weiterhin möglich bleiben, müssen besonders technische und organisatorische Sicherheitsmaßnahmen etabliert werden. Auch der Gesetzgeber hat hier mit dem Gendiagnostikgesetz (GenDG) flankierende Schutzmaßnahmen getroffen, um Diskriminierungen aufgrund genetischer Eigenschaften zu verhindern. Daneben muss ihre Speicherung in Datenbanken besonders strengen Sicherungsanforderungen gerecht werden. Trotz dieser Drittbetroffenheit von genetischen Daten hat jeder Mensch einen eigenen, individuellen genetischen Code, weshalb auch die Einwilligung in die Verarbeitung genetischer Daten als bislang recht un-

---

[377] *Buchner/Kühling*, in: Kühling/Buchner, DS-GVO/BDSG, 4. Aufl. 2024, Art. 7 DSGVO Rn. 31.

[378] *Ethikrat*, Big Data und Gesundheit – Datensouveränität als informationelle Freiheitsgestaltung – Stellungnahme, 2018, S. 181.

[379] *Ethikrat*, Big Data und Gesundheit – Datensouveränität als informationelle Freiheitsgestaltung – Stellungnahme, 2018, S. 181 f.

[380] Für das RiS: *Heckmann/Paschke*, § 103 Datenschutz, in: Stern/Sodan/Möstl (Hrsg.), StaatsR IV, 2. Aufl. 2022, Rn. 54.

[381] *Buchner/Kühling*, in: Kühling/Buchner, DS-GVO/BDSG, 4. Aufl. 2024, Art. 7 DSGVO Rn. 18b. Die Wissenschaftsfreiheit verleiht kein Recht für Eingriffe in Grundrechte Dritter, so für Art. 5 Abs. 3 GG: *Krüper*, in: Dreier, GG, 4. Aufl. 2023, Art. 5 Abs. 3 GG (Wissenschaft) Rn. 118.

[382] *Buchner/Kühling*, in: Kühling/Buchner, DS-GVO/BDSG, 4. Aufl. 2024, Art. 7 DSGVO Rn. 18b.

problematische Standardrechtfertigung fungiert. Um auszuschließen, dass rechtlich eine Einwilligung zulasten Dritter eingeholt werden muss, kann die Verarbeitung genetischer Daten auf andere Erlaubnistatbestände als die Einwilligung gestützt werden.[383]

bb) Grundrechtliche Anforderungen an eine Einwilligung

Der Betroffene muss aus grundrechtlicher Sicht nicht in jeden einzelnen Datenverarbeitungsvorgang einwilligen, um einen Eingriff auszuschließen. Vielmehr reichen typenbasierte Einwilligungen in Bezug auf spezifische Verarbeitungskontexte und die Art der zu verarbeitenden Daten, um den datenverarbeitenden Stellen gewisse Handlungsspielräume vorzugeben, innerhalb derer sie tätig werden dürfen.[384] Diese Zweckbestimmtheit sorgt dafür, dass der Betroffene weiß, wofür seine Daten verarbeitet werden. Denn ohne Kenntnis scheidet eine rechtmäßige Einwilligung aus: Man kann nicht in etwas wirksam einwilligen, was man nicht durchblickt. Dies ergibt sich ausdrücklich aus Art. 8 Abs. 2 S. 1 GRC, der von einer Datenverarbeitung „für festgelegte Zwecke" spricht. Der Zweckbindungsgrundsatz ist damit elementar für das Datenschutzgrundrecht und muss sich im einfachen Recht wiederfinden.[385] Neben der Zweckbindung muss die Einwilligung freiwillig erfolgen. Im Mittelpunkt des Datenschutzrechtes steht die Autonomie des Einzelnen und sein Selbstbestimmungsrecht, frei über seine Daten zu verfügen, womit eine Einwilligung durch Täuschung oder Drohung nicht wirksam ist.[386]

cc) Grundrechtliche Anforderungen bei Nichteinwilligungsfähigen

Medizinischer Forschung sind Risiken immanent. Solche können zu Schäden bei den Probanden führen, was umso problematischer wird, je geringer die Chance des

---

[383] Nach *Buchner/Kühling*, in: Kühling/Buchner, DS-GVO/BDSG, 4. Aufl. 2024, Art. 7 DSGVO Rn. 18b verbleibt für solche Fälle allein die Interessenabwägung. In die Richtung auch *Taeger*, in: Taeger/Gabel (Hrsg.), DSGVO – BDSG – TTDSG, 4. Aufl. 2022, Art. 7 DSGVO Rn. 146, der vor Einwilligungseinholung bei der Verarbeitung sensibler Daten nach Art. 9 Abs. 1 DSGVO erst die anderen Erlaubnistatbestände aus Art. 6 i. V. m. Art. 9 Abs. 2 lit. b ff. DSGVO geprüft sehen will. Andere grenzen danach ab, ob Angehörige der betroffenen Person identifiziert sind, dann reiche nur die Einwilligung des Betroffenen nicht für die Verarbeitung aus; anderes gelte, wenn die Angehörigen bloß identifizierbar seien. Im letzteren Falle überwiege das Forschungsinteresse i. S. d. Art. 6 Abs. 1 UAbs. 1 lit. f DSGVO: *Sackmann*, PinG 2019, 277 (279).

[384] *Heckmann/Paschke*, § 103 Datenschutz, in: Stern/Sodan/Möstl (Hrsg.), StaatsR IV, 2. Aufl. 2022, Rn. 55.

[385] Zum Kernbestandteil des Datenschutzrechtes: *Herbst*, in: Kühling/Buchner, DS-GVO/BDSG, 4. Aufl. 2024, Art. 5 DSGVO Rn. 21.

[386] *Heckmann/Paschke*, § 103 Datenschutz, in: Stern/Sodan/Möstl (Hrsg.), StaatsR IV, 2. Aufl. 2022, Rn. 56.

Teilnehmenden ist, potenzielle Nutzen aus der Forschung zu ziehen.[387] Daher ist vorrangig Forschung mit einwilligungsfähigen Personen durchzuführen. Allerdings kann es so zur Exklusion bestimmter Gruppen aus der medizinischen Forschung kommen. Krankheiten wie Demenz können besonders gut an dementen Personen erforscht werden, welche aber oftmals nicht einwilligungsfähig sind. Diese Gefahren, die sich primär auf Eingriffe in die körperliche Unversehrtheit beziehen, spiegeln sich ebenso bei der Einwilligungseinholung zum Zwecke der Daten(weiter) verarbeitung und damit bei einem Eingriff in das Selbstbestimmungsrecht wider. Durch die derzeitige Handhabung der vorrangigen Nutzung der Einwilligung als Erlaubnistatbestand für die Datenverarbeitung, ist die Datennutzung von Nichteinwilligungsfähigen rechtlich unsicher. Bislang wird eine informierte Einwilligung des Vertreters/Betreuers gefordert, der im besten Interesse des Betroffenen entscheiden muss: Dies ist nur bei Forschungsvorhaben der Fall, die der Behandlung des Betroffenen förderlich sind (eigennützige Forschung) und nicht bloß dem wissenschaftlichen Fortschritt dienen.[388] Mittlerweile wird Forschung auch zugelassen, wenn es der einwilligungsunfähigen Person nicht selbst unmittelbar helfen wird, aber anderen Personen, die dieselbe Krankheit aufweisen (sog. Gruppennützigkeit).[389]

b) Eingriffsmöglichkeiten

Ohne Einwilligung stellt jede Datenverarbeitung einen Eingriff des Staates bzw. einen Übergriff von Dritten in Art. 8 GRC dar, wobei „Verarbeitung" alle Schritte der Datenverarbeitung personenbezogener Daten meint, also von der Erhebung, Weitergabe bis hin zur Löschung.[390] Jeder Umgang mit Daten berührt grundsätzlich das Datenschutzgrundrecht, sodass es einer Erlaubnisnorm im einfachen Datenschutzrecht für die Datenverarbeitung geben muss. Damit dient Datenschutzrecht immer auch dem Grundrechtsschutz der Betroffenen.[391]

---

[387] *Graumann*, Fremdnützige Forschung nur mit eigener, gegebenenfalls assistierter Einwilligung?, in: Aichele (Hrsg.), Das Menschenrecht auf gleiche Anerkennung vor dem Recht, 2013, S. 231.

[388] *Graumann*, Fremdnützige Forschung nur mit eigener, gegebenenfalls assistierter Einwilligung?, in: Aichele (Hrsg.), Das Menschenrecht auf gleiche Anerkennung vor dem Recht, 2013, S. 235 f.

[389] Wegen dieses „Aufweichens" des Verbotes von Forschung an Nichteinwilligungsfähigen gab es harsche Kritik, weshalb die BRD bis heute nicht die Biomedizinkonvention unterzeichnet hat: *Graumann*, Fremdnützige Forschung nur mit eigener, gegebenenfalls assistierter Einwilligung?, in: Aichele (Hrsg.), Das Menschenrecht auf gleiche Anerkennung vor dem Recht, 2013, S. 237 f.

[390] *Kühling/Klar/Sackmann*, Datenschutzrecht, 5. Aufl. 2025, Rn. 55.

[391] *Hilgendorf*, Vom Datenschutz zum Datenhandel – Friktionen in der europäischen Digitalpolitik, in: Roßnagel/Wallmann (Hrsg.), Stärkung der Forschung durch Datenschutz, 2023, S. 58.

6. Einschränkbarkeit des Datenschutzgrundrechts

Bereits der Wortlaut des Art. 8 GRC legt eine Differenzierung zwischen materiellen (Art. 8 Abs. 1, 2 S. 1 GRC), prozeduralen (Art. 8 Abs. 2 S. 2 GRC) und institutionellen (Art. 8 Abs. 3 GRC) Vorgaben an, die bei einer Einschränkbarkeit des Rechts zu beachten sind.[392] Damit präzisiert Art. 8 GRC selbst den allgemeinen Gesetzesvorbehalt des Art. 52 Abs. 1 S. 1 GRC.[393]

III. Umgang mit Grundrechtskollisionen in der Charta

Der Konflikt zwischen der Wissenschaftsfreiheit in ihrer Abwehrdimension und dem Datenschutzgrundrecht, überwiegend in Form von Schutzpflichten, stellt eine Grundrechtskollision dar. Bei einer solchen werden Grundrechte verschiedener Personen durch dieselbe Aktivität tangiert.[394] Legislative Begrenzungen der Forschenden bei ihrer Datenverarbeitung schützen zugleich das Datenschutzgrundrecht der Patienten bzw. Probanden; andersherum führt jede Erleichterung und Privilegierung der Forschenden bei der Verarbeitung personenbezogener Daten zu einem Eingriff in das Datenschutzgrundrecht der Patienten.[395] Damit führen beide Prinzipien für sich genommen zu einem Widerspruch, deren Lösung in der Festlegung einer bedingten Vorrangrelation zwischen den Grundrechten zu finden sein könnte; dafür müssen Bedingungen angegeben werden, unter denen das eine Grundrecht dem anderen vorgeht.[396] Vorliegend geht es um gesetzliche Datenschutzregelungen, die dem Schutz der Betroffenen dienen und damit die Wissenschaftsfreiheit begrenzen. Auch bei den Unionsgrundrechten ist diese Kollision im Wege praktischer Konkordanz aufzulösen und zu einem möglichst schonenden Ausgleich zu bringen.[397] Danach müssen die Interessen so ausbalanciert werden, dass beide bestmöglich zur Entfaltung gelangen, ohne dass einem Recht in der Konfliktsituation einseitig Dominanz zugesprochen wird.[398]

---

[392] *Kühling/Raab*, in: Kühling/Buchner, DS-GVO/BDSG, 4. Aufl. 2024, Einführung Rn. 3.

[393] *Kingreen*, in: Calliess/Ruffert, EUV/AEUV, 6. Aufl. 2022, Art. 8 GRC Rn. 15.

[394] *Pache*, in: Pechstein/Nowak/Häde, Frankfurter Kommentar, 2. Aufl. 2023, Art. 53 GRC Rn. 4. Anders als bei einer Grundrechtskonkurrenz, bei der Schutzbereiche mehrerer Grundrechte eines Grundrechtsträgers nebeneinander eröffnet sind, ist eine Grundrechtskollision durch ein Gegeneinander von einem oder mehreren Grundrechten mehrerer Grundrechtsträger gekennzeichnet: *Jarass*, in: Jarass/Kment (Hrsg.), Jarass/Pieroth, GG, 18. Aufl. 2024, Vorb. vor Art. 1 GG Rn. 16, 18.

[395] *Pöttgen*, Medizinische Forschung und Datenschutz, 2009, S. 44.

[396] In Anlehnung an *Alexy*, Theorie der Grundrechte, 1985, S. 81.

[397] *Ehlers/Germelmann*, in: Ehlers/Germelmann (Hrsg.), Europäische Grundrechte und Grundfreiheiten, 5. Aufl. 2023, § 2.2 Grundrechte der Europäischen Union Rn. 10; *Pache*, in: Pechstein/Nowak/Häde, Frankfurter Kommentar, 2. Aufl. 2023, Art. 53 GRC Rn. 4.

[398] *Schladebach*, Der Staat 2014, 263 (265).

1. Keine Priorisierung eines der Grundrechte

Möglicherweise ist einem der beiden kollidierenden Grundrechte ein abstrakter Vorrang einzuräumen, sodass eine Privilegierung gegenüber dem anderen Grundrecht möglich ist.

a) Abwehrrecht überlagert keine Schutzpflicht

Normenhierarchisch stehen Forschungsfreiheit und Datenschutzgrundrecht auf Primärrechtsebene gleichberechtigt nebeneinander. Die Wissenschaftsfreiheit genießt keinen Vorrang vor dem Datenschutzgrundrecht aufgrund der Tatsache, dass es in der klassischen Funktion als Abwehrrecht bei staatlichen Datenschutzregelungen greift und das Datenschutzgrundrecht primär in seiner Schutzpflicht wirkt. Es besteht kein Vorrang des Abwehrrechts vor der Schutzpflicht. Dahinter steckt der abzulehnende Gedanke, dass Schutzpflichten normativ unbedeutender seien als Abwehrrechte, da der große Handlungsspielraum des Gesetzgebers bei Schutzpflichten keinen „eindeutigen Normbefehl" enthält.[399] Obgleich der Gesetzgeber regelmäßig bei Schutzpflichten einen weiteren Entscheidungsspielraum hat, sind Abwehrrecht und Schutzpflicht verfassungsrechtlich gleichrangig.[400] Es bedarf einer Einzelfallbetrachtung, bei der jeweils die Intensität des Eingriffs in die Forschungsfreiheit, das Gewicht der verfolgten Gemeinwohl- und Drittinteressen sowie die Wahrscheinlichkeit der Rechtsgutsbeeinträchtigung gegeneinander abgewogen werden.[401]

b) Kein Vergleich der Schrankenregelungen

Das Recht auf informationelle Selbstbestimmung ist weniger leicht einschränkbar als die allgemeine Handlungsfreiheit. Zwar orientiert sich das Bundesverfassungsgericht an der Schrankentrias von Art. 2 Abs. 1 GG; zugleich verlangt es strenge Vorgaben für die „verfassungsmäßige Ordnung", da diese nach der Wesentlichkeitstheorie und ihrer Verknüpfung mit Grundrechtsrelevanz, Rechtsstaatlichkeit sowie Demokratie einem Parlamentsvorbehalt untersteht.[402] Die Forschungsfreiheit in Art. 5 Abs. 3 S. 1 GG ist hingegen vorbehaltlos gewährleistet.

---

[399] Ablehnend *Fehling*, OdW 2021, 103 (110); *Isensee*, § 191 Das Grundrecht als Abwehrrecht und als staatliche Schutzpflicht, in: Isensee/Kirchhof (Hrsg.), Handbuch des Staatsrechts Bd. IX: Allgemeine Grundrechtslehren, 3. Aufl. 2011, Rn. 296.

[400] *Isensee*, § 191 Das Grundrecht als Abwehrrecht und als staatliche Schutzpflicht, in: Isensee/Kirchhof (Hrsg.), Handbuch des Staatsrechts Bd. IX: Allgemeine Grundrechtslehren, 3. Aufl. 2011, Rn. 300.

[401] Ähnlich, dort jedoch bezogen auf Entscheidungen von Ethikkommissionen: *Fehling*, OdW 2021, 103 (109).

[402] *Barczak*, in: Dreier, GG, 4. Aufl. 2023, Art. 2 Abs. 1 GG Rn. 105. Danach werden förmliche Gesetze gefordert, die dem rechtsstaatlichen Gebot der Normenklarheit sowie strengen Zweckbindungsgrundsätzen unterliegen.

Damit könnte der Verfassungsgeber den Forschenden einen Vorrang eingeräumt haben. Gleichwohl kann jedes vorbehaltlose Recht durch verfassungsimmanente Schranken, insbesondere Grundrechte Dritter, eingeschränkt werden.[403] Hinzu kommt, dass diese Betrachtung auf Unionsebene obsolet ist.

Die Möglichkeit eines Vergleichs der Schwere der Einschränkbarkeit der Grundrechte auf Unionsebene besteht nicht, denn beide Grundrechte sind durch die allgemeine Schrankenklausel des Art. 52 GRC gleichermaßen einschränkbar. Die bereits in § 2 aufgegriffene Frage, ob Schrankenregelungen der EMRK bei Charta-Grundrechten, die den EMRK-Rechten „entsprechen", übertragen werden müssen, kann weiter dahinstehen. Denn einschlägig ist vorliegend eine Einschränkung aufgrund von Grundrechten Dritter, die Charta, EMRK und Grundgesetz gleichermaßen vorsehen.

c) Menschenwürdenähe des Datenschutzgrundrechts

Das Datenschutzgrundrecht könnte aufgrund seiner Nähe zur Menschenwürdegarantie als dem Mittelpunkt des Wertesystems des Grundgesetzes als gegenüber der Forschungsfreiheit gewichtigeres Grundrecht angesehen werden. Dies hätte zur Folge, dass das Datenschutzgrundrecht abstrakten Vorrang beansprucht und die Forschungsfreiheit restriktiveren Einschränkungen unterworfen werden könnte.[404] Dabei kann die unantastbare Menschenwürde die Grenze zur Wissenschaftsfreiheit markieren.[405] Jegliche Eingriffe würden zu einer Verletzung der Menschenwürde führen, sodass auch eine Einwilligung des Betroffenen in den Eingriff unbeachtlich wäre.[406] Indes würde eine solche Abwägungsresistenz zu einem Ausschluss jeglicher Rechtfertigung eines Eingriffs durch kollidierendes Verfassungsrecht führen,[407] mit der Folge, dass Datenverarbeitungen nie zulässig wären.

Die Nähe zur Menschenwürde ist schon beim deutschen Grundrecht nicht gewollt, weshalb es vorrangig auf Art. 2 Abs. 1 (i. V. m. Art. 1 Abs. 1) GG gestützt wird. Für das Unionsgrundrecht stellt der EuGH fest, dass auch die Menschenwürde „den Erfordernissen hinsichtlich der durch den Vertrag geschützten Rechte in Einklang gebracht werden und dem Verhältnismäßigkeitsgrundsatz entsprechen [müssen]".[408] Damit ist die Menschenwürde im Unionsrecht nicht ausnahmslos unantastbar. Zwar ist die allgemeine Schrankenregelung des Art. 52 GRC dem Sinn nach

---

[403] BVerfGE 77, 240 (255).

[404] Für die Rundfunkfreiheit feststellend: BVerfGE 35, 202 (225).

[405] Die Menschenwürde soll auch im Unionsrecht nicht angetastet werden, wenngleich die allgemeine Schrankenregelung des Art. 52 Abs. 1 GRC dazu im Widerspruch steht: *Calliess*, in: Calliess/Ruffert, EUV/AEUV, 6. Aufl. 2022, Art. 1 GRC Rn. 38 f.

[406] *Calliess*, in: Calliess/Ruffert, EUV/AEUV, 6. Aufl. 2022, Art. 1 GRC Rn. 39.

[407] *Calliess*, in: Calliess/Ruffert, EUV/AEUV, 6. Aufl. 2022, Art. 1 GRC Rn. 40.

[408] EuGH (Laval un Partneri), Urt. v. 18. 12. 2007, Rs. C-341/05, Rn. 94; *Calliess*, in: Calliess/Ruffert, EUV/AEUV, 6. Aufl. 2022, Art. 1 GRC Rn. 40.

nicht auf Art. 1 GRC als absolutem und unantastbarem Wert anwendbar, gleichwohl wird in diskutierten Fallgruppen eine Abwägung zugelassen: So dürfe man nur nicht die Würde einer bestimmten Person oder aber die komplette objektivrechtliche Würde als Gattungswürde in Abrede stellen.[409]

Der EuGH stützt sich intensiv auf die Rechtsprechung des EGMR im Bereich des Datenschutzrechtes und hat sich den Schutzbereich sowie die Grenzen des Art. 8 EMRK zu eigen gemacht.[410] Damit ist auch das Datenschutzgrundrecht einschränkbar – unabhängig von seiner Nähe zur Menschenwürde. Das Datenschutzgrundrecht besitzt damit keinen abstrakten Vorrang gegenüber der Wissenschaftsfreiheit. Beiden Grundrechten müssen Grenzen gezogen werden, um optimal zur Geltung zu gelangen (sog. duale Optimierungspflicht).[411]

d) Gemeinwohlbelange der medizinischen Forschung

Möglicherweise ist die Forschungsfreiheit gegenüber dem Datenschutzgrundrecht höher zu priorisieren, da medizinische Forschung dem Gemeinwohl dient. Das rechtsstaatliche Verteilungsprinzip fordert, jede Einschränkung individueller Freiheit unter den Vorbehalt der Rechtfertigung durch legitime Gemeinwohlbelange zu stellen.[412] Das Gemeinwohl stellt Grund und Grenze staatlichen Handelns dar.[413] Aus dieser allgemeinen Grundrechtslehre könnte man folgern, dass Grundrechte, die das Gemeinwohl mitverwirklichen, besonders gegenüber solchen, die allein individuellen Zwecken dienen, zu privilegieren sind. Damit wären reine Individualgrundrechte leichter zugunsten eines Allgemeinwohlgrundrechts zu beschränken.

Die Forschung könnte bei Gemeinnützigkeit gegenüber dem Datenschutzgrundrecht – als vorrangig individuellem Grundrecht – privilegiert werden. Datenschutzregelungen dienen zwar ebenso der Gesellschaft, indem sie vertrauensbildend durch Stärkung der Selbstbestimmung des Einzelnen wirken und somit gesellschaftlich wichtig sind. Durch die Verwirklichung der Freiheit des Einzelnen dienen

---

[409] *Calliess*, in: Calliess/Ruffert, EUV/AEUV, 6. Aufl. 2022, Art. 1 GRC Rn. 38 ff. Einschränkend wird teils gefordert, dass die Menschenwürde nur zum Schutze der Menschenwürde Dritter beschränkt werden darf: *Jarass*, in: Jarass, GRC, 4. Aufl. 2021, Art. 1 GRC Rn. 12.

[410] *Marsch*, Das europäische Datenschutzgrundrecht, 2018, S. 25 f.

[411] *Schladebach*, Der Staat 2014, 263 (271).

[412] *Depenheuer*, § 194 Solidarität und Freiheit, in: Isensee/Kirchhof (Hrsg.), Handbuch des Staatsrechts Bd. IX: Allgemeine Grundrechtslehren, 3. Aufl. 2011, Rn. 4.

[413] *Schuppert*, Gemeinwohldefinition im kooperativen Staat, in: Münkler/Fischer (Hrsg.), Gemeinwohl und Gemeinsinn im Recht – Konkretisisierung und Realisierung öffentlicher Interessen, 2002, S. 67.

sie ebenso dem Gemeinwohl, gleichwohl können beide konkurrierende Gemeinwohlbelange in Verhältnis gesetzt werden.[414]

Gegen eine Privilegierung sprechen Wortlaut sowie Sinn und Zweck der Forschungsfreiheit, die nicht zwischen gemeinnütziger und nicht gemeinnütziger Forschung unterscheidet. Für eine mögliche Privilegierung der Forschung spricht indes, dass diese der Wissensgenerierung der Allgemeinheit dient. Medizinische Forschung ist regelmäßig auf die Verhinderung, Behandlung oder Heilung von Krankheiten ausgerichtet und liegt regelmäßig im Allgemeininteresse, ist also für die Gemeinschaft nützlich. Selbst wenn die (kommerzielle) medizinische Forschung ihrem Eigenverständnis nach nicht primär der Allgemeinheit verpflichtet ist und ihre Aufgabe nicht als öffentliche Aufgabe versteht,[415] so dient jede Forschung, deren Ergebnisse veröffentlicht oder in Form von neuen Behandlungsmethoden oder Medikamenten etabliert wird, letztlich der Allgemeinheit. Dies gilt auch bei der Erforschung besonders seltener Erkrankungen, von denen nur ein minimaler Anteil der Bevölkerung betroffen ist. Denn die Bejahung eines Gemeinwohls lässt sich nicht auf eine bestimmte Größenordnung herunterbrechen. Auch die Heilung äußerst seltener Krankheiten liegt im Allgemeininteresse, da sie die Solidargemeinschaft in finanzieller Hinsicht entlasten kann. Somit ist nicht nur Forschung gemeinnützig, die Krankheiten erforscht, welche die Mehrheit, ein Großteil oder eine signifikante prozentuale Größe der Bevölkerung betrifft (Stichwort: „Volkskrankheiten“). Vielmehr liegt auch die Erforschung von Krankheiten, die nur eine Handvoll von Personen weltweit betreffen, im Allgemeininteresse. Denn von Forschungsergebnissen profitieren auch zukünftige Generationen. Zudem kann der Einzelne das Auftreten von Krankheiten nur bedingt steuern, was eine potenzielle Betroffenheit eines jeden bedeutet und damit das allgemeine Interesse tangiert. Damit liegt (die nicht ausschließlich kommerzielle) medizinische Forschung im Gemeinwohlinteresse, sodass sie im Ergebnis privilegiert werden könnte.

Hinzu kommt, dass das deutsche Recht auf informationelle Selbstbestimmung als Teilausprägung des Allgemeinen Persönlichkeitsrechts (Art. 2 Abs. 1 i.V.m. Art. 1 Abs. 1 GG)[416] unter dem Vorbehalt der Schrankentrias, die in der verfas-

---

[414] *Grimm*, Gemeinwohl in der Rechtsprechung des Bundesverfassungsgerichts, in: Münkler/Fischer (Hrsg.), Gemeinwohl und Gemeinsinn im Recht – Konkretisierung und Realisierung öffentlicher Interessen, 2002, S. 135.

[415] Eine inhärente öffentliche Aufgabe ist der Forschungsfreiheit fremd: *Bizer*, Forschungsfreiheit und Informationelle Selbstbestimmung – Gesetzliche Forschungsregelungen zwischen grundrechtlicher Förderungspflicht und grundrechtlichem Abwehrrecht, 1992, S. 84 f.

[416] Das RiS ist eine „bereichsspezifische Konkretisierung des allgemeinen Persönlichkeitsrechts“: *Barczak*, in: Dreier, GG, 4. Aufl. 2023, Art. 2 Abs. 1 GG Rn. 91 mit Verweis u.a. auf *Hufen*, StaatsR II, 10. Aufl. 2023, § 12 Rn. 4, der davon ausgeht, dass im Schutzbereich von Art. 2 Abs. 1 i.V.m. Art. 1 Abs. 1 GG ein Recht auf Selbstbestimmung über personenbezogene Informationen besteht. Wichtige Ausprägung des APR ist das Recht auf Schutz personenbezogener Daten: *Kingreen/Poscher*, Grundrechte – Staatsrecht II, 40. Aufl. 2024, Rn. 539.

sungsmäßigen Ordnung als Schrankenvorbehalt aufgeht und damit einem einfachen Gesetzesvorbehalt unterliegt, steht.[417] Deshalb erkennt das Bundesverfassungsgericht eine Einschränkung aufgrund *überwiegender Allgemeininteressen* an.[418] Damit muss der Einzelne im Rahmen dieser Allgemeininteressen Einschränkungen in seinem Recht auf informationelle Selbstbestimmung hinnehmen, da das Grundgesetz die Spannung zwischen Individuum und Gemeinschaft zugunsten der Gemeinschaftsbezogenheit entschieden habe.[419] So betont das Bundesverfassungsgericht zwar die Würde des Einzelnen, der aber doch immer als „Glied einer freien Gesellschaft wirkt".[420] Eine weitere Voraussetzung der Beschränkung aufgrund eines überwiegenden Allgemeininteresses ist eine verfassungsmäßige und damit verhältnismäßige Gesetzesgrundlage, aus der sich Beschränkungen klar und erkennbar für Betroffene ergeben.[421]

Diese Wertung ist angesichts des Art. 52 Abs. 1 S. 2 GRC, der Einschränkungen zum Gemeinwohl zulässt, auf die Unionsgrundrechte zu übertragen. Da vorliegend immer zugleich eine Einschränkung aufgrund von „Erfordernissen des Schutzes der Rechte und Freiheiten anderer" gegeben ist, bedarf es keines alleinigen Abstellens auf gemeinwohldienende Zielsetzungen. Indes kann im Rahmen der Herstellung praktischer Konkordanz, also bei einem Ausgleich der widerstreitenden Grundrechte, das Gemeinwohldienen zugunsten der Wissenschaftsfreiheit berücksichtigt werden. Dies gilt einerseits gegenüber dem Datenschutzgrundrecht, aber auch gegenüber anderen Grundrechten (wie z. B. der Berufsfreiheit). Dabei wird die medizinische Forschung im Besonderen einen hohen Gemeinschaftsbezug aufweisen, da sie die Grundlage für eine verbesserte Gesundheitsvorsorge bildet. Daneben kann medizinische Forschung auch Arbeitsplätze durch neue Therapien und Behandlungsmöglichkeiten schaffen oder der Wohlstandssicherung dienen.[422]

Es gilt: Grundrechtsbeschränkungen müssen durch hinreichende Gründe des Gemeinwohls gerechtfertigt sein, das gewählte Mittel muss zur Zweckerreichung geeignet und erforderlich sein. Bei einer Gesamtabwägung zwischen der Schwere

---

417 *Heckmann/Paschke*, § 103 Datenschutz, in: Stern/Sodan/Möstl (Hrsg.), StaatsR IV, 2. Aufl. 2022, Rn. 63.

418 BVerfGE 65, 1 (44).

419 BVerfGE 65, 1 (44); E 56, 37 (49); E 33, 303 (334); E 27, 344 (351); E 8, 274 (329); E 4, 7 (15 f.); *Bizer*, Forschungsfreiheit und Informationelle Selbstbestimmung – Gesetzliche Forschungsregelungen zwischen grundrechtlicher Förderungspflicht und grundrechtlichem Abwehrrecht, 1992, S. 169 f.; Es wird teils die Frage aufgeworfen, ob im Gesundheitsbereich ein Gebot auf Datennutzung bestehe, um dem Recht auf Leben und Gesundheit sowie der Wissenschaftsfreiheit gerecht zu werden: *Heckmann/Paschke*, § 103 Datenschutz, in: Stern/Sodan/Möstl (Hrsg.), StaatsR IV, 2. Aufl. 2022, Rn. 104: Dies wohl bejahend mit Blick auf die Auflösung des Spannungsverhältnisses zugunsten der Gemeinschaftsbezogenheit.

420 BVerfGE 65, 1 (41).

421 BVerfGE 65, 1 (44).

422 Allgemein auf die deutsche Wissenschaftsfreiheit bezogen: *Wagner*, NVwZ 1998, 1235 (1239).

des Eingriffs und dem Gewicht der ihn rechtfertigenden Gründe muss die Grenze des Zumutbaren gewahrt bleiben.[423] Medizinische Forschung wird bei nicht ausschließlich kommerzieller Ausrichtung regelmäßig im Gemeinwohlinteresse liegen. Ferner bedarf es einer kontextbezogenen Einzelfallbetrachtung, die im Nachfolgenden anhand der herauszuarbeitenden Kriterien abstrakt bleibt, beim konkreten Forschungsvorhaben jedoch spezifisch geprüft werden muss.

2. Kontextbezogene Einzelfallabwägung

Die medizinische Forschung liegt im Gemeinwohlinteresse, was im Rahmen einer Abwägung beider Grundrechte zu einer Höherwertigkeit gegenüber dem Individualschutz und damit zu gewissen Privilegierungen führen kann. Dies bedeutet nicht, dass sämtliche Forschungsvorhaben als gegenüber dem Datenschutz per se höherrangig betrachtet werden müssen. Dennoch können die legitimen Gemeinwohlbelange der medizinischen Forschung zu einem Überwiegen der Wissenschaftsfreiheit führen.

Probates Mittel zur Lösung des Konflikts zwischen Datenschutzgrundrecht und Wissenschaftsfreiheit stellt das einfache Recht dar. Dieses entspricht dem Vorbehalt des Gesetzes, der für (wesentliche) Grundrechtsbeschränkungen eine parlamentarische Grundlage erfordert. Die Datenschutzregelungen müssen sodann den Voraussetzungen an eine Verhältnismäßigkeitsprüfung genügen. Dabei sollen in den folgenden Punkten die entscheidenden Kriterien herausgearbeitet werden, die bei Auflösung der Kollisionslage durch den Gesetzgeber einfachgesetzlich beachtet werden müssen. Zur Herstellung praktischer Konkordanz bietet sich an, beide Grundrechte in einen verhältnismäßigen und schonenden Ausgleich zu bringen.

a) Legitimer Zweck

Die Wissenschaftsfreiheit darf – wie sämtliche Unionsgrundrechte – nach Art. 52 Abs. 1 S. 2 GRC begrenzt werden, wenn die Einschränkungen den Erfordernissen des Schutzes der Rechte und Freiheiten anderer tatsächlich entsprechen. Damit das Datenschutzgrundrecht nicht ausgehöhlt wird, bedarf es reglementierender Datenschutzregelungen, die einen Ausgleich beider kollidierender Grundrechte normieren.

b) Geeignetheit

Die Beschränkung der Wissenschaftsfreiheit ist nur möglich, soweit sie geeignet ist, um einer staatlichen Handlungspflicht (konkret: Schutzpflicht für das kollidierende Datenschutzgrundrecht) zu genügen und damit einen Verstoß gegen das Un-

---

[423] BVerfGE 78, 77 (85).

termaßverbot zu vermeiden. Eine Einschränkung ist *geeignet*, soweit das Mittel zur Zielerreichung führen kann. Datenschutzregelungen steuern die Verarbeitung von Daten, können Ausnahmen und Privilegierungen vorsehen und sind damit geeignet, einen schonenden, optimalen Ausgleich zwischen Wissenschaftsfreiheit und Datenschutzregelungen zu finden.

c) Erforderlichkeit

Eine Einschränkung muss darüber hinaus erforderlich, d. h. das mildeste, gleich geeignete Mittel sein. Personenbezogene Daten dürfen nur verarbeitet werden, wenn dies für das Forschungsvorhaben erforderlich ist. Ein (auch mittelbarer) Grundrechtseingriff muss auf das notwendige Maß beschränkt bleiben.[424] Ist eine Durchführung des Forschungsvorhabens mit verschlüsselten oder anonymisierten Daten möglich, ist dies vorzuziehen. Gerade angesichts der exponentiellen Zunahme von personenbezogenen Daten gewinnt dieser Grundsatz an Bedeutung. Er entspricht im einfachen Recht dem Datenminimierungsgrundsatz (Art. 5 Abs. 1 lit. c DSGVO), welcher um den Grundsatz der Speicherbegrenzung auf das für die Datenverarbeitungszwecke erforderliche Maß (Art. 5 Abs. 1 lit. e DSGVO) ergänzt wird. Daraus folgen zwei Grundsätze: Es gilt der Vorrang der unmittelbaren vor der mittelbaren Datenerhebung.[425] Dies entspricht dem Vorgehen medizinischer Forschung, bei der die Daten direkt beim Betroffenen erhoben werden. Anderes gilt nur, soweit der Betroffene verstorben ist oder bei psychisch schwer Erkrankten; in den Fällen sind beispielsweise Befragungen von Verwandten über Verhaltensmuster sinnvoll. Es gilt der Vorrang einer offenen vor einer verdeckten Datenerhebung.[426] Letzteres ist bei medizinischer Forschung gegeben. Der Betroffene weiß, dass beim Arzt oder im Krankenhaus seine Daten erhoben werden. Ebenso weiß er dies, wenn er sich in eine medizinische Studie als Proband einbringt.

Nach Bizer ist die Einwilligung eine mildere, gleich geeignete Maßnahme gegenüber der Datenverarbeitung aufgrund gesetzlicher Eingriffsermächtigungen.[427] In diese Richtung argumentierte unlängst auch der EuGH, der die anderen Erlaubnistatbestände für Datenverarbeitungen eng auslegt, da sie eine Verarbeitung personenbezogener Daten ohne Betroffeneneinwilligung zulassen.[428] Dies könnte dadurch bestätigt werden, dass vor allem in der Bundesrepublik überwiegend an einer Einwilligungslösung bei Datenverarbeitungen für medizinische Forschungsvorha-

---

[424] *Kühling*, DuD 2020, 182 (186).

[425] *Kingreen*, in: Calliess/Ruffert, EUV/AEUV, 6. Aufl. 2022, Art. 8 GRC Rn. 17.

[426] *Kingreen*, in: Calliess/Ruffert, EUV/AEUV, 6. Aufl. 2022, Art. 8 GRC Rn. 17.

[427] *Bizer*, Forschungsfreiheit und Informationelle Selbstbestimmung – Gesetzliche Forschungsregelungen zwischen grundrechtlicher Förderungspflicht und grundrechtlichem Abwehrrecht, 1992, S. 247. Nach *Spitz*, Sekundärnutzung von Behandlungsdaten für medizinische Forschungszwecke, 2024, S. 314 ist die informierte Einwilligung zwar die mildere, aber nicht zwingend gleich geeignete Maßnahme.

[428] EuGH (Meta/Bundeskartellamt), Urt. v. 4. 7. 2023, Rs. C-252/21, Rn. 93.

ben festgehalten wird.[429] Als Grund wird seltener die „Erforderlichkeit" angeführt, vielmehr öfter der (Irr-)Glaube, dass nur die Einwilligung die Autonomie der Patienten bzw. Probanden schützt.[430]

Dabei ist zu beachten, dass die Einwilligung immer dann kein milderes Mittel ist, wenn der Betroffene erst wieder re-identifiziert werden muss, etwa weil seine Behandlungsdaten bereits pseudonymisiert wurden. Dies würde einen weiteren Datenverarbeitungsschritt bedeuten, welcher eine eingriffsintensivere Maßnahme darstellt. Die Einholung einer Einwilligung ist damit nicht nur rechtlich weniger mild, sondern bedeutet für den Betroffenen, der aktiv seine Zustimmung erteilen oder verweigern muss und sich damit mit der Thematik beschäftigen, sich aufklären lassen, oder auch nur ein postalisches Einwilligungsformular wegwerfen muss, einen erhöhten Aufwand.

Auch ein granulares, aufwendiges Management, bei dem der Betroffene seine Präferenzen für jedes Forschungsvorhaben eingeben kann, ist regelmäßig ebenfalls kein milderes Mittel, sondern bedeutet mitunter einen potenziellen Verlust seiner informationellen Freiheitsgestaltung, indem er vielschichtige Entscheidungen selbst treffen muss.[431]

Forschungsvorhaben sind äußerst komplex, eine individuelle Aufklärung ist zeit- und kostenintensiv und kann nicht garantieren, dass der Betroffene Daten freigibt. Damit ist die Einwilligung weder für die Forschenden noch für den Betroffenen ein milderes, gleich geeignetes Mittel. Vielmehr kommt es auf die Abwägung im Einzelfall an. Forschungsklauseln, die auf einer Interessenabwägung beruhen, hohe Sicherungsmaßnahmen der Daten beinhalten und ohne Einwilligung des Betroffenen die Datenverarbeitung erlauben, scheiden nicht im Rahmen der Erforderlichkeit aus.

d) Angemessenheit: Anforderungen an eine Abwägungslösung

Es ist ein Irrglaube, dass die Autonomie der Patienten nur durch eine Einwilligung gewahrt wird. Denn bei einer Einwilligung, selbst in schriftlicher Form, ist nicht sicher, ob der Einwilligende die Aufklärung gelesen und verstanden hat. Es muss möglich sein, dass Daten für die Forschung genutzt werden, ohne dass die von

---

[429] *Bernhardt/Ruhmann/Weichert*, Netzwerk Datenschutzexpertise – Die Forschungsklauseln im neuen Datenschutzrecht, 2018, S. 5.

[430] Einwilligung als Ausfluss informationeller Selbstbestimmung: *Buchner/Kühling*, in: Kühling/Buchner, DS-GVO/BDSG, 4. Aufl. 2024, Art. 7 DSGVO Rn. 19; *Buchner/Petri*, in: Kühling/Buchner, DS-GVO/BDSG, 4. Aufl. 2024, Art. 6 DSGVO Rn. 17; *Arning/Rothkegel*, in: Taeger/Gabel (Hrsg.), DSGVO – BDSG – TTDSG, 4. Aufl. 2022, Art. 4 DSGVO Rn. 291; Die Einwilligung könne dem hohen Gut des RiS grundsätzlich am besten Ausdruck verleihen: *Kelber*, Wissenschaftliche Forschung – selbstverständlich mit Datenschutz, in: Roßnagel/Wallmann (Hrsg.), Stärkung der Forschung durch Datenschutz, 2023, S. 18. Klar gegen das Primat der Einwilligung positionierend indes *Buchner*, DuD 2022, 555 (557).

[431] *Lorenz*, GuP 2023, 132 (134).

der Datenverarbeitung betroffenen Patienten bzw. Probanden einwilligen. Die Datenschutzbelange der Betroffenen werden mitunter sogar effektiver geschützt, wenn die Freigabe der Forschung nach einer Güterabwägung der tangierten Interessen erfolgt. Dies kann etwa durch eine öffentliche Stelle, die auch die Umsetzung technischer und organisatorischer Maßnahmen überwacht, geschehen. Es gilt, Kriterien herauszuarbeiten, anhand derer die Abwägung erfolgen kann.

Bereits im Volkszählungsurteil verwies das Bundesverfassungsgericht darauf, dass das Recht auf informationelle Selbstbestimmung nicht schrankenlos gewährleistet sei, der Einzelne keine uneingeschränkte Herrschaft über seine Daten halte: Denn er stehe nicht losgelöst von der Gemeinschaft, sondern sei „eine sich innerhalb der sozialen Gemeinschaft entfaltende, auf Kommunikation angewiesene Persönlichkeit“.[432]

Bei der Herstellung praktischer Konkordanz im Einzelfall sollten die nachfolgend herausgearbeiteten Punkte berücksichtigt werden. Dabei ist insbesondere zu prüfen, ob bei wertender Gesamtbetrachtung des Verarbeitungsvorgangs und -kontextes ein angemessener Ausgleich besteht.[433]

aa) Materielle Vorgaben

Es gibt verschiedene Kriterien, die bei einer Abwägung aufgrund einer Kollisionslage mit dem Datenschutzgrundrecht berücksichtigt werden müssen. Zu den materiellen, inhaltlich zu prüfenden Anforderungen gehören zahlreiche Punkte. Diese sind gekennzeichnet durch die Dauer der Datenspeicherung, die Kategorien der Daten, aber auch den Schwierigkeitsgrad zur Wiederherstellung des Personenzugs. Daneben treten der Verwendungszusammenhang und die Reduktion des Missbrauchsrisikos, sowie der Grad des Gemeinwohlinteresses medizinischer Forschung.

(1) Intensität der Beeinträchtigung

Je intensiver in einen Lebensbereich eingegriffen wird, umso höher muss der grundrechtliche Schutz ausfallen. Eine Beeinträchtigung ergibt sich regelmäßig nicht aus dem Datum an sich, sondern aus dem Verarbeitungskontext im Einzelfall, aus dem sich die Gefahr für das Recht auf informationelle Selbstbestimmung bzw. das Datenschutzrecht ergibt.[434]

Dazu gehört die *Dauer der Datenspeicherung*. Je länger die Speicherdauer beträgt, desto höher ist die Wahrscheinlichkeit, dass der technologische Fortschritt in der Zwischenzeit so weit ist, dass wieder ein Personenbezug hergestellt werden

[432] BVerfGE 65, 1 (43 f.); *Metzger/Schweitzer/Wagner*, ZfPW 2023, 227 (235).

[433] So für den Grundsatz Treu und Glauben i. S. d. Art. 8 Abs. 2 GRC: *Kühling*, in: Pechstein/Nowak/Häde, Frankfurter Kommentar, 2. Aufl. 2023, Art. 8 GRC Rn. 43.

[434] Ebenso *Borges*, RW 2023, 159 (197).

kann, indem die technischen Sicherungsvorkehrungen überwunden werden und so ein unerlaubter Zugriff auf die Daten und damit ein Missbrauch möglich wird.

Ein weiterer Punkt in der Abwägung ist die Frage, welche *Kategorien von Daten* vorliegen: besonders sensible Gesundheitsdaten oder weniger schutzwürdige (personenbezogene) Daten. Allein aus der Art der Daten ist ein solcher Zusammenhang oftmals nicht erkennbar. So können GPS-Daten für Werbung genutzt werden, wenn man in der Nähe eines bestimmten Ortes bzw. Geschäftes ist. Andererseits kann so ein Bewegungsprofil erstellt werden, das zeigt, wie viel man sich bewegt und damit wie fit und mitunter gesund jemand ist. Neben Daten, die aus sich heraus schon sensibel sind,[435] kann es höchst mittelbare Daten geben, die erst durch eine gedankliche Kombination sensibel werden.[436] Eine Differenzierung nach der Bedeutsamkeit des Datums für die Privatsphäre, ähnlich der deutschen Drei-Stufen-Lehre, ist wegen der damit zwangsläufig einhergehenden starren Kategorisierung nicht sinnvoll. Zudem müssen auch intimste Gesundheitsdaten (beispielsweise über sexuell übertragbare Infektionen) der medizinischen Forschung zur Verfügung stehen. Freilich könnte man in dem Bereich überlegen, nur mit einer Einwilligung zu arbeiten. Dann könnten die Daten jedoch nicht unwiederbringlich verschlüsselt werden, da sonst keine Zuordnung zu eben jener Person zur Einwilligungseinholung erfolgen kann.

Der Grad der *Verschlüsselung* der Daten ist bedeutsam. Denn Daten, die ohne Schwierigkeiten einen Personenbezug aufweisen, sind schutzwürdiger als verschlüsselte, d.h. pseudonymisierte, Daten. Die Berücksichtigung des Grades der Verschlüsselung erlaubt eine stufenlose Differenzierung und wird dem Umstand gerecht, dass es nicht nur personenbezogene Daten (mit der Folge der Anwendbarkeit von Datenschutzregelungen) und anonymisierte Daten (mit der Folge beliebiger und einschränkungsloser Nutzbarkeit, da sie keinen Personenbezug erkennen lassen) gibt.

(2) Nutzungs- und Verwendungsmöglichkeiten

Entscheidend ist die Nutzungs- und Verwendungsmöglichkeit der Daten, die vornehmlich vom Zweck der Datenverarbeitung abhängt, sodass ein für sich gesehen „belangloses" Datum schutzwürdig werden kann.[437] Erst nach Kenntnis des Zwecks, lässt sich die Frage einer Beschränkung des Datenschutzgrundrechts beantworten.[438] Maßgeblich für die Einordnung in einen mehr oder weniger sensiblen Kontext, ist der Betrachter der Information und damit der Zugriffsberechtigte.[439]

---

[435] Z. B. ärztliche Diagnosen, wobei nicht hinsichtlich der Schwere der Krankheit differenziert werde: *Borges*, RW 2023, 159 (169).

[436] EuGH (OT), Urt. v. 1.8.2022, Rs. C-184/20, Rn. 120.

[437] BVerfG 65, 1 (45). Ausführlich zur Frage, wann ein Gesundheitsdatum vorliegt: § 4 I. 1. b) bb).

[438] BVerfG 65, 1 (45).

[439] *Borges*, RW 2023, 159 (177).

Damit ist die Kenntnis des Zwecks der Datenverarbeitung elementar zur Einschätzung und Kontrolle des damit verbundenen Risikos. Die Zweckbindung verfolgt die Intention einer „kontrollierten informationellen Selbstbestimmung".[440] Deshalb ist es elementar, dass der Zweck festgelegt und der Verarbeiter anschließend daran gebunden ist.[441]

Überdies verlangt der Zweckbindungsgrundsatz eine hinreichende Bestimmtheit der Zweckfestlegung: Je eindeutiger der Zweck festgelegt wird, desto besser kann das Recht auf informationelle Selbstbestimmung gewährt werden.[442] Auch hier spielt der Verhältnismäßigkeitsgrundsatz eine bedeutsame Rolle, insofern als der Persönlichkeitsbereich des Betroffenen nur so weit tangiert werden darf, wie es für die Datenverarbeitung unerlässlich ist.[443]

bb) Prozedurale Erwägungen

Daneben treten prozedurale Erwägungen wie Mitwirkungsrechte des Betroffenen, die in den Verfahrensablauf der Datenverarbeitung implementiert werden. Das Verwirklichungsinteresse des Betroffenen erschöpft sich nicht in der Mitwirkung durch partizipative Elemente, sondern setzt zugleich ein Wissen um die Datenverarbeitung und damit einen gewissen Grad an Transparenz voraus.[444] Daten an sich sind nicht schutzwürdig, da sie beliebig häufig reproduzierbar und verwendbar sind. Vielmehr müssen sie wegen der potenziellen Herstellbarkeit eines Personenzugs geschützt werden, um das Missbrauchsrisiko gering zu halten. Insbesondere angesichts neuer Big-Data-Anwendungen wird der Bedarf nach Transparenz und Wissen um die Verarbeitungsmechanismen größer. Transparenz ist aus drei Gründen erforderlich: einmal für den Betroffenen, verwaltungsverfahrensrechtlich für die Nachvollziehbarkeit durch Datenschutzaufsichtsbehörden und demokratisch, damit ein öffentlicher Diskurs über Datenverarbeitungen (und Big Data) stattfinden kann.[445]

---

440 Treffend *Spitz*, Sekundärnutzung von Behandlungsdaten für medizinische Forschungszwecke, 2024, S. 152.

441 *Kühling*, in: Pechstein/Nowak/Häde, Frankfurter Kommentar, 2. Aufl. 2023, Art. 8 GRC Rn. 44.

442 *Kühling*, in: Pechstein/Nowak/Häde, Frankfurter Kommentar, 2. Aufl. 2023, Art. 8 GRC Rn. 45.

443 *Kühling*, in: Pechstein/Nowak/Häde, Frankfurter Kommentar, 2. Aufl. 2023, Art. 8 GRC Rn. 45.

444 Transparenz gehört zu den primärrechtlich garantierten Grundrechtspositionen der Betroffenen: *Pötters*, in: Gola/Heckmann, DSGVO/BDSG, 3. Aufl. 2022, Art. 5 DSGVO Rn. 12.

445 *Hornung*, Erosion traditioneller Prinzipien des Datenschutzrechts durch Big Data, in: Hoffmann-Riem (Hrsg.), Big Data – Regulative Herausforderungen, 2018, S. 97.

(1) Transparenz und Mitwirkungsrechte

Transparenz wird vor allem über Mitwirkung der Betroffenen geschaffen.

Sieht man die Datensouveränität als Teilausprägung des Datenschutzgrundrechts an, ist auch das freie Bestimmen über eigene Daten schutzwürdig. Teilweise wird von einer höheren Eingriffsintensität ausgegangen, wenn der Einzelne nicht über die Verarbeitung seiner Daten in Kenntnis gesetzt wurde und nicht mitbestimmen kann.[446]

Obgleich die Einwilligung oftmals praxisuntauglich ist, können partizipative Elemente bei der Datenverarbeitung im Rahmen medizinischer Forschungsvorhaben positiv Berücksichtigung finden, sodass das Datenschutzrecht als weniger schützenswert erscheint. Es gilt: Nicht die Einwilligung ist Ausdruck der Selbstbestimmung, sondern die Mitwirkung des Betroffenen, die aus grundrechtlicher Sicht nicht in der Form der zweckgebundenen, informierten Einwilligung erfolgen muss, die die DSGVO einfachrechtlich ausbuchstabiert.

Der Datenschutz ergibt nur Sinn, wenn der Betroffene erfährt, welche seiner Daten verarbeitet werden.[447] Daher normiert Art. 8 Abs. 2 GRC ein Auskunftsrecht, das nur für den Schutz der Rechte Dritter oder zur Verhinderung einer exzessiven Geltendmachung einschränkbar ist.[448]

Ebenfalls grundrechtlich in Art. 8 Abs. 2 S. 2 GRC festgeschrieben ist ein Berichtigungsanspruch des Betroffenen. Stellt sich die Unrichtigkeit seiner Daten heraus, steht der Person ein Anspruch auf Berichtigung zu, der grundsätzlich mit der Pflicht des Betroffenen zur Berichtigung korrespondiert.[449] Zweck der Vorschrift ist die Gewährleistung der „Inhaltswahrheit" personenbezogener Daten, deren Aussagegehalt in der Realität Entsprechung finden muss.[450]

(2) Technische und organisatorische Maßnahmen

Oftmals wird auf die Risiken eines Abgreifens von Daten durch Dritte hingewiesen, die sensible Daten gewinnbringend verkaufen können. Dieser Gefahr gilt es zu begegnen. Zwar ist es nicht Aufgabe des Grundrechtsträgers, für mögliches Fehlverhalten unbeteiligter, nicht zu seinem Herrschaftsbereich gehörender, Dritter zur Verantwortung gezogen zu werden. Dies würde zu einer Ausuferung des Haftungsrisikos führen. Gleichwohl weiß der Forschende von der Sensibilität der Ge-

---

[446] *Krönke/Tschachler*, Rechtswissenschaftliche Studie zum Thema Opt-out-Modelle für die Elektronische Patientenakte aus datenschutzrechtlicher Perspektive, S. 23.

[447] *Kühling*, in: Pechstein/Nowak/Häde, Frankfurter Kommentar, 2. Aufl. 2023, Art. 8 GRC Rn. 49.

[448] *Kühling*, in: Pechstein/Nowak/Häde, Frankfurter Kommentar, 2. Aufl. 2023, Art. 8 GRC Rn. 49.

[449] Zur konkreten Ausprägung in der DSGVO: *Kamann/Braun*, in: Ehmann/Selmayr, DS-GVO, 3. Aufl. 2024, Art. 16 DSGVO Rn. 30.

[450] *Kamann/Braun*, in: Ehmann/Selmayr, DS-GVO, 3. Aufl. 2024, Art. 16 DSGVO Rn. 31.

sundheitsdaten, die er verarbeitet, weshalb er wissenschaftsethisch gehalten ist, diese zu schützen.[451] Daneben muss der Gesetzgeber tätig werden und die Daten durch flankierende Gesetzgebung schützen – etwa durch das erlassene Verbot einer Re-Identifikation von Daten ohne Rechtsgrundlage (§ 9 GDNG).[452]

Gesundheitsdaten sind sensibel, da ihnen eine gegenüber anderen personenbezogenen Daten höhere Stigmatisierungs- und Diskriminierungsgefahr bei Bekanntwerden inhärent ist. Aus diesen Gründen ist der Verantwortliche gehalten, Schutzmechanismen gegenüber einem missbräuchlichen Bekanntwerden zu etablieren. Damit sind vonseiten der Forschenden Sicherungsmechanismen in Form von technischen und organisatorischen Maßnahmen zu ergreifen. Der Begriff der technischen und organisatorischen Maßnahmen ist aus verfassungsrechtlicher Sicht nicht zwingend, wenngleich die Wahl eines unbestimmten Begriffs passend ist. Denn der rasante technische Fortschritt würde jede präzisere Regelung regelmäßig überholen. Nur durch unbestimmte Rechtsbegriffe kann der Schnelllebigkeit des technischen Fortschritts in angemessener und flexibler Weise Rechnung getragen werden.[453]

Diese technischen und organisatorischen Maßnahmen müssen sicherstellen, dass die Daten nur zu den Zwecken genutzt werden, die zur Zielerreichung notwendig sind, welche vorab festgelegt und dokumentiert werden.

Dabei kann zur Konkretisierung auf die „Privacy Design Strategies" Bezug genommen werden, bei denen es darum geht, Datenschutz durch Technikgestaltung und datenschutzfreundliche Voreinstellungen („Privacy by Design" und „Privacy by Default") von Beginn an abzusichern und den Anwendern Leitlinien an die Hand zu geben.[454] Als technisches Designprinzip gilt – ebenso wie im Rahmen der Erforderlichkeit – ein Minimierungsprinzip.[455] Danach sollen nur notwendige Daten verarbeitet werden, die wiederum getrennt gespeichert und verteilt verarbeitet werden (z. B. Trennung von identifizierenden Attributen von den Forschungsdaten).[456] Schließlich lassen sich Daten statisch zusammenfassen, durch Störungen

---

[451] *Spitz*, Sekundärnutzung von Behandlungsdaten für medizinische Forschungszwecke, 2024, S. 219.

[452] *Kneuper*, Anonymisierte Daten brauchen keinen Datenschutz – wirklich nicht, in: Friedewald/Kreutzer/Hansen (Hrsg.), Selbstbestimmung, Privatheit und Datenschutz, 2022, S. 171.

[453] *Pöttgen*, Medizinische Forschung und Datenschutz, 2009, S. 50.

[454] *Hoepman*, Privacy Design Strategies (The Little Blue Book), 2022, S. 1, 3, wobei er vier Strategien für technische Maßnahmen („minimise, separate, abstract, hide") und vier organisatorische Maßnahmen („inform, control, enforce, demonstrate") nennt.

[455] „Nothing can go wrong with data you do not collect": *Hoepman*, Privacy Design Strategies (The Little Blue Book), 2022, S. 5 f. Taktiken zur Datenminimierung sind etwa eine eingeengte Auswahl, ein Ausschluss, eine Entfernung bestimmter Attribute oder eine Zerstörung.

[456] *Federrath*, Datenschutzwahrende Methoden der Forschungsdatenverarbeitung, in: Roßnagel/Wallmann (Hrsg.), Stärkung der Forschung durch Datenschutz, 2023, S. 80 f. Als

ungenau machen oder anderswie verschlüsseln, um eine Personenbeziehbarkeit (nahezu) auszuschließen.[457] Zu den organisatorischen Maßnahmen gehört es, den Betroffenen über die angemessene und zeitnahe Verarbeitung seiner Daten zu informieren, etwa durch Bereitstellung von Informationen darüber, welche personenbezogenen Daten wie und warum verarbeitet werden, durch Erklärungen sowie durch Benachrichtigungen.[458] Daneben kann den Betroffenen erlaubt werden, die Verarbeitung durch Einwilligung, Wahl zwischen Alternativen oder ein Recht auf Berichtigung oder Löschung zu kontrollieren.[459] Eine Löschung ist weitergehend als eine faktische Anonymisierung, die Restrisiken der Re-Identifizierung birgt, welche durch eine Löschung vollständig beseitigt werden.[460] Schließlich kann eine Datenschutz-Policy etabliert, durchgesetzt und stetig aktualisiert werden, wie eine Implementierung von Zugriffskontrollmechanismen.[461] Das Ganze sollte durch Protokollierungen, Prüfungen und Berichterstattungen an die Datenschutzbehörden überprüfbar sein.[462]

cc) Institutionelle Erwägungen

Schließlich können institutionelle Mechanismen zum Schutz des Datenschutzgrundrechts implementiert werden. Diese können beim Datenverarbeiter selbst in Form von technischen und organisatorischen Maßnahmen, die durch diesen zu ergreifen sind, oder außerhalb dessen Verantwortungsbereichs bei Stellen errichtet werden, die als Aufsicht fungieren.

Im Rahmen medizinischer Forschung könnte neben den Datenschutzaufsichtsbehörden eine Verlagerung von Verantwortung und Risiken der Datenverarbeitenden Stellen auf eine weitere Behörde erfolgen. Diese Behörde könnte Forschungsvorhaben genehmigen und somit für mehr Rechtssicherheit sorgen. In welcher Form sie zu beteiligen ist, obliegt der Einschätzungsprärogative des Gesetzgebers. Dabei verlangt Art. 8 Abs. 3 GRC sogar, dass die Einhaltung der Vorschriften von unab-

---

Taktiken der Trennung von Daten werden die Isolation und die Verteilung genannt: *Hoepman*, Privacy Design Strategies (The Little Blue Book), 2022, S. 8.

[457] Abstrahierung durch Zusammenfassung, Gruppenbildung, Verrauschung oder Begrenzung von Daten durch Beschränkung des Zugangs, Verschlüsselung, Absonderung, Vermengung von Daten: *Hoepman*, Privacy Design Strategies (The Little Blue Book), 2022, S. 10; *Federrath*, Datenschutzwahrende Methoden der Forschungsdatenverarbeitung, in: Roßnagel/Wallmann (Hrsg.), Stärkung der Forschung durch Datenschutz, 2023, S. 81.

[458] *Hoepman*, Privacy Design Strategies (The Little Blue Book), 2022, S. 14.

[459] *Hoepman*, Privacy Design Strategies (The Little Blue Book), 2022, S. 16.

[460] *Spitz*, Sekundärnutzung von Behandlungsdaten für medizinische Forschungszwecke, 2024, S. 328.

[461] *Federrath*, Datenschutzwahrende Methoden der Forschungsdatenverarbeitung, in: Roßnagel/Wallmann (Hrsg.), Stärkung der Forschung durch Datenschutz, 2023, S. 81; *Hoepman*, Privacy Design Strategies (The Little Blue Book), 2022, S. 18.

[462] *Hoepman*, Privacy Design Strategies (The Little Blue Book), 2022, S. 20.

hängigen Stellen überwacht wird. „Vorschriften" meint nicht nur solche der Grundrechtecharta, sondern auch die sekundärrechtlichen Vorgaben.[463] Diese „unabhängigen Stellen" sind gleichbedeutend mit unabhängigen Behörden im Sinne des Art. 16 Abs. 2 UAbs. 1 S. 2 AEUV.[464]

Unabhängigkeit ist funktionell dahingehend zu verstehen, dass die Stellen gegenüber staatlicher Beaufsichtigung unabhängig und nicht an Anordnungen übergeordneter staatlicher Stellen gebunden sind.[465] Dabei können auch (die nach Landesrecht gebildeten und registrierten) Ethikkommissionen als funktionell unabhängige Genehmigungsbehörden agieren. Gerade bei der medizinischen Forschung bietet sich eine (noch) größere Beteiligung von Ethikkommissionen an. Denn diese sind bereits bei den meisten medizinischen Forschungsvorhaben beteiligt und als pluralistisches Gremium nur begrenzt auf Beurteilungsfehler gerichtlich überprüfbar.[466] Diese könnten in Stellvertretung die Einwilligungen der Betroffenen abgeben und für diese die Entscheidungen treffen – sofern der Patient diese einschalten möchte.

3. Zusammenfassung der Abwägungskriterien

Grundrechtskollisionen sind im Wege praktischer Konkordanz aufzulösen. Dabei kollidieren bei Datenverarbeitungsvorgängen im Rahmen medizinischer Forschung die Abwehrdimension der Forschungsfreiheit der Wissenschaftler mit der Schutzpflicht des Datenschutzgrundrechts der Betroffenen. Die Grenze der Einschränkbarkeit ist im Rahmen praktischer Konkordanz erreicht, indem die gegenüberstehenden Grundrechte ihre größtmögliche Entfaltung sowie Wirksamkeit erlangen. Wo die Grenze zu ziehen ist, richtete sich nach dem Grundsatz der Verhältnismäßigkeit.

Der Gesetzgeber kann im Ergebnis der Forschungsfreiheit wegen ihres Gemeinwohlnutzens unter bestimmten Voraussetzungen bei Auflösung des Konflikts einen bedingten Vorrang gegenüber dem Datenschutzrecht einräumen. Die Einwilligung des Betroffenen stellt dabei nur eine Möglichkeit zur Auflösung des Konfliktes dar. Daneben müssen alternative, einwilligungsunabhängige Verarbeitungsmöglichkeiten zur Verfügung stehen. Denn die Einwilligung stellt gerade keine mildere Maßnahme gegenüber einer gesetzlichen Verarbeitungsgrundlage dar.

---

[463] *Kingreen*, in: Calliess/Ruffert, EUV/AEUV, 6. Aufl. 2022, Art. 8 GRC Rn. 19.

[464] Dies sind einerseits die von den Verantwortlichen, Auftragsverarbeitern in den Mitgliedstaaten sowie bei jedem Organ bzw. Einrichtung der Union zu benennende Datenschutzbeauftragte, daneben die Aufsichtsbehörden: *Kingreen*, in: Calliess/Ruffert, EUV/AEUV, 6. Aufl. 2022, Art. 16 AEUV Rn. 9.

[465] *Kingreen*, in: Calliess/Ruffert, EUV/AEUV, 6. Aufl. 2022, Art. 16 AEUV Rn. 10.

[466] Strittig, für eine begrenzte Kontrolle aussprechend: *Graf von Kielmansegg/Benda/Grass u. a.*, Bundesgesundheitsbl. 2019, 706 (707).

Zur Auflösung dieses Konfliktes bietet sich vielmehr eine kontextbezogene Einzelfallabwägung an. Der Gesetzgeber kann hierzu die soeben herausgearbeiteten Kriterien in Form eines (Datenschutz-)Gesetzes verfestigen, sodass der Gesetzesanwender die Kriterien anwenden und unter den spezifischen Fall subsumieren muss.

Dabei sind folgende Kriterien verfassungsrechtlich bedeutsam:

- Dauer der Speicherung
- Grundsatz der Datenminimierung bzw. -sparsamkeit
- Grundsatz der Speicherbegrenzung
- Kategorie der zu verarbeitenden Daten (sensibel oder nicht sensibel?)
- Verschlüsselung der Daten (u. a. Pseudonymisierung oder Anonymisierung?)
- Nutzungs- und Verwendungsmöglichkeiten
- Mitwirkungsrechte (mindestens Berichtigungs- und Auskunftsanspruch)
- Ergreifen von Sicherungsmaßnahmen durch den Verantwortlichen (z. B. durch TOMs)
- Überwachung durch unabhängige Stellen

Fast alle der aufgeführten Kriterien sind einfach-rechtlich im Datenschutzrecht konkretisiert. Viele davon finden sich in den Grundsätzen der Datenverarbeitung in Art. 5 DSGVO wieder. Dennoch birgt die geltende Rechtslage Probleme, welche im nächsten Teil herausgearbeitet werden.

Teil 2

Ausgestaltung des Spannungsverhältnisses de lege lata

Die einfach-rechtlichen Datenschutzregelungen spielen eine essenzielle Rolle bei der Auflösung des Konfliktes zwischen Wissenschaftsfreiheit und Datenschutzgrundrecht und müssen einen „verhältnismäßige[n] Ausgleich der gegenläufigen, gleichermaßen verfassungsrechtlich geschützten Interessen mit dem Ziele ihrer Optimierung“ schaffen.[1] Aus diesem Grund soll in diesem Abschnitt untersucht werden, inwiefern dem Gesetzgeber eine optimale Umsetzung im einfachen Recht gelungen ist. Dabei sollen in diesem Teil 2 zugleich die Probleme und Rechtsunsicherheiten aufgezeigt werden, die die bestehende Rechtslage und die bislang favorisierten Lösungsansätze mit sich bringen. Es wird sich zeigen, dass vorrangig an der Einwilligung als Erlaubnistatbestand festgehalten wird. Gleichwohl soll der Blick auf die rechtlich gleichrangigen Ausnahmeregelungen des Art. 9 Abs. 2 DSGVO gerichtet werden. Von Interesse für die medizinische Forschung ist insbesondere Art. 9 Abs. 2 lit. j DSGVO. Dieser gibt den Mitgliedstaaten weitreichende Möglichkeiten, den Konflikt zwischen den grundrechtlichen Positionen von Wissenschaftsfreiheit und Datenschutzgrundrecht, auch mit Blick auf nationale Grundrechte, rechtskonform zu lösen. Der deutsche Gesetzgeber hat in zahlreichen allgemeinen und speziellen Datenschutzregelungen solche Forschungsklauseln eingesetzt. Während diese einfach-rechtlichen Regelungen in § 4 vorgestellt werden, werden in § 5 die Reformvorschläge der Literatur und Kritikpunkte an der Einwilligung aufgegriffen. Die Literatur bemängelt vordergründig die strengen Anforderungen an eine enge Zweckbindung der Einwilligung und versucht, diese durch teils überlappende, teils divergierende weite Einwilligungsformen (u. a. Broad oder Dynamic Consent) zu umgehen.

§ 4 Faktischer Vorrang der Einwilligung trotz rechtlicher Gleichwertigkeit mit Forschungsklauseln

Nachdem im ersten Teil die entscheidenden verfassungsrechtlichen Kriterien für eine Abwägung zwischen der Forschungsfreiheit der Wissenschaftler und dem Datenschutzgrundrecht der Patienten herausgearbeitet wurden, widmet sich dieser

[1] Zitat nach BVerfGE 81, 278 (292).

zweite Teil der Frage, wie der Gesetzgeber die Kollision einfachgesetzlich derzeit auflöst.

I. Unionsrechtliche Gesetzeslage

Das Unionsrecht kennt einige Regelungen über Datenverarbeitungen, die den Mitgliedstaaten häufig Gestaltungsspielräume belassen. Die zentrale Regelung ist dabei die DSGVO, die als Grundverordnung – anders als andere vollharmonisierende Verordnungen – zahlreiche Umsetzungsspielräume beinhaltet.[2] Das Wechselspiel zwischen Data-Governance-Act (DGA) und Data Act (DA) zur DSGVO und die groben Ecksteine der Verordnung über den Europäischen Raum für Gesundheitsdaten (EHDS-VO) sollen im Folgenden ebenso herausgestellt werden.

1. DSGVO und ihre Begrifflichkeiten

Die DSGVO wurde mit dem besonderen Begriff der *Grund*verordnung bezeichnet, weil sie eine Art *Magna Charta* des Datenschutzrechtes mit umfassender Harmonisierung darstellen sollte.[3] Indes gestaltet sie sich als einen „Handlungsformenhybrid" zwischen Richtlinie und Verordnung.[4] Zwar gilt sie wie andere Verordnungen auch unmittelbar (Art. 288 UAbs. 2 AEUV), gleichwohl regelt sie das Datenschutzrecht nicht abschließend, sondern belässt den Mitgliedstaaten mit rund 70 Öffnungsklauseln einen erheblichen Spielraum, eigene Regelungen zu schaffen oder bisherige Rechtstraditionen fortzusetzen.[5] Gleichwohl ist sie durch ihre unmittelbare Wirkung und die vielen elementaren Regelungen im Kernbereich des Datenschutzrechtes *die* zentrale Kodifikation.[6]

---

[2] Zur Harmonisierungskraft und zu Öffnungsklauseln: *Kühling/Raab*, in: Kühling/Buchner, DS-GVO/BDSG, 4. Aufl. 2024, Einführung Rn. 2. Die Grundverordnung stellt einen hybriden Zwischenschritt zwischen Richtlinie und Verordnung dar. Zwar ist die Grundverordnung eine Verordnung im Rechtssinne nach Art. 288 Abs. 2 AEUV, dessen allgemeine Geltung jedoch durch zahlreiche Öffnungsklauseln aufgeweicht wird.

[3] *Kühling/Martini*, EuZW 2016, 448 (449).

[4] Begriff nach *Kühling/Martini*, EuZW 2016, 448 (449); *Gusy/Eichenhofer*, in: Wolff/Brink/v. Ungern-Sternberg, BeckOK DatenschutzR, 53. Aufl. v. 1.8.2025, § 1 BDSG Rn. 32.

[5] *Gusy/Eichenhofer*, in: Wolff/Brink/v. Ungern-Sternberg, BeckOK DatenschutzR, 53. Aufl. v. 1.8.2025, § 1 BDSG Rn. 32.

[6] *Kühling/Raab*, in: Kühling/Buchner, DS-GVO/BDSG, 4. Aufl. 2024, Einführung Rn. 3a. Obgleich sie als unübertroffener Standard des Datenschutzrechtes gilt, ist sie durch ein höheres Maß an Vollzugsdefiziten sowie einem Auseinanderklaffen von gesetzlichen Vorgaben und Realität gekennzeichnet als viele andere Rechtsmaterien: *Hilgendorf*, Vom Datenschutz zum Datenhandel – Friktionen in der europäischen Digitalpolitik, in: Roßnagel/Wallmann (Hrsg.), Stärkung der Forschung durch Datenschutz, 2023, S. 59.

a) Anwendungsbereich

Die DSGVO spricht von wissenschaftlichen *Forschungs*zwecken (bspw. Art. 5 Abs. 1 lit. b, 9 Abs. 2 lit. j, 89 Abs. 1, 2 DSGVO) und bezieht sich damit nur mittels vorangehenden Adjektivs auf den Oberbegriff der *Wissenschaft*. Damit wird die *Lehre* nicht privilegiert. Der Begriff „wissenschaftliche Forschung" ist in der DSGVO nirgends definiert, wird aber durch den Willen des Gesetzgebers präzisiert. Nach ErwG 159 S. 2 DSGVO soll auch die privat finanzierte Forschung mitumfasst sein. Dies ist angesichts der Privilegierungen der wissenschaftlichen Forschung insofern schwierig, als dass Forschung, um in den Genuss der Privilegien zu kommen, dem Gemeinwohl dienen muss.[7] Forschung, die allein kommerziellen Zwecken dient, ist schon nicht von der Wissenschaftsfreiheit gedeckt. Weiterhin gibt ErwG 159 DSGVO vor, dass der Begriff der „wissenschaftlichen Forschung" weit auszulegen ist. Daher bietet sich eine verfassungskonforme Auslegung an, die auch kommerzielle Industrieforschung umfasst, sofern die inhaltliche Zielsetzung in Form einer Erkenntnissuche im Vordergrund steht.[8]

Räumlich anwendbar ist die DSGVO, sobald ein hinreichender Unionsrechtsbezug besteht. Dies ist regelmäßig der Fall, sobald eine Unionsniederlassung nach Art. 3 Abs. 1 DSGVO besteht oder sich die betroffene Person in der Union nach Art. 3 Abs. 2 DSGVO aufhält. Sachlich greifen die Datenschutzregelungen der DSGVO nur bei *personenbezogenen* Daten.[9] Das bedeutet im Umkehrschluss, dass *anonyme* Daten, also solche ohne Personenbezug, nicht schutzwürdig sind. Damit gilt für die Anwendbarkeit der DSGVO derselbe Maßstab wie für die Anwendbarkeit des Datenschutzgrundrechts.[10] Ohne Personenbezug oder Personenbeziehbarkeit besteht keine Gefahr für die freie Entfaltung der Persönlichkeit. Anders als Grundrechte, stellen Regelungen der DSGVO keine klassischen Abwehrrechte dar, vielmehr sollen sie einen multipolaren Grundrechtskonflikt zwischen Interessen an

---

[7] Ähnlich auf Problematik hinweisend: *Beyvers/Gärtner/Kipker*, PinG 2015, 241 (246). Dazu auch § 3 III. 1. d).

[8] I. E. *Duisberg*, in: Borges/Keil (Hrsg.), Big Data – Grundlagen, Rechtsfragen, Vertragspraxis, 2024, § 6 Big Data und Datenschutz Rn. 73.

[9] *Schiemann/Weinert*, in: Spickhoff/Handorn, Medizinisches ForschungsR-HdB, 2024, § 11 Rn. 13. Ausführlich § 3 II. 2. b).

[10] § 3 II. 2. b) bb); *Schild*, in: Wolff/Brink/v. Ungern-Sternberg, BeckOK DatenschutzR, 53. Aufl. v. 1.8.2025, Art. 4 DSGVO Rn. 15; *Kühling/Klar/Sackmann*, Datenschutzrecht, 5. Aufl. 2025, Rn. 258; *Klar/Kühling*, in: Kühling/Buchner, DS-GVO/BDSG, 4. Aufl. 2024, Art. 4 Nr. 1 DSGVO Rn. 1. Der allgemeine Sprachgebrauch, der „anonym" mit „unbenannt, namenslos" gleichsetzt (s. „anonym" in Duden, das Herkunftswörterbuch, 6. Aufl. 2020) ist regelmäßig keine hinreichende, sondern lediglich eine notwendige Bedingung. Das bloße Weglassen des Namens genügt regelmäßig nicht zur Entfernung des Personenbezugs. Gerade medizinische Daten enthalten eine Fülle an Einzelangaben über den Gesundheitszustand, die in Kombination mit anderen Angaben wie Alter oder Geschlecht die Gefahr einer Identifizierung bergen.

einem freien Datenfluss und persönlichkeitsrechtlichen Datenschutzinteressen auflösen.[11]

b) Begrifflichkeiten

Für den weiteren Verlauf der Arbeit sollen wichtige Begriffe wie „Personenbezug“, „Pseudonymisierung“, „Gesundheitsdaten“ in Abgrenzung zu genetischen und biometrischen Daten, „Verantwortliche“ und „Auftragsverarbeiter“ nach der DSGVO erläutert werden.

aa) Personenbezug

Entsprechend dem Schutzbereich des Datenschutzgrundrechts,[12] greift auch die Datenschutzgrundverordnung nach Art. 2 Abs. 1 DSGVO nur bei *personenbezogenen* Daten. Dabei wird in Art. 4 Nr. 1 DSGVO sekundärrechtlich definiert, wann ein „Personenbezug“ vorliegt. Dies ist der Fall bei Informationen, die sich auf eine identifizierte oder identifizierbare natürliche Person beziehen. Dabei bleibt offen, wann sich zwischen Datum und Person eine Verbindung herstellen lässt.[13] Richtig ist, dass ein Datum eine Person *identifiziert*, wenn die Identität unmittelbar selbst aus den Informationen hervorgeht, die von den jeweiligen Umständen im Einzelfall abhängen.[14] Bei einer *Identifizierbarkeit* reicht nicht eine Information für eine Wiedererkennung, sondern es bedarf einer Verknüpfung mit weiteren Informationen.[15] Es genügt schon eine Erkennbarkeit oder Individualisierung mithilfe von entsprechenden (anderen) Daten.[16] Damit *bezieht* sich ein Datum auf eine Person, wenn das Datum alternativ oder kumulativ ein Inhalts-, Zweck- oder Ergebniselement aufweist.[17] Maßgeblich ist, dass aus Sicht der verantwortlichen Stelle die In-

---

[11] *Kühling/Raab*, in: Kühling/Buchner, DS-GVO/BDSG, 4. Aufl. 2024, Einführung Rn. 1 mit dem Hinweis, dass dieser doppelte Schutz schon aus dem Verordnungstitel ersichtlich sei: „Verordnung (EU) 2016/679 des Europäischen Parlaments und des Rates vom 27. April 2016 zum Schutz natürlicher Personen bei der Verarbeitung personenbezogener Daten, zum freien Datenverkehr und zur Aufhebung der Richtlinie 95/46/EG (Datenschutz-Grundverordnung)“; *Engeler*, NJW 2022, 3398 (3398).

[12] § 3 II. 2. b).

[13] *Bäcker*, in: Wegener (Hrsg.), EnzEur. Bd. 8, 2. Aufl. 2021, § 11 Rn. 42; *Karg*, in: Simitis/Hornung/Spiecker gen. Döhmann (Hrsg.), Datenschutzrecht, 2. Aufl. 2025, Art. 4 Nr. 1 DSGVO Rn. 47 ff.

[14] *Arning/Rothkegel*, in: Taeger/Gabel (Hrsg.), DSGVO – BDSG – TTDSG, 4. Aufl. 2022, Art. 4 DSGVO Rn. 24 f.

[15] *Arning/Rothkegel*, in: Taeger/Gabel (Hrsg.), DSGVO – BDSG – TTDSG, 4. Aufl. 2022, Art. 4 DSGVO Rn. 30.

[16] *Karg*, in: Simitis/Hornung/Spiecker gen. Döhmann (Hrsg.), Datenschutzrecht, 2. Aufl. 2025, Art. 4 Nr. 1 DSGVO Rn. 47.

[17] *Karg*, in: Simitis/Hornung/Spiecker gen. Döhmann (Hrsg.), Datenschutzrecht, 2. Aufl. 2025, Art. 4 Nr. 1 DSGVO Rn. 34.

formationen ein und derselben Person zugeordnet werden können, die Person also Wiedererkennungswert besitzt, erneut adressiert werden kann sowie eine Verwechslung ausgeschlossen ist.[18] Geschützt werden nur Daten *natürlicher* Personen.[19]

Ein *direkter* Personenbezug fehlt, wenn die Datenfelder für das betroffene Individuum entfernt werden, aus denen der Personenbezug ohne Weiteres erkennbar ist.[20] Ein *indirekter* Personenbezug genügt ebenfalls, um den Schutzzweck des Datenschutzrechtes zu aktivieren, da es irrelevant ist, ob eine Identifikation allein mit einer einzelnen Information oder durch Kombination verschiedener Informationen bzw. Daten möglich ist.[21]

Für einen fehlenden indirekten Personenbezug müssen alle Datenfelder/Attribute in geeigneter Weise bereinigt werden, die via Verknüpfung mit anderen – sowohl internen als auch externen, künftigen oder heutigen – Daten eine Re-Identifikation des Personenbezugs mit gewisser Wahrscheinlichkeit ermöglichen.[22] Praxisrelevante Methoden sind solche der Löschung identifizierbarer Merkmale (Name, Anschrift o. Ä.) sowie eine Aggregation[23] oder Verrauschung von Daten als kontrolliertes Einbringen von Zufallsfehlern.[24] Neben diesen technischen Methoden gibt es zahlreiche organisatorische Maßnahmen. So können Zugriffskontrollmechanismen eingesetzt, Betroffene über die Datenverwendung informiert oder weitere Betrof-

---

[18] *Karg*, in: Simitis/Hornung/Spiecker gen. Döhmann (Hrsg.), Datenschutzrecht, 2. Aufl. 2025, Art. 4 Nr. 1 DSGVO Rn. 50.

[19] Es gibt keinen Grund, den Schutz abweichend von Art. 8 GRC auf juristische Personen auszudehnen, es sei denn, die dahinterstehenden natürlichen Personen sind betroffen. Zwar begrenzt der Anwendungsbereich der DSGVO den Schutz ausdrücklich auf natürliche Personen, gleichwohl liegt bei einem Durchschlagen von Informationen auf ein (natürliches) Mitglied einer juristischen Person ein personenbezogenes Datum vor: I. E. *Klar/Kühling*, in: Kühling/Buchner, DS-GVO/BDSG, 4. Aufl. 2024, Art. 4 Nr. 1 DSGVO Rn. 4. S. auch § 3 Fn. 324.

[20] *Federrath*, Datenschutzwahrende Methoden der Forschungsdatenverarbeitung, in: Roßnagel/Wallmann (Hrsg.), Stärkung der Forschung durch Datenschutz, 2023, S. 80.

[21] *Spitz*, Sekundärnutzung von Behandlungsdaten für medizinische Forschungszwecke, 2024, S. 187 f.

[22] *Federrath*, Datenschutzwahrende Methoden der Forschungsdatenverarbeitung, in: Roßnagel/Wallmann (Hrsg.), Stärkung der Forschung durch Datenschutz, 2023, S. 80.

[23] Aggregierte Daten lassen keinen Personen-, sondern bloß einen Gruppenbezug erkennen, indem Daten (regelmäßig von mindestens drei Personen) zusammengeführt werden, bspw. durch Speicherung eines Durchschnittswertes mehrerer Datenfelder anstelle von Einzeldaten.

[24] *Kühling/Klar/Sackmann*, Datenschutzrecht, 5. Aufl. 2025, Rn. 261; *Kühling/Sackmann/Schildbach*, Rechtsgutachten über den sozialdatenschutzrechtlichen Weiterentwicklungsbedarf im SGB V und SGB X im Hinblick auf Big-Data-Anwendungen, 2019, S. 37. Auch „Pertubate" genannt: *Federrath*, Datenschutzwahrende Methoden der Forschungsdatenverarbeitung, in: Roßnagel/Wallmann (Hrsg.), Stärkung der Forschung durch Datenschutz, 2023, S. 81.

fenenrechte implementiert werden, was etwa durch die Protokollierung von Datenzugriffen überprüfbar und nachvollziehbar gemacht werden sollte.[25]

Die DSGVO schweigt – ebenso wie die Grundrechte[26] – zu technischen Vorgängen, wie eine Anonymisierung erfolgen soll. Anhaltspunkte bietet ErwG 26 DSGVO, der bestimmt, dass zur Identifizierung einer Person, die zum Zeitpunkt der Verarbeitung verfügbaren Technologien sowie die technologischen Entwicklungen berücksichtigt werden müssen, das Verfahren also dem aktuellen Stand der Technik entsprechen muss.[27]

(1) Wahrscheinlichkeitsgrad der Identifizierung und Zusatzwissen Dritter

Dabei meint Re-Identifikation oder De-Anonymisierung die möglichst eindeutige Zuordnung von (bislang) anonymen Daten zu einem bestimmten Individuum und damit die Wiederherstellung eines Personenbezugs.[28] Aus diesen Gründen ist strittig, ob eine Anonymisierung technisch überhaupt möglich ist.[29] Denn eine Anonymisierung derart, dass eine Wiederherstellung des Personenbezugs *per se* ausgeschlossen werden kann, ist faktisch nie gegeben – zumal zukünftige technische Entwicklungen eine bisher ausgeschlossene Re-Identifikation ermöglichen können.[30] Werden Daten für Forschungszwecke länger gespeichert, ist angesichts des innovativen technischen Fortschritts damit eher von einer Betroffenheit der Datenschutzbelange auszugehen. [31]

Für die Prüfung,

> „ob eine natürliche Person identifizierbar ist, sollten alle Mittel berücksichtigt werden, die von dem Verantwortlichen oder einer anderen Person nach allgemeinem Ermessen wahr-

---

[25] *Hoepman*, Privacy Design Strategies (The Little Blue Book), 2022, S. 3; *Federrath*, Datenschutzwahrende Methoden der Forschungsdatenverarbeitung, in: Roßnagel/Wallmann (Hrsg.), Stärkung der Forschung durch Datenschutz, 2023, S. 81.

[26] § 3 II. 2. b) bb).

[27] *Kühling/Klar/Sackmann*, Datenschutzrecht, 5. Aufl. 2025, Rn. 258; *Kühling/Sackmann/Schildbach*, Rechtsgutachten über den sozialdatenschutzrechtlichen Weiterentwicklungsbedarf im SGB V und SGB X im Hinblick auf Big-Data-Anwendungen, 2019, S. 37.

[28] Zur Definition: *Schröder*, Sachverständigengutachten zum Schutz medizinischer Daten, 2022, S. 9.

[29] *von Hagen/Völzmann*, MMR 2022, 176 (177). Vertiefend bereits *Kühling/Klar*, NJW 2013, 3611 (3613). Jedenfalls sind die Hürden für eine Anonymisierung hoch und erfordern einen Blick in die technologische Zukunft: *Schiemann/Weinert*, in: Spickhoff/Handorn, Medizinisches ForschungsR-HdB, 2024, § 11 Rn. 13.

[30] Kritisch u. a. *Kneuper*, Anonymisierte Daten brauchen keinen Datenschutz – wirklich nicht, in: Friedewald/Kreutzer/Hansen (Hrsg.), Selbstbestimmung, Privatheit und Datenschutz, 2022, S. 171 ff. mit möglichen Lösungswegen wie u. a. eine Erstreckung des datenschutzrechtlichen Schutzes auch auf anonymisierte Daten. Die DSGVO schweigt dazu, wann eine Anonymisierung als hinreichend angesehen wird: *BfDI*, Positionspapier zur Anonymisierung unter der DSGVO unter besonderer Berücksichtigung der TK-Branche, 2020, S. 3.

[31] *Roßnagel/Geminn*, ZD 2021, 487 (488).

scheinlich genutzt werden, um die natürliche Person direkt oder indirekt zu identifizieren, wie beispielsweise das Aussondern“ (ErwG 26 S. 3 DSGVO).

Diese gängige rechtliche Definition für die Anonymisierung stellt einen Kompromiss dar: Die rein hypothetische Möglichkeit einer Identifizierung genügt nicht, auch muss der Verantwortliche noch keine tatsächlichen Bestrebungen unternommen haben, um eine Identifikation herbeizuführen.[32] Dabei müssen nach ErwG 26 S. 4 DSGVO alle objektiven Faktoren, wie die Kosten oder der erforderliche Zeitaufwand für eine Identifizierung sowie die zum Verarbeitungszeitpunkt verfügbaren Technologien berücksichtigt werden.

Angesichts des ErwG 26 S. 3 DSGVO erscheint fraglich, inwieweit das Wissen von „anderen Personen“, also Dritten, Berücksichtigung finden muss, um die Wahrscheinlichkeit der Identifizierbarkeit zu bestimmen. Kann der Verantwortliche mit seinen Daten selbst einen Personenbezug wiederherstellen, etwa im Falle der Eigenforschung, indem der Behandelnde leicht auf die bei ihm gespeicherten Daten zugreifen kann, kommt es auf mögliches Zusatzwissen Dritter nicht an. Das Zusatzwissen Dritter wird jedoch relevant, wenn die Verantwortlichen ebenso wie die Forschenden selbst nicht über die Möglichkeit der Re-Identifizierung verfügen, sondern (nur) irgendeine andere Stelle bzw. Person.[33] Dies genügt nach der absoluten Perspektive, wenngleich das Wissen illegal beschafft wurde; eine theoretische Möglichkeit der Wiederherstellung des Personenbezugs bei irgendeiner Stelle, lässt die Anonymität für jeden, auch die verantwortlichen Forschenden, entfallen.[34] Nach dem relativen Ansatz ist allein auf die subjektive Betrachtungsweise des Verantwortlichen abzustellen.[35] Für die letzte Sichtweise und damit ein alleiniges Abstellen auf das Wissen der verantwortlichen Stelle sprechen Rechtssicherheitserwägungen, da die Stelle so einschätzen kann, über welches Wissen und welche Mittel sie verfügt.[36]

Für eine solche Auslegung spricht auch das einfache Recht:

Schon im Rahmen der Vorgängerregelung, der DSRL, führte Generalanwalt Sánches-Bordona vermittelnd aus, dass nur die Dritten einzubeziehen seien, an die sich der Verantwortliche „vernünftigerweise“ wenden könne, da dies dem Telos des

---

[32] *Arning/Rothkegel*, in: Taeger/Gabel (Hrsg.), DSGVO – BDSG – TTDSG, 4. Aufl. 2022, Art. 4 DSGVO Rn. 31.

[33] *Spitz*, Sekundärnutzung von Behandlungsdaten für medizinische Forschungszwecke, 2024, S. 197.

[34] *Spitz*, Sekundärnutzung von Behandlungsdaten für medizinische Forschungszwecke, 2024, S. 197 f.; *Günay*, DuD 2023, 96 (97).

[35] Näher *Arning/Rothkegel*, in: Taeger/Gabel (Hrsg.), DSGVO – BDSG – TTDSG, 4. Aufl. 2022, Art. 4 DSGVO Rn. 34. Die DSGVO gibt keine eindeutige Antwort auf die Frage, ob ein relativer oder absoluter Personenbezug gilt: *Klar/Kühling*, in: Kühling/Buchner, DS-GVO/BDSG, 4. Aufl. 2024, Art. 4 Nr. 1 DSGVO Rn. 26.

[36] *Spitz*, Sekundärnutzung von Behandlungsdaten für medizinische Forschungszwecke, 2024, S. 199 f.

ErwG 26 S. 2 DSRL entsprach, der von vernünftigerweise einsetzbaren Mitteln ausging.[37] Dies ist auf ErwG 26 DSGVO übertragbar, der von Mitteln spricht, die „nach allgemeinem Ermessen wahrscheinlich genutzt werden“, was zwar eine sprachliche, nicht aber inhaltliche Änderung bedeutet.[38] Damit verfolgt der EuGH einen absoluten Ansatz mit relativen Elementen, wonach für alle, die nicht über das Zusatzwissen des Dritten verfügen, die Daten weiterhin als anonym gelten, mit der Folge, dass das Datenschutzrecht nicht anwendbar ist.[39] In Übereinstimmung mit der Rs. *Breyer* entschied das EuG und der EuGH, dass personenbezogene Daten, die an Dritte übermittelt werden, für den Dritten keinen Personenbezug aufweisen, sofern nicht dieser über die Mittel zur Re-Identifikation der Betroffenen verfügt.[40] Das vorhandene oder erwerbbare Zusatzwissen des Verantwortlichen der Datenverarbeitung sowie aktuelle und künftige technische Verarbeitungsmöglichkeiten müssen Berücksichtigung finden – soweit diese nach allgemeinem Ermessen wahrscheinlich genutzt wird.[41]

Es wird somit keine technisch-faktische, sondern eine *rechtliche* Anonymisierung gefordert: Dabei kann der Verantwortliche eine De-Anonymisierung nicht mit absoluter Sicherheit ausschließen, aber einen unbefugten Zugriff auf die Daten und damit eine mögliche Re-Identifizierung der Betroffenen durch hohe technisch-organisatorische Sicherungsmaßnahmen verhindern.[42] Anonyme Daten liegen somit vor, wenn die personellen, zeitlichen, technologischen oder finanziellen Kosten einer Re-Identifikation so groß sind, dass vernünftigerweise nicht mit ihr gerechnet werden muss.[43] Dies kann durch Anonymisierungstechniken, mehrfache Pseudonymisierungen und flankierenden Sanktionen wie Datenzugangsverboten, berufsrechtlichen oder strafrechtlichen Maßnahmen geschehen.[44] Durch die Nennung von Daten, die „anonymisiert worden sind“ in ErwG 26 S. 5 DSGVO zeigt das Recht, dass es von der rechtlichen Möglichkeit einer Anonymisierung ausgeht.[45] Teilweise wird es als Konsequenz von zunehmenden Big Data-Anwendungen angesehen, dass

[37] Schlussantrag des GA *Manuel Campos Sánches-Bordona* v. 12.5.2016, in EuGH (Breyer), Rs. C-582/14, Rn. 68. An diese Ausführungen anschließend: EuGH (Breyer), Urt. v. 19.10.2016, Rs. C-582/14, Rn. 46.

[38] *Arning/Rothkegel*, in: Taeger/Gabel (Hrsg.), DSGVO – BDSG – TTDSG, 4. Aufl. 2022, Art. 4 DSGVO Fn. 66.

[39] *Gola*, in: Gola/Heckmann, DSGVO/BDSG, 3. Aufl. 2022, Art. 4 DSGVO Rn. 21.

[40] EuG (SRB), Urt. v. 26.4.2023, Rs. T-557/20, Rn. 94 ff.; EuGH (EDSB/SRB), Urt. v. 4.9.2025, Rs. C-413/23 P, Rn. 77 ff.; *Klar/Kühling*, in: Kühling/Buchner, DS-GVO/BDSG, 4. Aufl. 2024, Art. 4 Nr. 1 DSGVO Rn. 26.

[41] *Roßnagel/Geminn*, ZD 2021, 487 (488).

[42] *Martini/Hohmann*, NJW 2020, 3573 (3574).

[43] *Boehme-Neßler*, DuD 2016, 419 (422).

[44] *Martini/Hohmann*, NJW 2020, 3573 (3574). I. R. d. Sozialdatenschutzes gibt es schon ein strafbewehrtes Re-Identifizierungsverbot in § 303e Abs. 5 S. 4 i. V. m. § 399 Abs. 1 Nr. 2 SGB V.

[45] *BfDI*, Positionspapier zur Anonymisierung unter der DSGVO unter besonderer Berücksichtigung der TK-Branche, 2020, S. 3.

es keine dauerhafte Anonymisierung mehr geben könne: Durch ihre ausgeklügelten Algorithmen steige das Re-Identifikationsrisiko, da neue Zusammenhänge erkannt würden, und es damit keine Daten mehr gebe, die keine potenzielle Relevanz für die Persönlichkeitssphäre aufwiesen.[46] Tatsächlich wird mit Nutzung dieser Floskeln in der Praxis selten deutlich, wann rechtssicher von einer Anonymisierung gesprochen werden kann.[47] Dies führt in der Folge dazu, dass auch bei rechtlich anonymisierten Daten aus Rechtssicherheitserwägungen heraus, Datenschutzregelungen angewendet oder gar Datenverarbeitungsprozesse wegen dieser hohen Hürden komplett unterlassen werden.

(2) Anonymisierung als rechtfertigungsbedürftiger Verarbeitungsschritt

Anonymisierung beschreibt somit eine auf personenbezogene Daten anwendbare Technik, die eine grundsätzlich unumkehrbare De-Identifizierung erreicht.[48] Dieser Vorgang der Anonymisierung ist nach umstrittener, aber vorzugswürdiger Auffassung als Verarbeitungsvorgang personenbezogener Daten anzusehen, obgleich der Personenbezug danach aufgehoben ist.[49] Dies ist angezeigt, da vor und während der Verarbeitung noch ein Zugriff auf personenbezogene Daten möglich ist; der Prozess der Anonymisierung selbst stellt ein Regelbeispiel der als Verarbeitung in Art. 4 Nr. 2 DSGVO genannten „Veränderung" dar.[50] Die personenbezogenen Daten werden durch die Anonymisierung gerade in ihrem Personenbezug verändert oder verwendet; hilfsweise liegt zumindest ein unbenanntes Verarbeitungsbeispiel zugrunde.[51] Dagegen wird vorgebracht, dass eine primärrechtskonforme Auslegung des Art. 16 AEUV und des Art. 8 GRC es ebenso wie Wortlaut, Systematik, Historie und Telos nicht gebieten, den Anonymisierungsvorgang als Datenverarbeitung einzustufen, da das Datenschutzrecht gar nicht betroffen sei, und andere Grundrechte wie die Forschungsfreiheit (Art. 13 GRC) nicht unnötig beschränkt werden

---

[46] *Boehme-Neßler*, DuD 2016, 419 (421 ff.).

[47] Anonymisierung als der „datensparsame Königsweg" für die Verarbeitung von Gesundheitsdaten, obgleich seit Jahrzehnten Rechtsunsicherheiten bestehen, wann tatsächlich eine Anonymisierung vorliegt: *Kühling/Schildbach*, ZfDR 2024, 1 (9).

[48] *Artikel-29-Datenschutzgruppe*, Stellungnahme 5/2014 zu Anonymisierungstechniken, WP216, 2014, S. 7.

[49] Dazu auch *Spitz*, Sekundärnutzung von Behandlungsdaten für medizinische Forschungszwecke, 2024, S. 223 ff.; *Lorenz*, GuP 2023, 132 (149).

[50] *Specht-Riemenschneider*, ZEuP 2023, 638 (654). Dagegen wird eingewandt, dass man eine Veränderung im Rechtssinne nur annehmen könne, wenn durch eine inhaltliche Umgestaltung die Daten einen neuen Informationsgehalt über eine Person erhielten. Gleichwohl annehmend, dass Anonymisierung ein rechtfertigungsbedürftiger Verarbeitungsschritt ist, jedenfalls wenn der Betroffene ein Interesse an der Beibehaltung des Personenbezugs hat: *Hornung/Wagner*, ZD 2020, 223 (224 f.). Ebenfalls als rechtfertigungsbedürftigen Weiterverarbeitungsschritt ansehend: *Artikel-29-Datenschutzgruppe*, Stellungnahme 5/2014 zu Anonymisierungstechniken, WP216, 2014, S. 8.

[51] *BfDI*, Positionspapier zur Anonymisierung unter der DSGVO unter besonderer Berücksichtigung der TK-Branche, 2020, S. 5. A. A. *Thüsing/Rombey*, ZD 2021, 548 (550).

dürften.[52] Dagegen spricht die praktische Erwägung, dass angesichts wachsender technologischer Entwicklungen vom Ergebnis her, nie eine faktisch-technische Anonymität gegeben ist, sodass der Eingriff in das Datenschutzgrundrecht wie bei der Pseudonymisierung bloß abgemildert wird. Daneben spricht der Wortlaut der Verarbeitung als Prozess dagegen. Die entgegenstehende Ansicht von Thüsing/Rombey betrachtet das *Ergebnis* des Verarbeitungsvorgangs, nicht aber den *Prozess* der Verarbeitung, bei dem die personenbezogenen Daten sehr wohl genutzt und der Eingriff in das Datenschutzgrundrecht – wenn auch nur für einen kurzen Moment – perpetuiert wird.[53] Dieser Prozess kann auch in mehreren Schritten erfolgen, sodass eine (unter Umständen mehrmalige) Abmilderung des Eingriffs vorliegt, bis eine „Anonymisierung" gegeben ist.

(3) Pseudonymisierung in Abgrenzung zur Anonymisierung

Pseudonymisierung meint nach Art. 4 Nr. 5 DSGVO

> „die Verarbeitung personenbezogener Daten in einer Weise, dass [...diese] ohne Hinzuziehung zusätzlicher Informationen nicht mehr einer spezifischen Person zugeordnet werden können, sofern diese Informationen gesondert aufbewahrt werden und technischen und organisatorischen Maßnahmen unterliegen, die gewährleisten, dass die personenbezogenen Daten nicht einer identifizierten oder identifizierbaren Person zugewiesen werden."

Die Pseudonymisierung personenbezogener Daten meint eine Veränderung bestimmter Merkmale nach einem bestimmten, wieder umkehrbaren Verfahren, sodass der Personenbezug im Bedarfsfall wiederhergestellt werden kann.[54] Damit wird grundsätzlich eine erneute Zuordnung ausgeschlossen, außer man verfügt über bestimmte Informationen (wie die Zuordnungsregel). Vereinfacht gesagt führt die Pseudonymisierung zu einer Verschlüsselung des Personenbezugs von Daten, ermöglicht aber unter gewissen Voraussetzungen eine Wiederzuordnung, eine Re-Identifizierung. Bei der Pseudonymisierung werden Daten also nicht verändert, sondern überwiegend technisch und räumlich gesondert aufbewahrt, wobei der Datennutzer regelmäßig keinen Zugang zur Zuordnungsregel hat.[55] Bei der Pseudonymisierung kann durch eine zusätzliche Information (Zuordnungsregel) ein Pseudonym wieder einer Person zugeordnet werden.[56] Dies ist bei der medizinischen Forschung oftmals sinnvoll, damit Probanden mittels erneuter Kontaktierung

---

[52] *Thüsing/Rombey*, ZD 2021, 548 (553).

[53] A. A. *Thüsing/Rombey*, ZD 2021, 548 (550), da bei der Anonymisierung der Eingriff in das Datenschutzgrundrecht weder perpetuiert, akzentuiert, verstärkt noch abgemildert werde.

[54] *Roßnagel*, ZD 2018, 243 (243).

[55] *Kühling/Klar/Sackmann*, Datenschutzrecht, 5. Aufl. 2025, Rn. 263. Hat der Verarbeiter Zugang zur Zuordnungsregel ist der Schutz der Pseudonymisierung gering, da dieser eine jederzeitige Re-Identifikation durchführen kann: *Roßnagel*, ZD 2018, 243 (244).

[56] *Roßnagel*, ZD 2018, 243 (246).

von den Erkenntnissen der Untersuchungen und Studien profitieren können.[57] Während bei der Anonymisierung Variablen aggregiert, verändert oder gelöscht werden, um den Personenzug aufzuheben, werden bei der Pseudonymisierung Identifikationsmerkmale durch eine Kennung ersetzt und getrennt von den restlichen Daten aufbewahrt.[58] Für beide Verfahren – der Pseudonymisierung bzw. Anonymisierung – fehlen in der DSGVO klare spezifische Anforderungen und Verfahren.[59]

(4) Personenbezug trotz Pseudonymisierung

Nach der Definition des Art. 4 Nr. 5 DSGVO gilt, dass pseudonymisierte Daten keiner spezifischen Person mehr zugeordnet werden können. Anders als bei der Anonymisierung, hebt die Pseudonymisierung den Personenbezug nicht auf (ErwG 26 S. 2 DSGVO), sodass die datenschutzrechtlichen Regelungen in vollem Umfang anwendbar bleiben.[60] Denn mit zusätzlichen Informationen, können pseudonymisierte Daten wieder natürlichen Personen zugeordnet werden.[61] Die DSGVO enthält für pseudonymisierte Daten keine Privilegierungen, wenngleich der Anreiz dieser Sicherungsmethode darin besteht, dass im Rahmen einer Interessenabwägung der technisch-organisatorische Schutzbedarf beim Verantwortlichen geringer ausfallen wird.[62] Die Pseudonymisierung ist nach Art. 32 Abs. 1 lit. a DSGVO somit ein probates Mittel für die Datensicherheit.[63] Dadurch sollen nach ErwG 28 DSGVO vorrangig die Risiken für die betreffenden Personen gesenkt und die Verantwortlichen bei der Einhaltung von Datenschutzpflichten unterstützt werden.[64] Dabei können beliebig viele Verantwortliche mitwirken, mindestens aber

---

[57] *Sachverständigenrat*, Digitalisierung für Gesundheit – Ziele und Rahmenbedingungen eines dynamisch lernenden Gesundheitssystems, 2021, Rn. 449.

[58] *Sachverständigenrat*, Digitalisierung für Gesundheit – Ziele und Rahmenbedingungen eines dynamisch lernenden Gesundheitssystems, 2021, Rn. 453.

[59] *Roßnagel*, ZD 2018, 243 (246). Klare Kriterien fordernd: *Boehm/Hallinan*, Der besondere Schutz der Forschung in der Datenschutz-Grundverordnung, in: Roßnagel/Wallmann (Hrsg.), Stärkung der Forschung durch Datenschutz, 2023, S. 43. Dazu auch § 3 II. 2. b) bb).

[60] *European Data Protection Board*, Guidelines 01/2025 on Pseudonymisation, 2025, Rn. 22; *Kühling/Klar/Sackmann*, Datenschutzrecht, 5. Aufl. 2025, Rn. 266.

[61] *European Data Protection Board*, Guidelines 01/2025 on Pseudonymisation, 2025, Rn. 22.

[62] *Kühling/Klar/Sackmann*, Datenschutzrecht, 5. Aufl. 2025, Rn. 267

[63] *Kühling/Klar/Sackmann*, Datenschutzrecht, 5. Aufl. 2025, Rn. 262. Zu den verschiedenen Formen der Datentransformation für eine Pseudonymisierung: *European Data Protection Board*, Guidelines 01/2025 on Pseudonymisation, 2025, Rn. 87 ff.

[64] *Kühling/Sackmann/Schildbach*, Rechtsgutachten über den sozialdatenschutzrechtlichen Weiterentwicklungsbedarf im SGB V und SGB X im Hinblick auf Big-Data-Anwendungen, 2019, S. 118.

eine Person.[65] Danach führt die Pseudonymisierung zu einer Risikominderung im Rahmen einer durchzuführenden Interessenabwägung.[66]

Folgt man einer pauschalen Betrachtung, müssen die Bestimmungen der DSGVO ebenso für die Stellen gelten, die nicht über die Zuordnungsregel verfügen, die Daten also nicht selbst wieder zusammenführen können. Dies könnte sich aus ErwG 26 S. 3 DSGVO ergeben, der „von dem Verantwortlichen oder einer anderen Person" spricht, deren Mitteleinsatz „nach allgemeinem Ermessen wahrscheinlich genutzt werden, um die natürliche Person direkt oder indirekt zu identifizieren". Dies stellt ein Indiz dafür dar, dass sich nicht alle zur Identifikation notwendigen Informationen in den Händen einer Person befinden müssen.[67] Nach diesem objektiven Kriterium würden die Daten auch dann als personenbezogen gelten, wenn ausschließlich ein Dritter in der Lage ist, die Identität des Betroffenen zu bestimmen.[68] Andererseits kann man in der Personenbeziehbarkeit keine Eigenschaft sehen, sondern – differenzierter – eine Bestimmung des Verhältnisses zum Verantwortlichen der Datenverarbeitung. Danach können pseudonymisierte Daten für manche Verantwortliche, die keinen Zugriff auf die Zuordnungsregel haben, wie anonymisierte Daten wirken. Dafür spricht, dass im konkreten Fall der Verantwortliche tatsächlich keinen Personenzug herstellen kann (sog. relativer Personenbezug). Diese Daten sind für den Verantwortlichen, der nicht auf die Zuordnungsregel zurückgreifen kann, keine personenbezogenen Daten mehr (sog. anonymisierende Wirkung der Pseudonymisierung).[69]

Damit besteht *prima facie* ein Widerspruch zu ErwG 26 S. 2 DSGVO, der diese Daten gerade pauschal als personenbezogen erklärt, weshalb die Aussage präzisiert und eingeschränkt werden muss. Es gelten die allgemeinen Grundsätze zur Feststellung, ob personenbezogene Daten vorliegen:[70]

Danach liegt kein Personenbezug vor, wenn das Risiko einer Identifikation praktisch zu vernachlässigen ist; dies ergibt sich aus einer Zweck-Mittel-Abwägung, die sämtliche Kosten (Aufwand der Identifizierung) mit dem Nutzen (der Identifizierung) vergleicht.[71] Der EuGH nimmt nicht eindeutig Stellung, merkt je-

---

[65] Ein Verantwortlicher führt die Pseudonymisierung durch, ein Verantwortlicher bewahrt die Zuordnungsregel auf und beliebig viele Verantwortliche verarbeiten die pseudonymisierten Daten: *Roßnagel*, ZD 2018, 243 (243 f.).

[66] *European Data Protection Board*, Guidelines 01/2025 on Pseudonymisation, 2025, Rn. 23.

[67] EuGH (Breyer), Urt. v. 19. 10. 2016, Rs. C-582/14, Rn. 43.

[68] Zur Kontroverse i. R. d. Vorlagefrage, s. EuGH (Breyer), Urt. v. 19. 10. 2016, Rs. C-582/14, Rn. 25.

[69] Dabei dürfen pseudonymisierte Daten und zusätzliche Informationen vernünftigerweise nicht erwartbar miteinander kombiniert werden, denn sonst bleibt es bei personenbezogenen Daten: *European Data Protection Board*, Guidelines 01/2025 on Pseudonymisation, 2025, Rn. 22; *Roßnagel*, ZD 2018, 243 (244 f.); *Kühling/Schildbach*, NZS 2020, 41 (45).

[70] *Roßnagel*, ZD 2018, 243 (244).

[71] *Roßnagel*, ZD 2018, 243 (244).

doch an, dass Zusatzwissen Dritter jedenfalls nicht zu berücksichtigen ist, wenn die Identifizierung des Betroffenen gesetzlich verboten oder aufgrund eines unverhältnismäßigen Aufwands an Zeit, Kosten und Arbeitskraft praktisch nicht durchführbar ist.[72]

Der Charme einer differenzierten Betrachtung besteht darin, dass für den Verantwortlichen, der nicht über die Zuordnungsregel verfügt, kein Personenbezug vorliegt und er somit nicht die Regelungen der DSGVO beachten muss (anonymisierende Pseudonymisierung).[73] Für denjenigen, der über die Zuordnungsregel verfügt, gilt es, die Pseudonymisierung als Sicherungsmaßnahme positiv im Rahmen der Interessenabwägung zu berücksichtigen (sog. risikomindernde Pseudonymisierung; vgl. ErwG 28 DSGVO). Einschränkend wird diese risikoreduzierende Wirkung nur in dem Fall zugestanden, in dem die Zuordnungsregel von den zu verarbeitenden pseudonymisierten Daten sicher getrennt ist.[74]

bb) Gesundheitsdaten

Im vorliegenden Kontext geht es überwiegend um Gesundheitsdaten[75], welche einfachgesetzlich in Art. 4 Nr. 15 DSGVO definiert werden als

> „personenbezogene Daten, die sich auf die körperliche oder geistige Gesundheit einer natürlichen Person, einschließlich der Erbringung von Gesundheitsdienstleistungen, beziehen und aus denen Informationen über den Gesundheitszustand hervorgehen".

Dazu gehören „Informationen über den früheren, gegenwärtigen oder künftigen körperlichen oder geistigen Gesundheitszustand der betroffenen Person" (ErwG 35 DSGVO). Dabei erfahren Gesundheitsdaten, als besonders schützenswerte Datenkategorie (ErwG 10 S. 5 DSGVO spricht auch von „sensiblen Daten") einen speziellen, höheren Schutz durch Art. 9 DSGVO als „einfache" personenbezogene Daten in Art. 6 DSGVO. Der Grund liegt in dem den Daten inhärenten Risiko eines höheren Aussagegehalts und damit einer größeren Diskriminierungs- und Stigmatisierungsgefahr für die Betroffenen (z. B. beim Abschluss von Versicherungsverträgen oder in ihrem sonstigen Alltag).[76] Denn ein Missbrauch sensibler Gesundheitsdaten kann in-

---

[72] EuGH (Breyer), Urt. v. 19.10.2016, Rs. C-582/14, Rn. 46 ff. Da es gem. Art. 4 Abs. 1 DSGVO auf das Zusatzwissen des jeweiligen Verantwortlichen ankommt, muss für die Bestimmung des Personenbezugs bei pseudonymisierten Daten der gleiche Maßstab gelten: *Roßnagel*, ZD 2018, 243 (245).

[73] *Roßnagel*, ZD 2018, 243 (245).

[74] *Roßnagel*, ZD 2018, 243 (245).

[75] Der Begriff geht über den von *Spitz*, Sekundärnutzung von Behandlungsdaten für medizinische Forschungszwecke, 2024, S. 55 ff. gewählten Terminus der *Behandlungs*daten hinaus. Letztere bezeichnen nur die im Behandlungskontext erhobenen Daten, nicht aber solche, die (primär) zu Forschungszwecken erhoben werden. Dies ist der Begrenzung seiner Arbeit auf die Sekundärnutzung von Behandlungsdaten geschuldet.

[76] Kennzeichen besonderer Kategorien personenbezogener Daten sind nach ErwG 51 S. 1 DSGVO, dass sie ihrem Wesen nach besonders sensibel sind, da im Rahmen ihrer Verarbei-

tensivere Auswirkungen für die Betroffenen haben als ein Offenbaren weniger sensitiver Daten.[77] Bei Gesundheitsdaten muss ein möglichst hoher Schutz vor unrechtmäßigen Verarbeitungen oder Weitergaben von Daten an Dritte gesichert werden.[78] Solche Daten *sollten* nach Möglichkeit nur verarbeitet werden, „wenn dies für das Erreichen der Zwecke im Interesse einzelner natürlicher Personen und der Gesellschaft insgesamt erforderlich ist" (ErwG 53 S. 1 DSGVO).[79]

(1) Mittelbare Daten über den Gesundheitszustand

Auch indirekte Hinweise auf den Gesundheitszustand werden dem Schutz unterworfen.[80] Ob ein Datum einen direkten, indirekten oder keinen Bezug zu einem Gesundheitszustand aufweist, ist aus dem Verarbeitungszusammenhang im Einzelfall zu bestimmen.[81] Ein indirekter oder mittelbarer Bezug liegt bei solchen Daten vor, aus denen sich Informationen über den Gesundheitszustand erschließen lassen.[82] Damit wird der Kreis der geschützten Daten über den Schutz bloß unmittelbarer Angaben weit gezogen.[83] Ohne Schutz der mittelbaren Gesundheitsdaten würde allerdings die praktische Wirksamkeit der Regelung des Art. 9 DSGVO und der von ihr bezweckte Schutz der Grundrechte natürlicher Personen beeinträchtigt.[84] Damit schlägt der EuGH einen neuen Weg ein, indem er das Verständnis von Art. 9 DSGVO weiter als in der Literatur vermutet zieht.[85] Damit sind nicht nur unmit-

---

tung erhebliche Risiken für die Grundrechte und Grundfreiheiten auftreten können. *Schulz*, in: Gola/Heckmann, DS-GVO/BDSG, 3. Aufl. 2022, Art. 9 DSGVO Rn. 1, 3; *Arning/Rothkegel*, in: Taeger/Gabel (Hrsg.), DSGVO – BDSG – TTDSG, 4. Aufl. 2022, Art. 4 DSGVO Rn. 399, 414.

[77] *Article 29 Data Protection Working Party*, Advice paper on special categories of data („sensitive data"), 2011, S. 4.

[78] *Jaspers/Schwartmann/Mühlenbeck*, in: Schwartmann u. a. (Hrsg.), DS-GVO/BDSG, 3. Aufl. 2024, Art. 9 DSGVO Rn. 95; *Weichert*, in: Kühling/Buchner, DS-GVO/BDSG, 4. Aufl. 2024, Art. 4 Nr. 15 DSGVO Rn. 4.

[79] Die Herkunft der Daten ist irrelevant. Neben Daten aus Gesundheits- bzw. Fitness-Apps werden sämtliche Informationen über Krankheiten, Krankheitsrisiken, Behinderungen, Vorerkrankungen oder klinische Behandlungen geschützt: *Kühling/Klar/Sackmann*, Datenschutzrecht, 5. Aufl. 2025, Rn. 276; *Jaspers/Schwartmann/Mühlenbeck*, in: Schwartmann u. a. (Hrsg.), DS-GVO/BDSG, 3. Aufl. 2024, Art. 9 DSGVO Rn. 91.

[80] EuGH (OT), Urt. v. 1. 8. 2022, Rs. C-184/20, Rn. 119.

[81] *Weichert*, in: Kühling/Buchner, DS-GVO/BDSG, 4. Aufl. 2024, Art. 9 DSGVO Rn. 22. Zu sog. kontextbezogenen oder mittelbar sensiblen Daten: *Petri*, in: Simitis/Hornung/Spiecker gen. Döhmann (Hrsg.), Datenschutzrecht, 2. Aufl. 2025, Art. 9 DSGVO Rn. 11.

[82] *Borges*, RW 2023, 159 (166).

[83] *Nabulsi*, PinG 2024, 12 (14).

[84] EuGH (OT), Urt. v. 1. 8. 2022, Rs. C-184/20, Rn. 127. Zum Schutz auch indirekter Hinweise: *Mester*, in: Taeger/Gabel (Hrsg.), DSGVO – BDSG – TTDSG, 4. Aufl. 2022, Art. 9 DSGVO Rn. 6.

[85] *Matejek/Kremer*, CR 2023, 218 (218).

telbar sensible Daten solche im Sinne des Art. 9 Abs. 1 DSGVO, sondern auch mittelbare Daten, die erst durch Ableitung als sensibel eingestuft werden.[86]

Damit bleiben Fragen offen: Was ist mit Daten, die potenziell gesundheitsschädliche/-fördernde Gewohnheiten einer Person wiedergeben können? Darunter fallen Angaben, wie das regelmäßige Trinken von Alkohol am Wochenende oder das häufige Sporttreiben,[87] aber auch Angaben zu körperlichen Merkmalen, die ohne Kontext nur bei Überschreiten der Normalwerte per se als Gesundheitsdatum angesehen werden können, wie der Blutdruck oder das Gewicht.[88] Insbesondere unter Einsatz neuer Technologien wie Künstlicher Intelligenz, Machine Learning und Big Data werden die Grenzen zu den allgemeinen personenbezogenen Daten aus Art. 6 DSGVO undurchschaubar.[89]

Eine sprachliche Aufteilung sensibler Daten in zwei, aus dem Wortlaut des Art. 9 Abs. 1 DSGVO herleitbare, Kategorien hat der EuGH abgelehnt. Danach hätte man zwischen personenbezogenen Daten, „aus denen die rassische und ethnische Herkunft, politische Meinung, religiöse und weltanschauliche Überzeugung [...] *hervorgehen*[90]" sowie personenbezogenen Daten, die unmittelbar als sensibel kategorisiert werden können,[91] wie „die Verarbeitung von genetischen, biometrischen Daten zur eindeutigen Identifizierung einer natürlichen Person, Gesundheitsdaten oder Daten zum Sexualleben [...]" unterscheiden können.

Gesundheitsdaten wären als zweite Fallkategorie immer besonders schutzbedürftige Daten, während die Daten aus der ersten Gruppe erst dann den Schutz von Art. 9 DSGVO erhielten, wenn die Daten beim Empfänger oder Verantwortlichen (z. B. Name des Ehegatten) „mittels gedanklicher Kombination oder Ableitung" unter die Kategorien der ersten Fallgruppe (z. B. homosexuelle Orientierung) fallen.[92]

Die ablehnende Haltung des EuGH gegenüber einer solchen Differenzierung erscheint konsequent im Gegensatz zum Wortlaut der Datenschutzgrundverordnung. Denn in Art. 4 Nr. 15 DSGVO werden Gesundheitsdaten als solche Daten definiert, die sich auf „die körperliche oder geistige Gesundheit einer natürlichen Person [...] beziehen und aus denen Informationen über den Gesundheitszustand

[86] EuGH (OT), Urt. v. 1.8.2022, Rs. C-184/20, Rn. 120; *Matejek/Kremer*, CR 2023, 218 (220).

[87] Beispiele nach *Albers/Veit*, in: Wolff/Brink/v. Ungern-Sternberg, BeckOK DatenschutzR, 53. Aufl. v. 1.8.2025, Art. 9 DSGVO Rn. 45.

[88] *Borges*, RW 2023, 159 (170 f.).

[89] *Matejek/Kremer*, CR 2023, 218 (218).

[90] Hervorh. d. Verf.

[91] EuGH (OT), Urt. v. 1.8.2022, Rs. C-184/20, Rn. 122; *Matejek/Kremer*, CR 2023, 218 (219).

[92] EuGH (OT), Urt. v. 1.8.2022, Rs. C-184/20, Rn. 120; *Matejek/Kremer*, CR 2023, 218 (220).

hervorgehen[93]".[94] Dies würde wiederum für eine Einordnung in die erste Kategorie sprechen und zeigen, dass die Auslegung nach dem Wortlaut nicht zielführend ist. Zudem lässt sich eine spitzfindige, wortlautorientierte Differenzierung zwischen den einzelnen Arten sensibler Daten nicht mit einer kontextbezogenen Auslegung der Norm vereinbaren, da mit einem Herausnehmen indirekter sensibler Daten aus dem Schutzumfang des Art. 9 DSGVO diesem die praktische Wirksamkeit genommen und der damit bezweckte Grundrechtsschutz beeinträchtigt würde.[95]

(2) Kritik an extensiver Auslegung

Der Art. 9 Abs. 1 DSGVO erfüllt eine wichtige Funktion zum Schutz der Betroffenen und ihrer Grundrechte. Besteht aber im Einzelfall kein Risiko für die Grundrechte bzw. Grundfreiheiten, droht Art. 9 Abs. 1 DSGVO zu einer großen Erschwernis und Hürde für die Rechtsanwender zu werden.[96] Deshalb wurde das Urteil mit Blick auf die Gefahren ausufernder Anwendung des Art. 9 DSGVO kritisiert,[97] etwa bei Fotoaufnahmen von Brillenträgern oder Rollstuhlfahrern, die *mittelbar* Aufschluss über den Gesundheitszustand geben – was regelmäßig etwa zur Unzulässigkeit von Videoüberwachung führte.[98] Auch GPS-Daten könnten Aufschluss darüber geben, wie viel sich jemand tagtäglich bewegt und sich damit gesundheitsfördernd verhält.[99] Das Datenschutzrecht würde sich indes durch das Abstellen auf eine abstrakte, mittelbare Datenkategorie mit der sonst herrschenden Annahme in Widerspruch setzen, dass sich die Sensitivität des Datums erst unter Berücksichtigung des Verwendungskontextes bestimmen lässt.[100]

Teils wird daher auf eine teleologische Reduktion des Anwendungsbereichs des Art. 9 Abs. 1 DSGVO zurückgegriffen, wenn das Gesundheitsdatum „belanglos"

---

[93] Hervorh. d. Verf.

[94] Ebenso EuGH (OT), Urt. v. 1.8.2022, Rs. C-184/20, Rn. 124 mit Verweis auf die parallele Vorschrift aus ErwG 35 S. 1 DSGVO; *Matejek/Kremer*, CR 2023, 218 (220).

[95] Ebenso EuGH (OT), Urt. v. 1.8.2022, Rs. C-184/20, Rn. 123 f., 127.

[96] *Nabulsi*, PinG 2024, 12 (13).

[97] Auf Gefahren vollständiger Ausuferung hinweisend: *Arning/Rothkegel*, in: Taeger/Gabel (Hrsg.), DSGVO – BDSG – TTDSG, 4. Aufl. 2022, Art. 4 DSGVO Rn. 413.

[98] *Schneider*, EuGH zur Auslegung des Anwendungsbereichs des Art. 9 DSGVO, 2022. Für eine Einordnung als Gesundheitsdatum: *Frenzel*, in: Paal/Pauly (Hrsg.), DSGVO/BDSG, 3. Aufl. 2021, Art. 9 DSGVO Rn. 15. A. A., da es am Diskriminierungspotenzial fehle: *Arning/Rothkegel*, in: Taeger/Gabel (Hrsg.), DSGVO – BDSG – TTDSG, 4. Aufl. 2022, Art. 4 DSGVO Rn. 413.

[99] Damit werden auch Daten erfasst, die auf zukünftige mögliche Gesundheitsbeeinträchtigungen schließen lassen: *Quinn*, Life Sciences, Society and Policy 17:4, 2021, 1 (17).

[100] *Borges*, RW 2023, 159 (165); *Schulz*, in: Gola/Heckmann, DS-GVO/BDSG, 3. Aufl. 2022, Art. 9 DSGVO Rn. 13; Hinter der Kategorisierung als sensibel steht der Gedanke, dass diese Daten typischerweise besondere Risiken bergen: *Albers/Veit*, in: Wolff/Brink/v. Ungern-Sternberg, BeckOK DatenschutzR, 53. Aufl. v. 1.8.2025, Art. 9 DSGVO Rn. 19.

sei, wie das Foto eines Brillenträgers in belanglosem Zusammenhang.[101] Dies überzeugt angesichts der wachsenden technologischen Möglichkeiten mit steigenden Wahrscheinlichkeiten für das Aufspüren von Querverbindungen und Ableitungen nicht.[102] Zudem stellte schon das Bundesverfassungsgericht 1983 wegweisend fest, dass es unter den Bedingungen automatischer Datenverarbeitung kein belangloses Datum gebe.[103] Auch der Versuch einer teleologischen Auslegung dahingehend, dass der Normalzustand, also das „Gesundsein", nicht von Art. 9 Abs. 1 DSGVO umfasst wird, da in dem Fall kein erhöhtes Gefährdungspotenzial vorliegt,[104] ist zweifelhaft. Denn der Wortlaut des Art. 4 Nr. 15 DSGVO knüpft gerade an den *Gesundheits*zustand an.[105] Teils werden daher selbst abgeleitete Informationen, die mittelbar Rückschluss auf den Gesundheitszustand zulassen, als besonders schutzwürdig angesehen.[106] Teils wird eingrenzend eine objektive Eignung der Daten verlangt, aus denen die Sensitivität ersichtlich wird, um den Wortlaut des Art. 9 Abs. 1 DSGVO nicht zu überdehnen.[107] Dabei ist die Beurteilung schwierig, ab wann von einer hinreichenden (objektiven) Wahrscheinlichkeit ausgegangen werden kann und wann man sich allein im Bereich der Spekulationen und Vermutungen wiederfindet.[108]

Es gilt daher, einen Kompromiss zwischen dem Schutz ausdrücklicher Gesundheitsdaten und einem Verbot der grundsätzlichen Verarbeitung jeglicher Daten mit einem potenziellen Gesundheitsbezug zu finden.[109] Dabei bietet sich die Lösung über den Verwendungskontext an.

---

[101] *Albers/Veit*, in: Wolff/Brink/v. Ungern-Sternberg, BeckOK DatenschutzR, 53. Aufl. v. 1.8.2025, Art. 9 DSGVO Rn. 46; *Borges*, RW 2023, 159 (161) mit der Frage, was dann für Bilder von Personen ohne Brille gelte.

[102] In anderem Zusammenhang mit Hinweis auf die Gefahren des technischen Fortschritts: *Matejek/Kremer*, CR 2023, 218 (223, 226).

[103] Feststellend für die automatisierte Datenverarbeitung: BVerfGE 65, 1 (45). Einschränkend stellt das BVerfG auf die Verarbeitungs- und Verknüpfungsmöglichkeiten der Technologie ab, sodass die Nutzbarkeit und Verwendungsmöglichkeit maßgeblich sei und nicht allein auf die Art des Datums abgestellt werden könne.

[104] *Schulz*, in: Gola/Heckmann, DS-GVO/BDSG, 3. Aufl. 2022, Art. 9 DSGVO Rn. 20.

[105] Richtig gesehen von *Jaspers/Schwartmann/Mühlenbeck*, in: Schwartmann u. a. (Hrsg.), DS-GVO/BDSG, 3. Aufl. 2024, Art. 9 DSGVO Rn. 91.

[106] *Jaspers/Schwartmann/Mühlenbeck*, in: Schwartmann u. a. (Hrsg.), DS-GVO/BDSG, 3. Aufl. 2024, Art. 9 DSGVO Rn. 92.

[107] *Matejek/Kremer*, CR 2023, 218 (223).

[108] Ebenso *Matejek/Kremer*, CR 2023, 218 (223, 226).

[109] Ähnlich *Nabulsi*, PinG 2024, 12 (14).

(3) Lösung über Verwendungskontext

In der Literatur überwiegen Ansichten, wonach vorrangig der Verwendungskontext über die Einordnung als Gesundheitsdatum entscheidet.[110] Dies überzeugt, da die typischen Gefahren nicht vom Datum selbst, sondern von dessen Verarbeitung im Einzelfall ausgehen.[111] Demzufolge wurde bereits im verfassungsrechtlichen Teil festgestellt, dass weitergehende Auswertungen durch die Datenverarbeitende Stelle durch technische und organisatorische Maßnahmen unterbunden werden müssen.[112]

Es ist sachgerecht, den Verantwortlichen (hier: den Forschenden) nur die gesetzlichen Hürden für Gefahren aufzubürden, die im Rahmen ihres anvisierten Verarbeitungskontextes entstehen können. Somit kann man Daten über die Gesundheit sachgerecht einschränken, indem man einen erforderlichen Bezug zu Krankheiten fordert. Das Datum muss mit Blick auf die „dahinterstehenden Gesundheitsinformationen" ausgewertet werden.[113] So ist die ärztliche Diagnose ebenso wie ein negativer COVID-19-Test ein *Gesundheits*datum, nicht aber die fehlende Brille auf einem Portraitbild, sofern es nicht auf mangelnde Sehschwäche hin verarbeitet werden soll.[114]

Gleichwohl scheint der EuGH einer subjektiven Orientierung der Verwertungsabsicht ablehnend gegenüberzustehen und weiter eine extensive Auslegung anzustreben.[115] Nichtsdestotrotz bleiben Einschränkungen sinnvoll und notwendig. Wegen der Ablehnung subjektiver Kriterien bleibt eine Orientierung am objektiven Verwendungskontext, dem Rechtssicherheitserwägungen nicht entgegenstehen. Hiernach kann die Frage, ob ein sensibles Datum vorliegt, objektiv über den Ver-

---

[110] Etwa *Borges*, RW 2023, 159 (189 ff.). Bereits auf den Verwendungszusammenhang abstellend: BVerfGE 65, 1 (45). Wohl auch *Günay*, DuD 2023, 96 (97 f.), die eine Bewertung aller Merkmale des konkreten Falls vornehmen will.

[111] Der Verwendungskontext ist entscheidend für die Zulässigkeit der Datenverarbeitung: *Mester*, in: Taeger/Gabel (Hrsg.), DSGVO – BDSG – TTDSG, 4. Aufl. 2022, Art. 9 DSGVO Rn. 4, 6.

[112] § 3 III. 2. d) bb) (2).

[113] *Arning/Rothkegel*, in: Taeger/Gabel (Hrsg.), DSGVO – BDSG – TTDSG, 4. Aufl. 2022, Art. 4 DSGVO Rn. 414; *Gola*, in: Gola/Heckmann, DSGVO/BDSG, 3. Aufl. 2022, Art. 4 DSGVO Rn. 121.

[114] *Borges*, RW 2023, 159 (175 f.); *Arning/Rothkegel*, in: Taeger/Gabel (Hrsg.), DSGVO – BDSG – TTDSG, 4. Aufl. 2022, Art. 4 DSGVO Rn. 414.

[115] EuGH (Meta), Urt. v. 4.7.2023, Rs. 252/21, Rn. 69 f.; *Nabulsi*, PinG 2024, 12 (15). Eine erneute Chance zur Äußerung zum Gesundheitsdatum kann der EuGH mit der Vorlage des BGH, Beschl. v. 12.1.2023, Az. I ZR 223/19, GRUR 2023, 264 erhalten. Die extensive Auffassung überträgt der EuGH auf sog. Misch-Datensätze, die sowohl sensible Daten nach Art. 9 Abs. 1 DSGVO, aber auch (einfache) personenbezogene Daten nach Art. 6 DSGVO enthalten: EuGH (Meta), Urt. v. 4.7.2023, Rs. 252/21, Rn. 89. Danach muss die gesamte Verarbeitung nach Art. 9 Abs. 2 DSGVO erfolgen, wenn die Daten gerade im Hinblick auf ihren sensitiven Inhalt verwendet werden sollen: *Arning/Rothkegel*, in: Taeger/Gabel (Hrsg.), DSGVO – BDSG – TTDSG, 4. Aufl. 2022, Art. 4 DSGVO Rn. 417.

wendungszusammenhang bestimmt werden.[116] Im Rahmen medizinischer Forschung werden regelmäßig Daten erhoben, die direkt oder indirekt mit dem Gesundheitszustand der Probanden in Verbindung gebracht werden können. Gleiches gilt für medizinische Untersuchungen an Patienten. Daher wird meistens ein Gesundheitsdatum anzunehmen sein und damit Art. 9 DSGVO mit seinen gegenüber Art. 6 DSGVO strikteren Verarbeitungsvoraussetzungen greifen.[117]

cc) Genetische und biometrische Daten

Von Art. 9 Abs. 1 DSGVO werden ebenfalls genetische und biometrische Daten besonders geschützt. *Genetische* Daten werden in Art. 4 Nr. 13 DSGVO legaldefiniert. Sie enthalten regelmäßig Informationen über den Gesundheitszustand und bieten ein hohes Risikopotenzial, da sie wertvolle Informationen über den aktuellen, aber auch zukünftigen Gesundheitszustand von Betroffenen sowie von deren Verwandten liefern können.[118] Damit können genetische Daten auch Gesundheitsdaten sein, sobald sie Aussagen zur Wahrscheinlichkeit von gesundheitlichen Faktoren treffen.[119] Das genetische Diskriminierungsverbot folgt aus Art. 21 Abs. 1 GRC.[120] Im Rahmen der Behandlung werden genetische Informationen selten überprüft.[121] Hauptsächlich wird diese Art von Daten im Rahmen der Forschung an genetischen Erkrankungen relevant.[122] Der deutsche Gesetzgeber hat von der Ermächtigung in Art. 9 Abs. 4 DSGVO Gebrauch gemacht und unterwirft die Verarbeitung genetischer Daten zusätzlichen Anforderungen durch das Gendiagnostikgesetz (GenDG).[123] Der besondere Schutz genetischer Daten ergibt sich nicht zwingend aus dem Informationsgehalt, sondern ist dem Fakt geschuldet, dass diese Eigen-

---

[116] Für die objektive Auswertungsabsicht: *Arning/Rothkegel*, in: Taeger/Gabel (Hrsg.), DSGVO – BDSG – TTDSG, 4. Aufl. 2022, Art. 4 DSGVO Rn. 415.

[117] Es ist strittig, ob im Zweifelsfall Art. 9 DSGVO anwendbar sein soll. Dagegen: *Schulz*, in: Gola/Heckmann, DS-GVO/BDSG, 3. Aufl. 2022, Art. 9 DSGVO Rn. 13. Dafür spricht der verbesserte Schutz der Betroffenen sowie die Tatsache, dass Art. 6 DSGVO neben Art. 9 DSGVO regelmäßig mitverwirklicht ist.

[118] *Kühling/Klar/Sackmann*, Datenschutzrecht, 5. Aufl. 2025, Rn. 271; *Weichert*, in: Kühling/Buchner, DS-GVO/BDSG, 4. Aufl. 2024, Art. 9 DSGVO Rn. 18.

[119] *Arning/Rothkegel*, in: Taeger/Gabel (Hrsg.), DSGVO – BDSG – TTDSG, 4. Aufl. 2022, Art. 4 DSGVO Rn. 383.

[120] *Mester*, in: Taeger/Gabel (Hrsg.), DSGVO – BDSG – TTDSG, 4. Aufl. 2022, Art. 9 DSGVO Rn. 13.

[121] *Spitz*, Sekundärnutzung von Behandlungsdaten für medizinische Forschungszwecke, 2024, S. 90.

[122] *Arning/Rothkegel*, in: Taeger/Gabel (Hrsg.), DSGVO – BDSG – TTDSG, 4. Aufl. 2022, Art. 4 DSGVO Rn. 387. Streng genommen sind humane Bioproben wie Blut, Haare, Gewebe u. a. nicht selbst personenbezogene Daten, sondern lediglich die Quelle zur Herleitung genetischer oder sonstiger medizinischer Informationen über den Einzelnen: *Schiemann/Weinert*, in: Spickhoff/Handorn, Medizinisches ForschungsR-HdB, 2024, § 11 Rn. 25.

[123] *Arning/Rothkegel*, in: Taeger/Gabel (Hrsg.), DSGVO – BDSG – TTDSG, 4. Aufl. 2022, Art. 4 DSGVO Rn. 381.

schaften einer Person ein Leben lang anhaften und zudem Erkenntnisse über Verwandte offenbaren können.[124] „Datenschätze" von genetischen Daten gibt es zwar im Rahmen von privatwirtschaftlicher Ahnenforschung im Internet, die aber regelmäßig nicht die Qualitätsstandards und vor allem nicht den notwendigen Datenschutz erfüllen.[125]

Biometrische Daten werden in Art. 4 Nr. 14 DSGVO legaldefiniert. Darunter fallen Fingerabdrücke, Venen-, Iris- und Stimmerkennungen, aber auch Lichtbilder, sofern sie mittels technischer Verarbeitung zu einer eindeutigen Authentifizierung einer natürlichen Person führen können.[126] Es müssen zunächst Daten über physische, physiologische, das sind angeborene, nicht veränderbare körperliche Merkmale (u. a. Handgeometrie, das Ohr) oder verhaltenstypische Merkmale (etwa Unterschrift, Stimme) vorliegen, die mittels eines speziellen technischen Verfahrens gewonnen werden; sodann müssen diese Daten objektiv zur Identifizierung geeignet sein.[127] Diese Daten können zwar auch Informationen über den Gesundheitszustand liefern, sind aber vor allem für die Gefahr automatisierter Erkennung körperlicher Merkmale[128] und der Bildung von Persönlichkeitsprofilen relevant.[129] Angesichts dessen werden biometrische Daten in der folgenden Arbeit nur in ihrer Eigenschaft als Gesundheitsdaten betrachtet.

dd) Grundsätze der Datenverarbeitung, Art. 5 Abs. 1 DSGVO

Jegliche Datenverarbeitung ist präventiv verboten: Sofern kein Erlaubnistatbestand greift, ist die Datenverarbeitung rechtswidrig.[130] Das grundsätzliche Verarbeitungsverbot von Daten aus Art. 6 Abs. 1 DSGVO oder von besonders sensiblen Daten nach Art. 9 Abs. 1 DSGVO ergibt sich bereits aus dem Prinzip der Recht-

---

[124] *Arning/Rothkegel*, in: Taeger/Gabel (Hrsg.), DSGVO – BDSG – TTDSG, 4. Aufl. 2022, Art. 4 DSGVO Rn. 388.

[125] So nutzten Angreifer Ende 2023 ein Datenleck aus und gebrauchten die dort erbeuteten Kombinationen von Nutzernamen und Passwörtern für das Angebot von *23andMe*, einer Genanalysefirma. Daraufhin hatten sie Zugang zu Stammbaumdaten von 6,9 Millionen Menschen, darunter Daten über mit Verwandten geteilte DNA und anderen Verwandtschaftskennzeichen: Spiegel v. 5. 12. 2023, https://tinyurl.com/mtt439ue (letzter Abruf: 1. 11. 2025).

[126] *Mester*, in: Taeger/Gabel (Hrsg.), DSGVO – BDSG – TTDSG, 4. Aufl. 2022, Art. 9 DSGVO Rn. 14.

[127] *Arning/Rothkegel*, in: Taeger/Gabel (Hrsg.), DSGVO – BDSG – TTDSG, 4. Aufl. 2022, Art. 4 DSGVO Rn. 394, 396. Dazu auch *Günay*, DuD 2023, 96 (98 f.).

[128] *Kühling/Klar/Sackmann*, Datenschutzrecht, 5. Aufl. 2025, Rn. 272.

[129] *Albers/Veit*, in: Wolff/Brink/v. Ungern-Sternberg, BeckOK DatenschutzR, 53. Aufl. v. 1. 8. 2025, Art. 9 DSGVO Rn. 42; *Mester*, in: Taeger/Gabel (Hrsg.), DSGVO – BDSG – TTDSG, 4. Aufl. 2022, Art. 9 DSGVO Rn. 14.

[130] Zum strikten Verarbeitungsverbot bei sensiblen Daten u. a.: *Mester*, in: Taeger/Gabel (Hrsg.), DSGVO – BDSG – TTDSG, 4. Aufl. 2022, Art. 9 DSGVO Rn. 1, 6.

mäßigkeit nach Art. 5 Abs. 1 lit. a DSGVO, ErwG 40 DSGVO, wonach jeder Datenverarbeitungsvorgang einer Rechtsgrundlage bedarf.[131]

Für staatliches Handeln folgt dies aus dem Vorbehalt des Gesetzes (Art. 20 Abs. 3 GG). Für privates Handeln wird ein Verbot der Datenverarbeitung vielfach kritisch bewertet, da in dem Bereich grundsätzlich eine Informationserhebungsfreiheit bestehe, sodass teilweise eine Abschaffung des Verbots gefordert wird.[132] Den Mitgliedstaaten steht es indes nicht zu, das grundsätzliche Verarbeitungsverbot aufzuheben, sie können nur unter den engen Voraussetzungen des Art. 9 Abs. 4 DSGVO weitere Ausnahmebestände vorsehen.[133]

In Art. 5 DSGVO sind die bei jeder Verarbeitung personenbezogener Daten zu beachtenden, verbindlichen Datenschutzgrundsätze statuiert.[134] Nach Art. 5 Abs. 1 lit. a DSGVO muss nicht nur eine Rechtsgrundlage vorliegen. Die Verarbeitung muss vielmehr nach *Treu und Glauben*, wie der Betroffene es in redlicher Weise erwarten durfte, erfolgen.[135]

Zudem muss die Verarbeitung hinreichend transparent erfolgen. Die *Transparenz* wird unter anderem in ErwG 39 S. 3 DSGVO dahingehend präzisiert, dass die Informationen zur Datenverarbeitung leicht zugänglich sowie in verständlicher und einfacher Sprache abgefasst sind. Hintergrund dieses Prinzips ist, dass Datenschutz ohne Transparenz seine Aufgabe nicht erfüllt, da der Betroffene ohne Kenntnis etwaiger Verstöße diese nicht mehr ahnden könnte.[136] Der Grundsatz der Transparenz wird anders als das Prinzip „Treu und Glauben" nicht ausdrücklich im Primärrecht (Art. 8 Abs. 2 S. 1 GRC) genannt, ist aber dennoch nach Sinn und Zweck dem Datenschutzgrundrecht immanent.[137]

Daneben besteht das *Gebot der Datenrichtigkeit* (Art. 5 Abs. 1 lit. d DSGVO). Danach hat der Verarbeiter dafür zu sorgen, dass die Daten sachlich richtig sind und

---

[131] *Pötters*, in: Gola/Heckmann, DSGVO/BDSG, 3. Aufl. 2022, Art. 5 DSGVO Rn. 7; *Kipker*, DuD 2016, 394 (394). Kritisch zum „Verbotsprinzip" bzw. zum „Verbot mit Erlaubnisvorbehalt", da die Verarbeitung nicht erst durch die einzelfallbezogene Prüfung einer Behörde in Form eines Verwaltungsaktes erlaubt werde: *Roßnagel*, NJW 2019, 1 (5).

[132] *Pötters*, in: Gola/Heckmann, DSGVO/BDSG, 3. Aufl. 2022, Art. 5 DSGVO Rn. 8. Mit dem Hinweis, dass in einer demokratischen Gesellschaft der Datenaustausch allgemein unter Privaten erlaubt sein sollte: *Masing*, NJW 2012, 2305 (2309).

[133] *Mester*, in: Taeger/Gabel (Hrsg.), DSGVO – BDSG – TTDSG, 4. Aufl. 2022, Art. 9 DSGVO Rn. 17.

[134] Es handele sich nicht um bloße Programmsätze oder Optimierungsgebote: *Schantz*, in: Wolff/Brink/v. Ungern-Sternberg, BeckOK DatenschutzR, 53. Aufl. v. 1.8.2025, Art. 5 DSGVO Rn. 2.

[135] *Wolff*, in: Wolff/Brink/v. Ungern-Sternberg, BeckOK DatenschutzR, 53. Aufl. v. 1.8. 2025, Syst. A. Prinzipien des Datenschutzrechts Rn. 67.

[136] *Pötters*, in: Gola/Heckmann, DSGVO/BDSG, 3. Aufl. 2022, Art. 5 DSGVO Rn. 12.

[137] § 3 III. 2. d) bb) (1).

Unrichtigkeiten ggf. später korrigiert werden.[138] Daraus folgt der grundrechtliche Berichtigungsanspruch des Betroffenen,[139] der sekundärrechtlich mit der Pflicht des Verantwortlichen korrespondiert, die Daten zu aktualisieren oder zu korrigieren.

Ein weiterer bedeutsamer Grundsatz ist die *Zweckbindung* (Art. 5 Abs. 1 lit. b DSGVO), nach der personenbezogene Daten für festgelegte, eindeutige und legitime Zwecke erhoben werden müssen.[140] Daraus folgt, dass nicht erhebliche Daten auszuklammern sind (*Grundsatz der Datenminimierung* aus Art. 5 Abs. 1 lit. c DSGVO) und, sofern der Zweck erreicht ist, die Daten zu löschen sind (*Grundsatz der Speicherbegrenzung* aus Art. 5 Abs. 1 lit. e DSGVO).[141] Sowohl Zweckbindung als auch Datenminimierungs- und Speicherbegrenzungsgrundsatz lassen sich grundrechtlich herleiten.[142]

Wissenschaftliche Forschung wird dabei im Rahmen des Zweckbindungsgrundsatzes privilegiert, indem die Weiterverarbeitung zu wissenschaftlichen Forschungszwecken nicht als unvereinbar mit den ursprünglichen Datenverarbeitungszwecken angesehen wird (Art. 5 Abs. 1 lit. b S. 2 DSGVO).[143] Damit macht der Gesetzgeber von der Möglichkeit Gebrauch, die Forschung aufgrund des Gemeinwohlnutzens zu privilegieren.

Zugleich wird die Speicherbegrenzung nach Art. 5 Abs. 1 lit. e DSGVO partiell aufgehoben, denn Daten, die ausschließlich zu Forschungszwecken verarbeitet werden, dürfen „länger gespeichert werden".[144] Hintergrund ist, dass insbesondere Längsschnittstudien längere Speicherdauer und wiederholte Zuordnungen zu Probanden erfordern. Deshalb ist eine längere Speicherdauer zulässig, sofern flankierende Sicherungsschritte in Form geeigneter technischer und organisatorischer Maßnahmen getroffen werden. Daran knüpft der letzte Grundsatz an: Nach diesem müssen Daten so verarbeitet werden, dass eine angemessene Sicherheit der personenbezogenen Daten durch geeignete technische und organisatorische Maßnahmen gewährleistet wird (*Grundsatz der Integrität und Vertraulichkeit* aus Art. 5 Abs. 1

---

[138] *Wolff*, in: Wolff/Brink/v. Ungern-Sternberg, BeckOK DatenschutzR, 53. Aufl. v. 1.8. 2025, Syst. A. Prinzipien des Datenschutzrechts Rn. 71.

[139] § 3 III. 2. d) bb) (1).

[140] „Zweckbindung" i.R.d. Einwilligung § 4 I. 2. a) bb).

[141] *Pötters*, in: Gola/Heckmann, DSGVO/BDSG, 3. Aufl. 2022, Art. 5 DSGVO Rn. 16, 18. Kritisch bzgl. der Datenschutzgrundsätze mit Blick auf Big-Data-Anwendungen: *Hornung*, Erosion traditioneller Prinzipien des Datenschutzrechts durch Big Data, in: Hoffmann-Riem (Hrsg.), Big Data – Regulative Herausforderungen, 2018, S. 85 ff.; *Hoffmann-Riem*, Rechtliche Rahmenbedingungen für und regulative Herausforderungen durch Big Data, in: Hoffmann-Riem (Hrsg.), Big Data – Regulative Herausforderungen, 2018, S. 58 f.

[142] § 3 III. 2. c).

[143] Ausführlich § 4 I. 2. a) bb) (1).

[144] *Boehm/Hallinan*, Der besondere Schutz der Forschung in der Datenschutz-Grundverordnung, in: Roßnagel/Wallmann (Hrsg.), Stärkung der Forschung durch Datenschutz, 2023, S. 40; *Buchner*, DuD 2022, 555 (556).

lit. f DSGVO). Auch dieser Grundsatz ist für einen schonenden Ausgleich beider Grundrechte sinnvoll.

ee) Verantwortliche und Auftragsverarbeiter

Der „Verantwortliche" wird in Art. 4 Nr. 7 DSGVO als natürliche oder juristische Person oder andere Stelle definiert, die allein oder gemeinsam mit anderen über Zwecke und Mittel der Verarbeitung personenbezogener Daten entscheidet. Einen Beitrag als „Entscheidung" im Sinne der Nr. 7 zu qualifizieren, hängt u. a. vom Einfluss der Stelle auf die Zweckbestimmung der Datenverarbeitung und vom Grad des Eigeninteresses des Verantwortlichen ab.[145] Der Verantwortliche ist „Herr der Daten" und muss dies im weiteren Verarbeitungsverlauf bleiben, indem er festlegt, welche Daten wie lange verarbeitet werden und wer Zugang zu diesen Daten hat.[146] Die Verantwortlichkeit ergibt sich daraus, wer die Entscheidung über den legitimen Verarbeitungszweck trifft und die daraus resultierende Rechenschaftspflicht übernimmt und an die sonstigen Datenverarbeitungsgrundsätze nach Art. 5 DSGVO gebunden ist.[147]

Bei Big-Data-Anwendungen werden Fragen relevant wie: Darf der Verantwortliche Verarbeitungszwecke offen sowie flexibel festlegen, sodass auch „unerwartete Ergebnisse" zulässigerweise darunterfallen?[148] Zu den Aufgaben des Verantwortlichen zählen die fortwährende Überprüfung der Anonymisierung auf ihre Validität, die zudem der Kontrolle der Datenschutzbehörden unterliegt.[149] Bei Forschungsvorhaben mit hohen Risiken für die Rechte und Freiheiten der Betroffenen muss der Verantwortliche eine Datenschutz-Folgenabschätzung nach Art. 35 Abs. 3 lit. b DSGVO vornehmen, wobei die Vorgaben an eine Durchführung im Rahmen eines Forschungsvorhabens unklar und auf europäischer Ebene nicht standardisiert sind.[150] Die Datenschutz-Folgenabschätzung ist ein Instrumentarium des Verantwortlichen, um seine Abwägungsentscheidung transparent und nachvollziehbar darzulegen und das Risiko verlässlich einzuschätzen. Adressat der Datenschutz-

---

[145] *Arning/Rothkegel*, in: Taeger/Gabel (Hrsg.), DSGVO – BDSG – TTDSG, 4. Aufl. 2022, Art. 4 DSGVO Rn. 181 f.; *Fehling/Tormin/Wendelborn u. a.*, MedR 2023, 869 (871).

[146] *Duisberg*, in: Borges/Keil (Hrsg.), Big Data – Grundlagen, Rechtsfragen, Vertragspraxis, 2024, § 6 Big Data und Datenschutz Rn. 31.

[147] *Schiemann/Weinert*, in: Spickhoff/Handorn, Medizinisches ForschungsR-HdB, 2024, § 11 Rn. 10.

[148] *Duisberg*, in: Borges/Keil (Hrsg.), Big Data – Grundlagen, Rechtsfragen, Vertragspraxis, 2024, § 6 Big Data und Datenschutz Rn. 42, 44 f. Dafür spricht das Gebot der Technologieneutralität gem. ErwG 15 S. 1 DSGVO, was zu einer datenschutzgerechten Umsetzung von Big Data-Anwendungen führen muss.

[149] *BfDI*, Positionspapier zur Anonymisierung unter der DSGVO unter besonderer Berücksichtigung der TK-Branche, 2020, S. 4.

[150] *Boehm/Hallinan*, Der besondere Schutz der Forschung in der Datenschutz-Grundverordnung, in: Roßnagel/Wallmann (Hrsg.), Stärkung der Forschung durch Datenschutz, 2023, S. 34 f., 39.

Folgenabschätzung ist der Verantwortliche, der sich bei deren Durchführung Dienstleister bedienen darf.[151] Daneben bezieht sie den Datenschutzbeauftragten, die Aufsichtsbehörde und ggf. den Betroffenen mit ein.[152] Der Verantwortliche muss sich zur Einschätzung des Risikogrades vorab mit seiner geplanten Datenverarbeitung auseinandersetzen, wozu nach Art. 35 Abs. 1 DSGVO Art, Umfang, Umstände und Zwecke der Datenverarbeitung gehören.[153] Die Datenschutz-Folgenabschätzung dient dem Nachweis, dass die Vorgaben der DSGVO eingehalten werden; dazu gehört – auch bei geringem Risiko – die Nutzung technischer und organisatorischer Maßnahmen.[154] Neben der Datenschutz-Folgenabschätzung existieren weitere Pflichten des Verantwortlichen: Bei der Verarbeitung sensibler Daten im Sinne von Art. 9 Abs. 1 DSGVO muss der Verantwortliche ein Verzeichnis von Verarbeitungstätigkeiten führen (Art. 30 Abs. 5 DSGVO) und, sofern die Verarbeitung sensibler Daten die Haupttätigkeit darstellt, einen Datenschutzbeauftragten benennen (Art. 37 Abs. 1 lit. c DSGVO).[155]

Der „Auftragsverarbeiter" ist in Art. 4 Nr. 8 DSGVO legaldefiniert als „eine natürliche oder juristische Person, Behörde, Einrichtung oder andere Stelle, die personenbezogene Daten im Auftrag des Verantwortlichen verarbeitet". Auch der Auftragsverarbeiter ist „Verantwortlicher", sobald er über Zwecke und Mittel der Datenverarbeitung bestimmt (Art. 28 Abs. 10 DSGVO). Werden die Zwecke sowie Mittel der Datenverarbeitung gemeinsam von mehreren verantwortlichen Stellen festgelegt, so sind diese gemeinsam Verantwortliche nach Art. 26 Abs. 1 S. 1 DSGVO. Dabei wird der Auftragsverarbeiter regelmäßig weisungsgebunden im Interesse eines anderen Verantwortlichen handeln.[156]

2. „Goldstandard" Einwilligung nach der DSGVO?

Die informierte Einwilligung beruht auf dem im Datenschutzgrundrecht und dem Recht auf informationelle Selbstbestimmung fundierten Gedanken, dass Betroffene selbst über Preisgabe und Verwendung ihrer persönlichen Daten disponieren sollen.[157] Damit gilt sie als Goldstandard[158] innerhalb der Erlaubnistatbestände der

[151] *Hansen*, in: Wolff/Brink/v. Ungern-Sternberg, BeckOK DatenschutzR, 53. Aufl. v. 1.8. 2025, Art. 35 DSGVO Rn. 10 f.

[152] *Jandt*, in: Kühling/Buchner, DS-GVO/BDSG, 4. Aufl. 2024, Art. 35 DSGVO Rn. 1.

[153] *Hansen*, in: Wolff/Brink/v. Ungern-Sternberg, BeckOK DatenschutzR, 53. Aufl. v. 1.8. 2025, Art. 35 DSGVO Rn. 12.

[154] *Hansen*, in: Wolff/Brink/v. Ungern-Sternberg, BeckOK DatenschutzR, 53. Aufl. v. 1.8. 2025, Art. 35 DSGVO Rn. 13.

[155] *Mester*, in: Taeger/Gabel (Hrsg.), DSGVO – BDSG – TTDSG, 4. Aufl. 2022, Art. 9 DSGVO Rn. 5.

[156] *Duisberg*, in: Borges/Keil (Hrsg.), Big Data – Grundlagen, Rechtsfragen, Vertragspraxis, 2024, § 6 Big Data und Datenschutz Rn. 33.

[157] *Hummel/Braun/Augsberg u. a.*, Datensouveränität – Governance-Ansätze für den Gesundheitsbereich, 2021, S. 13. Dazu auch § 3 II. 5.

DSGVO. Nur die Einwilligung – so der Gedanke – vereine rechtliche und ethische Standards. Die Einwilligung sei die Kehrseite des Rechts auf informationelle Selbstbestimmung und nur sie respektiere die Entscheidungsautonomie des Einzelnen.[159] Sie sei die zentrale Erlaubnisnorm in der DSGVO – ansonsten bedürfe es komplizierter, voraussetzungsreicher anderer Erlaubnistatbestände.[160] Darüber hinaus stärke die Einwilligung das Vertrauen in die Forschung, indem sie Transparenz und Nachvollziehbarkeit für den Patienten begründe und auf spezifische Wünsche Rücksicht nehmen könne.

Der Gesetzgeber muss wegen des Wortlautes des Art. 52 Abs. 1 S. 1 GRC („gesetzlich vorgesehen") auch bei der Einwilligungslösung die Entscheidung in Form eines Gesetzes treffen. Dabei kommt ihm bei der Umsetzung eine weite Einschätzungsprärogative zu. Jedenfalls bei der Umsetzung europäischer Vorgaben in das nationale Recht muss, wegen der beim Recht auf informationelle Selbstbestimmung geltenden Wesentlichkeitslehre, ein förmliches Gesetz vorliegen, aus dem strikte Zweckbestimmungs- und Zweckbindungsvorgaben resultieren.[161]

a) Einwilligung, Art. 9 Abs. 2 lit. a DSGVO

Die „Einwilligung" wird in Art. 4 Nr. 11 DSGVO legaldefiniert als

> „jede *freiwillig* für den bestimmten Fall, in *informierter* Weise und *unmissverständlich* abgegebene Willensbekundung in Form einer Erklärung oder einer sonstigen eindeutigen bestätigenden Handlung, mit der die betroffene Person zu verstehen gibt, dass sie mit der Verarbeitung der sie betreffenden personenbezogenen Daten einverstanden ist[162]".

Die DSGVO fordert das Vorliegen einer *informierten* Einwilligung. Sie soll zentrales Element freiwilliger Teilnahmen an medizinischen Studien sein, um Risiken und Vorteile der Teilnahme korrekt abschätzen zu können.[163] Dies gilt nicht nur bei der erstmaligen Erhebung der Daten, etwa im Rahmen einer ärztlichen Untersuchung, sondern auch, sobald die Daten zu anderen als den ursprünglich geplanten Zwecken, im Rahmen der Sekundärnutzung, verarbeitet werden sollen.

---

[158] Mode- bzw. Jargonbegriff, der ein Verfahren bezeichnet, das bislang als unübertroffen gilt oder wegen der hohen Qualität zum Standard werden sollte: *Eckart*, Geschichte, Theorie und Ethik der Medizin, 9. Aufl. 2021, S. 368. Die Einwilligung als allumfassende Lösung: *Werry/Ntanas*, MMR 2024, 641 (641).

[159] Ausführlich § 3 Fn. 430.

[160] Dazu im Folgenden § 4 I. 3.

[161] *Barczak*, in: Dreier, GG, 4. Aufl. 2023, Art. 2 Abs. 1 GG Rn. 105. Überlegungen zu einer Übertragung der Wesentlichkeitslehre auf Unionsebene wegen demokratischer Defizite bei der Gesetzgebung, die nicht allein durch das Europäische Parlament erfolgt, und sich für eine doppelte Legitimation durch Rat und Parlament aussprechend: *Röder*, Der Gesetzesvorbehalt der Charta der Grundrechte der Union im Lichte einer europäischen Wesentlichkeitstheorie, 2007, S. 178 ff.

[162] Hervorh. d. Verf.

[163] *Teare/Prictor/Kaye*, EJHG 2021, 649 (650).

Für jede zweckgeänderte Datennutzung bedarf es einer erneuten informierten Einwilligung (oder einer anderen Erlaubnisnorm). Im Rahmen der Primärdatennutzung für klinische Studien werden teils noch weitere Voraussetzungen an die Einwilligung gestellt.[164] Bei der Primärnutzung ist die informierte Einwilligung unproblematisch. Denn sowohl bei Arztbesuchen als auch bei Studienteilnahmen besteht aufgrund des unmittelbaren Kontaktes zu den Betroffenen eine Möglichkeit zur Aufklärung und Einwilligungseinholung. Sollen indes nur die früher erhobenen Daten weiterverarbeitet werden, ist es wegen geringer Rücklaufquoten und mangelnder Teilnahme problematisch, individuell aufzuklären und eine Einwilligung einzuholen.[165]

Die datenschutzrechtliche Einwilligung ist nicht formgebunden und kann mündlich, elektronisch oder schriftlich abgegeben werden, wobei der für die Datenverarbeitung Verantwortliche nach Art. 7 Abs. 1 DSGVO die Einwilligung nachweisen können muss.[166] Die in der DSGVO normierten Bedingungen an eine Einwilligung sind grundsätzlich abschließend und sollen zu einer Harmonisierung zwischen den Mitgliedstaaten beitragen, wobei Abweichungen des nationalen Gesetzgebers in engem Maße möglich sind.[167] In der Bundesrepublik ergeben sich keine Unterschiede zwischen einer Einwilligung nach unionsrechtlichem und nationalem Recht.[168] Art. 9 Abs. 2 lit. a DSGVO springt gegenüber den anderen Erlaubnistatbeständen besonders hervor, als es der einzige Tatbestand ist, der keiner weiteren mitgliedstaatlichen oder unionsrechtlichen Ausgestaltung bedarf und damit weniger der „harmonisierungsschwächenden Wirkung“ ausgesetzt ist.[169]

---

[164] S. für das Procedere etwa Art. 29 VO (EU) 536/2014 über klinische Prüfungen mit Humanarzneimitteln. Diese Verordnung ist nach ErwG 161 DSGVO gegenüber der DSGVO das speziellere Gesetz.

[165] Patienten versterben oder teilen Adressänderungen nicht mit: *Raum*, in: Ehmann/Selmayr, DS-GVO, 3. Aufl. 2024, Art. 89 DSGVO Rn. 32.

[166] *Dochow*, GesR 2016, 401 (404). Auch aus den strengeren Vorgaben des Art. 9 Abs. 2 lit. a DSGVO („ausdrücklich“) gegenüber der Einwilligung nach Art. 6 Abs. 1 lit. a, Art. 7 DSGVO folgt kein Schriftformerfordernis: *Schulz*, in: Gola/Heckmann, DS-GVO/BDSG, 3. Aufl. 2022, Art. 9 DSGVO Rn. 23 f. Die materielle Beweislast liegt bei dem, der sich auf das Vorliegen der Einwilligung berufen will, ErwG 42 S. 1 DSGVO; EuGH (Orange România SA), Urt. v. 11.12.2020, Rs. C-61/19, Rn. 42; *Taeger*, in: Taeger/Gabel (Hrsg.), DSGVO – BDSG – TTDSG, 4. Aufl. 2022, Art. 7 DSGVO Rn. 5, 20; *Schiemann/Weinert*, in: Spickhoff/Handorn, Medizinisches ForschungsR-HdB, 2024, § 11 Rn. 33.

[167] *Buchner/Kühling*, in: Kühling/Buchner, DS-GVO/BDSG, 4. Aufl. 2024, Art. 7 DSGVO Rn. 71; *Taeger*, in: Taeger/Gabel (Hrsg.), DSGVO – BDSG – TTDSG, 4. Aufl. 2022, Art. 7 DSGVO Rn. 16.

[168] *Weichert*, Datenschutzrechtliche Rahmenbedingungen medizinischer Forschung – Vorgaben der EU-Datenschutz-Grundverordnung und national geltender Gesetze, 2022, S. 94.

[169] *Molnár-Gábor*, DuD 2021, 799 (802).

aa) Anforderungen an eine informierte Einwilligung

Die Einwilligung muss in „informierter Weise" (Art. 4 Nr. 11 DSGVO) abgegeben werden. Der Betroffene muss wissen, was mit seinen Daten geschieht.[170] Die Informationen müssen für den durchschnittlichen Patienten ohne juristische Vorkenntnisse verständlich sein.[171] Einzelne Informationspflichten werden in Art. 13 DSGVO weiter präzisiert. Gem. Art. 22 Abs. 2 lit. c DSGVO kann die Einwilligung des Betroffenen sogar automatisierte Entscheidungen und gem. Art. 49 Abs. 1 S. 1 DSGVO eine Drittlandübermittlung der Daten legitimieren, was wiederum eine Ausdrücklichkeit voraussetzt.[172] Ebenso müssen Freiwilligkeit, Bestimmtheit und Einwilligungsbewusstsein als zentrale Wirksamkeitsanforderungen gegeben sein.[173] ErwG 42 DSGVO fordert eine echte sowie freie Wahl und damit die Möglichkeit, die Einwilligung zu verweigern oder zurückzuziehen, ohne Nachteile beliebiger Art zu erleiden.[174] Relevanz erlangt dieses Kriterium im Rahmen faktischer Abhängigkeitsverhältnisse, beispielsweise zwischen einem schwer Erkrankten und seinem Arzt.[175]

Herbst merkt an, dass es (nur) im Rahmen der (primären) Gesundheitsbehandlung zu verzerrten, nicht freiwilligen Entscheidungen kommen könne. Diese er-

---

[170] *Schulz*, in: Gola/Heckmann, DS-GVO/BDSG, 3. Aufl. 2022, Art. 7 DSGVO Rn. 35.

[171] *Buchner/Kühling*, in: Kühling/Buchner, DS-GVO/BDSG, 4. Aufl. 2024, Art. 7 DSGVO Rn. 60.

[172] *Buchner/Kühling*, in: Kühling/Buchner, DS-GVO/BDSG, 4. Aufl. 2024, Art. 4 Nr. 11 DSGVO Rn. 2. Der Begriff der „Ausdrücklichkeit" wurde nach Ringen im Gesetzgebungsprozess nicht explizit aufgenommen, sondern es muss nach Art. 4 Nr. 11 DSGVO lediglich eine „unmissverständlich abgegebene Willensbekundung" bzw. „bestätigende Handlung" erteilt werden: *Arning/Rothkegel*, in: Taeger/Gabel (Hrsg.), DSGVO – BDSG – TTDSG, 4. Aufl. 2022, Art. 4 DSGVO Rn. 294.

[173] *Buchner/Kühling*, in: Kühling/Buchner, DS-GVO/BDSG, 4. Aufl. 2024, Art. 4 Nr. 11 DSGVO Rn. 1.

[174] *Schiemann/Weinert*, in: Spickhoff/Handorn, Medizinisches ForschungsR-HdB, 2024, § 11 Rn. 33.

[175] *Schulz*, in: Gola/Heckmann, DS-GVO/BDSG, 3. Aufl. 2022, Art. 7 DSGVO Rn. 20. In diesen Fällen muss ein „neutraler", also nicht mit der Behandlung oder dem Forschungsvorhaben betrauter Arzt die Aufklärung vornehmen und die Einwilligung einholen, um Ausübung von Zwang auf den Probanden zu verhindern. Dennoch kann dies in der Praxis Probleme bergen. Schwer Erkrankte haben im Aufklärungsgespräch kaum einen Kopf für kritische Rückfragen und selbst nach dem Hinweis, dass sie selbst keine Vorteile aus der Forschung ziehen, lassen sie sich mitunter noch von diffusen Hoffnungen, von einer späteren Behandlung zu profitieren, leiten: *Spitz*, Sekundärnutzung von Behandlungsdaten für medizinische Forschungszwecke, 2024, S. 272, der trotz struktureller Freiwilligkeitsdefizite die Einwilligung als Ermächtigungsgrundlage nicht grundsätzlich in Frage stellt. Deshalb ist die Frage des möglichen Ungleichgewichts zentrales Kriterium für die Beurteilung der Freiwilligkeit: *Buchner/Kühling*, in: Kühling/Buchner, DS-GVO/BDSG, 4. Aufl. 2024, Art. 4 Nr. 11 DSGVO Rn. 6. Deshalb werden Einwilligungen in Fällen akuten Behandlungsbedarfs nur unter bestimmten Voraussetzungen als freiwillig angesehen: a. A. *Herbst*, RphZ 2019, 271 (276).

folgten, indem Ärzte auf Patienten durch Zureden einwirken oder Betroffene die unbegründete Hoffnung hegen, selbst von der Studie zu profitieren. Diese Ansicht geht fehl. Nicht nur bei der Primärnutzung im Rahmen der ärztlichen Behandlung kann es zu Verzerrungen durch Zureden kommen. Ein solcher weicher Paternalismus kann auch bei der datenschutzrechtlichen Einwilligung für die sekundäre Nutzung bereits erhobener Daten vorkommen. Denn auch dort besteht die Gefahr, zugunsten der Einwilligungserteilung „geschubst" zu werden.[176] Dafür sprechen genutzte Begriffe wie „Datenspende" oder „Datenaltruismus", die Selbstlosigkeit und Vorbildlichkeit implizieren. Somit ist es fragwürdig, ob (auch) Einwilligungen für die Sekundärnutzung stets auf einer gänzlich freien, unbeeinflussten Entscheidung beruhen. Wird die Einwilligung im Rahmen der Gesundheitsbehandlung nicht vollkommen freiwillig abgegeben und werden diese Daten für die medizinische Forschung weitergenutzt, perpetuiert sich dieser Mangel. Neben der Freiwilligkeit ist problematisch, dass es nach dem Akt des Gebens vielfältige Erwartungen der Betroffenen an den Umgang mit den Daten geben kann.[177] Eine einmal erteilte Einwilligung kann bei einem Umdenken des Betroffenen ihre legitimierende Wirkung verlieren, zumal nicht jeder von seinem Widerspruchsrecht Gebrauch macht. Damit stellt eine Einwilligung, insbesondere bei längerfristigen Datenverarbeitungen, eine schwache Verarbeitungsgrundlage dar.

Das Einwilligungsbewusstsein richtet sich nicht nach rechtsgeschäftlichen Grundsätzen, sondern folgt aus ErwG 32 DSGVO („eindeutig") und Art. 4 Nr. 11 DSGVO („unmissverständlich"). Daraus ergibt sich, dass der Betroffene seine Einwilligung bewusst und aktiv treffen muss (opt-in).[178] Für eine Einsichtsfähigkeit bedarf es einer Einzelfallprüfung, ob ein selbstständiges und verantwortungsbewusstes Handeln möglich ist, wobei Art. 8 DSGVO die Vermutung statuiert, dass man mit Vollendung des 16. Lebensjahres einsichtsfähig ist.[179] Die ausdrückliche Erteilung der Einwilligung verlangt keine Schriftform, indes muss sich die Person über die Tragweite der Entscheidung bewusst sein, was auch über elektronische Erklärungen garantiert werden kann.[180]

---

[176] Anders *Herbst*, RphZ 2019, 271 (276).

[177] *Hummel/Braun/Augsberg u. a.*, Datensouveränität – Governance-Ansätze für den Gesundheitsbereich, 2021, S. 10.

[178] Damit scheidet die Möglichkeit einer Widerspruchslösung (opt-out) aus: *Buchner/ Kühling*, in: Kühling/Buchner, DS-GVO/BDSG, 4. Aufl. 2024, Art. 7 DSGVO Rn. 57. S. auch § 5 II. 3.

[179] *Buchner/Kühling*, in: Kühling/Buchner, DS-GVO/BDSG, 4. Aufl. 2024, Art. 7 DSGVO Rn. 67 f.

[180] *Mester*, in: Taeger/Gabel (Hrsg.), DSGVO – BDSG – TTDSG, 4. Aufl. 2022, Art. 9 DSGVO Rn. 19.

bb) Schlüsselfaktor Zweckbestimmung

Die Zweckbestimmung hängt mit der Informiertheit der Einwilligung eng zusammen. Der Betroffene muss wissen, was mit seinen Daten passiert.[181] Dies ergibt sich bereits aus Art. 8 Abs. 2 S. 1 GRC („für festgelegte Zwecke"). Art. 5 Abs. 1 lit. b DSGVO fordert eine Zweckbindung in Form einer Beschränkung der Verwendung personenbezogener Daten auf die ursprünglichen Zwecke der Datenerhebung.[182] Art. 9 Abs. 2 lit. a DSGVO konkretisiert, dass die Einwilligung für „einen oder mehrere festgelegte Zwecke" erfolgen muss. Eine pauschale Einwilligungserteilung ist damit unwirksam – denn mit manchen Verarbeitungszwecken kann und braucht der Betroffene nicht zu rechnen.[183] Ergänzt werden diese Vorgaben durch Erfordernisse der „Eindeutigkeit" und „Unmissverständlichkeit", die insbesondere sog. Opt-out-Optionen, also Widerspruchslösungen, verhindern.[184] Damit stehen nicht die Grundrechte, aber das Sekundärrecht in Form der DSGVO einem Opt-out entgegen.[185] Denn ErwG 32 S. 3 DSGVO verbietet es, neben ausdrücklichem Stillschweigen oder Untätigkeit auch standardmäßig angekreuzte Kästchen als Einwilligung zu werten. Dabei sind die Anforderungen an die Bestimmtheit umso strenger zu fassen, je stärker die Persönlichkeit des Betroffenen durch die Verarbeitung seiner Daten tangiert ist.[186] Hintergrund der Zweckbestimmung ist die Notwendigkeit der möglichst exakten Beschreibung des Zweckes, damit der Betroffene weiß, worin er einwilligt. Der Zweck dient überdies als Maßstab für die Angemessenheitsprüfung nach Art. 5 Abs. 1 lit. c DSGVO.[187] Die Einwilligung muss bei Art. 9 Abs. 2 lit. a DSGVO aktiv erfolgen, sodass stillschweigende, mutmaßliche oder schlüssige sowie konkludente Handlungen ausgeschlossen sind.[188] Es muss ein konkretisierender Verwendungszusammenhang genannt werden und es wird ein „erhöhtes Maß an Bestimmtheit und Genauigkeit" gefordert.[189]

---

[181] *Schulz*, in: Gola/Heckmann, DS-GVO/BDSG, 3. Aufl. 2022, Art. 7 DSGVO Rn. 35.

[182] *Loser/Lentzsch*, Forschungsprivilegien im neuen Datenschutzrecht, in: Richter/Mojescik (Hrsg.), Qualitative Sekundäranalysen – Daten der Sozialforschung aufbereiten und nachnutzen, 2021, S. 138.

[183] *Buchner/Kühling*, in: Kühling/Buchner, DS-GVO/BDSG, 4. Aufl. 2024, Art. 7 DSGVO Rn. 61 f.

[184] *Buchner/Kühling*, in: Kühling/Buchner, DS-GVO/BDSG, 4. Aufl. 2024, Art. 7 DSGVO Rn. 12; *Schulz*, in: Gola/Heckmann, DS-GVO/BDSG, 3. Aufl. 2022, Art. 7 DSGVO Rn. 42.

[185] A. A. *Kühling/Schildbach*, ZfDR 2024, 1 (23), wonach weder das sekundärrechtliche noch das grundrechtliche Datenschutzrecht dem Opt-out per se entgegensteht.

[186] *Buchner/Kühling*, in: Kühling/Buchner, DS-GVO/BDSG, 4. Aufl. 2024, Art. 7 DSGVO Rn. 65.

[187] *Metzger/Schweitzer/Wagner*, ZfPW 2023, 227 (261 f.).

[188] *Weichert*, in: Kühling/Buchner, DS-GVO/BDSG, 4. Aufl. 2024, Art. 9 DSGVO Rn. 47.

[189] *Weichert*, in: Kühling/Buchner, DS-GVO/BDSG, 4. Aufl. 2024, Art. 9 DSGVO Rn. 47.

(1) Forschungsprivileg: Kompatibilitätsannahme

Die wissenschaftliche Forschung wird in Art. 5 Abs. 1 lit. b S. 2 DSGVO privilegiert. Grund dieser Privilegierung ist der Gedanke aus ErwG 33 S. 1 DSGVO, wonach „der Zweck der Verarbeitung personenbezogener Daten für Zwecke der wissenschaftlichen Forschung zum Zeitpunkt der Erhebung der personenbezogenen Daten [oftmals] nicht vollständig angegeben werden“ kann. Die Formulierung des Art. 5 Abs. 1 lit. b S. 2 DSGVO, wonach eine Datenverarbeitung nach Art. 89 Abs. 1 DSGVO nicht als mit dem ursprünglichen Zweck unvereinbar gilt, impliziert gemeinsam mit ErwG 50 S. 2 DSGVO, dass keine erneute „gesonderte Rechtsgrundlage erforderlich [ist,] als diejenige für die Erhebung der personenbezogenen Daten“. Daraus könnte man schlussfolgern, dass für die Weiterverarbeitung zum Zwecke der medizinischen Forschung keine erneute Einwilligung eingeholt oder andere gesetzliche Verarbeitungsgrundlagen genutzt werden müssen, sondern die Rechtsgrundlage der ursprünglichen Datenerhebung ausreicht.[190] Demnach wäre die Weiterverwendung der Daten für Forschungszwecke, die zu einem ursprünglich anderen Zweck (hier: regelmäßig zur Gesundheitsversorgung) gewonnen wurden, bei „geeigneten Garantien“ im Sinne von Art. 89 Abs. 1 S. 1 DSGVO *ipso iure* rechtmäßig.[191] Eine Sekundärnutzung zu Forschungszwecken bedürfte damit keiner erneuten Erlaubnisnorm.

Richtigerweise besteht die Rechtsfolge aus Art. 5 Abs. 1 lit. b DSGVO jedoch einzig in dem Entfallen des Kompatibilitätstests nach Art. 6 Abs. 4 DSGVO.[192] ErwG 50 S. 2 DSGVO ist als Erwägungsgrund zwar bei der Auslegung heranzuziehen, ist aber nicht als rechtsverbindlich anzusehen, zumal er sich nicht in den Normen der DSGVO wiederfindet.[193] Für die Interpretation, nach der für jede weitere Verarbeitung grundsätzlich ein erneuter Erlaubnistatbestand aus Art. 6 Abs. 1 oder Art. 9 Abs. 2 DSGVO gegeben sein und nur die Prüfung des Art. 6 Abs. 4 DSGVO entfällt, spricht auch, dass ansonsten im Falle der Verarbeitung sensibler Daten das Schutzniveau zu unterlaufen droht, wenn eine Weiterverarbeitung allein auf Art. 6 Abs. 4 DSGVO gestützt würde.[194]

---

[190] Dafür plädierend *Golla*, in: Specht/Mantz, DatenschutzR-HdB, 2019, § 23 Rn. 56 ff. Ebenso BT-Drs. 18/11325, S. 99; *Martini/Hohmann*, NJW 2020, 3573 (3576); *Taeger*, in: Taeger/Gabel (Hrsg.), DSGVO – BDSG – TTDSG, 4 Aufl. 2022, Art. 6 DSGVO Rn. 169; BGH, NJW 2020, 536 (540) Rn. 35 f.; *Freiherr von Ulmenstein*, PinG 2020, 47 (50).

[191] Auf die Problematik hinweisend: *Datenethikkommission*, Gutachten, 2019, S. 125. So die Ansicht von *Freiherr von Ulmenstein*, PinG 2020, 47 (51).

[192] *Spitz/Cornelius*, MedR 2022, 191 (191 f.); *Herbst*, in: Kühling/Buchner, DS-GVO/ BDSG, 4. Aufl. 2024, Art. 5 DSGVO Rn. 54. Das Kriterium „um festzustellen, ob […] vereinbar ist“ in Art. 6 Abs. 4 DSGVO wird durch Art. 5 Abs. 1 lit. b DSGVO beantwortet („nicht unvereinbar“): *Bronner/Wiedemann*, ZD 2023, 77 (81); *Specht-Riemenschneider*, ZEuP 2023, 638 (653).

[193] ErwG 50 S. 2 als Redaktionsversehen: *Herbst*, in: Kühling/Buchner, DS-GVO/BDSG, 4. Aufl. 2024, Art. 5 DSGVO Rn. 48 f.

[194] *Schiff*, in: Ehmann/Selmayr, DS-GVO, 3. Aufl. 2024, Art. 9 DSGVO Rn. 11; *Specht-Riemenschneider*, ZEuP 2023, 638 (653).

Als Begründung ist der Verweis auf ErwG 51 S. 4 DSGVO, der die Verarbeitung sensibler Daten nur für die „in dieser Verordnung dargelegten besonderen Fälle“ zulässt, jedoch untauglich.[195] Aus dieser Floskel zu ziehen, dass nur Art. 9 DSGVO diese „besonderen Fälle“ regelt, ist *eine* mögliche Interpretation. Man könnte unter „besondere Fälle“ jedoch gerade auch Spezialfälle wie das Entfallen des Kompatibilitätstests nach Art. 5 Abs. 1 lit. b, Art. 6 Abs. 4 DSGVO für wissenschaftliche Forschungszwecke fassen, mit der Folge, dass gerade keine neue Erlaubnisnorm benötigt würde. Es ist eine Frage der Auslegung, was unter „Verarbeitung [...] in den in dieser Verordnung [Anm.: DSGVO] dargelegten besonderen Fällen“ zu verstehen ist, sodass es einen argumentativen Zirkelschluss darstellt, nur Art. 9 DSGVO unter die „besonderen Fälle“ des Erwägungsgrundes zu subsumieren.

Gleichwohl überzeugt die Aussage, nach der für die Weiterverarbeitung ein erneuter Erlaubnistatbestand vorliegen muss, vom Ergebnis her: Würde man den primären Erlaubnistatbestand (Einwilligung für die Behandlung der Patienten) bei gegebener Kompatibilität, die im Rahmen der medizinischen Forschung nach Art. 5 Abs. 1 lit. b DSGVO vermutet wird, als ausreichend betrachten, wäre die Sekundärnutzung der Daten für medizinische Forschungszwecke immer (bei geeigneten Garantien nach Art. 89 Abs. 1 S. 1 DSGVO) ohne weiteres möglich. Wenngleich dies eine enorme Erleichterung für die medizinische Forschung bedeuten würde, beachtet es den Schutz sensibler Daten zu wenig: So beruht bei der medizinischen Forschung zwar die Primärverarbeitung (v. a. im Rahmen ärztlicher oder klinischer Behandlung) oft auf einer Erlaubnisnorm des Art. 9 Abs. 2 DSGVO und unterliegt damit strengen Anforderungen an sensible Daten. Dies muss aber nicht zwingend der Fall sein, sodass der hohe Schutz des Art. 9 DSGVO bei Weiterverarbeitungen zu medizinischen Forschungszwecken nicht immer gegeben sein muss.

Dieser Schutz fehlt, wenn große Tech-Unternehmen Daten im Rahmen ihrer Tätigkeit auf Grundlage der Einwilligung nach Art. 6 Abs. 1 UAbs. 1 lit. a DSGVO sammeln. Dabei machen sie die Nutzung ihrer Plattform regelmäßig abhängig von einer Einwilligung, die Nutzer regelmäßig nicht lesen, und ohne die Nutzer nicht in den Genuss des Angebots kommen, sodass sowohl die Informiertheit als auch die Freiwilligkeit zweifelhaft ist. Diese Unternehmen könnten dann – sofern sie Forschende einstellen, die unabhängig, transparent und ergebnisoffen tätig werden – problemlos die gesammelten Daten im Gesundheitskontext auswerten. Dann würden aus den ursprünglich personenbezogenen Daten besonders sensible Gesundheitsdaten. Würde man nun keine erneute Erlaubnisnorm fordern, würde die Ermächtigung allein auf Grundlage des Art. 6 DSGVO beruhen, was einen unzureichenden Schutz bedeuten würde. Um Schutzlücken zu vermeiden, muss somit für jede Weiterverarbeitung eine erneute Erlaubnisnorm vorliegen.

---

[195] So aber *Schiff*, in: Ehmann/Selmayr, DS-GVO, 3. Aufl. 2024, Art. 9 DSGVO Rn. 11.

(2) Verhältnis von Art. 6 DSGVO zu Art. 9 DSGVO

Das Verhältnis von Art. 6 DSGVO zu Art. 9 DSGVO ist hochstrittig: Beide Normen können entweder in einem Exklusivitäts- bzw. Spezialitätsverhältnis zueinanderstehen oder einander ergänzen. Grundsätzlich kann davon ausgegangen werden, dass Art. 9 DSGVO spezieller gegenüber dem für sämtliche personenbezogene Daten greifenden Art. 6 Abs. 1 DSGVO ist.[196] Dennoch ist unklar, ob zusätzlich zu den Ausnahmetatbeständen des Art. 9 Abs. 2 und 3 DSGVO noch die allgemeinen Voraussetzungen des Art. 6 DSGVO zu beachten sind.[197] Richtigerweise überlagert Art. 9 DSGVO den Art. 6 DSGVO normativ, verdrängt ihn aber nicht.[198] Dies bestätigt ein Blick in ErwG 51 S. 5 DSGVO, der verlangt, dass „zusätzlich zu den speziellen Anforderungen [...] die allgemeinen Grundsätze und andere[n] Bestimmungen dieser Verordnung [...] gelten".[199] Damit wird das Bestehen der Voraussetzungen des Art. 6 DSGVO bei Vorliegen eines Erlaubnistatbestandes für die Verarbeitung von Gesundheitsdaten im Rahmen von Art. 9 Abs. 2 DSGVO indiziert. Dies gilt indes nur insoweit, als Art. 9 DSGVO tatsächlich speziellere Anforderungen enthält. Nicht verdrängt wird daher Art. 6 Abs. 4 DSGVO, zumal gerade in dessen lit. c auf Art. 9 DSGVO und die Verarbeitung besonderer Kategorien personenbezogener Daten Bezug genommen wird. Bestätigt wird dies zudem durch den Sinn der Datenverarbeitungsgrundsätze aus Art. 5 DSGVO, die bei jeder Datenverarbeitung zu berücksichtigen sind. Damit sind die Privilegierungen für wissenschaftliche Forschung aus Art. 5 Abs. 1 lit. b S. 2 DSGVO und das Entfallen des Kompatibilitätstests aus Art. 6 Abs. 4 DSGVO für die Verarbeitung von Gesundheitsdaten und damit für die medizinische Forschung relevant. Damit darf für die Zulässigkeit einer Zweckänderung bei der Verarbeitung sensitiver Daten die Zweckänderung nicht *per se* ausgeschlossen sein und ein Erlaubnistatbestand aus Art. 9 Abs. 2 DSGVO bestehen.

(3) Einwilligung als (erneute) Erlaubnisnorm

Daraus folgt, dass für die Weiternutzung bereits erhobener Daten eine (erneute) Erlaubnisnorm vorliegen muss. Es bleibt damit bei dem grundsätzlich bestehenden

[196] *Mester*, in: Taeger/Gabel (Hrsg.), DSGVO – BDSG – TTDSG, 4. Aufl. 2022, Art. 9 DSGVO Rn. 2.

[197] Zur Frage, ob es sich um eine echte *lex specialis* zu Art. 6 DSGVO handelt oder allein zusätzliche Anforderungen geschaffen werden: *Schulz*, in: Gola/Heckmann, DS-GVO/BDSG, 3. Aufl. 2022, Art. 9 DSGVO Rn. 5.

[198] *Albers/Veit*, in: Wolff/Brink/v. Ungern-Sternberg, BeckOK DatenschutzR, 53. Aufl. v. 1.8.2025, Art. 9 DSGVO Rn. 11; *Weichert*, in: Kühling/Buchner, DS-GVO/BDSG, 4. Aufl. 2024, Art. 9 DSGVO Rn. 4.

[199] Ebenso *Albers/Veit*, in: Wolff/Brink/v. Ungern-Sternberg, BeckOK DatenschutzR, 53. Aufl. v. 1.8.2025, Art. 9 DSGVO Rn. 11.

Datenverarbeitungsverbot von (Gesundheits-)Daten aus Art. 9 Abs. 1 DSGVO[200], sofern nicht die Voraussetzungen eines Erlaubnistatbestandes aus Art. 9 Abs. 2 DSGVO vorliegen. Dabei wird wiederum die Einwilligung als Art alleiniger Idealfall und als Kehrseite der informationellen Selbstbestimmung angesehen.[201] Denn nur mit einer Einwilligung könne – so eine häufig anzutreffende Ansicht – der Betroffene autonom bestimmen, was gemäß seinen Werten und Präferenzen mit seinen Daten geschieht, und sei damit die vorzugswürdige Erlaubnisnorm.[202]

b) Vertretungsmöglichkeiten

Die Grundrechte lassen eine Vertretung bei der Einwilligung in das Datenschutzgrundrecht zu.[203] Einfachrechtlich wird diese Option weder ausdrücklich bejaht noch verneint. Art. 4 Nr. 11 DSGVO spricht von „Einwilligung der betroffenen Person" und könnte somit implizit fordern, dass die Einwilligung nur von dem Betroffenen erteilt werden könnte. Dagegen lässt sich systematisch die Möglichkeit der Vertretung Minderjähriger bei der Einwilligungserteilung durch die Eltern in Art. 8 Abs. 1 UAbs. 1 S. 2 DSGVO anführen.[204] Dennoch wird teils auf die Höchstpersönlichkeit der Einwilligung beharrt, da Art. 4 Nr. 11 DSGVO ausdrücklich von dem *Betroffenen* eine Einwilligung verlangt und Besonderheiten wie für Minderjährige in Art. 8 DSGVO eine seltene Ausnahme bildeten.[205] Dies wird teleologisch damit begründet, dass die Willensbildung zur Einwilligung erst nach detaillierter, aussagekräftiger Information über Umfang sowie Zweck der Datenverarbeitung gebildet werden kann.[206] Dies bedeutet aber nicht, dass eine Vertretung *per se* ausscheidet. Vielmehr kann im Gleichklang mit den Grundrechten festgehalten werden, dass eine Vertretung unter engen Voraussetzungen möglich ist. Das Selbstbestimmungsrecht sowie die Datensouveränität erlauben es, eine Einwilli-

---

[200] Für personenbezogene Daten, die keiner der besonders sensitiven Kategorien des Art. 9 Abs. 1 DSGVO unterfallen, gilt ebenfalls ein grundsätzliches Verarbeitungsverbot nach Art. 6 Abs. 1 DSGVO, das aber weniger streng ist.

[201] Dazu ausführlich § 3 Fn. 430.

[202] So etwa *Quinn*, Life Sciences, Society and Policy 17:4, 2021, 1 (18).

[203] § 3 II. 5. a) aa).

[204] Bei einem nichteinwilligungsfähigen Betreuten darf der Betreuer selbst die Einwilligung abgeben, dazu AG Gießen, Beschl. v. 16.7.2018, Az. 230 XVII 381/17 G, ZD 2018, 592. Der BGH ließ die Frage der isolierten Ermächtigung des Betreuers zur Erteilung der datenschutzrechtlichen Einwilligung offen: BGH, Beschl. v. 20.11.2019, Az. XII ZB 501/18, NJOZ 2020, 290 (291) Rn. 7. Anders sieht es das AG Altötting, Beschl. v. 4.6.2018, Az. XVII 0266/05, ZD 2018, 539, wonach sich der Betreuer als Vertreter des Betreuten auch auf die gesetzlichen Erlaubnisnormen für die Verarbeitung stützen darf. Denn der Betreuer kommt im zugrunde liegenden Fall mit der Datenverarbeitung seiner rechtlichen Verpflichtung (Art. 6 Abs. 1 UAbs. 1 lit. c DSGVO) aus dem Betreuungsrecht nach.

[205] Stellvertretung ablehnend: *Taeger*, in: Taeger/Gabel (Hrsg.), DSGVO – BDSG – TTDSG, 4. Aufl. 2022, Art. 7 DSGVO Rn. 15.

[206] *Taeger*, in: Taeger/Gabel (Hrsg.), DSGVO – BDSG – TTDSG, 4. Aufl. 2022, Art. 7 DSGVO Rn. 15.

gung in die Datenverarbeitung nicht höchstpersönlich, sondern unter Einschaltung eines Vertreters zu erteilen.[207] Eine Generalvollmacht scheidet aus, die Einwilligung muss zweckgebunden für einen festgelegten Sachverhalt erfolgen und der Betroffene muss über die Ausübung der Vertretung informiert werden, um jederzeit von seinem Widerrufsrecht Gebrauch zu machen.[208]

3. Gleichwertige Erlaubnistatbestände neben der Einwilligung

Obgleich die Einwilligung als erster Ausnahmetatbestand in Art. 9 Abs. 2 DSGVO angeführt wird, steht diese Rechtfertigung der Datenverarbeitung gleichrangig neben den anderen gesetzlichen Erlaubnisnormen.[209] Relevanz entfalten können für Datenverarbeitungen der medizinischen Forschung vorwiegend die Buchstaben lit. h-j. Diese Ausnahmetatbestände erlauben den Mitgliedstaaten sowie der Union bei der Umsetzung, Gestaltungsspielräume zu nutzen, und relativieren den Verordnungscharakter mit seiner Harmonisierungskraft.[210]

a) Art. 9 Abs. 2 lit. g DSGVO

Für diese Norm bedarf es einer Datenverarbeitung „aus Gründen eines erheblichen öffentlichen Interesses“. Sie stellt selbst keinen Erlaubnistatbestand, sondern eine Öffnungsklausel dar, welche Union oder Mitgliedstaaten konkretisieren müssen.[211] Während vorrangig die öffentliche Sicherheit bzw. Gefahrenabwehr betroffen ist,[212] liegt auch die medizinische Forschung in einem erheblichen öffentlichen Interesse. Aus diesem Grund könnte man die medizinische Forschung mittels ausgedehnter Wortlautauslegung als von Art. 9 Abs. 2 lit. g DSGVO umfasst ansehen. Zugleich soll nicht jedes medizinische Forschungsvorhaben diesen besonderen Vertrauensvorschuss nutzen dürfen. So gibt es Forschungsvorhaben, die auf rein kosmetische, nicht medizinisch indizierte Eingriffe zielen und damit nicht unbedingt das Prädikat einer für die Gesellschaft besonders wertvollen Forschung erhalten müssen. Außerdem wird die wissenschaftliche Forschung in lit. j ausdrücklich benannt, sodass davon auszugehen ist, dass letztere die speziellere und damit vorrangige Norm ist.

---

[207] *Buchner/Kühling*, in: Kühling/Buchner, DS-GVO/BDSG, 4. Aufl. 2024, Art. 7 DSGVO Rn. 31.

[208] § 3 II. 5. a) aa).

[209] *Arning/Rothkegel*, in: Taeger/Gabel (Hrsg.), DSGVO – BDSG – TTDSG, 4. Aufl. 2022, Art. 4 DSGVO Rn. 291.

[210] *Kühling/Raab*, in: Kühling/Buchner, DS-GVO/BDSG, 4. Aufl. 2024, Einführung Rn. 2.

[211] *Schulz*, in: Gola/Heckmann, DS-GVO/BDSG, 3. Aufl. 2022, Art. 9 DSGVO Rn. 37; *Mester*, in: Taeger/Gabel (Hrsg.), DSGVO – BDSG – TTDSG, 4. Aufl. 2022, Art. 9 DSGVO Rn. 28.

[212] Dafür plädierend *Mester*, in: Taeger/Gabel (Hrsg.), DSGVO – BDSG – TTDSG, 4. Aufl. 2022, Art. 9 DSGVO Rn. 28.

b) Art. 9 Abs. 2 lit. h, Abs. 3 DSGVO

Art. 9 Abs. 2 lit. h DSGVO benennt Ausnahmen vom Verarbeitungsverbot von Gesundheitsdaten zum Zwecke der „Gesundheitsvorsorge“. Die Norm ist im Zusammenhang mit Art. 9 Abs. 3 DSGVO zu lesen, wonach sensible Daten nur von Fachpersonal verarbeitet werden dürfen, die als „geeignete Garantie“ einem Berufsgeheimnis unterliegen.[213] Dafür, dass lit. h keine taugliche Grundlage für Datenverarbeitungen im Rahmen medizinischer Forschung darstellt,[214] spricht das Ziel der Norm, die den individuellen Interessen an einer funktionierenden Gesundheitsversorgung Rechnung tragen soll und die vor allem im Hinblick auf die einzelne betroffene Person eine Verarbeitung legitimieren kann.[215] Die medizinische Forschung besteht vorrangig im Allgemeininteresse und dient individuellen Interessen nur als reflexhafter Nebeneffekt. Zwar muss die Datenverarbeitung nach ErwG 53 S. 1 DSGVO nicht nur im Interesse des Einzelnen, sondern auch im Interesse der Gesellschaft an einer hinreichenden Gesundheitsvorsorge erforderlich sein.[216] Indes soll mit der Ausnahme hauptsächlich die infrastrukturelle Seite des Gesundheitswesens mit den erforderlichen Verwaltungstätigkeiten umfasst werden, ebenso wie die Datenverarbeitungen durch Abrechnungsstellen oder Apotheken.[217] Damit ist diese Norm nicht als Datenverarbeitungsgrundlage für medizinische Forschungszwecke prädestiniert.

c) Art. 9 Abs. 2 lit. i DSGVO

Nach lit. i muss die Verarbeitung „aus Gründen des öffentlichen Interesses im Bereich der öffentlichen Gesundheit“ erfolgen. Während lit. g sich auf allgemeine öffentliche Interessen bezieht, erfasst lit. i gerade spezifische Gesundheitsinteressen und ist damit *lex specialis.*[218] Dabei soll „öffentliche Gesundheit“ nach ErwG 54 S. 2 DSGVO wie in der VO (EG) Nr. 1338/2008 zu Gesundheitsschutz und Sicherheit am Arbeitsplatz verstanden werden und

---

[213] *Albers/Veit*, in: Wolff/Brink/v. Ungern-Sternberg, BeckOK DatenschutzR, 53. Aufl. v. 1.8.2025, Art. 9 DSGVO Rn. 93; *Mester*, in: Taeger/Gabel (Hrsg.), DSGVO – BDSG – TTDSG, 4. Aufl. 2022, Art. 9 DSGVO Rn. 3.

[214] *Weichert*, in: Kühling/Buchner, DS-GVO/BDSG, 4. Aufl. 2024, Art. 9 DSGVO Rn. 93. Insoweit widersprüchlich, dass *Weichert* sodann in Rn. 130 für Forschungszwecke den Rückgriff zusätzlich auf lit. h und i zulassen will.

[215] *Albers/Veit*, in: Wolff/Brink/v. Ungern-Sternberg, BeckOK DatenschutzR, 53. Aufl. v. 1.8.2025, Art. 9 DSGVO Rn. 91; *Schulz*, in: Gola/Heckmann, DS-GVO/BDSG, 3. Aufl. 2022, Art. 9 DSGVO Rn. 43.

[216] *Mester*, in: Taeger/Gabel (Hrsg.), DSGVO – BDSG – TTDSG, 4. Aufl. 2022, Art. 9 DSGVO Rn. 31.

[217] *Mester*, in: Taeger/Gabel (Hrsg.), DSGVO – BDSG – TTDSG, 4. Aufl. 2022, Art. 9 DSGVO Rn. 29, 32.

[218] *Albers/Veit*, in: Wolff/Brink/v. Ungern-Sternberg, BeckOK DatenschutzR, 53. Aufl. v. 1.8.2025, Art. 9 DSGVO Rn. 95.

„alle Elemente im Zusammenhang mit der Gesundheit wie den Gesundheitszustand einschließlich Morbidität und Behinderung, die sich auf diesen Gesundheitszustand auswirkenden Determinanten, den Bedarf an Gesundheitsversorgung, die der Gesundheitsversorgung zugewiesenen Mittel, die Bereitstellung von Gesundheitsversorgungsleistungen und den allgemeinen Zugang zu diesen Leistungen sowie die entsprechenden Ausgaben und die Finanzierung und schließlich die Ursachen der Mortalität einschließen."

Die medizinische Forschung wird in dieser Definition nicht eigens genannt. Jedoch erwähnen ErwG 52 und 53 DSGVO die „im öffentlichen Interesse liegende[n] wissenschaftliche[n] Forschungszwecke" (ErwG 53 S. 1 DSGVO). Dem Wortlaut nach könnte die medizinische Forschung umfasst sein. Nach Sinn und Zweck könnte man insbesondere die Epidemiologie als Ursachenforschung für in bestimmten Bevölkerungsgruppen auftretenden Krankheiten unter den Tatbestand subsumieren, da diese präventiv der „öffentlichen Gesundheit" dient. Lit. i kommt zudem im Rahmen von klinischen Studien, die auf die „Gewährleistung hoher Qualitäts- und Sicherheitsstandards bei der Gesundheitsversorgung und bei Arzneimitteln und Medizinprodukten" abzielen, in Betracht.[219] In der Regelung ist jedoch keine Privilegierung und Berücksichtigung der Gewichtigkeit der Forschungsfreiheit zu erblicken. Vielmehr soll die Vorschrift der Gefahrenabwehr bzw. Risikovorsorge dienen.[220] Damit stellt sie keinen optimalen Ausgleich von Forschungsfreiheit und Datenschutzgrundrecht her.

d) Art. 9 Abs. 2 lit. j, Art. 89 DSGVO

In Art. 9 Abs. 2 lit. j DSGVO wird ausdrücklich auf die „wissenschaftliche Forschung" Bezug genommen. Die Norm soll eine Privilegierung der Forschung aufgrund der Gewichtigkeit der Forschungsfreiheit (Art. 13 GRC) – auch für die gesamte Gesellschaft – darstellen.[221] Forschung ist vor dem Hintergrund des in Art. 179 Abs. 1 AEUV formulierten Ziels der Etablierung eines europäischen Forschungsraums weit zu verstehen und umfasst auch privat finanzierte Forschung.[222] Die Öffnungsklausel enthält damit keine institutionellen oder personellen Einschränkungen, sodass die Datenverarbeitung nicht auf öffentliche Stellen oder sol-

[219] Ebenso *Gerst/Zier/Ahmed*, MedR 2023, 275 (280).

[220] *Albers/Veit*, in: Wolff/Brink/v. Ungern-Sternberg, BeckOK DatenschutzR, 53. Aufl. v. 1.8.2025, Art. 9 DSGVO Rn. 91.

[221] *Weichert*, in: Kühling/Buchner, DS-GVO/BDSG, 4. Aufl. 2024, Art. 9 DSGVO Rn. 126. Art. 9 Abs. 2 lit. j DSGVO als Reaktion auf den hohen Rang der Forschung: *Albers/Veit*, in: Wolff/Brink/v. Ungern-Sternberg, BeckOK DatenschutzR, 53. Aufl. v. 1.8.2025, Art. 9 DSGVO Rn. 99. Art. 9 Abs. 2 lit. j i. V. m. Art. 89 DSGVO als „das datenschutzrechtliche Forschungsprivileg": *Werry/Ntanas*, MMR 2024, 641 (641), was indes die weiteren Forschungsprivilegien wie die Kompatibilitätsannahme verkennt.

[222] ErwG 159 S. 2 DSGVO.

che, die im öffentlichen Interesse handeln, beschränkt ist.[223] Aufgrund der Bezugnahme auf die Forschungsfreiheit müssen die dort herausgearbeiteten Kriterien zur Begrenzung und Abgrenzung zu anderen Grundrechten herangezogen werden.[224] Sie selbst ist eine Öffnungsklausel, d. h. sie kann Grundlage für eine Verarbeitung sensibler Daten auf gesetzlicher, nationaler Grundlage sein.[225] Die Norm ist *lex specialis* gegenüber Art. 9 Abs. 2 lit. g DSGVO.[226] Geht es um die Datenverarbeitung durch Forschende, die zugleich (etwa in einem Universitätsklinikum) zum Zwecke der Versorgungsforschung tätig werden, ist lit. j auch gegenüber lit. h vorrangig heranzuziehen.[227] Lit. j ist im Rahmen der (medizinischen) Forschung auch gegenüber lit. i vorrangig, denn nach ErwG 159 S. 3 DSGVO sollen wissenschaftliche Forschungszwecke gerade auch Studien umfassen, die im öffentlichen Interesse im Bereich der öffentlichen Gesundheit durchgeführt werden.

Damit ist Art. 9 Abs. 2 lit. j DSGVO die passende Öffnungsklausel. Obgleich sich das Attribut „im öffentlichen Interesse liegend" in lit. j nur vor den Archivzwecken befindet, bezieht sich diese Voraussetzung auch auf die wissenschaftlichen Forschungszwecke und die anderen Varianten.[228] Damit muss für eine Einbeziehung in die Privilegierung, die wissenschaftliche Forschung im öffentlichen Interesse liegen. Für eine Einbeziehung privat finanzierter Forschung unter den Begriff „wissenschaftliche Forschung" spricht ErwG 159 S. 2 DSGVO, der diese ebenso wie Studien, die im öffentlichen Interesse im Bereich öffentlicher Gesundheit durchgeführt werden, mitumfasst. Dennoch sollte im Rahmen einer grundrechtskonformen Auslegung nicht jegliche private Forschung privilegiert werden, sondern

---

[223] *Böning/Riechert*, Der europäische Gesundheitsdatenraum: Ein Paradigmenwechsel in der Verarbeitung von Gesundheitsdaten?, in: Augsberg/Düwell/Müller (Hrsg.), Datenzugangsregeln – Zwischen Freigabe und Kontrolle, 2024, S. 240.

[224] Auch insofern mag die Differenzierung von *Weichert*, in: Kühling/Buchner, DS-GVO/BDSG, 4. Aufl. 2024, Art. 9 DSGVO Rn. 130 nicht überzeugen, da privat finanzierte Forschung vollumfänglich von der DSGVO bei „wissenschaftlicher Forschung" mitgemeint ist und nur Art. 9 Abs. 2 lit. h, i DSGVO dies über Kriterien des „öffentlichen Interesses" (ErwG 53, 159 DSGVO) und zu „gesundheitsbezogenen Zwecken" (ErwG 53 DSGVO) eingrenzt, damit kommerzielle Forschung – sofern sie sich auf die Wissenschaftsfreiheit berufen kann – nicht mitumfasst wird. Bei Art. 9 Abs. 2 lit. j DSGVO wird wegen des direkten Rückgriffs auf die Forschungsfreiheit keine begrenzende Bezugnahme auf Erwägungsgründe notwendig. Damit bleibt: Rein kommerzielle Forschung, die nicht unabhängig, ergebnisoffen und transparent erfolgt, darf die Privilegierung des Art. 9 Abs. 2 nicht beanspruchen.

[225] *Weichert*, in: Kühling/Buchner, DS-GVO/BDSG, 4. Aufl. 2024, Art. 9 DSGVO Rn. 126.

[226] *Albers/Veit*, in: Wolff/Brink/v. Ungern-Sternberg, BeckOK DatenschutzR, 53. Aufl. v. 1.8.2025, Art. 9 DSGVO Rn. 99.

[227] *Kühling/Schildbach*, NZS 2020, 41 (45).

[228] *Schiff*, in: Ehmann/Selmayr, DS-GVO, 3. Aufl. 2024, Art. 9 DSGVO Rn. 63; *Mester*, in: Taeger/Gabel (Hrsg.), DSGVO – BDSG – TTDSG, 4. Aufl. 2022, Art. 9 DSGVO Rn. 35; a.A. *Martini/Hohmann*, NJW 2020, 3573 (3576); *Buchner/Tinnefeld*, in: Kühling/Buchner, DS-GVO/BDSG, 4. Aufl. 2024, Art. 89 DSGVO Rn. 12 f.; *Dix*, in: Simitis/Hornung/Spiecker gen. Döhmann (Hrsg.), Datenschutzrecht, 2. Aufl. 2025, Art. 17 DSGVO Rn. 44.

nur die grundrechtlich besonders geschützte. Damit ist auf den weiten unionsrechtlichen Forschungsbegriff zurückzugreifen. Danach ist die private, pharmazeutische Forschung geschützt, wenn zugleich die Kriterien der Unabhängigkeit der Forschenden sowie die Transparenz und Offenheit der Forschungsergebnisse vorliegen.[229] Anderenfalls bleibt der Schutz über alternative Grundrechte, beispielsweise die Berufsfreiheit.[230]

Die Norm des Art. 9 Abs. 2 lit. j DSGVO stellt als Öffnungsklausel weitergehende materielle Anforderungen an die unionrechtlichen oder nationalen Ausnahmetatbestände: Der Ausnahmetatbestand muss „in angemessenem Verhältnis zu dem verfolgten Ziel steh[en], den Wesensgehalt des Rechts auf Datenschutz wahr[en] und angemessene und spezifische Maßnahmen zur Wahrung der Grundrechte und Interessen" der Betroffenen vorsehen (Art. 9 Abs. 2 lit. j DSGVO).

Art. 89 Abs. 1 DSGVO spezifiziert die Anforderungen an die Maßnahmen zur Wahrung der Betroffenenrechte dahingehend, dass technische und organisatorische Maßnahmen ergriffen werden müssen.[231] Damit sind Ausnahmen von den Betroffenenrechten wie dem Auskunftsrecht (Art. 15 DSGVO), dem Recht auf Berichtigung (Art. 16 DSGVO), dem Recht auf Einschränkung der Verarbeitung (Art. 18 DSGVO), der Mitteilungspflicht im Kontext der Berichtigung oder Löschung personenbezogener Daten oder der Einschränkung der Verarbeitung (Art. 19 DSGVO), dem Recht auf Datenübertragbarkeit (Art. 20 DSGVO) und dem Widerspruchsrecht (Art. 21 DSGVO) möglich, vgl. Art. 89 Abs. 3 DSGVO. Die anderen Betroffenenrechte, die nicht in Art. 89 DSGVO genannt werden, sehen selbst Ausnahmen wie Art. 14 Abs. 5 lit. b oder Art. 17 Abs. 3 lit. d DGSVO vor, die dabei helfen sollen, adäquate Privilegierungen für die Forschung zu statuieren und so die Grundrechtskollision zwischen Forschungsfreiheit und Datenschutzgrundrecht aufzulösen.[232]

Dies ist angesichts der Schwierigkeiten und Grenzen, der die Betroffenenrechte in praktischer Hinsicht unterliegen, sachgerecht.[233] Denn es wäre mit dem Datenminimierungsgrundsatz nicht vereinbar, dass Betroffenenrechte in jedem Fall durchgesetzt werden müssten, in deren Konsequenz stets eine Re-Identifikation zur erneuten Kontaktierung erfolgen müsste und so identifizierende Merkmale dauer-

---

[229] Zur grundrechtlichen Definition von Forschung und Wissenschaft, wie sie in Art. 13 GRC zu verstehen ist § 3 I. 2. b).

[230] Damit ist das grenzen- und konturenlose Verständnis der „wissenschaftlichen Forschung" unabhängig von Erkenntnisinteressen, Gegenständen oder Methoden zu weit. A. A. *Albers/Veit*, in: Wolff/Brink/v. Ungern-Sternberg, BeckOK DatenschutzR, 53. Aufl. v. 1.8. 2025, Art. 9 DSGVO Rn. 101.

[231] *Louven*, in: Taeger/Gabel (Hrsg.), DSGVO – BDSG – TTDSG, 4. Aufl. 2022, Art. 89 DSGVO Rn. 10.

[232] *Buchner*, DuD 2022, 555 (556).

[233] Kritisch hinsichtlich der fehlenden Stärkung des Vertrauens der Betroffenen durch Einschränkung der Betroffenenrechte: *Federrath*, Datenschutzwahrende Methoden der Forschungsdatenverarbeitung, in: Roßnagel/Wallmann (Hrsg.), Stärkung der Forschung durch Datenschutz, 2023, S. 87.

haft zu speichern wären.[234] Gleichwohl bietet Art. 89 DSGVO keinen eigenständigen Erlaubnistatbestand für die Datenverarbeitung.[235]

e) Art. 9 Abs. 4 DSGVO

Für die Verarbeitung von genetischen, biometrischen oder Gesundheitsdaten sieht Art. 9 Abs. 4 DSGVO für die einzelnen Mitgliedstaaten die Möglichkeit abweichender Gesetze vor. ErwG 10 S. 4 DSGVO ergänzt, dass die DSGVO den Mitgliedstaaten Spielraum für eine Konkretisierung („Spezifizierung") ihrer Vorschriften bietet. Aus dem Wortlaut wird nicht deutlich, ob nur „zusätzliche Bedingungen, einschließlich Beschränkungen" (Art. 9 Abs. 4 DSGVO) oder auch extensivere, weniger strenge Maßnahmen getroffen werden können. Nach Sinn und Zweck mit Verweis auf die Gefahren einer Behinderung des freien Datenverkehrs, geht ErwG 53 nur von weiteren Beschränkungen aus.[236] Der Wortlaut der Norm nennt die Beschränkungen nur beispielsweise („einschließlich"), sodass unter „zusätzliche Bedingungen" nicht nur strengere Anforderungen, sondern auch eine „genauere Bestimmung der Voraussetzungen" (ErwG 10 S. 5 DSGVO) zu verstehen ist.[237]

4. Unionsrechtliche Entwicklung: Vom Datenschutz- zum Datenrecht

Nachdem in den letzten Jahrzehnten der Datenschutz im Vordergrund stand, rücken nunmehr Legislativvorhaben mit dem Ziel einer verbesserten Nutzung von Daten in den Mittelpunkt. Darunter befinden sich Vorhaben wie der Data-Governance-Act (DGA) oder die Verordnung über den Europäischen Gesundheitsdatenraum (EHDS-VO).[238] Hintergrund dieser neuen Entwicklung ist, dass neben dem bestehenden Datenschutzrecht, welches das Grundrecht nicht nur gegenüber dem Staat, sondern auch gegenüber Privaten betont, ein neuer Fokus auf ein marktorientiertes Datenprivatrecht gelegt wird, das Daten besser nutzbar machen möchte.[239] Daneben existieren weitere Gesetze wie der Digital Service Act (DSA)[240] und der

---

[234] *Federrath*, Datenschutzwahrende Methoden der Forschungsdatenverarbeitung, in: Roßnagel/Wallmann (Hrsg.), Stärkung der Forschung durch Datenschutz, 2023, S. 87.

[235] *Louven*, in: Taeger/Gabel (Hrsg.), DSGVO – BDSG – TTDSG, 4. Aufl. 2022, Art. 89 DSGVO Rn. 1, 10.

[236] *Dochow*, GesR 2016, 401 (407).

[237] *Dochow*, GesR 2016, 401 (407).

[238] *Roos/Maddaloni*, RDi 2023, 225 (225).

[239] *Metzger/Schweitzer/Wagner*, ZfPW 2023, 227 (228).

[240] Zweck des Gesetzes ist nach Art. 1 Abs. 1 DSA einen Beitrag zum reibungslosen Funktionieren des Binnenmarktes für Vermittlungsdienste (legaldefiniert in Art. 3 lit. g DSA) zu leisten. Solche Dienste sind vorliegend nicht relevant und werden bei der Betrachtung daher ausgeklammert.

geplante Data Act (DA), die in schnellem Tempo verabschiedet werden.[241] Diese Entwicklung hin zu einem allgemeinen Datenrecht soll eine größere Wertschöpfung der Daten erlauben und „Datensilos" vordergründig bei Tech-Giganten aufbrechen.[242] Dies trägt dem Vergleich Rechnung, dass Daten das „Öl" des 21. Jahrhunderts sind, da ihnen ein hoher wirtschaftlicher Wert immanent sei – wenngleich Daten anders als Öl beliebig häufig replizierbar sind und jeden Tag exponentiell anwachsen.[243]

a) Datenaltruismus des Data-Governance-Acts (DGA)

Der Daten-Governance-Rechtsakt (DGA) enthält drei große Regelungsbereiche: Neben der Normierung der Weiterverwendung von Daten im Besitz öffentlicher Stellen (Art. 3–9 DGA) regelt er die Erbringung und Nutzung von Datenvermittlungsdiensten (Art. 10–15 DGA) und schließlich den Datenaltruismus (Art. 16–25 DGA), auf den ein besonderes Augenmerk gerichtet werden soll.

Datenaltruismus meint eine freiwillige Bereitstellung personenbezogener Daten zugunsten der Allgemeinheit.[244] Konkreter wird „Datenaltruismus" in Art. 2 Nr. 16 DGA verstanden als

> „die freiwillige gemeinsame Nutzung von Daten auf der Grundlage der Einwilligung betroffener Personen zur Verarbeitung der sie betreffenden personenbezogenen Daten oder einer Erlaubnis anderer Dateninhaber zur Nutzung ihrer nicht personenbezogenen Daten, ohne hierfür ein Entgelt zu fordern oder zu erhalten, das über eine Entschädigung für die ihnen durch die Bereitstellung ihrer Daten entstandenen Kosten hinausgeht, für Ziele von allgemeinem Interesse gemäß dem nationalen Recht, wie [...] die wissenschaftliche Forschung im allgemeinen Interesse".

Gesundheitsdaten sind dabei ein besonders anschauliches Beispiel für einen gesellschaftlichen Mehrwert von Datenspenden. Durch das freiwillige Teilen der Daten und deren gemeinsame Nutzung sollen die hinter den Daten stehenden Informationen bestmöglich genutzt und deren Potenzial zum Wohle der Allgemein-

---

[241] Über 100 Rechtsakte auf europäischer Ebene zählend: *Hilgendorf*, Vom Datenschutz zum Datenhandel – Friktionen in der europäischen Digitalpolitik, in: Roßnagel/Wallmann (Hrsg.), Stärkung der Forschung durch Datenschutz, 2023, S. 53 f.

[242] *Hilgendorf*, Vom Datenschutz zum Datenhandel – Friktionen in der europäischen Digitalpolitik, in: Roßnagel/Wallmann (Hrsg.), Stärkung der Forschung durch Datenschutz, 2023, S. 57.

[243] *Hilgendorf*, Vom Datenschutz zum Datenhandel – Friktionen in der europäischen Digitalpolitik, in: Roßnagel/Wallmann (Hrsg.), Stärkung der Forschung durch Datenschutz, 2023, S. 61 f. Das Zitat „Daten sind das neue Öl. Es ist wertvoll, aber wenn es nicht raffiniert ist, kann es nicht wirklich genutzt werden" wird dem Mathematiker Clive Humby zugeschrieben. Den Vergleich aufgreifend: *Hoffmann-Riem*, Rechtliche Rahmenbedingungen für und regulative Herausforderungen durch Big Data, in: Hoffmann-Riem (Hrsg.), Big Data – Regulative Herausforderungen, 2018, S. 16 ff.

[244] *Schreiber/Pommerening/Schoel*, in: Schreiber/Pommerening/Schoel, Der neue Data Act, 2. Aufl. 2024, § 13 Rn. 1, 5. Als Beispiel von Datenaltruismus wird die Corona-Datenspende-App des Robert-Koch-Instituts genannt.

heit entfaltet werden.[245] Durch die offizielle Anerkennung als datenaltruistische Organisation wird die betreffende Organisation von den Anforderungen an die Datenvermittlungsdienste nach Art. 10–14 DGA ausgenommen, vgl. Art. 15 DGA.

Obgleich das Konzept des Datenaltruismus im Daten-Governance-Rechtsakt Optionen für sog. datenaltruistische Organisationen bietet, stützen sich die Vorschriften des DGA zur Einwilligung auf die datenschutzrechtlichen Voraussetzungen, welche in beiden Gesetzen (DSGVO und DGA) identisch zu interpretieren sind (Art. 2 Nr. 5 DGA). Überwiegend wird angenommen, dass der DGA nicht die datenschutzrechtlichen Voraussetzungen an die Zweckbindung ändert, sodass auch im Bereich des DGA eine Einwilligung nur für einen oder mehrere bestimmte oder festgelegte/spezifizierte Zwecke erteilt werden kann.[246]

Art. 16 DGA beinhaltet eine Öffnungsklausel und erlaubt Mitgliedstaaten, nationale, organisatorische und/oder technische Regelungen betreffend des Datenaltruismus zu treffen.[247] In Deutschland besteht mit § 363 Abs. 8 SGB V eine Regelung zur Freigabe von Daten der elektronischen Patientenakte. Zudem verweist § 67b Abs. 3 S. 1 SGB X auf eine Einwilligung für Datenverarbeitungen personenbezogener Daten zu Forschungszwecken.[248] Beide Normen entstanden jedoch nicht mit Blick auf Art. 16 DGA.[249] Es bleibt abzuwarten, wie der deutsche Gesetzgeber von der Öffnungsklausel Gebrauch machen wird und ob es damit zu Erleichterungen für Datennutzungen in der medizinischen Forschung durch solche datenaltruistischen „Datenspenden“ kommen wird.

aa) Unterschiede zur DSGVO

Anders als in der DSGVO regelt der DGA auch den Umgang mit nicht personenbeziehbaren Daten.[250] Damit sind dessen Regelungen immer anwendbar – auch wenn die Person aufgrund des fehlenden Personenbezugs ihrer Daten nicht zugleich Betroffener im Sinne der DSGVO ist. Die Erlaubnis der Datenverarbeiter wird beim DGA von den Dateninhabern erteilt, die als solche befugt sind, Zugang zu den betreffenden Daten zu erteilen oder diese weiterzugeben (Art. 2 Nr. 8 DGA). Anders als in der DSGVO spricht der DGA nicht (nur) von einer Zweck-, sondern von

---

[245] *Schreiber/Pommerening/Schoel*, in: Schreiber/Pommerening/Schoel, Der neue Data Act, 2. Aufl. 2024, § 13 Rn. 5 f.

[246] *Hennemann*, in: HK-DA/DGA, 2. Aufl. 2025, Art. 21 DGA Rn. 13.

[247] *Hennemann*, in: HK-DA/DGA, 2. Aufl. 2025, Art. 16 DGA Rn. 1.

[248] *Hennemann*, in: HK-DA/DGA, 2. Aufl. 2025, Art. 16 DGA Rn. 33.

[249] Der DGA wurde im Juni 2022 im Amtsblatt verkündet, § 67b SGB X wurde bereits 2019 maßgeblich neugefasst (BT-Drs. 18/12611, S. 103 f.) und auch in der Gesetzesbegründung zu § 363 Abs. 8 SGB V fehlen Hinweise auf eine Umsetzung des DGA (BT-Drs. 19/18793, S. 132).

[250] Der Begriff der (nicht-)personenbezogenen Daten wurde aus der DSGVO übernommen, s. Verweis in Art. 2 Nr. 3 und 4 DGA auf Art. 4 Nr. 1 DSGVO.

einer weiter zu verstehenden „Zielbindung" (Art. 21 Abs. 1 lit. a DGA).[251] Das bedeutet, dass Daten ohne Einwilligung der Betroffenen nicht für andere Ziele – auch nicht von allgemeinem Interesse – verwendet werden dürfen (Art. 21 Abs. 2 DGA).

Ein großes Problem der DSGVO besteht in der Rechtsunsicherheit bei der Frage, wann eine Anonymisierung von Daten vorliegt, die auch vom DGA nicht beantwortet wird.[252] Damit bleiben auch beim DGA Zweifel, ob eine Anonymisierung vorliegt, sodass vorsichtshalber von personenbezogenen Daten ausgegangen werden müsste, mit der Folge der vorrangigen Beachtung von Vorschriften der DSGVO. Nur sofern anonyme, d. h. keine personenbezogenen Daten, vorliegen, gilt allein der DGA. Bei Datenverarbeitungen zu altruistischen Zielen (hier: für die medizinische Forschung) wird es sich jedoch regelmäßig zugleich um personenbezogene Daten handeln.

bb) Vorrang der DSGVO im Konfliktfall

Nach Art. 1 Abs. 3 S. 4 DGA schafft der Rechtsakt keine Rechtsgrundlage für eine Datenverarbeitung nach der DSGVO, noch „berührt" er die in der DSGVO festgelegten Rechte und Pflichten. Damit stehen beide Rechtsregime nebeneinander und finden im Regelfall kumulativ Anwendung. Diese Doppelung kann zwar einerseits das Vertrauen in datenaltruistische Organisationen stärken, andererseits bietet sie für diese kein Anreizsystem.[253]

Nach Art. 1 Abs. 3 S. 3 DGA soll im Falle eines Konfliktes die DSGVO vorrangig anwendbar sein. Umformuliert bedeutet dies, dass die Vorgaben des DGA nicht so ausgelegt werden, dass sie mit den Normen der DSGVO in Konflikt geraten; sollte dies doch der Fall sein, geht die DSGVO dem DGA vor.[254] Ein solcher Konflikt kann in zwei Fällen vorliegen: Erstens, wenn der DGA weniger strenge Anforderungen an die DSGVO stellt, welche diese aber nicht zulässt, sich also nicht für solche Abweichungen öffnet, und zweitens, wenn der DGA gänzlich andere Datenverarbeitungsvoraussetzungen stellt und die Vorgaben der DSGVO abbedingen will, ohne dass eine Öffnungsklausel gegeben ist.[255]

---

[251] So spricht der DGA in der englischen Fassung von „objectives" und die DSGVO von „purpose": *Schreiber/Pommerening/Schoel*, in: Schreiber/Pommerening/Schoel, Der neue Data Act, 2. Aufl. 2024, § 13 Rn. 73.

[252] Die mangelnde Rechtssicherheit bei der Anonymisierung stellt ein Hemmnis für das Datenteilen dar, wird aber nicht im DGA angesprochen, weil Datenschutz und Datenwirtschaft als Gegensätze gedacht werden: *Specht-Riemenschneider/Blankertz/Sierek u. a.*, MMR-Beil. 2021, 25 (26).

[253] *Schreiber/Pommerening/Schoel*, in: Schreiber/Pommerening/Schoel, Der neue Data Act, 2. Aufl. 2024, § 10 Rn. 10.

[254] *Specht-Riemenschneider*, ZEuP 2023, 638 (646).

[255] *Specht-Riemenschneider*, ZEuP 2023, 638 (648).

Im Falle des Datenaltruismus sind die Regelungen der DSGVO zu beachten; wobei es nicht zu einem Konflikt zwischen beiden Rechtsregimen kommt. Vielmehr normieren die Art. 19, 20 und 21 DGA zusätzliche Vorgaben.[256] Damit stellt der DGA zusätzliche und strengere Anforderungen an die DSGVO, was diese wiederum zulässt.

Damit gilt: Die Normen des DGA dürfen nicht so ausgelegt werden, dass sie in Widerspruch zu Normen der DSGVO treten; sollte es einmal der Fall sein, dass die Normen nicht sinnvollerweise nebeneinander bestehen können, geht die DSGVO dem DGA vor.[257]

b) Änderungen durch den Data Act (DA)

Ziel des Data Acts ist es, einen erleichterten Zugriff auf Daten sowie ihre Nutzung und Weitergabe, die bei der Nutzung vernetzter Produkte oder verbundener Dienste generiert werden, zu ermöglichen, wobei eine gerechte Verteilung der Wertschöpfung aus den Daten auf die Akteure der Datenwirtschaft erfolgen soll.[258]

aa) Anwendungsbereich

Der Data Act (DA) gilt seit dem 12.9.2025 und ist sowohl auf personenbezogene als auch auf nicht personenbezogene Daten anwendbar (Art. 1 Abs. 2 DA). Gegenstand und Anwendungsbereich des Data Acts werden in Art. 1 Abs. 1 DA geklärt: Danach enthält er u.a. harmonisierende Vorschriften über die Bereitstellung von Daten durch Dateninhaber für Datenempfänger (lit. b). Dateninhaber sind nach Art. 2 Nr. 13 DA solche Personen, die Daten nutzen oder bereitstellen, die sie während der Erbringung eines verbundenen Dienstes abgerufen oder generiert haben. Verbundene Dienste sind nach Art. 2 Nr. 6 DA v.a. digitale Dienste, bei denen es sich nicht um elektronische Kommunikationsdienste oder Software handelt, sondern solche, die zum Zeitpunkt des Kaufs, der Miete oder des Leasings so mit dem Produkt verbunden sind, dass das vernetzte Produkt ohne sie eine oder mehrere seiner Funktionen nicht ausführen könnte. Dabei bezieht sich der DA primär auf vernetzte Produkte. Zu diesen gehören insbesondere auch Medizin- und Gesundheitsprodukte (vgl. ErwG 14 DA), wie beispielsweise Herzschrittmacher.

Deshalb könnten vorliegend die Art. 3–7 DA relevant werden, sofern Krankenhäuser, die bei ihnen gespeicherten Gesundheitsdaten mit Nutzern teilen müssen. „Nutzer" sind nach Art. 2 Nr. 12 DA solche natürlichen oder juristischen Personen, die ein vernetztes Produkt besitzen oder die vertraglich zeitweilige Rechte für die Nutzung des Produkts übertragen bekommen haben oder verbundene

[256] *Specht-Riemenschneider*, ZEuP 2023, 638 (658 f.).

[257] *Specht-Riemenschneider*, ZEuP 2023, 638 (646).

[258] *Schreiber/Pommerening/Schoel*, in: Schreiber/Pommerening/Schoel, Der neue Data Act, 2. Aufl. 2024, § 3 Rn. 1.

Dienste in Anspruch nehmen. Forschende, die die Daten nicht selbst erheben, sind keine Nutzer und haben keinen Anspruch auf Datenzugang nach Art. 3 DA.

Für Dateninhaber, die selbst Zugang zu den Daten halten, enthält der DA keine Verarbeitungsgrundlage im Sinne der DSGVO. Damit bleibt es bei den Vorschriften anderer Gesetze, insbesondere der DSGVO.

Der DA stellt vielmehr klar, dass für jede Bereitstellung bei denen der Nutzer nicht zugleich die betroffene Person ist, eine Rechtsgrundlage nach der DSGVO vorliegen muss, Art. 4 Abs. 12, Art. 5 Abs. 7 DA sowie ErwG 7 DA. Ein Umkehrschluss, wonach keine Rechtsgrundlage nach der DSGVO erforderlich ist, wenn der Nutzer zugleich Betroffener ist, ist nicht nötig: Denn jedes Verlangen des Nutzers, der mit dem Betroffenen personenidentisch ist, enthält stets zugleich eine implizite Einwilligung als Erlaubnistatbestand.[259]

bb) Abgrenzung zur DSGVO

Nicht nur bei fehlenden Regelungen findet die DSGVO ergänzend Anwendung, auch bei kollidierenden Rechten geht sie vor. Damit besteht auch hier eine Summierung der Vorschriften. In Art. 1 Abs. 5 DA wird das Verhältnis zur DSGVO geregelt, wonach der Data Act „unbeschadet" der DSGVO gilt. Die DSGVO geht also im Falle eines Widerspruchs vor.[260] Damit gehen praktische Schwierigkeiten einher, da das Recht auf Datenzugang (Art. 4 f. DA) mit dem präventiven Verarbeitungsverbot der DSGVO sowie deren Zweckbindungs- und Datenminimierungsgrundsatz in Konflikt steht.[261]

c) Verordnung über den Europäischen Raum für Gesundheitsdaten (EHDS-VO)

Die EHDS-VO baut auf den Regelungen der DSGVO, des DGA und des Datengesetzes (DA) auf, über die im Frühjahr 2024 das Europäische Parlament und der Rat eine politische Einigung erzielt haben. Die VO (EU) 2025/327 wurde am 5.3. 2025 veröffentlicht und trat am 26.3.2025 in Kraft. Die Verordnung gilt nach Art. 105 UAbs. 2 EHDS-VO ab dem 26.3.2027.[262]

Originäres Anliegen des EHDS ist die Verbesserung der Gesundheitsversorgung, gewünschter Nebeneffekt ist die Förderung der Weiterverarbeitung von Daten für Forschungszwecke. Die Daten sollen sowohl für die Gesundheitsversorgung (pri-

---

[259] *Sattler*, CR 2024, 383 (385).

[260] *Schreiber/Pommerening/Schoel*, in: Schreiber/Pommerening/Schoel, Der neue Data Act, 2. Aufl. 2024, § 13 Rn. 82.

[261] *Bomhard*, MMR 2024, 71 (74).

[262] Vertiefend dazu Europäisches Parlament, Pressemitteilung v. 24.4.2024: https://tinyurl.com/vme42syw (letzter Abruf: 1.11.2025).

märer Zweck) als auch für die Gesundheitsforschung und Gesundheitspolitik (sekundärer Zweck) nutzbar gemacht werden.[263] Der EHDS soll dabei gemeinsame Vorschriften, Standards und Infrastrukturen und einen Governance-Rahmen schaffen, um den Zugang zu elektronischen Gesundheitsdaten für Zwecke der Primär- und Sekundärnutzung zu erleichtern (Art. 1 Abs. 1 EHDS-VO).

Kapitel IV regelt die Sekundärnutzung elektronischer Gesundheitsdaten, indem Art. 60 Abs. 1 EHDS-VO die Besitzer solcher Daten („Gesundheitsdateninhaber") zur Zugänglichmachung verpflichtet. Gesundheitsdateninhaber werden in Art. 2 Abs. 2 lit. t EHDS-VO legaldefiniert.

Die Zugänglichmachung geschieht durch Weitergabe an Zugangsstellen für Gesundheitsdaten, die nach Art. 55 Abs. 1 EHDS-VO von den Mitgliedstaaten zu benennen sind.[264] Dies betrifft insbesondere Dateninhaber wie Krankenhäuser, die Zugang zu ihren Datenschätzen gewähren müssen, aber auch Ärzte – für die anders als in der Entwurfsfassung – keine Kleinstunternehmerklausel mehr greift.[265]

Der Datenzugangsberechtigte muss der Gesundheitsdaten-Zugangsstelle darlegen, auf welcher Grundlage er sein Datenzugangsbegehren stützt.[266] Dabei ist die Sekundärnutzung von in Art. 51 Abs. 1 EHDS-VO aufgezählten Daten grundsätzlich bei Vorliegen eines Zwecks im Sinne des Art. 53 Abs. 1 EHDS-VO möglich. Dabei ist insbesondere lit. e von Interesse. Dieser benennt als Zweck die wissenschaftliche Forschung im Bereich des Gesundheitswesens oder des Pflegesektors, die zur öffentlichen Gesundheit oder zur Bewertung von Gesundheitstechnologien beiträgt oder ein hohes Maß an Qualität und Sicherheit der Gesundheitsversorgung, von Arzneimitteln oder Medizinprodukten mit dem Ziel sicherstellt, Endnutzern (Patienten, Angehörigen der Gesundheitsberufe und Gesundheitsverwaltung) zugutezukommen. Das Zugangsverfahren ist in den Art. 66 ff. EHDS-VO mit dezentralisiertem Datenzugangsverfahren und ohne zentrale Datenbank geregelt.[267] Der Zugang zu den Daten ist auf Grundlage eines Antrags des Datennutzers nach Art. 67 EHDS-VO bei einer Datenzugangsstelle im Sinne von Art. 55 EHDS-VO zu gewähren. Antragsberechtigt sind nach Art. 67 Abs. 1 EHDS-VO jede (natürliche oder juristische) Person für einen in Art. 53 Abs. 1 EHDS-VO genannten Zweck, also insbesondere auch Forschende für den Zweck wissenschaftlicher (medizinischer) Forschung. Elektronische Gesundheitsdaten setzen sich dabei nach Art. 2

---

[263] *Molnár-Gábor*, DuD 2021, 799 (800).

[264] *Petri*, DuD 2022, 413 (416).

[265] Ausgenommen wurden mit der Kleinstunternehmen-Klausel nach Art. 32a EHDS-VO-E noch einzelne Forscher und natürliche Personen, aber auch Arztpraxen mit bis zu 9 Beschäftigten und einem Jahresumsatz von unter zwei Millionen Euro; *Petri*, DuD 2022, 413 (417); *Kühling/Schildbach*, ZfDR 2024, 1 (16).

[266] *Petri*, DuD 2022, 413 (417).

[267] *Werry/Ntanas*, MMR 2024, 641 (643).

Abs. 2 lit. c EHDS-VO aus personenbezogenen und nicht personenbezogenen elektronischen Gesundheitsdaten zusammen.[268]

Positiv herauszustellen ist, dass neben der öffentlichen Forschung nach ErwG 61 S. 1 EHDS-VO auch die privat finanzierte Forschung gleichermaßen Zugang zu den Daten erhält.[269] Daten sollen grundsätzlich gemäß Art. 66 Abs. 2 EHDS-VO anonymisiert zur Verfügung gestellt werden – nur bei Darlegung der Notwendigkeit pseudonymisierter Daten können solche weitergegeben werden, wobei der „Schlüssel" zur Umkehrung der Pseudonymisierung bei der Datenzugangsstelle verbleibt (Art. 66 Abs. 3 EHDS-VO). Um einen hohen Datenschutz sicherzustellen, statuiert Art. 54 EHDS-VO eine nicht abschließende Reihe („insbesondere") unerlaubter Sekundärnutzungen.[270]

Kritik am EHDS wurde insofern laut, als der Vorschlag zunächst dem Betroffenen kein Recht einräumte, eine Weiterverarbeitung seiner Daten außerhalb der primären Nutzung zu Behandlungs- und Abrechnungszwecken zu verhindern. Dies wurde mit Einführung eines Widerspruchsrechts gegen die Sekundärnutzung elektronischer Gesundheitsdaten in Art. 71 EHDS-VO geändert. Dies erscheint angemessen für Betroffene, insbesondere mit seltenen Erkrankungen, bei denen ein höheres Re-Identifikationsrisiko besteht, sowie bei genetischen Daten, die in Deutschland zusätzlich durch das GenDG geschützt werden, oder psychischen Erkrankungen, die einen starken Menschenwürdebezug aufweisen.[271] Damit ist der EHDS ein Schritt in Richtung weitgehender Interoperabilität der verschiedenen Gesundheitsdaten in den Mitgliedstaaten.[272] Gleichwohl werden die Einflussmöglichkeiten natürlicher Personen in Bezug auf die Primär- und Sekundärverarbeitung ihrer Daten reduziert; zudem fehlen feingranulare Anpassungsmöglichkeiten nach eigenen Bedürfnissen.[273]

---

[268] Zu den möglichen unterschiedlichen Auslegungen des Gesundheitsdatums in DSGVO, EHDS-VO und GDNG: *Böning/Riechert*, Der europäische Gesundheitsdatenraum: Ein Paradigmenwechsel in der Verarbeitung von Gesundheitsdaten?, in: Augsberg/Düwell/Müller (Hrsg.), Datenzugangsregeln – Zwischen Freigabe und Kontrolle, 2024, S. 220 ff.

[269] *Werry/Ntanas*, MMR 2024, 641 (644).

[270] Das umfassende und weitergehende Re-Identifikationsgebot aus Art. 41a Abs. 2a EHDS-VO-E wurde gestrichen. Dieses lautete: „Gesundheitsdatennutzer dürfen die Identität der natürlichen Person, auf die sich die elektronischen Gesundheitsdaten beziehen, die sie aufgrund der Datengenehmigung, der Datenanfrage oder der Entscheidung über den Zugang eines befugten Teilnehmers in HealthData@EU erhalten haben, nicht rekonstruieren oder versuchen, sie zu rekonstruieren".

[271] *Petri*, DuD 2022, 413 (418).

[272] *Petri*, DuD 2022, 413 (418).

[273] *Böning/Riechert*, Der europäische Gesundheitsdatenraum: Ein Paradigmenwechsel in der Verarbeitung von Gesundheitsdaten?, in: Augsberg/Düwell/Müller (Hrsg.), Datenzugangsregeln – Zwischen Freigabe und Kontrolle, 2024, S. 232.

d) Defizite in europäischer Datenstrategie

Mit dem DGA und dem DA wird die Rechtslage weiter verkompliziert, indem zusätzliche Normen mit divergierenden, nicht gänzlich deckungsgleichen Begriffen (z. B. Zweck- vs. Zielbindung) greifen. In der fehlenden Regelung des Verhältnisses zum Datenschutzrecht liegt eine verpasste Chance.[274] Insgesamt verfolgt der DGA einen bedeutsamen Zweck, nach dem Daten für die Allgemeinheit besser nutzbar gemacht werden sollen. Dabei sind die Regelungen zugleich detailliert und unklar.[275]

Der Data Act regelt vorrangig, wer über Daten verfügen darf, die von Geräten stammen, die mit dem Internet verbunden sind (Internet of Things – IoT). Dazu mögen auch spezifische medizinische Produkte wie Herzschrittmacher gehören, deren Daten für die medizinische Forschung von Wert sind. Gleichwohl hat diese Regelung nicht die Förderung wissenschaftlicher, medizinischer Forschung zum Ziel. Zudem kommt es wegen Diskrepanzen zwischen DSGVO und DA/DGA häufiger zu Kollisionen als vom Gesetzgeber beabsichtigt. So weicht der DA und DGA bei Übermittlungen von Daten in Drittstaaten von der DSGVO ab: Bei Art. 32 DA und Art. 31 DGA sind auch nicht personenbezogene Daten erfasst. Anders als bei der DSGVO sollen nach dem DA/DGA jedoch nur unrechtmäßige Vorgänge umfasst werden und nicht jede Übertragung. Hinzu kommt, dass hinsichtlich des Zugangs aus einem Drittstaat nur der staatliche Zugang (DA) oder der Zugang durch Regierungsorganisationen (DGA) tatbestandlich ist.[276]

Damit kommt es zu weiteren undurchsichtigen Überschneidungen.

In der konsolidierten Fassung des EHDS wird der Hauptkritik in Form der fehlenden Widerspruchsmöglichkeit teils begegnet. Die Mitgliedstaaten *können* ein solches Widerspruchsrecht für die Primärnutzung festlegen (Art. 10 EHDS-VO), wohingegen die Mitgliedstaaten ein Widerspruchsrecht für die Sekundärnutzung zwingend vorsehen müssen (Art. 71 EHDS-VO).

Es bleibt dabei, dass viele Daten mit ungewissen Bestimmungen (wie Wellness-Anwendungen[277]) gespeichert werden sollen. Dies widerspricht dem Grundsatz der Datenminimierung. Zudem bleibt auch hier unklar, wie Anonymisierungs- und Pseudonymisierungsverfahren in der Praxis umgesetzt werden sollen. ErwG 65

---

[274] *Schreiber/Pommerening/Schoel*, in: Schreiber/Pommerening/Schoel, Der neue Data Act, 2. Aufl. 2024, § 10 Rn. 14.

[275] Näher *Schreiber/Pommerening/Schoel*, in: Schreiber/Pommerening/Schoel, Der neue Data Act, 2. Aufl. 2024, § 10 Rn. 14.

[276] *Schreiber/Pommerening/Schoel*, in: Schreiber/Pommerening/Schoel, Der neue Data Act, 2. Aufl. 2024, § 15 Rn. 5.

[277] „Wellness-Anwendung" bezeichnet nach Art. 2 Abs. 2 lit. aea EHDS-VO ein „Gerät oder eine Software, das bzw. die vom Hersteller dazu bestimmt ist, von einer natürlichen Person für die Verarbeitung elektronischer Gesundheitsdaten verwendet zu werden, die speziell für die Bereitstellung von Informationen über einzelne Personen oder für die Leistung von Pflege zu anderen Zwecken als der Gesundheitsversorgung bestimmt sind."

EHDS-VO enthält die bloße Feststellung, dass „soweit relevant, [...] die Kommission die Verfahren und Anforderungen sowie die technischen Instrumente für ein einheitliches Verfahren zur Pseudonymisierung und Anonymisierung der elektronischen Gesundheitsdaten festlegen [sollte]."

5. Resümee

Die DSGVO lässt den Mitgliedstaaten für den Gesundheitsdatenschutz weite Spielräume und ist nicht abschließend, was für zusätzliche Regelungen auf Bundes- und Landesebene sorgt und damit die Rechtszersplitterung mitbedingt.[278] Die Ausnahmetatbestände in Art. 9 Abs. 2 DSGVO bilden die Interessen des Verantwortlichen nicht hinreichend ab, mit der Folge, dass für die Forschenden vordergründig die vermeintlich rechtssichere, ausdrückliche Einwilligung als Legitimationsgrundlage bleibt.[279] Diese ist nicht immer einholbar und für den Verantwortlichen mit hohem Aufwand verbunden.[280] Als Erlaubnistatbestände im Zusammenhang mit Datenverarbeitungen im Rahmen von Forschungsvorhaben kommen vorrangig Art. 9 Abs. 2 lit. j DSGVO oder die ausdrückliche Einwilligung nach Art. 9 Abs. 2 lit. a DSGVO in Betracht. Insbesondere der Art. 9 Abs. 2 lit. j (i. V. m. Art. 89 DSGVO) ist weit gefasst und verlangt nur „angemessene und spezifische Maßnahmen zur Wahrung der Grundrechte und Interessen der betroffenen Person", was kaum über die grundrechtlichen Vorgaben hinausgeht.[281] Im Idealfall würde der Unionsgesetzgeber für alle Mitgliedstaaten verbindliche Forschungsklauseln ohne nationale Gestaltungsspielräume regeln. Dies ist aufgrund der positiven Evaluierungen der DSGVO indes unwahrscheinlich.[282]

II. (Einwilligungsunabhängige) Forschungsklauseln auf Bundesebene

Für den Gesundheitsdatenschutz kommt es aufgrund der weiten Öffnungsklauseln (u. a. Art. 9 Abs. 2 lit. j DSGVO) und fehlenden präzisen Angaben im Unionsrecht maßgeblich auf den nationalen Gesetzgeber an.[283] Obgleich Lösungsan-

[278] *Kühling/Schildbach*, ZfDR 2024, 1 (2).

[279] *Nabulsi*, PinG 2024, 12 (13).

[280] *Nabulsi*, PinG 2024, 12 (13).

[281] Ebenso *Kühling/Schildbach*, ZfDR 2024, 1 (4).

[282] *Kühling/Schildbach*, ZfDR 2024, 1 (8). Gleichwohl hat die Evaluierung der DSGVO die disparaten nationalen Regelungen von besonders sensiblen Daten zu Forschungszwecken aufgezeigt und die Empfehlung der Entwicklung von Verhaltenskodizes gestärkt: Mitteilung der Kommission an das Europäische Parlament und den Rat, Brüssel, den 24. 6. 2020 COM(2020)264 final, S. 9: https://tinyurl.com/tfubw4jp (letzter Abruf: 1. 11. 2025).

[283] I. E. ebenfalls *Kühling/Schildbach*, ZfDR 2024, 1 (4); *Schiemann/Weinert*, in: Spickhoff/Handorn, Medizinisches ForschungsR-HdB, 2024, § 11 Rn. 4.

sätze in Literatur und Praxis verschiedene Einwilligungsmodelle präferieren,[284] hat der Gesetzgeber mit der Schaffung von Forschungsklauseln die Möglichkeit etabliert, auf Grundlage einer Güter- bzw. Interessenabwägung Datenverarbeitungen ohne Betroffeneneinwilligung zu erlauben.

1. Bundesdatenschutzgesetz (BDSG)

Das Bundesdatenschutzgesetz ergänzt und präzisiert die Vorgaben der DSGVO, insofern als Öffnungsklauseln den Mitgliedstaaten Gestaltungsspielräume belassen.

a) Anwendungsbereich

In § 1 Abs. 1 BDSG wird der sachliche, in Abs. 4 der räumliche Anwendungsbereich geregelt. Zudem wird in § 1 BDSG das Verhältnis des BDSG zu speziellen Datenschutzregelungen (Abs. 2), zum Verwaltungsverfahrensgesetz (VwVfG) (Abs. 3) und zum EU-Recht (Abs. 5) normiert, genauer gesagt klargestellt.[285] Das Bundesdatenschutzgesetz unterscheidet im Gegensatz zur DSGVO zwischen öffentlichen Stellen, für die das BDSG anwendbar ist, und nicht-öffentlichen Stellen, für die das Gesetz nach Maßgabe des § 1 Abs. 4 S. 2 BDSG gilt.[286] Öffentliche Stellen sind dabei solche, die zur Vollziehung der Gesetze nach Art. 20 Abs. 3 GG und Art. 83 ff. GG verpflichtet sind. Relevant für die Einordnung sind die Trägerschaft, unabhängig von der gewählten Handlungsform der Aufgabenerfüllung, und ihre wahrgenommene Funktion.[287] Die Begriffsbestimmung öffentlicher Stellen des Bundes folgt aus § 2 Abs. 1 BDSG und für öffentliche Stellen der Länder aus § 2 Abs. 2 BDSG. Insoweit Aufgaben der öffentlichen Verwaltung vorgenommen werden, liegt eine öffentliche Stelle (§ 2 Abs. 4 BDSG) vor, je nach Funktion können damit unterschiedliche Gesetze anwendbar sein.[288]

---

[284] § 5 II.

[285] *Gola/Reif*, in: Gola/Heckmann, DSGVO/BDSG, 3. Aufl. 2022, § 1 BDSG Rn. 1.

[286] Zu den Regelungsadressaten des BDSG: *Schiemann/Weinert*, in: Spickhoff/Handorn, Medizinisches ForschungsR-HdB, 2024, § 11 Rn. 6. Auf nicht-öffentliche Stellen, die sich grundsätzlich nach der Rechtspersönlichkeit des Privatrechts richten, ist unter den in § 1 Abs. 4 BDSG genannten Voraussetzungen das BDSG anwendbar: *Gusy/Eichenhofer*, in: Wolff/Brink/v. Ungern-Sternberg, BeckOK DatenschutzR, 53. Aufl. v. 1.8.2025, § 1 BDSG Rn. 73, 76. In manchen LDSG erfolgt die Einbeziehung bestimmter juristischer Personen des Privatrechts in den Anwendungsbereich. In diesen Ländern finden sich Wettbewerbsklauseln, wonach öffentlich-rechtliche juristische Personen, die am Wettbewerb (wie Krankenhäuser bei der Patientenbehandlung) teilnehmen, rechtlich mit den privaten Konkurrenten aus Gesichtspunkten der Wettbewerbsgleichheit gleichgestellt werden: *Sicko*, in: Debus/Sicko (Hrsg.), HK-LDSG BW, 2022, § 2 LDSG BW Rn. 35. Vertiefend § 4 III.

[287] *Gusy/Eichenhofer*, in: Wolff/Brink/v. Ungern-Sternberg, BeckOK DatenschutzR, 53. Aufl. v. 1.8.2025, § 1 BDSG Rn. 69 f.

[288] *Gusy/Eichenhofer*, in: Wolff/Brink/v. Ungern-Sternberg, BeckOK DatenschutzR, 53. Aufl. v. 1.8.2025, § 1 BDSG Rn. 73.

b) Forschungsklausel des § 27 BDSG

Bereits aus ErwG 157 S. 5 DSGVO ergibt sich, dass zur Erleichterung wissenschaftlicher Forschung personenbezogene Daten verarbeitet werden können. Hintergrund ist, dass es für Forschende immer wichtiger, aber auch immer einfacher möglich wird, große Datenmengen zu verarbeiten oder miteinander zu verknüpfen.[289] Gleichzeitig muss das Vertrauen in die wissenschaftliche Forschung durch den Schutz persönlicher Daten gestärkt werden, um weiterhin Teilnehmende für Forschungsvorhaben akquirieren zu können.

Daher hat der deutsche Gesetzgeber die Abweichungsermächtigung in Art. 9 Abs. 2 lit. j, Art. 89 Abs. 2 DSGVO genutzt und § 27 BDSG geschaffen.[290] Nach dieser Norm dürfen sensible Daten nach Art. 9 Abs. 1 DSGVO ohne Einwilligung für im öffentlichen Interesse liegende wissenschaftliche Forschungszwecke[291] verarbeitet werden. Dies aber nur, wenn die Verarbeitung zu diesen Zwecken erforderlich ist und die Interessen des Verantwortlichen an der Verarbeitung die Interessen der Betroffenen an einem Ausschluss der Datenverarbeitung erheblich überwiegen. Daneben konkretisiert der § 27 Abs. 1 S. 2 BDSG die angemessenen und spezifischen Maßnahmen zur Wahrung der Interessen der betroffenen Person (Art. 89 Abs. 1 S. 1 DGSVO spricht von „geeigneten Garantien für die Rechte und Freiheiten der betroffenen Person") mittels Verweises auf § 22 Abs. 2 S. 2 BDSG.[292] Nur wenn alle Voraussetzungen erfüllt sind, ist eine Verarbeitung ohne Einwilligung zulässig.

aa) Rechtsnatur des § 27 BDSG

Die Rechtsnatur des § 27 BDSG ist umstritten: Teilweise wird in ihr eine eigene Rechtsgrundlage zur Datenverarbeitung gesehen, teilweise soll § 27 Abs. 1 BDSG einer gesonderten Rechtsgrundlage bedürfen.[293] Für die Notwendigkeit des Vorhandenseins einer zusätzlichen Rechtsgrundlage spricht die Gesetzesbegründung, die das Vorliegen einer solchen nach Art. 6 Abs. 1 lit. f DSGVO verlangt.[294] Da-

---

[289] *Koch*, in: Wolff/Brink/v. Ungern-Sternberg, BeckOK DatenschutzR, 53. Aufl. v. 1.8. 2025, § 27 BDSG Rn. 1.

[290] BT-Drs. 18/11325, S. 99; *Louven*, in: Taeger/Gabel (Hrsg.), DSGVO – BDSG – TTDSG, 4. Aufl. 2022, § 27 BDSG Rn. 4; *Gerst/Zier/Ahmed*, MedR 2023, 275 (280).

[291] Der Begriff „Forschung" ist auch hier grundrechtskonform weit auszulegen, ähnlich: *Louven*, in: Taeger/Gabel (Hrsg.), DSGVO – BDSG – TTDSG, 4. Aufl. 2022, § 27 BDSG Rn. 5.

[292] *Schiemann/Weinert*, in: Spickhoff/Handorn, Medizinisches ForschungsR-HdB, 2024, § 11 Rn. 47 f.

[293] *Koch*, in: Wolff/Brink/v. Ungern-Sternberg, BeckOK DatenschutzR, 53. Aufl. v. 1.8. 2025, § 27 BDSG Rn. 5.

[294] BT-Drs. 18/1135, S. 99.

hinter steht die Annahme des Gesetzgebers, dass Art. 9 neben Art. 6 DSGVO greift.[295]

Dagegen spricht, dass kein Fall vorstellbar ist, wonach die Voraussetzungen des strengeren § 27 Abs. 1 BDSG vorliegen, nicht jedoch die des Art. 6 Abs. 1 lit. f DSGVO.[296] Denn der § 27 BDSG weist deutlich engere Vorgaben als die Interessenabwägungsklausel des Art. 6 Abs. 1 lit. f DSGVO auf. Art. 9 Abs. 2 ist gegenüber Art. 6 DSGVO spezieller und ermächtigt gerade zu einer eigenständigen Erlaubnisnorm.[297] Hinzu kommt, dass § 27 BDSG – anders als Art. 9 Abs. 2 lit. j, aber wie Art. 6 Abs. 1 lit. f DSGVO – eine Interessenabwägung vorsieht und damit zugleich die Voraussetzungen des Art. 6 Abs. 1 lit. f DSGVO erfüllt.[298]

bb) Erforderlichkeitskriterium

Die Datenverarbeitung muss gem. § 27 BDSG für die Erreichung des Forschungszweckes *erforderlich* sein, d. h. das Forschungsvorhaben muss mit *personenbezogenen* Daten durchgeführt werden, weil eine Verwendung von anonymisierten Daten oder quantitativ geringeren Datenmengen ausscheidet.[299] Dies ist zugleich eine Ausprägung des Prinzips der Datensparsamkeit. Das Erforderlichkeitskriterium führt dazu, dass dem Betroffenen kein Recht auf Löschung zusteht (Art. 17 Abs. 3 lit. d DSGVO). Dies ist folgerichtig, wenn man bedenkt, dass ein Recht auf Löschung die Kenntnis des Betroffenen von der Datenverarbeitung voraussetzt. Für eine Kenntnis durch den Betroffenen ist regelmäßig eine Re-Identifikation und eine Wiederherstellung des Personenbezugs der Daten nötig, um die oftmals bereits verschlüsselten Daten dem Einzelnen wieder zuordnen und ihn informieren zu können. Dies stellt einen zusätzlichen Verarbeitungsschritt dar, der – wie die Einholung einer erneuten Einwilligung – erhöhte Missbrauchsrisiken birgt. Das Kriterium führt nicht dazu, dass Gerichte oder Datenschutzbehörden die Erforderlichkeit des Forschungsvorhabens an sich überprüfen. Dies würde nämlich einem staatlichen Wächtertum über die Wissenschaft gleichen und widerspräche

---

[295] Zum Verhältnis von Art. 6 und Art. 9 DSGVO § 4 I. 2. a) bb) (2). BT-Drs. 18/11325, S. 99; *Louven*, in: Taeger/Gabel (Hrsg.), DSGVO – BDSG – TTDSG, 4. Aufl. 2022, § 27 BDSG Rn. 4.

[296] *Koch*, in: Wolff/Brink/v. Ungern-Sternberg, BeckOK DatenschutzR, 53. Aufl. v. 1.8. 2025, § 27 BDSG Rn. 6.

[297] *Koch*, in: Wolff/Brink/v. Ungern-Sternberg, BeckOK DatenschutzR, 53. Aufl. v. 1.8. 2025, § 27 BDSG Rn. 6.

[298] Dies ist unschädlich: *Buchner/Tinnefeld*, in: Kühling/Buchner, DS-GVO/BDSG, 4. Aufl. 2024, § 27 BDSG Rn. 8; *Golla*, in: Specht/Mantz, DatenschutzR-HdB, 2019, § 23 Rn. 31; a. A. BT-Drs. 18/11325, S. 99.

[299] *Golla*, in: Specht/Mantz, DatenschutzR-HdB, 2019, § 23 Rn. 29; *Buchner/Tinnefeld*, in: Kühling/Buchner, DS-GVO/BDSG, 4. Aufl. 2024, § 27 BDSG Rn. 10a; *Louven*, in: Taeger/Gabel (Hrsg.), DSGVO – BDSG – TTDSG, 4. Aufl. 2022, § 27 BDSG Rn. 7.

dem ehernen Grundsatz „die Wissenschaft ist frei".[300] Gleichwohl wird die Einschränkung des Rechts auf Löschung nur auf Fälle begrenzt, in denen die Verwirklichung der Ziele wissenschaftlicher Forschungszwecke unmöglich gemacht oder ernsthaft beeinträchtigt wird (Art. 17 Abs. 3 lit. d Hs. 2 DSGVO). Dabei ist der Verweis auf Art. 89 Abs. 1 DSGVO so zu verstehen, dass die Ausnahme der Verpflichtung zum Löschen und des Anspruchs auf Löschung personenbezogener Daten nur unter den Voraussetzungen des Art. 89 Abs. 1 DSGVO, d. h. bei „geeigneten Garantien für die Rechte und Freiheiten der betroffenen Person", greift.[301]

cc) „Erhebliches" Überwiegen

Wenngleich der Gesetzgeber davon ausgeht, dass neben den Voraussetzungen aus Art. 9 Abs. 2 DSGVO kumulativ die Anforderungen aus Art. 6 Abs. 1 lit. f DSGVO vorliegen müssen,[302] bedarf es – anders als in der Umsetzung in § 27 BDSG – keines *erheblichen* Überwiegens der Interessen der Forschenden an der Datenverarbeitung gegenüber den Betroffeneninteressen am Schutz ihrer Daten. Damit verschärft § 27 BDSG die Anforderungen aus Art. 6 DSGVO in zweifacher Hinsicht: Neben der Verschärfung auf ein erhebliches Überwiegen, obliegt dem Verantwortlichen darüber hinaus die Darlegungslast für dieses Überwiegen seiner Interessen, um diese Daten verarbeiten zu dürfen.[303] Aufgrund der Restriktion des erheblichen Überwiegens ist grundsätzlich von einem Vorrang der Betroffeneninteressen auszugehen, die der Verantwortliche widerlegen muss.[304] Dies widerspricht der grundsätzlichen Gleichrangigkeit beider Grundrechte. Zwar hat der Gesetzgeber eine weite Einschätzungsprärogative, doch ist die einseitige Bevorzugung des Datenschutzgrundrechts wenig sinnvoll, denn damit kommt es zu einer unnötigen Behinderung wissenschaftlicher Forschung.

2. Fünftes Sozialgesetzbuch (SGB V)

Nach § 1 Abs. 2 S. 1 BDSG ist das Bundesdatenschutzgesetz subsidiär, d. h. andere Vorschriften des Bundes über den Datenschutz sind vorrangig anwendbar. Dazu gehören die Regelungen der Sozialgesetzbücher. Bereits seit 2003 können Daten der Versicherten der gesetzlichen Krankenversicherung pseudonymisiert

---

[300] Zum Grundsatz „die Wissenschaft ist frei" § 3 I.

[301] *Herbst*, in: Kühling/Buchner, DS-GVO/BDSG, 4. Aufl. 2024, Art. 17 DSGVO Rn. 81.

[302] BT-Drs. 18/1135, S. 99.

[303] *Louven*, in: Taeger/Gabel (Hrsg.), DSGVO – BDSG – TTDSG, 4. Aufl. 2022, § 27 BDSG Rn. 8.

[304] *Louven*, in: Taeger/Gabel (Hrsg.), DSGVO – BDSG – TTDSG, 4. Aufl. 2022, § 27 BDSG Rn. 8; *Gerst/Zier/Ahmed*, MedR 2023, 275 (280).

gespeichert und ausgewertet werden. Durch das Digitale-Versorgung-Gesetz wurden der Datensatz sowie die Nutzungsmöglichkeiten stark ausgeweitet.[305]

a) Spezialregelungen für Sozialdaten

Mit § 75 SGB X gibt es eine Spezialregelung für die Übermittlung von Sozialdaten für wissenschaftliche Forschung. Sozialdaten nach § 35 SGB I können medizinische Diagnosen oder den behandelnden Arzt betreffen und dabei gleichsam Gesundheitsdaten sein.[306] „Sozialdaten" sind legaldefiniert in § 67 Abs. 2 SGB X als personenbezogene Daten im Sinne von Art. 4 Nr. 1 DSGVO, die von einer in § 35 SGB I genannten Stelle im Hinblick auf ihre Aufgaben nach diesem Gesetzbuch verarbeitet werden. Wegen des Bezugs auf die DSGVO, können hier auch anonyme Daten ohne Einschränkungen übermittelt werden.[307] „Übermittlung" ist wie in der DSGVO ein Unterfall der Verarbeitung von Daten in Form einer Bekanntgabe von Sozialdaten durch ihre Weitergabe an Dritte. Dritte sind weder mit der datenhaltenden, übermittelnden Stelle noch der Person, deren Sozialdaten betroffen sind, identisch.[308] Es liegt keine Übermittlung bei einer internen Weitergabe innerhalb der Organisation des Verantwortlichen vor.[309] Indes gilt § 75 SGB X nicht für die medizinische Forschung, sondern bezieht sich abschließend auf Forschung im Sozialleistungsbereich oder auf wissenschaftliche Arbeitsmarkt- und Berufsforschung, wie die enumerative Aufzählung in § 75 Abs. 1 S. 1 Nr. 1 SGB X zeigt.[310]

Mit Blick auf die begrenzten datenschutzrechtlichen Kompetenzen der Union aus Art. 16 Abs. 2 UAbs. 1 S. 1 AEUV, die auf den „Anwendungsbereich des Unionsrechts" begrenzt sind,[311] wird auf Grundlage des Art. 168 Abs. 7 S. 1, 2 AEUV darauf hingewiesen, dass die Organisation des Gesundheitswesens Sache der Mitgliedstaaten sei und gem. Art. 2 Abs. 2 lit. a DSGVO nicht in den Anwendungsbereich der Union falle.[312] Jedenfalls fängt § 35 Abs. 2 S. 2 SGB I die mög-

---

[305] *Weichert*, MedR 2020, 539 (540).

[306] *Mester*, in: Taeger/Gabel (Hrsg.), DSGVO – BDSG – TTDSG, 4. Aufl. 2022, Art. 9 DSGVO Rn. 15; *Herbst*, in: Körner u. a. (Hrsg.), BeckOGK SGB X, Stand: 15.5.2025, § 75 SGB X Rn. 42.

[307] *Herbst*, in: Körner u.a. (Hrsg.), BeckOGK SGB X, Stand: 15.5.2025, § 75 SGB X Rn. 42.

[308] *Herbst*, in: Körner u.a. (Hrsg.), BeckOGK SGB X, Stand: 15.5.2025, § 75 SGB X Rn. 40.

[309] *Herbst*, in: Körner u.a. (Hrsg.), BeckOGK SGB X, Stand: 15.5.2025, § 75 SGB X Rn. 41.

[310] *Herbst*, in: Körner u.a. (Hrsg.), BeckOGK SGB X, Stand: 15.5.2025, § 75 SGB X Rn. 46.

[311] § 2 II. 3.

[312] *Krönke/Tschachler*, Rechtswissenschaftliche Studie zum Thema Opt-out-Modelle für die Elektronische Patientenakte aus datenschutzrechtlicher Perspektive, S. 20.

liche Schutzlücke auf und ordnet die Geltung der DSGVO für Fälle an, die nicht in den Anwendungsbereich der DSGVO fallen.[313] Gleichwohl bleiben Regelungslücken, nämlich für Gesundheitsdaten, die zugleich keine Sozialdaten sind. Relevant ist dies, wenn Gesundheitsdaten (wie Befunde) durch den Arzt erhoben werden. Dieser ist keine Stelle im Sinne von § 35 Abs. 1 SGB I, sodass keine Sozialdaten vorliegen.

b) Datentransparenzverfahren, §§ 303a ff. i. V. m. § 303e Abs. 2 SGB V

Ziel der durch das Digitale-Versorgung-Gesetz geänderten Regelungen der §§ 303a ff. SGB V ist es, einen verbesserten Zugang zu den Sozialdaten der Krankenkassen und eine breitere wissenschaftliche Nutzung unter Wahrung des Sozialdatenschutzes zu ermöglichen.[314] Die Normen der §§ 303a ff. SGB V stützen sich im Bereich der wissenschaftlichen Forschung vorrangig auf die Öffnungsklauseln des Art. 9 Abs. 2 lit. j i. V. m. Art. 89 DSGVO, sodass es eines Rückgriffs auf die DSGVO nur in Fällen bedarf, in denen das SGB keine abschließenden Regelungen trifft, z. B. für Betroffenenrechte oder für institutionelle Vorgaben.[315] Das SGB V regelt nur die Nutzung von Sozialdaten, nicht von sämtlichen Gesundheits- bzw. Behandlungsdaten der Betroffenen.

Das *Forschungsdatenzentrum*[316] (früher: „Datenaufbereitungsstelle“) soll nach § 303d Abs. 1 Nr. 10 SGB V[317] die wissenschaftliche Erschließung der Daten fördern – bei gleichzeitiger Bewertung des spezifischen Re-Identifikationsrisikos, welches unter angemessener Wahrung des angestrebten wissenschaftlichen Nutzens durch geeignete Maßnahmen minimiert werden soll (Nr. 5). Das Forschungsdatenzentrum (FDZ) wird im Bundesinstitut für Arzneimittel und Medizinprodukte (BfArM), welches dem Bundesgesundheitsministerium nachgeordnet ist, aufgebaut.[318]

---

[313] *Krönke/Tschachler*, Rechtswissenschaftliche Studie zum Thema Opt-out-Modelle für die Elektronische Patientenakte aus datenschutzrechtlicher Perspektive, S. 20; *Schifferdecker*, in: Körner u. a. (Hrsg.), BeckOGK SGB I, Stand: 15.5.2024, § 35 SGB I Rn. 7.

[314] BR-Drs. 360/19, S. 34.

[315] *Kühling/Schildbach*, NZS 2020, 41 (45).

[316] Neben dem *Forschungsdatenzentrum* nimmt die *Vertrauensstelle* Aufgaben der Datentransparenz wahr; beides sind öffentliche Stellen des Bundes, die räumlich, organisatorisch und personell eigenständig sind und allein der Rechtsaufsicht des BMG unterliegen (§ 303a Abs. 1, 2 SGB V): *Weichert*, MedR 2020, 539 (540).

[317] Bei § 303d SGB V handelt es sich um eine Verarbeitungsbefugnis i. S. d. Art. 6 Abs. 1 lit. e, Abs. 2, Abs. 3 lit. b i. V. m. Art. 9 Abs. 2 lit. h, i, j DSGVO: BR-Drs. 360/19, S. 79.

[318] *Weichert*, GuP 2023, 183 (185).

aa) Ablauf

Nach § 303e Abs. 2 Nr. 4 SGB V dürfen Daten, die beim Forschungsdatenzentrum gespeichert sind, für die Forschung verarbeitet werden, soweit dies zur Erfüllung von Aufgaben der Nutzungsberechtigten aus § 303e Abs. 1 SGB V erforderlich ist. Das Forschungsdatenzentrum (§ 303d SGB V) übernimmt die Funktion eines Datentreuhänders für Anfragen der nutzungsberechtigten Forschenden, wobei dort zur Wahrung der Betroffeneninteressen nur pseudonymisierte Daten gespeichert werden.[319] Zu den Berechtigten gehören Hochschulen sowie Hochschulkliniken und sonstige Einrichtungen mit der Aufgabe unabhängiger, wissenschaftlicher Forschung (Abs. 1 Nr. 8). Das Forschungsdatenzentrum speichert die Daten, bereitet diese auf und wertet sie aus (§ 303d Abs. 1 SGB V), wobei der Kreis der Nutzungsberechtigten nach § 303e Abs. 1 SGB V lang ist und auch Einrichtungen unabhängiger Forschung umfasst. Gegenüber der früheren Rechtslage dürfen auch öffentlich geförderte außeruniversitäre Forschungseinrichtungen Daten nutzen und sind insofern nutzungsberechtigt, wie die *Fraunhofer-*, *Helmholtz-* oder *Max-Planck*-Gesellschaft oder die *Leibniz*-Gemeinschaft.[320]

Abs. 2 regelt, zu welchen Zwecken die Nutzungsberechtigten Daten verarbeiten dürfen (Nr. 4 nennt die wissenschaftliche Forschung), während Abs. 5 festlegt, dass die bereitgestellten Daten nur für die Zwecke genutzt werden dürfen, zu denen sie zugänglich gemacht wurden (§ 303e Abs. 5 S. 1 Nr. 1 SGB V). Die gesetzlichen Krankenkassen liefern die pseudonymisierten Daten jedes Versicherten an den Spitzenverband Bund der Krankenkassen (GKV-Spitzenverband), der die Daten wiederum ohne Lieferpseudonym mit einer Arbeitsnummer versieht und Daten über Alter, Geschlecht, Wohnort, Versicherungsverhältnis sowie Kosten- und Leistungsdaten an das Forschungsdatenzentrum übermittelt.[321] Grundsätzlich sollen nur anonymisierte und aggregierte Daten nach § 303e Abs. 3 S. 4 SGB V weitergegeben werden. Diese Norm erlaubt nach Abs. 4 jedoch auch eine pseudonymisierte Weitergabe, sofern dies für die Verarbeitung der nutzungsberechtigten Stelle erforderlich ist.[322] Dabei dürfen die Pseudonyme nicht sichtbar gemacht und nur an

---

[319] BT-Drs. 19/18793, S. 130. Zum Begriff des Datentreuhänders § 6 I. 3. c) bb) (2).

[320] *Weichert*, MedR 2020, 539 (541).

[321] *Weichert*, MedR 2020, 539 (540).

[322] *Kühling/Schildbach*, NZS 2020, 41 (43, 46): Der Gesetzgeber sollte klarstellen, dass „Anonymisierung" wie in der DSGVO zu verstehen ist, damit sich im nationalen Recht nicht ein absolutes Anonymisierungsverständnis etabliert. Das Erforderlichkeitskriterium muss verfassungskonform ausgelegt werden. Verfassungsrechtlich darf es kein staatliches Wächtertum über Forschung geben (dazu § 3 I. 1. u. 2.). Damit dürfen öffentliche Stelle nicht überprüfen, ob das gewählte Forschungsdesign richtig ist und nur auf die Daten zugreift, die für die Beantwortung der Forschungsfrage (wirklich) vonnöten sind. Denn ansonsten käme es einem Vorschreiben gleich, welche Daten Forschende zu verarbeiten haben. Das Erforderlichkeitskriterium ist im forschungssensiblen Kontext maßvoll und nur mit Blick auf eine plausible Beeinträchtigungen des Datenschutzgrundrechts bzw. des RiS zu nutzen: *Kühling/Schildbach*, NZS 2020, 41 (47).

Personen weitergegeben werden, die einer Geheimhaltungspflicht nach § 203 StGB unterliegen und durch geeignete technische und organisatorische Maßnahmen sicherstellen, dass die Datenverarbeitung auf das erforderliche Maß beschränkt bleibt (§ 303e Abs. 4 S. 2 SGB V). Dabei verfehlt der Verweis auf § 203 StGB sein Ziel, denn Forschende unterliegen nur einer Geheimhaltungspflicht, wenn das fremde Geheimnis ihnen zugleich in ihrer beruflichen Eigenschaft als Arzt anvertraut wurde oder bekannt geworden ist.[323] Dies ist nur bei Forschung mit selbst erhobenen Patientendaten der Fall. Daran mangelt es, wenn ihnen pseudonymisierte Daten von Dritten übermittelt werden. Dies ist indes unerheblich, da Forschende gem. § 303e Abs. 4 S. 3 SGB V vor Zugang zu den Daten durch Erklärung gegenüber dem Forschungsdatenzentrum zur Geheimhaltung verpflichtet werden können.

bb) Verfassungsrechtliche Bedenken

Wenngleich das Sammeln und Speichern großer Mengen sensibler Gesundheitsdaten für die medizinische Forschung zu begrüßen ist, wird Kritik laut, dass es zu wenig autonomiesichernde Maßnahmen zugunsten der Betroffenen gibt. Insbesondere ist weder bei der Datenübermittlung (§ 303b SGB V) noch bei der darauffolgenden Datenverarbeitung (§ 303e SGB V) eine Widerspruchsmöglichkeit vorgesehen.[324] Kritisiert wird damit die fehlende Mitwirkung des Betroffenen, der weder Widerspruchs- noch Auskunftsrecht hat.[325] Gerade bei seltenen Erkrankungen oder sonstigen Einzigartigkeiten versichertenbezogener Einzeldatensätze besteht ein ausgeprägtes Re-Identifizierungsrisiko und ein erheblicher Grundrechtseingriff.[326] Zwar hat das Bundesverfassungsgericht einen Antrag im Wege der einstweiligen Anordnung abgelehnt, in dem die Außerkraftsetzung der Vorschriften über das Transparenzverfahren gefordert wurde, dennoch wurden Zweifel an der Verfassungsmäßigkeit laut.[327] So kritisierte der Antragssteller, der unter einer seltenen Erbkrankheit litt, eine Missbrauchsgefahr und einen Zugriff durch Unberechtigte, da solche Gefahren größeren Datensammlungen stets inhärent seien; darüber hinaus sei die massenhafte Datenverarbeitung aller gesetzlich Versicherten

---

[323] *Cierniak/Niehaus*, in: MüKo-StGB, 5. Aufl. 2025, § 203 StGB Rn. 45; *Tag*, in: Dölling u. a. (Hrsg.), HK-Gesamtes Strafrecht, 5. Aufl. 2022, § 203 StGB Rn. 34; Ausführlich § 6 I. 3. cc).

[324] *Spitz*, Sekundärnutzung von Behandlungsdaten für medizinische Forschungszwecke, 2024, S. 478. In der seit Februar 2025 geltenden Forschungsdatenzentrum Gesundheit-Verordnung (FDZGesV) werden die jedes Quartal zu übermittelnden Daten hinsichtlich Art und Umfang präzisiert, vgl. § 3 FZDGesV.

[325] *Weichert*, MedR 2020, 539 (542 f.).

[326] *Kühling/Schildbach*, NZS 2020, 41 (44): Diese Gefahr greift auch bei Zusatzwissen: Kennt man einige Merkmale des Betroffenen (z. B. Alter und Wohnort), wann er zuletzt einen Arzt oder ein Krankenhaus aufgesucht hat und weiß, dass er an zwei bestimmten Erkrankungen leidet, ist der Einzeldatensatz recht unproblematisch auffindbar; BVerfG, Beschl. v. 19. 3. 2020, Az. 1 BvQ 1/20 Rn. 13.

[327] BVerfG, Beschl. v. 19. 3. 2020, Az. 1 BvQ 1/20.

in der Bundesrepublik unverhältnismäßig.[328] Abgelehnt wurde der Antrag zum einen, weil das Bundesverfassungsgericht bei der Aussetzung des Vollzugs eines bereits in Kraft getretenen Gesetzes besonders strenge Beurteilungsmaßstäbe anlegt, zum anderen sind die Fragen betreffend der verfassungsrechtlichen Datenschutzdogmatik so komplex, dass diese im Eilverfahren nicht ausreichend geklärt werden konnten.[329] Das Hauptverfahren ist ausstehend.[330]

c) Datenspende nach § 363 Abs. 8 SGB V

Die Norm des § 363 SGB V erlaubt die Datenfreigabe zu Forschungszwecken auf Grundlage der Abs. 1–7 zugunsten der Verwendung durch das Forschungsdatenzentrum nach § 303d oder nach § 363 Abs. 8 SGB V für sonstige Forschungsvorhaben.[331] Die Datenspendeoption des Abs. 8 S. 1 schafft auf Grundlage des Erlaubnistatbestandes des Art. 9 Abs. 2 lit. a DSGVO und der abschließenden Regelung des Bundes im Bereich der konkurrierenden Gesetzgebungszuständigkeit von Art. 74 Abs. 1 Nr. 12 Var. 2 (Sozialversicherung) eine bereichsspezifische Regelung, die als *lex specialis* den Regelungen von Bund- und Landesdatenschutzgesetzen vorgeht.[332] § 363 Abs. 8 SGB V erlaubt den Versicherten der gesetzlichen Krankenversicherung, ihre Daten aus der ePA auf Grundlage einer „informierten Einwilligung“ für bestimmte Forschungsvorhaben oder bestimmte Bereiche wissenschaftlicher Forschung zu *spenden.* Der Grund dieser Sonderregelung liegt darin, dass weder das Forschungsdatenzentrum noch Forschende als Zugriffsberechtigte der ePA genannt werden (vgl. § 352 SGB V). Der § 363 Abs. 8 stellt damit klar, dass auch andere als die in § 303e SGB V aufgezählten Stellen und Forschungsvorhaben privilegiert werden können. Die Wortwahl bezüglich der „informierten Einwilligung“ impliziert eine möglichst konkrete und enge Zweckbestimmung. Die Norm will aber gerade eine Zweckbegrenzung auf weite Forschungsbereiche zulassen. Damit ist die Wortwahl irreführend. Sollte eine informierte Einwilligung erforderlich sein, müsste die Zweckbestimmung eng sein, sodass die Norm ihren Zweck – das Zulassen einer weiten Zweckbestimmung – nicht erreicht. Sinn und Zweck der Vorschrift ist eine Lockerung der Anforderungen an die Mindestvorgaben einer Einwilligung.[333] Dazu steht im Widerspruch, dass die Einwilligung auf Grundlage der Art. 6 Abs. 1 lit. a DSGVO und Art. 9 Abs. 2 lit. a DSGVO beruhen soll.[334]

---

[328] BVerfG, Beschl. v. 19.3.2020, Az. 1 BvQ 1/20 Rn. 5.

[329] BVerfG, Beschl. v. 19.3.2020, Az. 1 BvQ 1/20 Rn. 8, 10.

[330] Stand Oktober 2025.

[331] *Kircher*, in: Becker/Kingreen, SGB V, 9. Aufl. 2024, § 363 SGB V Rn. 34.

[332] *Berry*, GesR 2021, 553 (554).

[333] *Kircher*, in: Becker/Kingreen, SGB V, 9. Aufl. 2024, § 363 SGB V Rn. 35.

[334] Es handelt sich nicht um eine Befugnisnorm, es soll lediglich klargestellt werden, dass die Einwilligung nach Art. 6 Abs. 1 lit. a, Art. 9 Abs. 2 lit. a DSGVO nicht unter das Diskriminierungsverbot des § 335 Abs. 2 fallen soll: BT-Drs. 19/18793, S. 132.

3. Gesundheitsdatennutzungsgesetz (GDNG)

Bereits in der 19. Legislaturperiode wurden Anstrengungen unternommen, die Digitalisierung im Gesundheitswesen voranzutreiben, bspw. mit dem Patientendatenschutzgesetz (PDSG). Die Regierung der 20. Legislaturperiode (2021–2025) setzte diese Anstrengungen u. a. mit der verpflichtenden elektronischen Patientenakte ab Oktober 2025 (seit Mitte Januar 2025 zunächst in Modellregionen) sowie der Einführung eines eigenen Gesetzes zur verbesserten Nutzung von Gesundheitsdaten (Gesundheitsdatennutzungsgesetz – GDNG) fort. Obgleich das GDNG verspricht, die Sekundärnutzung von Versorgungsdaten zu Forschungszwecken auf Bundesebene zu regeln und damit an den geplanten EHDS anknüpft,[335] bleibt die Hauptfrage dieser Arbeit – nämlich eine Mobilisierung der bereits erhobenen Daten für die Sekundärnutzung für medizinische Forschung – weitgehend ungeklärt.[336] Das im März 2024 in Kraft getretene GDNG verspricht, den Schutz sensibler Daten zu verbessern sowie ihre wissenschaftliche Nutzung zu effektuieren.[337] Dabei wird die Chance vertan, das Verhältnis zu den Landeskrankenhausgesetzen zu klären, welche in der Gesetzesbegründung und den Stellungnahmen des Bundesministerium für Gesundheit (BMG) unerwähnt bleiben.[338] Es ist unklar, für welchen Adressatenkreis das GDNG gelten soll. Teilweise wird es als Annex zu den Sozialgesetzbüchern gesehen, sodass es nur gesetzlich Versicherte erfassen soll, gleichwohl gibt der Wortlaut für eine solche Ungleichbehandlung keine Anhaltspunkte, die vor dem Hintergrund des Art. 3 GG auch nicht zu rechtfertigen wäre.[339]

Ähnlich wie im EHDS sollen Daten nach Antrag eines Datennutzenden durch eine „datenhaltende Stelle“ im Sinne des § 2 Abs. 3 GDNG zur Verfügung gestellt werden, weshalb diese Stellen nach § 3 Abs. 2 Nr. 1 GDNG einen öffentlichen Metadaten-Katalog führen, worin sich Informationen über die vorhandenen Gesundheitsdaten finden, die gesammelt werden.[340] Anders als beim Europäischen Raum für Gesundheitsdaten wird der Antrag direkt an die datenhaltende Stelle gerichtet, wobei eine Unterstützung durch die Datenzugangs- und Koordinierungsstelle erfolgt.[341] Anders als die grundsätzliche Anonymisierungspflicht nach dem EHDS, sieht das GDNG eine doppelte Pseudonymisierung unter Einsatz einer Vertrauensstelle nach § 303c SGB V vor.[342]

---

[335] BT-Drs. 20/9046, S. 2; *Böning*, ZD-Aktuell 2024, 01695.

[336] *Buchheim*, PharmR 2022, 546 (546).

[337] *Gassner*, ZRP 2023, 34 (34).

[338] *Rauch/Richters/Naucke*, GesR 2024, 218 (220).

[339] *Weichert*, GuP 2023, 183 (186).

[340] *Werry/Ntanas*, MMR 2024, 641 (645).

[341] *Werry/Ntanas*, MMR 2024, 641 (645).

[342] *Werry/Ntanas*, MMR 2024, 641 (645).

Hinsichtlich der „Weiterverarbeitung von Versorgungsdaten [...] zu Forschungszwecken“ führt das GDNG kleine Änderungen in § 6 GDNG ein, die der folgende Abschnitt aufzeigt.

a) Privilegierung der Eigenforschung

§ 6 Abs. 1 S. 1 Nr. 2 GDNG privilegiert die Sekundärdatennutzung zu medizinischen Forschungszwecken von selbst erhobenen Daten (sog. Eigenforschung).[343] Dies erlaubt den sog. „datenverarbeitenden Gesundheitseinrichtungen“ (legaldefiniert in § 2 Nr. 7 GDNG), also Ärzten und Kliniken, die bei ihnen erhobenen und zu Behandlungszwecken genutzten Daten weiterzuverarbeiten, „soweit dies [...] zur medizinischen [...] Forschung [erforderlich ist]“ (§ 6 Abs. 1 S. 1 Nr. 2 GDNG). Grundsätzlich ist diese Klarstellung erfreulich, besteht bei selbst erhobenen Daten doch ein durchgehender Schutz der Wissenschaftsfreiheit und sind diese deshalb besonders schützenswert.[344] Es bleibt unklar, wer von dieser Erlaubnis profitiert: Das Gesetz spricht von „datenverarbeitenden Gesundheitseinrichtungen“ in ihrer Gänze. In den Gesetzeserwägungen wird dagegen neben der Gesundheitseinrichtung besonders auf den „datenschutzrechtlich verantwortlichen Angehörigen eines Heilberufes, den die betroffene Person aus dem Versorgungskontext kennt und [der] sich auf das Arzt-Patienten-Verhältnis berufen kann“ abgestellt.[345] Dies spricht dafür, dass in großen Kliniken, wie Universitätskliniken, nicht jeder forschende Arzt auf die Behandlungsdaten des gesamten Hauses zugreifen darf, vielmehr wird man sich dort auf die Abteilung beschränken. Dies ist für den Patienten auch nicht überraschend, denn es ist üblich in Kliniken von mehreren Ärzten behandelt zu werden.

b) Keine Neuerungen für „Dritte“

Die datenverarbeitenden Gesundheitseinrichtungen dürfen Daten nicht an Dritte weitergeben (§ 6 Abs. 3 S. 1 GDNG), also an Personen, die außerhalb der Gesundheitseinrichtung stehen. Damit bleibt es für diese Forschenden bei den bestehenden Regelungen, die eine Weitergabe erlauben. Ausweislich der Gesetzesbegründung soll ein Abfließen von Daten an Dritte vermieden werden.[346] Damit verpasst der Gesetzgeber die Chance, Daten aus anderen Gesundheitseinrichtungen nutzbar zu machen.

---

[343] Dazu auch *Berry*, DuD 2025, 115 (118).

[344] Dazu bereits § 3 I. 2. e); *Berry*, DuD 2025, 115 (118).

[345] BT-Drs. 20/9046, S. 58.

[346] BT-Drs. 20/9046, S. 57. Ausführlich *Berry*, DuD 2025, 115 (118 f.).

c) *Ausnahme für öffentlich geförderte Zusammenschlüsse*

§ 6 Abs. 3 S. 4 GDNG enthält eine neue Forschungsklausel und damit eine Ausnahme vom Verbot der Weitergabe von Behandlungsdaten an Dritte, nämlich im Fall öffentlich geförderter Zusammenschlüsse datenverarbeitender Gesundheitseinrichtungen. Solche öffentlich geförderten Zusammenschlüsse dürfen Daten nach Abs. 1, die von einem der beteiligten Gesundheitseinrichtungen erhoben wurden, gemeinsam nutzen und verarbeiten. Die Voraussetzungen ähneln denen in § 27 BDSG oder den Landesforschungsklauseln: Zunächst muss die Datenverarbeitung zu Zwecken medizinischer Forschung erforderlich sein (Nr. 1), kompensierende Sicherungsmaßnahmen wie Pseudonymisierungs- oder Anonymisierungspflichten sind einzuhalten (Nr. 2), die Interessen der Forschenden als datenschutzrechtliche Verantwortliche müssen den Interessen der Betroffenen an einem Ausschluss der Datenverarbeitung erheblich überwiegen (Nr. 3) und schließlich muss die zuständige Datenschutzaufsichtsbehörde der gemeinsamen Nutzung und Verarbeitung der Daten zugestimmt haben (Nr. 4).

d) *Fazit des GDNG*

Statt der disparaten Gesetzeslandschaft abzuhelfen, führt das GDNG zu einem weiteren Puzzlestück im normativen Flickenteppich. Überdies bleibt das Verhältnis zu den Spezialregelungen in den Landeskrankenhausgesetzen unklar, die stellenweise selbst Regelungen bezüglich der Datenweitergabe zum Zwecke der Eigenforschung aufstellen. Kritik des Bundesrates an einer möglichen Kompetenzanmaßung des Bundes, weist dieser mit der Floskel zurück, dass Länderkompetenzen insofern bestehen blieben, als der Bund mit § 6 GDNG nicht von seiner Gesetzgebungszuständigkeit Gebrauch gemacht habe.[347]

III. Forschungsklauseln auf Länderebene

Auf Länderebene finden sich mit dem § 27 BDSG verwandte und an diese Norm angelehnte Formen von Forschungsklauseln. Die Landesdatenschutzgesetze beabsichtigen, sicherzustellen, dass für sämtliche öffentliche Stellen ein vollumfängliches Datenschutzregime anwendbar ist.[348]

---

[347] BT-Drs. 20/9046, S. 97 f.

[348] *Sicko*, in: Debus/Sicko (Hrsg.), HK-LDSG BW, 2022, § 2 LDSG BW Rn. 27. Die EU darf nur i. R. d. übertragenen und übertragbaren Kompetenzen tätig werden § 2 II. 3.

1. Landesdatenschutzgesetze

Es finden sich Parallelen zwischen den einzelnen Landesdatenschutzgesetzen untereinander, sowie zum Bundesdatenschutzgesetz. Dennoch ist keine Regelung mit einer anderen identisch. Neben variierenden Maßstäben in der Interessenabwägung, gibt es mal strengere, mal weitere Voraussetzungen. Während manche Landesdatenschutzgesetze spezifische Regelungen für die Verarbeitung sensibler Daten enthalten,[349] regeln andere Länder alle Kategorien personenbezogener Daten einheitlich.[350] Das bedeutet, dass alle Forschungsklauseln zumindest *auch* die Verarbeitung von sensiblen Gesundheitsdaten erlauben.[351] Die Länder haben sich nicht auf eine einheitliche Nutzung der Öffnungsklausel aus Art. 9 Abs. 2 lit. j DSGVO geeinigt, sodass keine Synergieeffekte für Datenschutzkonzepte aus anderen Ländern übernommen werden können. Differenzen in den Ländern können zusätzlich durch unterschiedliche Auslegungsarten der jeweiligen Datenschutzbehörden verschärft werden.

Dem Art. 5 Abs. 1 lit. b DSGVO entsprechend, weisen alle Landesgesetze Regelungen über eine Zweckänderung bei wissenschaftlichen Forschungsvorhaben auf. Dabei verlangen manche Gesetze eine Zweckänderung für bestimmte Forschungszwecke,[352] andere Gesetze reden nur von Forschungszwecken. Dabei unterscheiden sich die Bundesländer bei der Frage, welcher Prüfungsmaßstab bei einer Zweckänderung zugrunde gelegt werden soll. Alle Bundesländer erlauben eine zweckgeänderte Weiterverarbeitung von Daten zu wissenschaftlichen Forschungszwecken ohne Einwilligung auf Grundlage einer Güterabwägung. Auf diese Weise wird das datenschutzrechtliche Verbotsprinzip durch die Möglichkeit einer Rechtfertigung auf Grundlage (erheblich) überwiegender Interessen abgemildert, da eine Interessenabwägung anstelle einer Erlaubnisnorm (wie der Einwilligung) tritt.[353] Die Länder haben sich nicht auf einen einheitlichen Maßstab geeinigt, sodass es zahlreiche Unterschiede und damit Rechtsunsicherheiten gibt. Nur ein Land verlangt, den Prozess der Abwägung (Ergebnis sowie Begründung) zu dokumentieren.[354]

Die Länder Baden-Württemberg, Brandenburg, Hessen, Niedersachsen, Nordrhein-Westfalen, Sachsen und Schleswig-Holstein weisen in ihren Regelungen die

---

[349] Etwa Art. 8 BayDSG; § 13 BremDSGVOAG; § 24 Abs. 1 HDSIG.

[350] § 11 HmbDSG; § 17 BlnDSG; § 13 LDSG-BW; § 17 DSG NRW.

[351] Hintergrund ist, dass einige Gesetzgeber den Art. 5 Abs. 1 lit. b DSGVO als abschließend betrachten und somit nur eine Regelung für sensitive Daten nach Art. 9 DSGVO vorgenommen haben: *Bernhardt/Ruhmann/Weichert*, Netzwerk Datenschutzexpertise – Die Forschungsklauseln im neuen Datenschutzrecht, 2018, S. 5.

[352] § 25 Abs. 1 S. 1 BbgDSG; § 11 Abs. 1 S. 1 HmbDSG.

[353] *Wolff*, in: Wolff/Brink/v. Ungern-Sternberg, BeckOK DatenschutzR, 53. Aufl. v. 1.8. 2025, Syst. A. Prinzipien des Datenschutzrechts Rn. 18.3.

[354] § 13 Abs. 1 S. 2 NDSG. Ebenso *Bernhardt/Ruhmann/Weichert*, Netzwerk Datenschutzexpertise – Die Forschungsklauseln im neuen Datenschutzrecht, 2018, S. 6.

Gemeinsamkeit auf, dass das Interesse des Verantwortlichen an der Datenverarbeitung zu wissenschaftlichen Forschungszwecken den Interessen der Betroffenen am Ausschluss der Verarbeitung ihrer Daten *überwiegen* muss.[355] Bei § 13 NDSG genügt es bereits, wenn die Art und Weise der Datenverarbeitung darauf schließen lässt, dass ein schutzwürdiges Interesse der Betroffenen nicht entgegensteht.[356]

Die Länder Bayern, Berlin, Bremen, Hamburg, Mecklenburg-Vorpommern, Rheinland-Pfalz, Saarland, Sachsen-Anhalt und Thüringen fordern strengere Voraussetzungen an die Interessenabwägung, insofern als dass Forschungsinteressen gegenüber den Betroffenenrechten *erheblich* überwiegen müssen.[357]

Die Landesdatenschutzgesetze gelten für Krankenhäuser in öffentlicher Trägerschaft der Länder,[358] sofern nicht spezielle und damit vorrangige Vorschriften im Rahmen der Landeskrankenhausgesetze greifen. Befinden sich diese öffentlichen Stellen in einer Wettbewerbssituation, unterfallen sie – wie nicht-öffentliche Stellen – dem Bundesdatenschutzgesetz.[359]

In einigen Landesdatenschutzgesetzen bestehen Ausnahmeregelungen. Diese sehen eine Gleichsetzung von öffentlich-rechtlichen Stellen, die am Wettbewerb teilnehmen und personenbezogene Daten in Ausübung ihrer wirtschaftlichen Tätigkeit verarbeiten, mit nicht-öffentlichen Stellen vor, und erklären die für nicht-öffentliche Unternehmen geltenden Vorschriften auf öffentliche Unternehmen für anwendbar.[360]

Eine Wettbewerbssituation besteht regelmäßig bei medizinischer Forschung in Krankenhäusern, weil diese mit anderen Krankenhäusern konkurrieren, etwa indem sie um Drittmittelprojekte wetteifern.[361] Für Universitätskliniken, die in der Regel

---

[355] § 13 LDSG BW; § 25 Abs. 1 BbgDSG; § 24 Abs. 1 HDSIG § 17 Abs. 1 DSG NRW; § 12 Abs. 1 SächsDSDG; § 13 Abs. 1 S. 1 Nr. 2 LDSG SH.

[356] *Krügel*, in: Krügel/Schmieder (Hrsg.), HK-NDSG, 2023, § 13 NDSG Rn. 17.

[357] Art. 8 Abs. 1 S. 1 Nr. 5 i. V. m. Art. 6 Abs. 2 Nr. 3 lit. c BayDSG; § 17 Abs. 1 S. 1 BlnDSG; § 13 Abs. 1 BremDSGVOAG; § 11 Abs. 1 S. 2 HmbDSG; § 9 Abs. 1 S. 1 DSG M-V; § 13 Abs. 1 S. 1 NDSG; § 22 Abs. 1 LDSG RhPf; § 23 Abs. 1 S. 1 SaarlDSG; § 27 Abs. 4 S. 1 DSAG LSA; § 16 Abs. 2 Nr. 3 ThürDSG. Zu den einzelnen Nuancen: *Bernhardt/Ruhmann/Weichert*, Netzwerk Datenschutzexpertise – Die Forschungsklauseln im neuen Datenschutzrecht, 2018, S. 5 f.

[358] § 2 Abs. 1 S. 1 LDSG BW; Art. 1 Abs. 1 S. 1 BayDSG; § 2 Abs. 1 BlnDSG; § 2 Abs. 1 S. 1 BbgDSG; § 2 Abs. 1 BremDSGVOAG; § 2 Abs. 1 HmbDSG; § 1 Abs. 1 HDSI; § 2 Abs. 1 DSG M-V; § 1 Abs. 1 NDSG; § 5 Abs. 1 DSG NRW; § 2 LDSG RhPf; § 2 Abs. 1 Saarl-DSG; § 2 Abs. 1 DSAG LSA; § 2 Abs. 1, 2 SächsDSDG; § 2 Abs. 1 LDSG SH; § 2 Abs. 1, 2 ThürDSG.

[359] *Graf von Kielmansegg*, VerwArch 2021, 133 (154).

[360] § 2 Abs. 6 S. 1 LDSG BW; § 2 Abs. 2 S. 1 HDSI; § 1 Abs. 4 NSDG; § 2 Abs. 5 LDSG SH.

[361] *Dierks/Kircher/Husemann u. a.*, Rechtsgutachten – Lösungsvorschläge für ein neues Gesundheitsforschungsdatenschutzrecht in Bund und Ländern, 2019, S. 39. Für eine Differenzierung plädierend, nachdem die Forschungstätigkeit von Krankenhäusern nur als Wettbewerbssituation eingeordnet werden soll, wenn sie als entgeltliche Dienstleistung auf dem

rechtsfähige Anstalten des öffentlichen Rechts sind,[362] gelten nach einigen Landesregelungen die Vorschriften für nicht-öffentliche Unternehmen entsprechend. Damit bleibt für medizinische Forschung in den Landesdatenschutzgesetzen kein eigener Anwendungsbereich, sofern ein Landeskrankenhausgesetz datenschutzrechtliche Vorgaben für Forschungsvorhaben trifft.[363]

Die Möglichkeit zu Ausnahmeregelungen des Art. 89 Abs. 2 DSGVO haben Bund und Länder verschiedentlich genutzt. Es unterscheiden sich Anwendungsbereiche (so fehlen statistische Zwecke in den „reinen" Forschungsklauseln von Bayern, Brandenburg, Niedersachsen und des Saarlandes), Einschränkungen (bestimmte Forschungsbereiche oder bestimmte Akteure) und die nähere Ausgestaltung der Güterabwägung (überwiegen oder erheblich überwiegen).[364] Was bleibt, ist eine fehlende Vergleichbarkeit und Ungewissheit, wann welches Gesetz anwendbar ist.

2. Landeskrankenhausgesetze

Landeskrankenhausgesetze sind gegenüber den Landesdatenschutzgesetzen spezieller, soweit es um medizinische Forschung in Krankenhäusern geht. Sie gehen den Landesdatenschutzgesetzen vor, sofern eine echte Konfliktlage besteht. Treffen die bereichsspezifischen Vorschriften keine Regelung, kommen die Landesdatenschutzgesetze zum Tragen.[365] Bei den Landeskrankenhausgesetzen fehlt es an einer parallelen Regelungsstruktur untereinander, sie lassen kein gemeinsames Konzept erkennen.[366] Der sachliche Anwendungsbereich ist bei „Patientendaten" eröffnet, die einen Unterfall personenbezogener Daten darstellen, und in den verschiedenen Gesetzen unterschiedlich – oder eben gar nicht – definiert werden.[367] Nur einige Landeskrankenhausgesetze verweisen auf die DSGVO. Dies wird teils als problematisch angesehen, weil die DSGVO nur im Anwendungsbereich des Unionsrechts gelte.[368] Fast immer wird eine Datenerhebung von Patientendaten für die Primär-

---

Markt angeboten wird (z. B. bei Beteilungen an kommerziell betriebenen klinischen Studien) oder wenn sie integraler Bestandteil anderen Wettbewerbshandeln (Patientenversorgung) ist: *Graf von Kielmansegg*, VerwArch 2021, 133 (159).

[362] Etwa § 1 Abs. 1 UKVO NRW; § 1 Abs. 1 UKG BW.

[363] *Dierks/Kircher/Husemann u. a.*, Rechtsgutachten – Lösungsvorschläge für ein neues Gesundheitsforschungsdatenschutzrecht in Bund und Ländern, 2019, S. 39.

[364] Näher: *Sicko*, in: Debus/Sicko (Hrsg.), HK-LDSG BW, 2022, § 2 LDSG BW Rn. 9.

[365] *Dierks/Kircher/Husemann u. a.*, Rechtsgutachten – Lösungsvorschläge für ein neues Gesundheitsforschungsdatenschutzrecht in Bund und Ländern, 2019, S. 50.

[366] Harsche Kritik übend *Buchner*, DuD 2022, 555 (557).

[367] Ausführlich *Dierks/Kircher/Husemann u. a.*, Rechtsgutachten – Lösungsvorschläge für ein neues Gesundheitsforschungsdatenschutzrecht in Bund und Ländern, 2019, S. 39 ff.

[368] A. A. *Dierks/Kircher/Husemann u. a.*, Rechtsgutachten – Lösungsvorschläge für ein neues Gesundheitsforschungsdatenschutzrecht in Bund und Ländern, 2019, S. 49: Danach

nutzung, d. h. im Behandlungskontext, geregelt, hingegen selten eine Erhebung von Patientendaten zu Forschungszwecken. In einigen Fällen gibt es spezielle landesrechtliche Vorschriften, die eine Datenverarbeitung ohne Einwilligung des Betroffenen für wissenschaftliche Zwecke ausdrücklich umfassen.[369] Bei anderen Gesetzen wurde zwar eine Verarbeitungsgrundlage ohne Einwilligung für bestimmte sekundäre Zwecke geschaffen – ohne jedoch die Forschung dabei zu berücksichtigen.[370] Teils gibt es keine Ausnahmen für Verarbeitungen ohne Einwilligung.[371] Im letzten Fall und im Falle des gänzlichen Fehlens von Datenverarbeitungsgrundlagen[372] ist auf die Landesdatenschutzgesetze Rückgriff zu nehmen; ebenso, wenn auf diese verwiesen wird.[373]

IV. Forschungsklauseln in Spezialgesetzen

Es gilt der Grundsatz *lex specialis derogat legi generali:* Die allgemeinen Bundes-/Landesdatenschutzgesetze sind anwendbar, soweit keine Spezialregelungen existieren. Die Forschungsklauseln im Sozialgesetzbuch oder den Landeskrankenhausgesetzen stellen vorrangig anwendbare Spezialregelungen dar. Daneben finden sich bereichsspezifische Datenschutzregelungen im Gendiagnostik- (GenDG), Arzneimittel- (AMG), Medizinprodukterecht-Durchführungs- (MPDG), Infektionsschutz- (IfSG) oder im Versicherungsvertragsgesetz (VVG).

1. Bereichsspezifische Forschungsklauseln

Es existieren Forschungsklauseln in § 476 StPO, § 42a BZRG, § 75 SGB X oder § 15g TPG, die wissenschaftliche Forschung betreffen und ähnliche Abwägungsentscheidungen verlangen wie die Forschungsklauseln des Bundes und der Länder. Neben diesen Klauseln gibt es eine Vielzahl an Krankheitsregistern, die für die Epidemiologie bedeutsam sind, da sie Verbreitungen von Krankheiten aufzeigen. Registerstudien nutzen bereits erhobene Daten, die zentral gespeichert werden, und

gelte die DSGVO unmittelbar neben allen Datenschutzgesetzen, sodass ein solcher Verweis höchstens Klarstellungsfunktion besäße.

[369] § 6 Abs. 2 GDSG NW; v. a. Eigenforschung betreffend: Art. 27 Abs. 4 BayKrG; spezielle Regelung für die Verarbeitung von Gesundheitsdaten nach Art. 9 Abs. 1 DSGVO: § 25 BlnLKG; § 31 BbgKHEG und § 27a Abs. 2 ThürKHG, welche vor Offenlegung der Patientendaten ohne Einwilligung die Bestätigung der Rechtsaufsichtsbehörde fordern, dass die Voraussetzungen einer zulässigen Datenübermittlung vorliegen; § 7 Abs. 2 BremKHDSG; § 12 Abs. 1 HmbKHG; § 37 Abs. 2 LKHG M-V; § 37 Abs. 1 RPLKG; § 14 Abs. 2 S. 2 SKHG; § 29 Abs. 3 SächsKHG; § 17 Abs. 1 S. 2 KHG LSA.

[370] § 45 LKHG BW.

[371] § 38 Abs. 1 SHLKHG.

[372] § 33 NKHG regelt nur Datenverarbeitungen durch das Gesundheitsministerium.

[373] § 12 Abs. 3 HKHG 2011 verweist auf § 24 HDSIG.

können daher als „Archetyp einer Sekundärnutzung“ angesehen werden.[374] Es gibt in Deutschland das Transplantationsregister (TxReg), das Deutsche Hämophilieregister (DHR), das Implantatregister Deutschland (IRD), Klinische Krebsregister nach § 65c SGB V sowie Epidemiologische Krebsregister.[375] Bei der Übermittlung an und der Verarbeitung von Daten aus Krankheits- und Forschungsregistern wird die Abwehrdimension des Datenschutzgrundrechts berührt, sodass dort eine verfassungsrechtliche Rechtfertigung des Eingriffs vorliegen muss.[376]

Es geht in der vorliegenden Arbeit jedoch nicht um diese Normen und Fragen ihrer Verfassungskonformität. Denn die Datenverarbeitungen erfolgen nicht auf Grundlage der Wissenschaftsfreiheit, sondern aufgrund anderer Schutzpflichten wie dem Recht auf körperliche Integrität und Leben nach Art. 2 Abs. 2 S. 1 GG bzw. auf Unionsebene aufgrund der Sicherstellung eines hohen Gesundheitsschutzniveaus aus Art. 35 S. 2 GRC. Die Krankheitsregister verfolgen öffentliche Allgemeininteressen nach Art. 9 Abs. 2 lit. i DSGVO. Bei engem Patientenbezug (wie bei klinischen Registern) kommt überdies eine Verarbeitung auf Grundlage von Art. 9 Abs. 2 lit. h DSGVO in Betracht.[377] Es ist damit weder die Öffnungsklausel des Art. 9 Abs. 2 lit. j DSGVO tangiert noch geht es um eine Kollision von Datenschutzgrundrecht und Wissenschaftsfreiheit.

2. Kirchliches Datenschutzrecht

Nach ErwG 165 DSGVO wird im Einklang mit Art. 17 AEUV der in den Mitgliedstaaten bestehende verfassungsrechtliche Status der Kirchen geachtet. Sie bildet mit Art. 140 GG i. V. m. Art. 137 Abs. 3 S. 1 WRV die verfassungsrechtliche Grundlage, damit Kirchen ihre datenschutzrechtlichen Angelegenheiten selbstständig – innerhalb der Schranken der für alle geltenden Gesetze sowie nach Art. 91 Abs. 1 DSGVO im Einklang mit der DSGVO – regeln können.[378] Während bei der katholischen Kirche der Hintergrund des Datenschutzrechtes in den Pflichten und Rechten aller Gläubigen in c. 220 Codex des kanonischen Rechts (CCI) zu sehen

---

[374] *Spitz*, Sekundärnutzung von Behandlungsdaten für medizinische Forschungszwecke, 2024, S. 100.

[375] Näher zu den einzelnen Registern: *Niemeyer/Semler/Veit u. a.*, Gutachten zur Weiterentwicklung medizinischer Register zur Verbesserung der Dateneinspeisung und -anschlussfähigkeit, 2021, S. 55 ff.

[376] *Spitz*, Sekundärnutzung von Behandlungsdaten für medizinische Forschungszwecke, 2024, S. 143.

[377] Dabei besteht bei allen Registern das Problem des Datensammelns auf Vorrat, was dem Datenminimierungsgrundsatz entgegensteht: *Spitz*, Sekundärnutzung von Behandlungsdaten für medizinische Forschungszwecke, 2024, S. 425 f.

[378] *Hammer*, in: Sydow (Hrsg.), HK-Kirchliches Datenschutzrecht, 2021, § 3 KDG Rn. 7; *Eibach*, in: Spiecker gen. Döhmann/Bretthauer (Hrsg.), Dokumentation zum Datenschutz, 92. Aufl. 2023, Datenschutz der Evangelischen Kirche in Deutschland EKD (E 5) Rn. 5.

ist,[379] steht bei der evangelischen Kirche die Tradition um das Beicht- und Seelsorgegeheimnis im Vordergrund.[380] Dabei haben kirchliche Datenschutzgesetze zu Art. 9 DSGVO jeweils entsprechende Klauseln geschaffen,[381] sodass auf diese nicht näher eingegangen wird.

V. Fazit

Datenschutzregelungen finden sich in zahlreichen Gesetzen, die die Suche für den Rechtsanwender verkomplizieren.[382] Grund dafür ist, dass das Datenschutzrecht als Querschnittsmaterie keine klare Kompetenznorm besitzt, die Kompetenz vielmehr akzessorisch aus dem Regelungszusammenhang folgt. Auch die medizinische Forschung kennt nicht die *eine* Kompetenz, weder auf unionsrechtlicher noch auf nationaler Ebene.[383] Angesichts dessen finden sich viele Spezialregelungen auf Bundes- wie auch auf Landesebene wieder, da teils beide Regelungskompetenzen innehaben.[384] Unabhängig von der Problematik der Gesetzgebungskompetenzen bei der Querschnittsmaterie „Datenschutz", bereitet die Menge an Spezialgesetzen Probleme. Diese sind oftmals wenig spezifisch und greifen auf Abwägungsentscheidungen zurück, sodass sie ihr Ziel als Spezialregelung verfehlen.[385]

1. Rechtszersplitterung und Flucht in die Einwilligung

Das unionsrechtliche Regelungssystem weist weite Öffnungsklauseln auf, die die Mitgliedstaaten mit Gestaltungsspielraum ausfüllen. Dabei stellt die deutsche Umsetzung noch keine ausgewogene Balance zwischen Wissenschaftsfreiheit und Datenschutzrecht dar. So werden Gesundheitsdaten auf Grundlage der Öffnungsklausel des Art. 9 Abs. 2 lit. a–j, Abs. 4 DSGVO durch das Bundesdatenschutzgesetz, die Landesdatenschutzgesetze sowie die Landeskrankenhausgesetze oder

[379] *Hammer*, in: Sydow (Hrsg.), HK-Kirchliches Datenschutzrecht, 2021, § 2 KDG Rn. 2. C. 220 CCI lautet in deutscher Übersetzung: „Niemand darf den guten Ruf, den jemand hat, rechtswidrig schädigen, und das persönliche Recht eines jeden auf den Schutz der eigenen Intimsphäre verletzen."

[380] *Eibach*, in: Spiecker gen. Döhmann/Bretthauer (Hrsg.), Dokumentation zum Datenschutz, 92. Aufl. 2023, Datenschutz der Evangelischen Kirche in Deutschland EKD (E 5) Rn. 2.

[381] § 11 Abs. 2 lit. j KDG; § 13 Abs. 2 Nr. 10 DSG-EKD.

[382] *Kühling/Schildbach*, ZfDR 2024, 1 (5).

[383] § 2 II. 3. c).

[384] Ähnlich bereits *Pöttgen*, Medizinische Forschung und Datenschutz, 2009, S. 63. Hinzu kommt, dass aufgrund der zahlreichen Datenschutzgesetze in der Bundesrepublik auch häufig mehrere Datenschutzaufsichtsbehörden und -beauftragte für die Durchsetzung der fragmentierten Datenschutzregelungen zuständig sind: *Werry/Ntanas*, MMR 2024, 641 (642).

[385] Ebenso bereits *Pöttgen*, Medizinische Forschung und Datenschutz, 2009, S. 227.

Landesgesundheitsdatenschutzgesetze ergänzt, sodass in NRW unter anderem eine Datenverarbeitung nach Art 9 Abs. 2 lit. j DSGVO i. V. m. § 27 BDSG sowie den parallelen Normen in § 17 DSG NRW oder § 6 GDSG NW möglich sein kann.[386] Bei Forschung mit Gesundheitsdaten außerhalb der Spezialgesetze des Arzneimittelgesetzes (AMG) oder des Medizinprodukterecht-Durchführungsgesetzes (MPDG) finden sich häufig Kollisionen der landesspezifischen Normen von Landesdatenschutz- und Landeskrankenhausgesetzen. Hinzu kommen Krankenhäuser, die in Trägerschaft des Bundes stehen, sodass dort Bundesdatenschutzregelungen anwendbar sind, im Gegensatz zu Krankenhäusern in Trägerschaft des Landes oder nicht-öffentlicher Trägerschaft, bei denen landesrechtliche Regelungen anwendbar sind. Die bestehende Rechtszersplitterung führt zu einer Komplexitätssteigerung, die dazu beiträgt, dass bestehende Möglichkeiten einer Datenverarbeitung (ohne Einwilligung) selten genutzt werden. Dadurch behindert das Datenschutzrecht die medizinische Forschung anstatt ihr bestmöglich zur Wirkung zu verhelfen.

2. Rechtsunsicherheiten und Privilegierungen

Daneben gibt es zahlreiche Unsicherheiten: Bereits beim Einstieg, ob das Datenschutz(grund)recht Anwendung findet, ist oftmals unklar, ob ein Personenbezug der Daten gegeben ist. Zwar wird hier dafür plädiert, dass auch die anonymisierende Pseudonymisierung bei der jeweiligen Stelle zur Außerachtlassung der strengen Datenschutzregelungen führt.[387] Indes liegt gerade bei Gesundheitsdaten immer die (durch KI und Big-Data-Analysen wachsende) Gefahr einer Re-Identifikation nahe, mit der Folge, dass man sicherheitshalber stets Datenschutzregelungen anwenden könnte. Sodann ist unsicher, ob jeder indirekte Bezug zur Gesundheit schon ein sensibles Datum im Sinne von Art. 9 Abs. 1 DSGVO darstellt und dessen strenges Verarbeitungsverbot unterfällt. Alternativ, aber nicht rechtssicher, muss auf den (objektiven) Verwendungskontext geschaut werden, damit nicht jegliche Daten unter die strengen Regelungen des Art. 9 DSGVO fallen.

Erschwerend kommt hinzu, dass der Begriff der Forschung in keinem Gesetz und keiner Forschungsklausel spezifiziert wird. Lediglich in einigen Gesetzen wird klargestellt, dass an der Forschung ein „öffentliches Interesse" bestehen muss.[388] Deshalb bietet sich hier eine verfassungskonforme Auslegung an, die auch private, wirtschaftliche Forschung schützt.[389] Trotz der fehlenden Klarstellung, was mit

---

[386] *Specht-Riemenschneider/Heineking*, DuD 2024, 110 (111).

[387] § 3 II. 2. b) bb) und § 4 I. 1. b) aa).

[388] § 17 Abs. 1 S. 1 BlnDSG; § 25 Abs. 1 S. 1 BbgDSG; § 9 Abs. 1 S. 1 DSG M-V; § 13 Abs. 1 S. 1 NDSG. Dazu auch *Bernhardt/Ruhmann/Weichert*, Netzwerk Datenschutzexpertise – Die Forschungsklauseln im neuen Datenschutzrecht, 2018, S. 5.

[389] Die DSGVO definiert nicht, was sie unter wissenschaftlicher Forschung versteht. Während privat finanzierte Forschung umfasst ist (ErwG 159 S. 2 DSGVO), ist dies bei rein kommerzieller Forschung str.: *Schiemann/Weinert*, in: Spickhoff/Handorn, Medizinisches ForschungsR-HdB, 2024, § 11 Rn. 46. Auch hier ist auf die grundrechtliche Wertung

„Forschung" gemeint ist, wird diese an einigen Stellen der DSGVO privilegiert. Sobald personenbezogene Daten für wissenschaftliche Forschungszwecke verarbeitet werden, gilt eine Weiterverarbeitung als mit dem Zweck der Primärverarbeitung von vornherein vereinbar – selbst, wenn der Verantwortliche diesen weiteren sekundären Zweck nicht ausdrücklich im Primärzweck aufgenommen hat.[390] Als Ausgleich für diese Kompatibilitätsannahme muss der Verantwortliche geeignete Garantien für die Rechte und Freiheiten der betroffenen Person im Sinne von Art. 89 Abs. 1 S. 1 DSGVO treffen. Gleichwohl bedarf es nach richtiger Auffassung für die Sekundärverarbeitung der Daten noch einer Rechtfertigungsgrundlage für die Datenverarbeitung. Art. 5 Abs. 1 lit. b Hs. 2 DSGVO ersetzt keine Verarbeitungsgrundlage, sondern führt nur zu einem Entfallen des Kompatibilitätstests nach Art. 6 Abs. 4 DSGVO. Trotz der durch die Forschungsprivilegien erkennbaren grundsätzlichen forschungsfreundlichen Haltung überwiegen Rechtsunsicherheiten aufgrund einer fragmentierten Gesetzeslage.[391]

Anders als im grundrechtlichen Teil herausgearbeitet, hat der Gesetzgeber die beiden Grundrechtspositionen nicht als gleichwertig anerkannt, sondern durch das grundsätzliche Datenverarbeitungsverbot mit Erlaubnisvorbehalt dem Datenschutzgrundrecht den Vorrang eingeräumt. Dennoch wird die wissenschaftliche Forschung gegenüber wirtschaftlichen Datenverarbeitungsprozessen punktuell bevorzugt (sog. datenschutzrechtliches Forschungsprivileg). Zum Erhalt dieser Privilegierung muss sie angemessene konkrete Bedingungen und Garantien zum Schutze der Betroffeneninteressen implementieren. Die privilegierende Absicht des Gesetzgebers geht indes in dem Regelungswirrwarr unter.[392] Statt den Gesetzesanwendern konkrete Maßstäbe und Bedingungen an die Hand zu geben, obliegt den Verantwortlichen der Datenverarbeitung das Risiko einer nicht näher konkretisierten Interessen- bzw. Güterabwägung zwischen den Grundrechten.

(§ 3 I. 2. b) ee)) und auf die Anforderungen an wissenschaftliche, unabhängige und von Erkenntnissen geleitete Forschung abzustellen. Dazu auch *Weichert*, ZD 2020, 18 (19 f.).

[390] Ebenso *Duisberg*, in: Borges/Keil (Hrsg.), Big Data – Grundlagen, Rechtsfragen, Vertragspraxis, 2024, § 6 Big Data und Datenschutz Rn. 71. Das Gesundheitsdatenschutzrecht privilegiert Forschungszwecke und führe oftmals zu sachgerechten Ergebnissen: *Kühling/Schildbach*, ZfDR 2024, 1 (2).

[391] *Werry/Ntanas*, MMR 2024, 641 (642).

[392] Auch *Kühling/Schildbach*, ZfDR 2024, 1 (8).

§ 5 Sekundärnutzung von Gesundheitsdaten: Problemanalyse und Reformvorschläge de lege lata

Der Mensch steht im Mittelpunkt medizinischer Forschung. Dabei sind „Menschenversuche […] so alt wie die Medizin selbst“.[393] Da häufig eine Wiederherstellung des Personenbezugs der Daten (z. B. zur Re-Kontaktierung bei Langzeitstudien) erforderlich ist, bleibt selten ein Rückgriff auf anonymisierte Daten.[394] In der Folge fällt der Großteil der Datenverarbeitungen für medizinische Forschungszwecke in den Anwendungsbereich des Datenschutzrechtes. Danach bedarf es für eine Nutzung und Verarbeitung von personenbezogenen (Gesundheits-)Daten einer positiven Erlaubnisnorm.[395] Dabei sei die Einwilligung – so die häufige Aussage – das prädestinierte Mittel zur freiwilligen Zurverfügungstellung von Daten.[396] Die Beliebtheit der Einwilligung erklärt sich mit der Disparität gesetzlicher Erlaubnisnormen auf Bundes-, Landes-, und Unionsebene,[397] sodass – primär in Deutschland[398] – die Einwilligung mit ihren (bundesweit) einheitlichen Voraussetzungen bevorzugt wird. Hinzu kommt, dass abseits der Einwilligung viele Fragen in der datenschutzrechtlichen Literatur umstritten sind,[399] was in der praktischen Anwendung zu Rechtsunsicherheiten und Befürchtungen hoher Bußgelddrohungen angesichts der Strenge der DSGVO führt.[400] Die hohen Sanktionsdrohungen können zudem dazu führen, dass Verantwortliche Datenverarbeitungen eher unterlassen.[401]

---

[393] *Reuland*, Menschenversuche in der Weimarer Republik, 2004, S. 5 f. So lassen sich Versuche am Menschen bis zu den Römern und Griechen zurückverfolgen. Als systematisch können die Versuche erst mit dem Durchbruch wissenschaftlicher Methoden Anfang des 19. Jahrhunderts bezeichnet werden.

[394] *Schiemann/Weinert*, in: Spickhoff/Handorn, Medizinisches ForschungsR-HdB, 2024, § 11 Rn. 1; *Rauch/Richters/Naucke*, GesR 2024, 218 (220); *Cepic*, ZD-Aktuell 2021, 05214.

[395] Zur Anwendbarkeit des Datenschutzgrundrechts § 3 II. 2. und der DSGVO § 4 I. 1.; *Schiemann/Weinert*, in: Spickhoff/Handorn, Medizinisches ForschungsR-HdB, 2024, § 11 Rn. 31.

[396] *Sackmann*, PinG 2019, 277 (277). Einwilligung als Kernprinzip informationeller Selbstbestimmung: *Molnár-Gábor*, DuD 2021, 799 (801); *Kelber*, Wissenschaftliche Forschung – selbstverständlich mit Datenschutz, in: Roßnagel/Wallmann (Hrsg.), Stärkung der Forschung durch Datenschutz, 2023, S. 18. Zur „zentralen Rolle“ der Einwilligung bei Datenverarbeitungen: *Schiemann/Weinert*, in: Spickhoff/Handorn, Medizinisches ForschungsR-HdB, 2024, § 11 Rn. 32.

[397] § 4.

[398] *Schiemann/Weinert*, in: Spickhoff/Handorn, Medizinisches ForschungsR-HdB, 2024, § 11 Rn. 32.

[399] § 4 V.

[400] In der Praxis ist es schwierig zu bestimmen, wann ein Datum *anonym* ist, was zur Folgefrage führt, ob Datenschutzbestimmungen Anwendung finden. Selbst, wenn das *ob* der Anwendung des Datenschutzes geklärt ist, kann unklar bleiben, *welche* Bestimmungen konkret anwendbar sind. Dies betrifft die Frage, wann ein sensibles Datum i. S. v. Art. 9 Abs. 1 DSGVO vorliegt, in dessen Konsequenz ein strengeres normatives Regime greift. Auch müssen Spezialvorschriften in spezifischen Gesetzen gefunden und ihr Verhältnis zu den all-

I. Ausgangspunkt: Defizite der spezifischen Einwilligung

Hinter der Einwilligung steht das Prinzip der Autonomie, das den entscheidungsfähigen Patienten in den Mittelpunkt stellt. Unabhängig von der Erfolgsaussicht der Behandlung und unabhängig vom Willen des Arztes, bemisst sich die Durchführung einer Behandlung allein am Wollen oder Nichtwollen des entscheidungsfähigen Patienten.[402] Dem Patienten steht es offen, seine ärztliche Behandlung nach freier Entscheidung zu dulden oder abzulehnen – solange durch diese Entscheidungen nicht die Würde und Rechte Dritter tangiert werden.[403] Dies gilt einerseits für die (informierte) Einwilligung in die ärztliche Behandlung, aber auch für die (informierte) Einwilligung in die Verarbeitung seiner Daten. Auch bei der datenschutzrechtlichen Einwilligung steht die autonome Entscheidung des Einzelnen, selbstbestimmt über die Verwendung eigener Daten zu entscheiden, im Vordergrund. Dabei ist die informierte Einwilligung mit guter Intention normiert worden, geht aber als realitätsfern an den Anforderungen der medizinischen Forschung vorbei.[404] Im Folgenden sollen knapp die Defizite der spezifischen, informierten Einwilligung aufgezeigt werden.

1. Verkürztes Autonomieverständnis

Der klassischen, informierten Einwilligung, mit der die betroffene Person ihre Zustimmung erteilt, liegt ein verkürztes Autonomieverständnis zugrunde.[405] Krankheiten führen zu einer Reduktion der Fähigkeit des Patienten, die ärztliche Aufklärung in der gesamten Tragweite zu verstehen und der (womöglich auch zukünftigen) Datenverarbeitung in informierter Weise zuzustimmen.[406] Hinzu kommt, dass die Einwilligung zweckgebunden erteilt werden muss, sodass bei Zweckänderungen eine erneute informierte Einwilligung eingeholt werden muss. Selbst, wenn der Zweck von vornherein feststeht, ist zweifelhaft, ob die Abfrage als Momentaufnahme ausreichend den Willen des Betroffenen abbilden kann.

---

gemeineren Regelungen geklärt werden. Für die Forschung gilt weiter das Erschwernis, dass der Begriff „Forschung" nicht einheitlich verwendet wird, vielmehr wird mal privat finanzierte Forschung (ErwG 159 S. 2 DSGVO), mal nur öffentlich geförderte Forschung (§ 6 GDNG) umfasst, sodass unklar bleibt, wann private Forschung datenschutzrechtlich privilegiert werden soll.

[401] *Sackmann*, PinG 2019, 277 (278).

[402] *Eckart*, Geschichte, Theorie und Ethik der Medizin, 9. Aufl. 2021, S. 381.

[403] *Eckart*, Geschichte, Theorie und Ethik der Medizin, 9. Aufl. 2021, S. 381.

[404] *Freye/Buchner*, Bundesgesundheitsbl. 2024, 285 (286).

[405] *Molnár-Gábor*, DuD 2021, 799 (801).

[406] Für die ärztliche Aufklärung: *Eckart*, Geschichte, Theorie und Ethik der Medizin, 9. Aufl. 2021, S. 382.

a) Zweckbindung kein Garant ausreichender Informiertheit

Haupthindernis der Einholung einer Einwilligung für Forschungsprojekte ist die Zweckbestimmung.[407] Diese Bestimmung verlangt die Kenntnis vom Zweck der Datenverarbeitung im Zeitpunkt der Datenerhebung (ErwG 33 S. 1 DSGVO).[408] Daraus folgt, dass Forschungsvorhaben mindestens in Grundzügen, besser so genau wie möglich, umrissen werden müssen. Mit der Bestimmtheit der Zweckbindung hängt das Transparenzerfordernis eng zusammen: Nur der ausreichend informierte Betroffene kann Verstöße und Rechte geltend machen.[409] Denn ohne die Möglichkeit der Geltendmachung von Rechten, läuft der Datenschutz leer.[410] Die Reichweite einer Einwilligung sowie die Zulässigkeit von Zweckänderungen müssen einzelfallabhängig geprüft werden, was Verantwortliche – auch hinsichtlich der geringen Rechtsprechungsdichte – vor Herausforderungen stellt.[411] Es muss über den Zweck des Datenumgangs aufgeklärt werden. Dies umfasst bei medizinischen Forschungsvorhaben u. a. Methoden, Bedeutungen und Risiken der Studie; falls genetische Untersuchungen vorgesehen sind, ist explizit auf deren spezielle Gefahren hinzuweisen.

Zum Zeitpunkt der Behandlung (hier: der Datenerhebung) wird das spätere Forschungsvorhaben regelmäßig (noch) nicht hinreichend genau feststehen, sodass darüber nicht ausreichend informiert werden kann. Der Betroffene kann mangels Überblicks dann nicht einwilligen. Eine Generaleinwilligung für alle denkbaren Fälle scheidet aus, da so der Sinn der Einwilligung ausgehöhlt wird. Deshalb müsste grundsätzlich eine erneute informierte Einwilligung eingeholt werden. Für das Einholen einer erneuten Einwilligung müssen Daten, bei denen der Personenbezug ggf. bereits (aufgrund des Datenminimierungsgrundsatzes)[412] entfernt oder verschlüsselt wurde, wieder zusammengefügt werden, um (erneut) den Personenbezug herzustellen und diese Personen für weitere Datenverarbeitungen zu kontaktieren. Diese Re-Identifizierung stellt einen erneuten rechtfertigungsbedürftigen Datenverarbeitungsschritt dar. Selbst wenn man diese Hindernisse überwindet und die Personen erneut kontaktiert, um eine aktualisierte Einwilligung für die Nutzung ihrer Daten zu Zwecken medizinischer Forschung zu erbitten, ist eine postalische

---

[407] § 4 I. 2. a) bb).

[408] *Spitz/Cornelius*, MedR 2022, 191 (194): „Die vorherige Festlegung des Forschungszwecks ist aufgrund des inkrementellen und unvoreingenommenen wissenschaftlichen Erkenntnisstrebens schlechterdings unmöglich“; *Schiemann/Weinert*, in: Spickhoff/Handorn, Medizinisches ForschungsR-HdB, 2024, § 11 Rn. 27.

[409] *Buchner/Kühling*, in: Kühling/Buchner, DS-GVO/BDSG, 4. Aufl. 2024, Art. 7 DSGVO Rn. 63.

[410] *Pötters*, in: Gola/Heckmann, DSGVO/BDSG, 3. Aufl. 2022, Art. 5 DSGVO Rn. 12.

[411] *Sackmann*, PinG 2019, 277 (278).

[412] § 3 III. 2. c).

Kontaktierung aufgrund geringer Beteiligungen wenig aussichtsreich.[413] Das mag auch an den umfangreichen, für Laien nicht ganz verständlichen und aus deren Sicht viel zu (seiten)langen oder unklaren Einwilligungsformularen liegen. Damit wird die notwendige Informiertheit nicht sichergestellt: Denn, ob der Patient die Einwilligungserklärung vollständig liest und auch versteht, erscheint angesichts der Komplexität und des Umfangs der Informationen zweifelhaft.[414] Komplexe medizinische und rechtliche Fachtermini erschweren das Verständnis. Die Wahrscheinlichkeit ausreichender Informiertheit erscheint noch zweifelhafter, wenn die Einwilligung digital, vor allem am Smartphone, abgegeben werden soll. Dort spricht schon die geringe Displaygröße dafür, dass Betroffene die Einwilligungen nicht komplett lesen oder die zur Verfügung gestellten Informationen nicht ausreichend detailliert dargestellt werden.[415] Damit wird die Gefahr einer unzureichenden Risikoaufklärung weiter erhöht.

b) Machtasymmetrien

In der Medizin bestehen häufig Machtasymmetrien zwischen Ärzten und Patienten. Patienten können sich in Notlagen befinden und in der diffusen Hoffnung einwilligen, selbst von den Studienergebnissen zu profitieren. Dabei wird der potenzielle Nutzen der Studie oftmals über- und die Risiken unterschätzt. Zudem setzt die Einwilligung voraus, dass sie ohne Zwang oder Druck abgegeben wird. Das heißt, dass die Einwilligung im Behandlungsfall möglichst vom administrativen Aufnahmeprozess in der Praxis oder Klinik entkoppelt werden muss.[416] Dies ist im hektischen Klinikalltag und in stark besuchten Arztpraxen schwer möglich, sodass die Freiwilligkeit zweifelhaft ist. Damit wird die Einwilligung oftmals nicht der Autonomie der Betroffenen gerecht, da es an hinreichender Informiertheit und Freiwilligkeit mangelt.[417] Somit garantiert die Einwilligung keineswegs, dass die Verarbeitung personenbezogener Daten tatsächlich dem Willen des Betroffenen entspricht.[418] Auch bei Schwerkranken, die grundsätzlich einwilligungsfähig sind, ist fraglich, ob eine notwendige Aufklärung vorgenommen und verstanden wird und keine irrationalen Hoffnungen auf eine eigene Begünstigung durch die Studienergebnisse bestehen. Zudem verstehen Patienten den Akt der Einwilligung als for-

---

[413] Bereits Rücklaufquoten von acht Prozent gelten als Erfolg: *Jendges/Koeppe/Letter u. a.*, Datenschutz bei klinischen Studien, 2019, S. 13; bereits auf die Problematik hinweisend: *Kaye/Whitley/Lund u. a.*, EJHG 2015, 141 (141).

[414] *Freye/Buchner*, Bundesgesundheitsbl. 2024, 285 (286).

[415] *Freye/Buchner*, Bundesgesundheitsbl. 2024, 285 (286).

[416] *Buchner*, DuD 2022, 555 (558).

[417] *Hoffmann-Riem*, Rechtliche Rahmenbedingungen für und regulative Herausforderungen durch Big Data, in: Hoffmann-Riem (Hrsg.), Big Data – Regulative Herausforderungen, 2018, S. 56 f.

[418] *Freye/Buchner*, Bundesgesundheitsbl. 2024, 285 (285 f.).

malen Prozess, bei dem eine Unterschrift geleistet werden muss, ohne die Informationen notwendigerweise zur Kenntnis zu nehmen.

c) Information Overload bei gleichzeitiger Unterkomplexität

Daneben bestimmen Art. 13 DSGVO und 14 DSGVO weitere Informationspflichten, die die Anforderungen an eine informierte Einwilligung übersteigen und in der Umsetzung zu unverhältnismäßig ausführlichen Datenschutzerklärungen führen.[419] Wegen der Fülle an Informationen droht eine Überforderung der Betroffenen durch einen Information Overload, einschließlich Ermüdungserscheinungen.[420] Außerdem wird durch das Bereitstellen von Informationen nicht sichergestellt, dass die Betroffenen die Aufklärung tatsächlich zur Kenntnis nehmen oder verstehen. In einem persönlichen Gespräch können die kommunikativen und kognitiven Fähigkeiten besser eingeschätzt werden. Sollen digitale Inhalte für alle Bevölkerungsgruppen mit ihren verschiedenen Bildungshintergründen gleichermaßen verständlich und zugänglich sein, müssen die Informationen verschiedene Grade an Komplexität abdecken.[421] Unterschiedliche Bildungsstände werden selten berücksichtigt. Dahinter steckt auch die Frage: Wer soll festlegen, welche Patienten detaillierte Aufklärungen und welche Erklärungen in leichter Sprache erhalten? Soll dies der Hausarzt auf Grundlage persönlicher Begegnungen bestimmen oder sollen weitere Daten wie der Bildungsabschluss erhoben werden? Solche Einordnungen können zu Diskriminierungen führen: Was ist mit Personen, die der deutschen Sprache nicht mächtig sind (Übersetzung in sämtliche Fremdsprachen ist schier unmöglich), was mit Personen, die Probleme beim Lesen haben, welche von leichten Formen der Legasthenie bis zum kompletten Analphabetismus reichen können?

Auf den ersten Blick besticht die spezifische Einwilligung durch ihre Einfachheit: Die hinreichende Aufklärung (informed) und die darauf aufbauende Einwilligung (consent) rechtfertigen den Grundrechtseingriff.[422] Unklar bleibt, wie weit die Aufklärung reichen muss und ab wann man von einer selbstbestimmten Entscheidung des Betroffenen reden kann. Zudem werden die Zusammenhänge vor und nach der Behandlung ausgeblendet, wie „die individuelle, soziale und ökonomische Dimension des Arzt-Patienten-Verhältnisses und die medizinischen und pflegerischen Behandlungsrealitäten".[423] Gerade mit Blick auf die hohen datenschutzrechtlichen Anforderungen sind die seitenlangen Einwilligungsformulare noch zu unterkomplex. Oftmals werden informierte Einwilligungen bei Änderungen der

---

[419] *Metzger/Schweitzer/Wagner*, ZfPW 2023, 227 (238).

[420] *Freye/Buchner*, Bundesgesundheitsbl. 2024, 285 (286).

[421] *Jungkunz/Köngeter/Spitz u. a.*, Stellungnahme zur Etablierung der sekundären Forschungsnutzung von Behandlungsdaten in Deutschland, 2022, S. 65.

[422] *Dorneck/Gassner/Kersten u. a.*, MedR 2019, 431 (431).

[423] *Dorneck/Gassner/Kersten u. a.*, MedR 2019, 431 (431).

relevanten Bedingungen nicht erneut eingeholt. Neue Erkenntnisse der Studie werden Teilnehmenden nicht zeitnah mitgeteilt, sodass die mangelnde Transparenz über die Datenverwendung weiter verschärft wird.

Trotz der damit bestehenden Unterkomplexität der informierten Einwilligung haben die Rechtsprechung und in der Folge der Gesetzgeber zahlreiche Anforderungen formuliert, die zu Haftungsrisiken des Behandlers führen können. In der Folge lassen sich Mediziner mitunter nicht nur von therapeutischen Zwecken leiten, sondern können auch haftungsrechtliche Erwägungen in ihre Behandlung einfließen lassen, in deren Folge sie eher konservative Methoden nutzen und risikoreichere Behandlungen unterlassen (sog. Defensivmedizin).[424]

2. Unabwägbarkeiten und drohende fehlende Repräsentativität

Obgleich die Einwilligung als gegenüber Forschungsklauseln rechtssichere Alternative gilt, weist sie Unwägbarkeiten auf. Es bestehen gerade bei der (informierten) Einwilligung rechtliche Rechtsunsicherheiten, die gravierende praktische Folgen haben. So kann die Datenverarbeitung mit dem jederzeit möglichen Widerruf der Einwilligung nach Art. 7 Abs. 3 DSGVO ihre Legitimationsgrundlage für die Zukunft (ex nunc) verlieren,[425] was zu langfristiger Unsicherheit bei Forschungsvorhaben führen kann. Es besteht damit eine gewisse mangelnde Planbarkeit für die Zukunft und eine Unvorhersehbarkeit der Forschenden, die nicht wissen, wie viele Einwilligungen am Ende des Forschungsvorhabens tatsächlich noch vorliegen. Weiterhin könnten externe Faktoren wie Skandale in der medizinischen Forschung dazu führen, dass die Zahl der Einwilligungen weiter sinkt. So war ein deutlicher Rückgang der Einwilligungen nach dem Transplantationsgesetz (TPG) des im Jahr 2012 bekannt gewordenen „Organspendeskandals" zu verzeichnen.[426] Ein vergleichbarer Vertrauensverlust kann durch ein Datenleck oder Hackerangriffe auf kritische Infrastrukturen wie Krankenhäusern oder das Forschungsdatenzentrum drohen.

Die Einwilligung hat überdies den Nachteil, dass sie keine Datenverarbeitungen von Personen legitimiert, die aus Skepsis gegenüber dem Staat, fehlenden Sprachkenntnissen oder sonstigen Gründen nicht einwilligen (können). Gerade bei Nichteinwilligungsfähigen stößt die informierte Einwilligung an ihre Grenzen, da weder die individuelle (persönliche Fähigkeiten sowie Bedürfnisse des Betroffenen), soziale (gesellschaftliche Einbettung des Betroffenen), medizinische (Komplexität der Behandlung), informationelle (kommunikative Interaktionen von Arzt und Patienten) noch die Folgedimension (Folgen der Behandlung) berücksichtigt werden.[427]

---

[424] *Dorneck/Gassner/Kersten u. a.*, MedR 2019, 431 (435).

[425] *Buchner*, DuD 2022, 555 (557); *Metzger/Schweitzer/Wagner*, ZfPW 2023, 227 (260).

[426] *Bender-Säbelkampf/Troschütz/Graw u. a.*, Rechtsmedizin 2022, 452 (453).

[427] *Dorneck/Gassner/Kersten u. a.*, MedR 2019, 431 (432).

Auch bei Nichteinwilligungsfähigen wie Minderjährigen ist der Weg vom natürlichen zum freien Willen kein linearer Prozess.[428] Die Einwilligungsfähigkeit wird bislang als dichotome Eigenschaft betrachtet, die man aufweist oder eben nicht.[429] In der Praxis sind kognitive Beeinträchtigungen aber sehr verschieden, es gibt graduelle Abstufungen, sodass es auf die Situation in der aktuellen Entscheidungsphase ankommt.[430]

Damit kann für bestimmte Kreise mitunter keine Datenbasis gewährleistet werden, die frei von systematischen Verzerrungen ist und somit als repräsentativ gilt.[431] Denn ein strenges Einwilligungserfordernis führt zu einer Reduktion der verfügbaren Datengrundlage, was Probleme für datenintensive Forschungsbereiche birgt.[432] Die Repräsentativität und Validität der Daten kann mit Einwilligungen nicht garantiert werden. Hier droht eine negative Externalität, bei der unbeteiligte Dritte Risiken drohen und eine gesetzgeberische Intervention notwendig werden lässt.[433] So betrifft die partielle Einwilligungsbereitschaft bestimmter Bevölkerungsgruppen vorwiegend nicht ausreichend abgebildete Kohorten, die in der medizinischen Forschung mitunter keine Beachtung finden und unterrepräsentiert bleiben. In der Folge können medizinische Behandlungen für Angehörige dieser Kohorten nicht mehr gezielt (in Form von personalisierter Medizin) maßgeschneidert werden.[434]

3. Resümee

Die Einwilligung verhindert nicht zwangsläufig Informationsdefizite und ist nicht zwingend besser geeignet als andere Erlaubnisnormen. Hinzu kommt, dass die Einwilligung in praktischer Hinsicht kein „milderes Mittel“ darstellt, wenn (schwer kranke) Patienten seitenlange Formulare lesen, verstehen und einwilligen müssen. Trotz des Charmes der Einwilligung als vermeintlich genuinen Ausdrucks der Selbstbestimmung, birgt sie Schwierigkeiten. Ohne Lockerung der Zweckbindung bedarf es einer unüberschaubaren Vielzahl an Einwilligungen für die Forschung.[435] Hinzu kommen Planungsschwierigkeiten durch die Möglichkeit eines jederzeitigen

---

[428] *Dorneck/Gassner/Kersten u. a.*, MedR 2019, 431 (433).

[429] *Dorneck/Gassner/Kersten u. a.*, MedR 2019, 431 (434).

[430] *Dorneck/Gassner/Kersten u. a.*, MedR 2019, 431 (434).

[431] *Buchner*, DuD 2022, 555 (558).

[432] *Hummel/Braun/Augsberg u. a.*, Datensouveränität – Governance-Ansätze für den Gesundheitsbereich, 2021, S. 15.

[433] *Metzger/Schweitzer/Wagner*, ZfPW 2023, 227 (257).

[434] Allgemein zu den drei Szenarien, in denen negative Externalitäten drohen: *Metzger/Schweitzer/Wagner*, ZfPW 2023, 227 (258).

[435] *Fröhlich/Spiecker gen. Döhmann*, GesR 2022, 346 (347).

Widerrufs der Einwilligung. Zudem ist die Abgabe einer Einwilligung freiwillig, sodass es schwer vorhersehbar ist, ob eine solche vorab eingeholt werden kann.[436]

Aufbauend auf den aufgezeigten Defiziten der (informierten) Einwilligung, versuchen die derzeitigen Lösungsansätze, das Problem der Zweckbindung zu umgehen oder zu lockern. Dabei halten die meisten Reformvorschläge bisher grundsätzlich an der Einwilligung als Erlaubnisnorm für Datenfreigaben zu Forschungszwecken fest.[437] Dies mag in manchen Konstellationen nützlich und mitunter sogar geboten sein. Dennoch wird das Datenschutzgrundrecht somit nicht immer bestmöglich garantiert. Gerade wenn Patienten medizinisch versorgt werden, möchten sie keine zusätzlichen Gedanken an eine Weiterverarbeitung ihrer Daten „verschwenden" und entscheiden sich für den einfachsten Weg (erlauben alles oder nichts). Die wenigsten werden im hektischen Praxis- und Klinikalltag ausreichend und umfassend aufgeklärt. Damit geht die Prämisse, allein die Einwilligung sichere eine Aufklärung und damit das Selbstbestimmungsrecht, fehl. Selbstbestimmung ist mehr als das (aktive) Ankreuzen eines Kästchens mit der Angst und Ungewissheit, ob einem bei Verweigerung der Datenweitergabe die ärztliche Behandlung versagt wird.[438] Zudem geht die Realität in vielen Arztpraxen an den Anforderungen der DSGVO vorbei und wird durch aufgezwungene Einwilligungsformulare nur bedingt verbessert. Damit birgt die spezifische, informierte Einwilligung zahlreiche Defizite oder zumindest Herausforderungen, wie praktische Hindernisse und ethische Bedenken.

II. Idee: Nutzung modifizierter Einwilligungsmodelle

Obwohl die Möglichkeit einer Datenweiterverarbeitung Dritter auf Grundlage verschiedener Rechtfertigungstatbestände besteht,[439] wird überwiegend an der Einwilligung als Erlaubnistatbestand festgehalten.[440] Dabei wird die informierte Einwilligung in der derzeitigen Form mit ihren strengen Zweckbestimmungsanforderungen für die medizinische Forschung als wenig tauglich angesehen. Daher werden Vorschläge unterbreitet, bei denen zwar eine Einwilligung eingeholt werden soll, diese aber weniger strengen Anforderungen unterliegt als die informierte Einwilli-

[436] Mit dem Hinweis, dass für die Einwilligung weder eine Begründungspflicht noch ein Rationalitätserfordernis besteht: *Herbst*, RphZ 2019, 271 (274).

[437] Zur Einwilligung und ihrer zentralen Rolle bei Datenverarbeitungen: *Schiemann/Weinert*, in: Spickhoff/Handorn, Medizinisches ForschungsR-HdB, 2024, § 11 Rn. 32; *Freye/Buchner*, Bundesgesundheitsbl. 2024, 285 (285).

[438] Zwar ist dies nach Art. 7 Abs. 4 DSGVO unzulässig, jedoch weiß der durchschnittliche Patient nichts von dem datenschutzrechtlichen Kopplungsverbot.

[439] Dazu § 4 I. 3.

[440] *Hummel/Braun/Augsberg u. a.*, Datensouveränität – Governance-Ansätze für den Gesundheitsbereich, 2021, S. 14; *Cepic*, ZD-Aktuell 2021, 05214.

gung nach der DSGVO.[441] Dahinter steht der Gedanke der herausragenden Bedeutung der Einwilligung unter den Erlaubnistatbeständen für die Datenverarbeitung personenbezogener Daten.[442] Insbesondere sollen „breitere“ – im Sinne von „unbestimmteren“ – Einwilligungen ermöglicht werden, sodass eine Einwilligung für „bestimmte Bereiche wissenschaftlicher Forschung“ genügt.[443] Diese größere Unbestimmtheit wird durch ein höheres Maß an technischen und organisatorischen Vorkehrungen kompensiert. Einschränkende Voraussetzung ist, dass die vollständige Zweckbestimmung bis zum Zeitpunkt der Datenerhebung nicht feststeht. Ausgangspunkt der breiten Einwilligungsmodelle ist ErwG 33 DSGVO.[444] Die verschiedenen Einwilligungsmodelle wollen einen schonenden Ausgleich schaffen zwischen der „unrealistisch[.] engen Zweckbestimmung auf der einen und einer einmaligen, allzu breiten Freigabe auf der anderen Seite.“[445] Dabei lassen sich die alternativen Einwilligungsmodelle in zwei große Unterkategorien einsortieren: Einerseits Einwilligungen, die einmalig abgegeben und lange gelten (z. B. für 30 Jahre oder für immer). Andererseits datenschutzfreundlichere digitale Modelle, die den Willen des Betroffenen aktualisiert und regelmäßig nach geänderten Präferenzen abfragen oder ihnen die Wahl unter den verschiedenen Einwilligungsmodellen erlauben. Als weiteres Modell steht die Widerspruchslösung den Einwilligungsmodellen gegenüber.

1. Einmalige Einwilligung

Bei den einmaligen Einwilligungsmodellen geben die Betroffenen ihre Daten zum Zeitpunkt der Datenerhebung einmalig für eine bestimmte Zeitspanne oder unbefristet zu Forschungszwecken frei.

---

[441] So fordern *Buchner/Kühling*, in: Kühling/Buchner, DS-GVO/BDSG, 4. Aufl. 2024, Art. 7 DSGVO Rn. 65, dass das Ausmaß an Bestimmtheit von der konkreten Verwendungssituation abhängen müsse. Erfolge eine Vielzahl von komplexen Verwendungsphasen, müsse nicht jeder Verwendungsschritt aufgezählt werden. Dagegen spricht, dass die datenverarbeitenden Stellen so gehalten sein können, die Verarbeitung möglichst komplex und unübersichtlich zu gestalten, um vereinfachte Einwilligungen mit weniger konkreter Zweckbestimmung einholen zu dürfen.

[442] *Molnár-Gábor*, DuD 2021, 799 (801 f.).

[443] *Buchner/Kühling*, in: Kühling/Buchner, DS-GVO/BDSG, 4. Aufl. 2024, Art. 7 DSGVO Rn. 64.

[444] *Molnár-Gábor*, DuD 2021, 799 (802).

[445] *Ethikrat*, Big Data und Gesundheit – Datensouveränität als informationelle Freiheitsgestaltung – Stellungnahme, 2018, S. 184.

a) Broad Consent

Im Bereich der Biobanken[446], bei denen in großem Umfang Daten gesammelt werden, ohne dass bereits der bestimmte Verwendungszweck zum Zeitpunkt der Erhebung bekannt ist, hat sich die Idee des Broad Consent etabliert.[447] Diese Idee wurde auf die medizinische Forschung in ihrer Gänze übertragen, da auch dort ein Drang zum Sammeln von Daten in großem Umfang besteht. Denn auch bei medizinischer Forschung steht der Zweck zum Zeitpunkt der Datenerhebung oftmals nicht hinreichend fest, sodass die weite Einwilligung auch in dem Bereich zunehmend verbreitet und akzeptiert ist.[448] Dabei willigen die Betroffenen nicht in jede einzelne Studie ein, sondern erlauben insgesamt die Nutzung ihrer Daten für medizinische Forschung in ihrer Gänze oder für einzelne, bestimmte Bereiche. Dies führt in der Folge dazu, dass die Betroffenen nicht wissen, in welche konkreten Studien ihre Gesundheitsdaten einfließen, sodass sie auch nicht für spezifische Fälle ablehnen können.[449]

Jüngst rückte die Datenschutzkonferenz (DSK)[450] von ihren strengen Anforderungen ab und billigte den Mustertext der weiten Patienteneinwilligung der Medizininformatik-Initiative (MII)[451].[452] Dabei soll der von der Medizininformatik-In-

---

[446] Biobanken erheben die Proben oftmals nicht selbst, sondern erhalten diese von klinischen Einrichtungen oder Arztpraxen, und führen oftmals auch nicht selbst Forschungsvorhaben durch, sondern geben die (pseudonymisierten) Daten an Forschende weiter. Sie sind damit Teil der Forschungsinfrastruktur: *Taupitz*, Biobanken: Forschungsprivilegien im Datenschutzrecht, in: Katzenmeier (Hrsg.), Festschrift für Dieter Hart, 2020, S. 603.

[447] „Broad Consent" ist kein Gesetzesbegriff, sondern eine „plakative, in der Praxis eingebürgerte Bezeichnung" für eine Einwilligung mit einer breiten Zweckbestimmung, im Gegensatz zur spezifischen Einwilligung als Normalfall: *Graf von Kielmansegg*, GesR 2023, 681 (681); u. a. wegen der Rechtszersplitterung sei der Broad Consent die einzige rechtssichere und praxistaugliche Legitimationsgrundlage: *Buchner*, DuD 2022, 555 (558).

[448] Feststellend *Buchner/Kühling*, in: Kühling/Buchner, DS-GVO/BDSG, 4. Aufl. 2024, Art. 7 DSGVO Rn. 64; *Jungkunz/Köngeter/Spitz u. a.*, Stellungnahme zur Etablierung der sekundären Forschungsnutzung von Behandlungsdaten in Deutschland, 2022, S. 66.

[449] *Jungkunz/Köngeter/Spitz u. a.*, Stellungnahme zur Etablierung der sekundären Forschungsnutzung von Behandlungsdaten in Deutschland, 2022, S. 66.

[450] Die DSK besteht aus den unabhängigen Datenschutzbehörden der Länder und des Bundes. Als Aufgabe soll sie das Datenschutzgrundrecht wahren, eine einheitliche Anwendung nationaler und europäischer Datenschutzregelungen erreichen und gemeinsam deren Fortentwicklung anstreben, was durch Entschließungen, Stellungnahmen, Pressemitteilungen, Standardisierungen und Orientierungshilfen geschieht: https://www.datenschutzkonferenz-online.de/dsk.html (letzter Abruf 1. 11. 2025).

[451] Die vom Bundesministerium für Bildung und Forschung geförderte Initiative soll ausweislich ihrer eigenen Angaben, die Voraussetzungen für eine engere Vernetzung von Versorgung und Forschung legen, etwa durch den Aufbau von Datenintegrationszentren in allen Universitätskliniken. Vertiefend zur MII: https://tinyurl.com/4j3rzj8a (letzter Abruf: 1. 11. 2025).

[452] *MII*, Arbeitsgruppe Consent Mustertext Patienteneinwilligung, 2021; *DSK*, Beschluss der Konferenz der unabhängigen Datenschutzaufsichtsbehörden des Bundes und der Länder

itiative gemeinsam mit den unabhängigen Datenschutzaufsichtsbehörden des Bundes und der Länder verabschiedete Mustertext vorliegend als – in der Praxis vorwiegend von den Universitätsklinika häufig genutztes[453] – Anschauungsbeispiel dienen.[454] Die relevanten Passagen lauten:

„*1. Erhebung, Verarbeitung und wissenschaftliche Nutzung Ihrer Patientendaten*

1.1. Welche Ziele verfolgen wir?

Ihre Patientendaten sollen für die medizinische Forschung zur Verfügung gestellt werden. Medizinische Forschung dient ausschließlich dazu, die Erkennung, Behandlung und Vorbeugung von Krankheiten zu verbessern; Ihre Patientendaten werden nicht für die Entwicklung biologischer Waffen oder diskriminierende Forschungsziele verwendet. *Ebenso ist es nicht Ziel dieser Forschung, bei Ihnen eine Diagnose zu erstellen oder Ihre konkrete Behandlung zu beeinflussen.*

Ihre Patientendaten sollen im Sinne eines breiten Nutzens für die Allgemeinheit für viele verschiedene medizinische Forschungszwecke verwendet werden. Zum jetzigen Zeitpunkt können dabei noch nicht alle zukünftigen medizinischen Forschungsinhalte beschrieben werden; diese können sich sowohl auf ganze Krankheitsgebiete (z. B. Krebsleiden, Herz-Kreislauf-Erkrankungen, Erkrankungen des Gehirns) als auch auf heute stellenweise noch unbekannte einzelne Krankheiten und Veränderungen in der Erbsubstanz beziehen. Es kann also sein, dass Ihre Patientendaten für Forschungsfragen verwendet werden, die wir heute noch gar nicht absehen können. Dazu sollen Ihre Patientendaten [falls zutreffend: und Biomaterialien] *für 30 Jahre ab dem Zeitpunkt Ihrer Einwilligung gespeichert* [falls zutreffend für Biomaterialien: und gelagert] werden, wenn Sie nicht vorher widerrufen haben. In besonderen Fällen können Daten [falls zutreffend: und Biomaterialien] auch über diesen Zeitpunkt hinaus von erheblicher Bedeutung für die Wissenschaft sein. In diesen Fällen würden wir in Abstimmung mit den zuständigen Datenschutzaufsichtsbehörden und einer unabhängigen Ethikkommission klären, ob auch eine weitergehende Nutzung Ihrer Daten [falls zutreffend: und Biomaterialien] möglich ist.“[455]

„*1.2 Wie werden Ihre Patientendaten wissenschaftlich genutzt?*

Ihre Patientendaten können Universitäten, Forschungsinstituten und forschenden Unternehmen auf Antrag für medizinische Forschungszwecke zur Verfügung gestellt werden. Diese Daten dürfen vom Empfänger nur zu dem vorbestimmten und beantragten Forschungszweck genutzt und nicht zu anderen Zwecken weitergegeben werden. Ihre Patientendaten [falls zutreffend: und gespendeten Biomaterialien] werden ausschließlich für wissenschaftliche Zwecke genutzt; sie werden nicht verkauft. [Die/Das Name der behandelnden Einrichtung] kann aber für die Bereitstellung qualitätskontrollierter Daten von den jeweiligen Nutzern eine angemessene Aufwandsentschädigung erheben.

---

zu den Einwilligungsdokumenten der Medizininformatik-Initiative des Bundesministeriums für Bildung und Forschung, 2020.

[453] *Freye/Buchner*, Bundesgesundheitsbl. 2024, 285 (286).

[454] MII, Arbeitsgruppe Consent Mustertext Patienteneinwilligung, 2021.

[455] Zitiert nach MII, Arbeitsgruppe Consent Mustertext Patienteneinwilligung, 2021. Hervorh. im Original.

Die Zulässigkeit des einzelnen Forschungsvorhabens mit Ihren Patientendaten [falls zutreffend: und Biomaterialien] wird vorab von einer unabhängigen Ethikkommission geprüft und erfordert deren zustimmende Bewertung. [...]"[456]

Der Broad Consent soll den Konflikt auflösen, nachdem ein Großteil der Bevölkerung ihre Daten freiwillig der medizinischen Forschung zur Verfügung stellen möchte,[457] bei gleichzeitigem Belassen eines Restes an Autonomie und Mitwirkungsmöglichkeiten des Patienten. Der Betroffene kann mittels Broad Consent einmalig seine Zustimmung für die Nutzung seiner Daten für (bestimmte Bereiche) medizinischer Forschung erklären, ohne Kenntnis des exakten Zwecks.[458] So wissen die Betroffenen um den (groben) Zweck ihrer Verarbeitung (hier: medizinische Forschung), sodass sie ihre Betroffenenrechte (u. a. Widerruf oder Anspruch auf Löschung) geltend machen können.[459] Kompensiert wird das gesenkte Niveau an Bestimmtheit durch zusätzliche technische und organisatorische Maßnahmen.[460] Durch die lange Speicherdauer (30 Jahre) wird zudem die Durchführung von Langzeitstudien erleichtert.[461] Ein weiterer Vorteil ist, dass der Broad Consent mit dem Mustertext eine bundeseinheitliche Vorlage erhält, die dabei helfen kann, den Rückstand einer Sekundärnutzung für Forschungszwecke im Vergleich zu anderen Staaten wieder aufzuholen und die bestehende Rechtszersplitterung auf Bundesebene zu konsolidieren.[462] Dabei ist das Musterformular des Broad Consent mit seinen insgesamt sieben Seiten und 16 Aspekten, über die informiert werden, bereits sehr ausführlich.[463]

b) Datenspende

Noch weitergehend ist die Möglichkeit einer Datenspende, ein ursprünglich vom Deutschen Ethikrat vorgestelltes Konzept. *Datenspende* meint dabei eine „dauerhafte Hingabe von Daten zur kontextspezifisch informationsgewinnenden Verarbeitung ohne unmittelbare Gegenleistung und ohne dass die betroffene Person die

---

[456] Zum gesamten Dokument: https://tinyurl.com/ycxk5nrb (letzter Abruf: 1.11.2025).

[457] Laut einer Studie sprechen sich 79 % der Bevölkerung für die Möglichkeit einer Sekundärnutzung ihrer (Gesundheits-)Daten für medizinische Forschung aus: *Richter/Borzikowsky/Lesch u. a.*, EJHG 2021, 495 (495).

[458] *Sachverständigenrat*, Digitalisierung für Gesundheit – Ziele und Rahmenbedingungen eines dynamisch lernenden Gesundheitssystems, 2021, Rn. 462.

[459] *Fröhlich/Spiecker gen. Döhmann*, GesR 2022, 346 (347).

[460] So dürfen nach dem Mustertext des MII bspw. Veröffentlichung nur mit anonymisierten Daten erfolgen.

[461] Darauf hinweisend: *Raum*, in: Ehmann/Selmayr, DS-GVO, 3. Aufl. 2024, Art. 89 DSGVO Rn. 35.

[462] *Hofmann*, DuD 2022, 756 (757). Zudem kann er als Vorbild für das Einwilligungsformular für Datenaltruismus nach Art. 25 DGA dienen: *Specht-Riemenschneider*, ZEuP 2023, 638 (660).

[463] *Freye/Buchner*, Bundesgesundheitsbl. 2024, 285 (285, 287 f.).

konkrete Datenverarbeitung mitbestimmen können muss".[464] Teils wird die Datenspende sehr weit verstanden und lässt sich kaum zu den weiten Einwilligungsmodellen abgrenzen, etwa wenn man darin allgemein „die Freigabe von gesundheitsrelevanten Daten für wissenschaftliche Forschungszwecke" versteht.[465] Die Datenspende ist ebenso durch eine Lockerung der Zweckbindung gekennzeichnet und soll dem Betroffenen ermöglichen, die Verarbeitung seiner Daten ohne enge Zweckbindung zugunsten der medizinischen Forschung zu erlauben.[466] Kennzeichen einer Spende ist ihre typische Unentgeltlichkeit in Form einer fehlenden Gegenleistung für die Hingabe.[467] Anders als bei einer Geld- oder Sachspende wird der Gegenstand der Datenspende, die „Daten", nicht verbraucht, vielmehr sind sie beliebig häufig nutzbar. Dies ist ein bedeutender Unterschied zu anderen Spendenformen. Weitere Kennzeichen einer Spende sind ihre Freiwilligkeit und grundsätzlich nicht widerrufliche Hingabe eines Gegenstandes an einen Empfänger, der nicht immer durch den Spender bestimmt werden muss; die Festlegung des jeweiligen Empfängers folgt vielmehr aus dem Nutzungsrahmen des konkreten Spendengegenstandes.[468] Da eine konkrete Benennung eines Einzelfalls oder eines konkreten Empfängers bei der allgemeinen Spende ungebräuchlich sei, gelte auch bei der Datenspende, dass kein konkreter Datenverarbeitungsvorgang zwangsläufig benannt werden müsse.[469]

Argumentiert wird teils auch mit der doppelten Stoßrichtung der DSGVO: Diese dient ausweislich ihres Namens nicht nur dem Schutz personenbezogener Daten, sondern auch dem freien Datenverkehr.[470] Gerade diesen stärke der Einzelne durch seine Datenspende.[471] Unwiderrufliche Datenspenden wären für die Forschung vorteilhaft, da diese zu einer besseren Planbarkeit für Forschende führen. Andererseits ist die irreversible Hingabe eigener Daten durch den Betroffenen ein schwerer Eingriff in sein Selbstbestimmungsrecht. Während der Broad Consent eine Art fortlaufende Erlaubnis zur Datenverarbeitung bis zum Widerruf oder Zeitablauf darstellt, ist die Datenspende ein einmaliger (altruistischer) Akt der Einwilligung oder praktischen Datenübergabe.

---

[464] Definition nach *Freiherr von Ulmenstein*, PinG 2020, 47 (48).

[465] *Molnár-Gábor*, DuD 2021, 799 (799); *Datenethikkommission*, Gutachten, 2019, S. 124.

[466] *Ethikrat*, Big Data und Gesundheit – Datensouveränität als informationelle Freiheitsgestaltung – Stellungnahme, 2018, S. 267.

[467] *Freiherr von Ulmenstein*, PinG 2020, 47 (47 f.); *Molnár-Gábor*, DuD 2021, 799 (799).

[468] *Freiherr von Ulmenstein*, PinG 2020, 47 (48).

[469] *Freiherr von Ulmenstein*, PinG 2020, 47 (48).

[470] „Verordnung (EU) 2016/679 […] zum Schutz natürlicher Personen bei der Verarbeitung personenbezogener Daten [und] zum freien Datenverkehr […]".

[471] *Freiherr von Ulmenstein*, PinG 2020, 47 (48).

2. Digitale Einwilligungskonzepte

Die digitalen, gestuften Modelle versuchen durch Benachrichtigungen der Betroffenen und regelmäßige Abfragen der Einwilligung ein datenschutzkonformeres Modell gegenüber dem *einmaligen* Broad Consent oder der Datenspende zu sein. Die größere Datenschutzverbundenheit soll durch eine Übertragung des Modells der spezifischen informierten Einwilligung auf den Kontext sekundärer Forschungsnutzung erreicht werden.[472] Dabei sollen die erneuten Abfragen und Informationen der Betroffenen via Smartphone-App oder Online-Plattform erfolgen.[473]

a) Dynamic Consent

Den Vertretern der gestuften, dynamischen Einwilligungsmodelle reicht die Festlegung des Broad Consent oder der Datenspende, wonach die Daten dem Zweck „der medizinischen Forschung dienen soll“, nicht aus; denn die zukünftige unbestimmte Nutzung personenbezogener Daten birgt ein hohes Gefährdungspotenzial für den Betroffenen.[474] Daher sei ein gestuftes Einwilligungsmodell zu präferieren,[475] welches dem Umstand Rechnung trage, dass der Zweck des Forschungsvorhabens zum Zeitpunkt der Datenerhebung oftmals nicht hinreichend präzisierbar sei. Sobald der Zweck weitergehend spezifizierbar ist, müsse eine aktualisierte Einwilligung des Betroffenen eingeholt werden. Das bedeutet, dass zu Beginn der Untersuchung eine generalisierte Einwilligung beim Betroffenen eingeholt wird, die schrittweise um kleinteilige Einwilligungen für weiterführende Maßnahmen ergänzt wird.[476] Damit wird einem phasenweisen Datenschutz – wie vom EuGH gefordert[477] – eher Rechnung getragen als beim einmaligen Broad Consent. Dabei sollen Informationen über einen größeren Zeitraum verteilt werden, sodass sich Betroffene je nach Belieben mehr oder weniger einbringen und ihre Einwilligung in Echtzeit ändern können.[478]

---

[472] *Jungkunz/Köngeter/Spitz u. a.*, Stellungnahme zur Etablierung der sekundären Forschungsnutzung von Behandlungsdaten in Deutschland, 2022, S. 65.

[473] *Jungkunz/Köngeter/Spitz u. a.*, Stellungnahme zur Etablierung der sekundären Forschungsnutzung von Behandlungsdaten in Deutschland, 2022, S. 65.

[474] *Schiemann/Weinert*, in: Spickhoff/Handorn, Medizinisches ForschungsR-HdB, 2024, § 11 Rn. 27.

[475] *Schiemann/Weinert*, in: Spickhoff/Handorn, Medizinisches ForschungsR-HdB, 2024, § 11 Rn. 27.

[476] *Molnár-Gábor*, DuD 2021, 799 (803).

[477] EuGH (Fashion ID), Urt. v. 29.7.2019, Rs. C-40/17, Rn. 72; EuGH (Wirtschaftsakademie), Urt. v. 5.6.2018, Rs. C-210/16, Rn. 43; *Molnár-Gábor*, DuD 2021, 799 (803).

[478] *Freye/Buchner*, Bundesgesundheitsbl. 2024, 285 (286).

b) Meta-Consent

Der Meta-Consent erlaubt den Betroffenen, sich selbst für eines der vorstehenden Einwilligungsmodelle zu entscheiden. Sie können also wählen, ob sie einmalig eine breite Einwilligung oder eine gestufte, dynamische Einwilligung bevorzugen oder eine Kombination, die zwischen verschiedenen Forschungsbereichen differenziert.[479] Damit betont der Meta-Consent die informationelle Selbstbestimmung des Einzelnen, indem dieser nicht nur über die Art der Nutzung eigener Daten, sondern zugleich auch über den eigenen Grad der Mitbestimmung entscheidet.[480] Eine Implementierung ist hier – ähnlich dem Dynamic Consent – technisch sowie organisatorisch komplex und aufwendig.[481] Gleichwohl darf diese Einwilligungsform als derzeitig gewünschter Goldstandard des Datenschutzrechtes betrachtet werden.[482] Kennzeichen der Entscheidung der Betroffenen ist die vorab erfolgte „sorgfältige[.] Information über die übergreifenden Ziele der Biobank und deren wichtigste Charakteristika, also die Art der Finanzierung, das jeweilige Datenschutz- und Governance-Konzept, etwaige etablierte Kooperationen und Weitergabevereinbarungen mit anderen Institutionen, sowie die verschiedenen Möglichkeiten der Einwilligung in die Teilnahme“.[483] Sodann treffen die Betroffenen die Entscheidung, ob sie dynamisch über jedes künftige Forschungsvorhaben informiert werden und spezifisch in jedes Forschungsprojekt einwilligen möchten, sie in unterschiedlich breite Kategorien von Forschungsvorhaben (z. B. „Krebsforschung“) einwilligen oder ob sie ihre Entscheidung stellvertretend an ein Expertengremium wie eine Ethikkommission oder ein unabhängiges Kontrollorgan delegieren.[484] Die Datenethikkommission empfiehlt, dass die konkrete Umsetzung des Meta-Consents im Einzelfall der Kontrolle durch einen Treuhänder, eine Ethikkommission oder eine andere zuständige Stelle unterliegen soll, um die tatsächliche Umsetzung der Präferenzen des Einwilligenden zu gewährleisten.[485]

---

[479] Dieses Einwilligungsmodell empfiehlt die *Datenethikkommission*, Gutachten, 2019, S. 127; *Jungkunz/Köngeter/Spitz u. a.*, Stellungnahme zur Etablierung der sekundären Forschungsnutzung von Behandlungsdaten in Deutschland, 2022, S. 66; *Freye/Buchner*, Bundesgesundheitsbl. 2024, 285 (286).

[480] *Jungkunz/Köngeter/Spitz u. a.*, Stellungnahme zur Etablierung der sekundären Forschungsnutzung von Behandlungsdaten in Deutschland, 2022, S. 66.

[481] *Jungkunz/Köngeter/Spitz u. a.*, Stellungnahme zur Etablierung der sekundären Forschungsnutzung von Behandlungsdaten in Deutschland, 2022, S. 66 f.

[482] *Ethikrat*, Big Data und Gesundheit – Datensouveränität als informationelle Freiheitsgestaltung – Stellungnahme, 2018, S. 184.

[483] *Ethikrat*, Big Data und Gesundheit – Datensouveränität als informationelle Freiheitsgestaltung – Stellungnahme, 2018, S. 185.

[484] *Ethikrat*, Big Data und Gesundheit – Datensouveränität als informationelle Freiheitsgestaltung – Stellungnahme, 2018, S. 185.

[485] *Datenethikkommission*, Gutachten, 2019, S. 127.

3. Widerspruchslösung (Opt-out)

Bei der Widerspruchslösung willigen Patienten nicht in die Datennutzung ein. Sie müssen vielmehr aktiv widersprechen, sofern sie keine Nutzung ihrer Daten wünschen. Dabei werden (etwa in der elektronischen Patientenakte gespeicherte und im Forschungsdatenzentrum aufbewahrte) Behandlungsdaten standardmäßig in mindestens pseudonymisierter Form an (sekundäre) Forschungsvorhaben weitergeleitet.[486] Ein persönliches Aufklärungsgespräch findet nicht statt, vielmehr sind Aufklärungsmaterialien und weitergehende Aufklärungsangebote in Arztpraxen oder Krankenhäusern verfügbar, die jedoch keine spezifischen Studieninformationen enthalten.[487] Auch ethisch wird die Widerspruchslösung als vertretbar angesehen: Sie führt zu einem deutlichen Gewinn für die Forschung, die mehr Daten nutzen kann und weniger Zeit in Aufklärungen und Einwilligungsprozesse investieren muss. Zur Kompensation des Eingriffs in die informationelle Selbstbestimmung müssten umfangreiche Informationskampagnen gestartet und niederschwellige Widerspruchsmöglichkeiten etabliert werden.[488]

III. Vereinbarkeit der Einwilligungsmodelle mit geltendem Recht

Die Frage der Vereinbarkeit modifizierter Einwilligungsmodelle mit geltendem Recht ist ähnlich schwierig zu beantworten wie die Frage, ob Einwilligungen ein Verfallsdatum haben (sollten). Im Kern streiten ErwG 33 S. 2 DSGVO, der ausdrücklich eine Einwilligung für „bestimmte Bereiche wissenschaftlicher Forschung" erlaubt, mit dem engen Zweckbindungsgrundsatz, der bei Gesundheitsdaten in Art. 9 Abs. 2 lit. a DSGVO eine Einwilligung für „festgelegte Zwecke" zulässt. *Prima facie* scheint ein rechtlich unverbindlicher Erwägungsgrund keine gesetzliche Normierung überlagern zu können. Gleichwohl ist diese Betrachtung zu kurz gegriffen und übersieht die zahlreichen punktuellen Privilegien, die die DSGVO für Datenverarbeitungen zu Zwecken wissenschaftlicher Forschung bereithält.

1. Unvereinbarkeit des Broad Consent mit der DSGVO

Aus ethischer Sicht ist der Broad Consent mit der informationellen Selbstbestimmung vereinbar, wenngleich sie nicht mit dem höchstmöglichen Potenzial geachtet wird. Deshalb wird aus ethischer Perspektive teils, neben den bereits recht-

---

[486] *Jungkunz/Köngeter/Spitz u. a.*, Stellungnahme zur Etablierung der sekundären Forschungsnutzung von Behandlungsdaten in Deutschland, 2022, S. 67.

[487] *Jungkunz/Köngeter/Spitz u. a.*, Stellungnahme zur Etablierung der sekundären Forschungsnutzung von Behandlungsdaten in Deutschland, 2022, S. 67.

[488] *Jungkunz/Köngeter/Spitz u. a.*, Stellungnahme zur Etablierung der sekundären Forschungsnutzung von Behandlungsdaten in Deutschland, 2022, S. 68.

lich geforderten technischen und organisatorischen Maßnahmen, weitere Punkte verlangt, wie die Implementierung „eines Governance-Rahmenwerks inklusive Datenzugangskomitee (Data Access Committee) mit Patient*innenbeteiligung u. ä. oder auch die Möglichkeit, z. B. auf einer Website die Studien einzusehen, die ganz generell durch die Datensammlung ermöglicht werden und bei Bedarf die Einwilligung allgemein zu widerrufen."[489] Ansonsten stellt ihre praktische Umsetzung etwa durch die Erstellung von Einwilligungsformularen eine überschaubare Umsetzungsarbeit dar,[490] die vielfach in der Praxis bereits getätigt wurde.

Die Abstufungen in der informationellen Selbstbestimmung bei den breiten Einwilligungsmodellen müssen aus rechtlicher Sicht durch kompensierende Maßnahmen wie Pseudonymisierungsverfahren (vgl. Art. 89 Abs. 1 S. 3 DSGVO) abgefedert werden.

Vorliegend soll untersucht werden, ob der Broad Consent aus rechtlicher Sicht mit den geltenden Normen der DSGVO vereinbar ist. Besonderheit des Broad Consent ist, dass er im Hinblick auf Informiertheit und Bestimmtheit nicht den Anforderungen an Art. 7 DSGVO genügt, wohl aber den Anforderungen an Art. 13 GRC, Art. 5 Abs. 3 GG sowie den in der DSGVO garantierten Privilegierungen (u. a. Art. 5 Abs. 1 lit. b DSGVO) entspricht.[491]

a) Wortlaut

„Der mögliche Wortsinn des Gesetzes markiert die äußerste Grenze zulässiger richterlicher Interpretation."[492] Der Wortlaut der Einwilligung (Art. 6 Abs. 1 S. 1 lit. a, Art. 7 oder Art. 9 Abs. 2 lit. a DSGVO) kennt keine Ausnahmeregelungen für abgestufte Anforderungen an die Zweckbestimmung der Einwilligung. Vielmehr muss die Einwilligung für die Verarbeitung sensibler Daten „für einen oder mehrere festgelegte Zwecke" (Art. 9 Abs. 2 lit. a DSGVO) oder „für einen oder mehrere bestimmte Zwecke" (Art. 6 Abs. 1 S. 1 lit. a DSGVO) eingeholt werden. Die Möglichkeit eines Broad Consent wird allein aus ErwG 33 DSGVO hergeleitet, der für die wissenschaftliche Forschung gelockerte Anforderungen hinsichtlich der Zweckbestimmung vorsieht. So soll es den „betroffenen Personen [...] erlaubt sein, ihre Einwilligung für bestimmte Bereiche wissenschaftlicher Forschung zu geben". Dies steht in einem Spannungsverhältnis zu dem strengen Art. 9 Abs. 2 lit. a

[489] *Jungkunz/Köngeter/Spitz u. a.*, Stellungnahme zur Etablierung der sekundären Forschungsnutzung von Behandlungsdaten in Deutschland, 2022, S. 68.

[490] *Jungkunz/Köngeter/Spitz u. a.*, Stellungnahme zur Etablierung der sekundären Forschungsnutzung von Behandlungsdaten in Deutschland, 2022, S. 68.

[491] *Weichert*, in: Kühling/Buchner, DS-GVO/BDSG, 4. Aufl. 2024, Art. 9 DSGVO Rn. 51b.

[492] BVerfG NJW 2007, 1666 (1666).

DSGVO, der eine ausdrückliche Einwilligung „für einen oder mehrere festgelegte Zwecke“ verlangt.[493]

Auf das problematische Wechselverhältnis von ErwG 33 DSGVO und Art. 9 DSGVO geht die Datenschutzkonferenz in ihrer Billigung des Broad Consent nicht ein. Sie attestiert stattdessen, dass sie für die Nutzung des Mustertextes

> „keine Bedenken [habe], unter der Voraussetzung, dass in den Einwilligungsdokumenten auf die Verarbeitung genetischer Daten aus Biomaterialien und insbesondere das damit verbundene Risiko der Rückverfolgbarkeit explizit hingewiesen wird, die Wahrung des jederzeitigen Widerrufsrechts trotz der Übertragung des Eigentums an Biomaterialien klarer zum Ausdruck kommt und Patienten auf die Möglichkeit hingewiesen werden, sich bei einem E-Mail-Verteiler zu registrieren, der rechtzeitig vor Beginn über neue Forschungsprojekte auf Basis der Medizininformatik-Initiative informiert.“[494]

Neben diesen knappen Hinweisen auf knapp einer Seite, verzichtet die DSK auf weitere Begründungen.[495] Dies überrascht. Noch im Jahr 2019 hat die DSK darauf hingewiesen, dass auch ErwG 33 DSGVO nicht von der Pflicht entbinde, dass der Betroffene die Datenverarbeitung nachvollziehen können muss, weshalb zusätzliche Sicherungsmaßnahmen die Transparenz absichern müssten.[496] Schließlich sei nach Möglichkeit der Dynamic Consent, also eine wiederholte Einwilligungserteilung gegenüber der einmaligen Einholung (wie beim Broad Consent) mit seiner langen Wirkungsdauer, vorzugswürdig.[497] Auch die Artikel-29-Datenschutzgruppe weist darauf hin, dass sich aus ErwG 33 keine Streichung der Anforderungen in Bezug auf die Einwilligung ergebe.[498] Für wissenschaftliche Forschung gelte ebenso der Grundsatz, dass personenbezogene Daten nur verarbeitet werden dürfen, wenn es einen gut beschriebenen Zweck gibt. Dabei erlaubt ErwG 33 DSGVO

---

[493] Dazu auch *Hummel/Braun/Augsberg u. a.*, Datensouveränität – Governance-Ansätze für den Gesundheitsbereich, 2021, S. 14.

[494] *DSK*, Beschluss der Konferenz der unabhängigen Datenschutzaufsichtsbehörden des Bundes und der Länder zu den Einwilligungsdokumenten der Medizininformatik-Initiative des Bundesministeriums für Bildung und Forschung, 2020, S. 1.

[495] Die DSK empfiehlt die Streichung, dass Datenübermittlungen in Drittstaaten zulässig sein sollen: *DSK*, Beschluss der Konferenz der unabhängigen Datenschutzaufsichtsbehörden des Bundes und der Länder zu den Einwilligungsdokumenten der Medizininformatik-Initiative des Bundesministeriums für Bildung und Forschung, 2020, S. 1.

[496] *DSK*, Beschluss der 97. Konferenz der unabhängigen Datenschutzaufsichtsbehörde des Bundes und der Länder zur Auslegung des Begriffs „bestimmte Bereiche wissenschaftlicher Forschung“ im Erwägungsgrund 33 der DS-GVO, 2019, S. 2. Dazu gehöre ein einsehbarer Forschungsplan, der die geplanten Arbeitsmethoden und Forschungsfragen aufzeigt; eine Ausarbeitung und Dokumentation, warum eine nähere Konkretisierung der Forschungszwecke nicht möglich sei, sowie ein positives Votum eines Ethikgremiums, bevor die Daten für weitere Forschungszwecke genutzt werden können.

[497] So noch *DSK*, Beschluss der 97. Konferenz der unabhängigen Datenschutzaufsichtsbehörde des Bundes und der Länder zur Auslegung des Begriffs „bestimmte Bereiche wissenschaftlicher Forschung“ im Erwägungsgrund 33 der DS-GVO, 2019, S. 2.

[498] *Artikel-29-Datenschutzgruppe*, Leitlinien in Bezug auf die Einwilligung gemäß Verordnung 2016/679, WP259 rev.01, 2017, S. 34.

gerade, dass der Zweck allgemeiner formuliert werden darf.[499] Daraus wird weiter der Schluss gezogen, dass ErwG 33 DSGVO bei sensiblen Daten strenger ausgelegt werden müsste.[500] Maßnahmen müssten die geringere Transparenz und Nachvollziehbarkeit z. B. durch Informationen zur Zweckentwicklung kompensieren.[501] Transparenz ist eine zusätzliche Garantie, wenn die Umstände des Einzelfalls bei der wissenschaftlichen Forschung keine Einwilligung für den bestimmten Fall erlauben.[502] Auch das European Data Protection Board (EDPB) geht davon aus, dass die DSGVO nicht so ausgelegt werden darf, dass die Zweckangabe bei der einzuholenden Einwilligung beim Betroffenen umgangen wird.[503]

Es bleibt im Ergebnis unklar, was ErwG 33 DSGVO mit der Formulierung für „bestimmte Bereiche wissenschaftlicher Forschung" meint. Auch die englische Sprachfassung „consent to certain areas of scientific research" bietet keinen näheren Aufschluss.[504] Einigkeit herrscht dahingehend, dass der Begriff der „bestimmten Bereiche wissenschaftlicher Forschung" nirgends näher definiert oder erläutert wird, aber eng mit der Zweckbestimmung verknüpft ist.[505] Es ist fraglich, ob als bestimmter Bereich der Zweck „medizinische Forschung" in ihrer Gänze genügt oder ob es einer Eingrenzung auf bestimmte medizinische Forschungsbereiche (z. B. Krebsforschung) bedarf. Der Mustertext der MII, der den ErwG 33 DSGVO umsetzt, geht von einer sehr weiten Auslegung aus und umfasst „viele verschiedene medizinische Forschungszwecke". Damit ist der Wortlaut der DSGVO widersprüchlich. Einerseits verlangt er einen festgelegten Zweck, andererseits kann bei Forschungsvorhaben eine Einwilligung für bestimmte Bereiche abgegeben werden, wobei deren genaue Breite und Spezifizität ungewiss bleiben.

---

[499] *Artikel-29-Datenschutzgruppe*, Leitlinien in Bezug auf die Einwilligung gemäß Verordnung 2016/679, WP259 rev.01, 2017, S. 34; *European Data Protection Board*, Leitlinien 05/2020 zur Einwilligung gemäß Verordnung 2016/679 Version 1.1, 2020, Rn. 154.

[500] *Artikel-29-Datenschutzgruppe*, Leitlinien in Bezug auf die Einwilligung gemäß Verordnung 2016/679, WP259 rev.01, 2017, S. 34.

[501] *Artikel-29-Datenschutzgruppe*, Leitlinien in Bezug auf die Einwilligung gemäß Verordnung 2016/679, WP259 rev.01, 2017, S. 35; *European Data Protection Board*, Leitlinien 05/2020 zur Einwilligung gemäß Verordnung 2016/679 Version 1.1, 2020, Rn. 160.

[502] *European Data Protection Board*, Leitlinien 05/2020 zur Einwilligung gemäß Verordnung 2016/679 Version 1.1, 2020, Rn. 160.

[503] *European Data Protection Board*, Leitlinien 05/2020 zur Einwilligung gemäß Verordnung 2016/679 Version 1.1, 2020, Rn 157.

[504] Ebenso wenig hilft die französische Fassung, nach der Personen ihre Einwilligung geben können, „en ce qui concerne certains domaines de la recherche scientifique".

[505] *DSK*, Beschluss der 97. Konferenz der unabhängigen Datenschutzaufsichtsbehörde des Bundes und der Länder zur Auslegung des Begriffs „bestimmte Bereiche wissenschaftlicher Forschung" im Erwägungsgrund 33 der DS-GVO, 2019, S. 1.

b) Systematik

Gesetzessystematisch lässt sich ErwG 33 S. 2 DSGVO in Zusammenhang mit S. 1 lesen, der als zwingende Voraussetzung interpretiert werden kann. Danach ist der Broad Consent nur möglich, wenn das konkrete Design des Forschungsvorhabens absehbar bis zum Zeitpunkt der Datenerhebung eine vollständige Zweckbestimmung nicht zulässt.[506] Hinsichtlich der Zulässigkeit eines Broad Consent unter der Einschränkung, dass eine konkrete Zweckbestimmung nicht möglich ist, gilt: Der rechts*un*verbindliche ErwG 33 DSGVO lässt eine breitere Zweckbestimmung zu als Art. 9 Abs. 2 lit. a DSGVO, kann diesen jedoch wegen fehlender Verbindlichkeit normativ nicht überlagern. Zwar lassen sich Erwägungsgründe in gewissem Umfang zur Auslegung heranziehen, sodass hier die teleologische Intention des ErwG 33 DSGVO in Form einer gewünschten Flexibilisierung der Datenverarbeitung zu Forschungszwecken herangezogen werden kann.[507] In die Richtung geht auch die Zweck-Kompatibilitätsannahme des Art. 5 Abs. 1 lit. b DSGVO, der mit ErwG 33 DSGVO in sachlichem Zusammenhang steht und der ohne die Möglichkeit eines Broad Consent weitestgehend konterkariert würde.[508] Auch der systematische Blick auf die zahlreichen Forschungsprivilegien in der DSGVO könnte dafürsprechen, dass der Broad Consent eine weitere Privilegierung der DSGVO darstellt.[509]

Dies ist indes ein Trugschluss: Aus der Forschungsprivilegierung kann nicht geschlossen werden, dass der europäische Gesetzgeber, den gerade nicht verbindlich geregelten Broad Consent erlauben wollte. Vielmehr kann man aus den Privilegierungen, u.a. in Art. 9 Abs. 2 lit. j und Art. 89 DSGVO (etwa durch Einschränkung des Widerspruchsrechts nach Art. 89 Abs. 2 DSGVO) schließen, dass den Mitgliedstaaten die privilegierenden Spezifikationen über den Umgang mit Daten im Forschungskontext obliegen. Überdies wird die Zweckänderung bei der wissenschaftlichen Forschung schon durch das Entfallen des Kompatibilitätstestes nach Art. 6 Abs. 4 DSGVO (vgl. Art. 5 Abs. 1 lit. b DSGVO) privilegiert.[510]

Systematisch wird der ErwG 33 DSGVO somit von den verbindlichen Normen der DSGVO überlagert, die schon Privilegierungen für wissenschaftliche Forschungszwecke enthalten, sodass aus systematischer Sicht die Möglichkeit eines Broad Consent unnötig erscheint.

---

[506] Ebenso *DSK*, Beschluss der 97. Konferenz der unabhängigen Datenschutzaufsichtsbehörde des Bundes und der Länder zur Auslegung des Begriffs „bestimmte Bereiche wissenschaftlicher Forschung“ im Erwägungsgrund 33 der DS-GVO, 2019, S. 1.

[507] *Graf von Kielmansegg*, GesR 2023, 681 (683).

[508] *Graf von Kielmansegg*, GesR 2023, 681 (683).

[509] *Kühling/Schildbach*, ZfDR 2024, 1 (13).

[510] § 4 I. 2. a) bb) (1).

Häufig wird versucht, den Broad Consent mit Grundrechten zu untermauern.[511] Sofern auf deutsche Grundrechte abgestellt wird, gilt der Anwendungsvorrang des Unionsrechts: Die DSGVO steht *normenhierarchisch* über den nationalen, aber nicht über den unionsrechtlichen Grundrechten. Mit Blick auf kollidierende Grundrechte (wie den Gesundheits- und Lebensschutz nach Art. 2, 3 GRC und die Wissenschaftsfreiheit nach Art. 13 GRC) könnte man ein Überwiegen der Forschungsfreiheit annehmen, in deren Folge der Broad Consent ermöglicht werden müsste.[512]

Dafür spricht, dass der Verzicht auf ständige Mitwirkungsmöglichkeiten und Einwilligungen selbst eine Ausübungsform des Selbstbestimmungsrechts darstellt.[513] Das Datenschutzrecht soll nicht dem Willen des Betroffenen an einer Datenweitergabe im Wege stehen. Ist dem Betroffenen bewusst, dass die Einwilligung weit ist, er sich auf die thematische Offenheit bereitwillig einlässt und ihm die Tragweite der Entscheidung klar ist, könnte der Broad Consent möglich sein.[514] Die Konsequenzen werden außerdem durch die jederzeitige Widerruflichkeit abgemildert.[515]

Indes erscheint es aus grundrechtlicher Sicht zweifelhaft, ob die Tragweite der Entscheidung klar sein kann, wenn Daten 30 Jahre lang verarbeitet werden dürfen – ein grober Überblick für den Betroffenen ist damit schier unmöglich. Zumal ausweislich des Mustertextes der MII eine noch längere Datennutzung unter Einschaltung von Ethikkommissionen und Datenschutzaufsichtsbehörden ermöglicht werden soll. Dass über den Zeitraum von 30 Jahren die Einwilligung nicht mehr als Grundlage der Datenverarbeitung dienen oder ohne das Wissen des Betroffenen mehr oder weniger fortwirken soll, überzeugt nicht. Dies zeigt, dass selbst der Broad Consent der MII seine (zeitlichen) Grenzen hat und die Möglichkeit eröffnet, mit zusätzlichen Maßnahmen wie Ethikkommissionen und Datenschutzaufsichtsbehörden Datenverarbeitungen (nach über 30 Jahren) ohne fortwirkende Einwilligung zu gestatten.

Damit geht die Aussage, dass Selbstbestimmung und Autonomie nur durch eine irgendwie geartete Einwilligungsform gewahrt werden, nach 30 Jahren fehl. Der Mustertext kreiert selbst eine Erlaubnisnorm, für den Zeitraum nach „Erlöschen" der Einwilligung, deren Geltungsdauer mit 30 Jahren festgeschrieben wird, und stellt sich damit in Widerspruch zu Aussagen, nach denen nur die Einwilligung Ausdruck der Selbstbestimmung sei.

---

[511] Die DSGVO nehme zur Frage der Vereinbarkeit des Broad Consent nicht abschließend Stellung, sodass auf grundrechtliche Wertungen zurückzugreifen sei: *Fehling/Tormin/Wendelborn u. a.*, MedR 2023, 869 (874).

[512] *Kühling/Schildbach*, ZfDR 2024, 1 (13 f.).

[513] § 3 II. 5. a).

[514] *Herbst*, DuD 2016, 371 (373).

[515] *Herbst*, DuD 2016, 371 (373 f.).

Es bleibt die Möglichkeit einer (unionsrechtlichen) verfassungskonformen Auslegung der Datenschutzregelungen der DSGVO, insofern als eine Einwilligung für „bestimmte Bereiche wissenschaftlicher Forschung" ausreichend ist, wenn die Forschenden unionsgrundrechtliche Kriterien der Transparenz, Unabhängigkeit und Ergebnisoffenheit erfüllen und damit unionsgrundrechtlich privilegiert werden.[516] Dagegen sprechen aber die Voraussetzungen an eine verfassungskonforme Gesetzesauslegung. Diese setzen voraus, dass „von mehreren möglichen Normdeutungen, die teils zu einem verfassungswidrigen, teils zu einem verfassungsmäßigen Ergebnis führen, diejenige vorzuziehen [ist], die mit dem Grundgesetz [oder hier: den Unionsgrundrechten] in Einklang steht".[517] Vorliegend ist keine mögliche Auslegung unionsrechtswidrig: Vielmehr wäre sowohl die informierte, spezifische Einwilligung als auch der Broad Consent mit den Unionsrechtsgrundrechten vereinbar. Somit liegen die Voraussetzungen einer solchen Auslegung nicht vor, sodass die Frage der Übertragbarkeit dieser genuin deutschen Auslegungskriterien auf das Unionsrecht überflüssig ist.

c) Entstehungsgeschichte

Die Verschärfung der Anforderungen an die Einwilligung in Art. 9 Abs. 2 lit. a DSGVO („einen oder mehrere festgelegte Zwecke") war im ursprünglichen Gesetzesentwurf der Kommission nicht vorgesehen.[518] Allerdings mussten in der Version von 2012 auch bei sensiblen Daten die Anforderungen an die Einwilligung aus Art. 7 DSGVO eingehalten werden, die strenger waren als in der aktuellen Fassung. Danach musste die Einwilligung für „eindeutig festgelegte Zwecke" erteilt werden.[519] Dies wurde dahingehend geändert, dass sensible Daten aus Art. 9 DSGVO gegenüber der allgemeinen Einwilligung nach Art. 7 DSGVO strengeren Anforderungen unterliegen. Insofern wurde Art. 9 Abs. 2 lit. a DSGVO-E(EP) dahingehend geändert, dass der Betroffene die Einwilligung für „einen oder mehrere spezifische Zwecke" erteilen muss.[520] Mittlerweile ist dieses Spezifitätserfordernis etwas abgemildert, insofern als die Einwilligung für „festgelegte" und nicht mehr „spezifische" Zwecke erteilt werden muss. Durch die Einbettung in „einen oder mehrere festgelegte Zwecke" muss der Zweck zu einem gewissen Grad feststehen („festgelegt"). Der Broad Consent erfüllt diese Voraussetzungen nicht.

Insgesamt wurde der Broad Consent im Gesetzgebungsprozess wenig thematisiert. Lediglich nach der „Opinion of the Committee on Industry, Research and Energy" sollte in ex-Art. 83 (heute: Art. 89) DSGVO ein neuer Absatz 2c eingefügt werden. Der Vorschlag dafür lautete:

---

[516] § 3 I. 2. b) ee).

[517] StRspr. BVerfGE 119, 247 (274); 32, 373 (383 f.); 19, 1 (5).

[518] KOM(2012)11 endgültig v. 25.1.2012, S. 52.

[519] KOM(2012)11 endgültig v. 25.1.2012, S. 51.

[520] So noch Art. 9 Abs. 2 lit. a DSGVO-E(EP): ABl. 2017 C 378/399.

> „Where the data subject is required to give his/her consent for the processing of medical data exclusively for public health research purposes, the option of broad consent may be available to the data subject for the purpose of epidemiological, translational and clinical research.“[521]

Dabei sollte der Broad Consent dem Einzelnen ermöglichen, Kontrolle über seine personenbezogenen Daten auszuüben – bei gleichzeitiger Erleichterung des Zugangs der Forschung zu diesen Daten.[522] Ein geplanter Art. 53a DSGVO sollte dem Einzelnen weitergehend erlauben, stets eine breite Einwilligung für wissenschaftliche Forschungszwecke zu erteilen.[523] Weshalb diese Vorschläge nicht übernommen wurden, wird in den Gesetzgebungsmaterialien nicht erörtert. Davon, dass der Gesetzgeber den Broad Consent durch die Möglichkeit in ErwG 33 DSGVO als ausreichend geregelt ansah, kann nicht ausgegangen werden. Vielmehr scheint er diesem Konzept ablehnend gegenübergestanden zu haben und sich aufgrund der verschärften Anforderungen hinsichtlich der Einwilligung in die Verarbeitung sensibler Daten dagegen entschieden zu haben.

d) Telos

Der Broad Consent soll einen schonenden Interessenausgleich darstellen, indem aufseiten der Forschenden Daten leichter verwendet werden können, der bürokratische Aufwand verringert und datenbasierte Langzeitstudien vereinfacht werden, während für den Betroffenen geeignete Garantien zu seinem Schutz greifen und ein jederzeitiger Widerruf möglich ist (Art. 7 Abs. 3 S. 1 DGSVO).[524]

Der Broad Consent ist nach Sinn und Zweck jedoch viel zu unspezifisch und unbestimmt.[525] Dies sehen Fröhlich/Spiecker gen. Döhmann ebenso und fordern, den Mangel an Bestimmtheit im Rahmen des Broad Consent insofern zu beheben, als dass der fachliche Forschungsbereich, die Frage des Forschungsprojektes, dessen gewünschter Erkenntnisgewinn sowie mögliche Weiterleitungen der Daten an andere Stellen benannt werden müssten – andernfalls könne der Betroffene die Risiken der Datenverarbeitung nicht korrekt einschätzen.[526]

Hinzu kommt, dass der Broad Consent mehrmals in Arztpraxen abgefragt werden kann, sodass nebeneinander verschiedene Einwilligungen mit zeitlich unterschiedlichem Rahmen und von unterschiedlichen (Fach-)Ärzten existieren. Diese kann der Betroffene nur noch schwerlich überblicken, zumal er nicht zwingend Kopien seiner erteilten Einwilligungen erhält.

---

[521] Europäisches Parlament, Report A7–0402/2013, S. 397.

[522] Europäisches Parlament, Report A7–0402/2013, S. 397.

[523] Europäisches Parlament, Report A7–0402/2013, S. 243.

[524] *Fehling/Tormin/Wendelborn u. a.*, MedR 2023, 869 (874).

[525] Ebenso *Fröhlich/Spiecker gen. Döhmann*, GesR 2022, 346 (349).

[526] *Fröhlich/Spiecker gen. Döhmann*, GesR 2022, 346 (349).

Für eine Erkennbarkeit und eine Informiertheit des Betroffenen ist die Dauer von 30 Jahren zu lang. Der Wille des Betroffenen kann weder angepasst noch aktualisiert werden. Zudem kann er bei der weiten Einwilligung flankierende Rechte, wie ein Recht auf Nichtwissen, schwer bis gar nicht sachgerecht ausüben. Dabei stellt das Entdecken von Zufallsfunden[527] bei einer langen Speicherung von 30 Jahren (und unter gewissen Bedingungen sogar noch länger) ein Problem dar. Selbst wenn sich der Patient ursprünglich zu Zufallsfunden geäußert hat und er keine Mitteilung wünschte, kann sich dieser Wille im Verlauf der Jahre ändern.[528]

Somit scheint die Umsetzung eines Broad Consent rechtssicher nicht möglich.[529] Bereits die sektorale Eingrenzung und Einwilligung von Datenverarbeitungen, beispielsweise zu Zwecken der Krebsforschung als ein Teilforschungsbereich, ist zu weit.[530] Denn in seiner Weite umfasst „Krebsforschung“ leicht entfernbare Hautkrebsarten (Melanome) bis zu den kaum heilbaren und tödlichsten Krebsarten wie Bauchspeicheldrüsenkrebs (Pankreaskarzinom). Der Betroffene kann sich nicht zu einem Informationsrecht oder Recht auf Nichtwissen verhalten, das so unterschiedlich sein kann. Nicht nur die Art der Forschung unterscheidet sich zu sehr, um korrespondierende Rechte auszuüben, auch die lange Speicherdauer verändert viel. Wenngleich die Speicherfrist von 30 Jahren für Langzeitstudien und damit die medizinische Forschung attraktiv ist, ergeben sich große rechtliche Zweifel an der Zulässigkeit. Der Wille eines 50-Jährigen, der auf sein Recht auf Nichtwissen verzichtet und in den sektoralen Bereich der Krebsforschung einwilligt, in der Hoffnung, dass er nach dem zufälligen Entdecken und der Information der Forschenden von einem Melanom mit guten Heilungschancen erfährt, unterscheidet sich mitunter stark von dem Willen desselben Patienten nach 30 Jahren. So möchte der einst gesunde 50-Jährige mit 80 Jahren womöglich nicht eine Information über den zufälligen Fund einer (etwa neu entdeckten und nachweisbaren) genetischen Disposition über das höchst wahrscheinlich letal verlaufende Pankreaskarzinom erhalten. Zwar besteht die Möglichkeit eines jederzeitigen Widerspruchs. Es ist aber lebensfremd, wenn man sich binnen dieser Zeit immer wieder selbst mit seinen bei Behandlungen abgegebenen Einwilligungen beschäftigt. Keiner wird zudem einen

---

[527] Bei Zufallsfunden handelt es sich um Erscheinungen, die nicht das Ergebnis gezielter Untersuchungen sind. Sie treten bei Untersuchungen neben den eigentlichen Ergebnissen zu Tage. Da es sich nicht um das Ergebnis gezielter Untersuchungen handelt, sei „Zufallsfund“ passender als „Zufalls*be*fund“: *Spranger*, in: Rieger u. a. (Hrsg.), Heidelberger Kommentar: Arztrecht – Krankenhausrecht – Medizinrecht Bd. 3 (F-M), 102. Aufl. Oktober 2025, 2090 – Genomanalyse Rn. 22 f.

[528] Zur Problematik der Mitteilung von (v. a. genetischen) Zufallsfunden gegenüber (mit-) betroffenen Dritten: *Misselwitz*, GesR 2023, 694 (694 ff.).

[529] Ebenso *Cepic*, ZD-Aktuell 2021, 05214. Vielmehr spreche die Bestimmung „zu festgelegten Zwecken“ in Art. 9 Abs. 2 lit. a DSGVO für ein zwingend gegenüber Art. 6 Abs. 1 lit. a DSGVO gesteigertes Maß an Zweckbestimmtheit: *Spitz/Cornelius*, MedR 2022, 191 (192).

[530] A. A. *Graf von Kielmansegg*, GesR 2023, 681 (682), nach dessen Ansicht „Krebsforschung“ eine unstreitig zulässige sektorale Konkretisierung der medizinischen Forschung sei.

Stichtag (wie einen runden Geburtstag) dazu nutzen, sein Recht auf Nichtwissen auszuüben und die zuständigen Stellen von dem geänderten Willen informieren. Was bereits für die sektorale Einwilligung gilt, greift in einem Erst-Recht-Schluss für den Broad Consent.

e) Broad Consent als gesetzesübersteigende Rechtsfortbildung

Der Wortlaut der DSGVO ist hinsichtlich der Einführung eines Broad Consent uneindeutig. Systematik, Entstehungsgeschichte und Telos sprechen gegen die Vereinbarkeit eines Broad Consent mit der DSGVO. Ein unverbindlicher Erwägungsgrund kann nicht den Zweckbindungsgrundsatz (Art. 5 Abs. 1 lit. b DSGVO) überlagern. Beim Broad Consent (v.a. der von der MII) spricht die lange Speicherdauer von 30 Jahren gegen den Grundsatz der Datenminimierung (Art. 5 Abs. 1 lit. c DSGVO) und der Speicherbegrenzung (Art. 5 Abs. 1 lit. e DSGVO). Sinn und Zweck der Einwilligung, nämlich die informierte, selbstbestimmte Entscheidung des Einzelnen, läuft leer, da der Zweck nicht hinreichend genau feststeht und darüber auch nicht klar und verständlich aufgeklärt werden kann.

Der Broad Consent dient allein dazu, den Bedürfnissen der Praxis gerecht zu werden. Wenngleich diese Begründungslinie nachvollziehbar erscheint, verkennt sie die fehlende Vereinbarkeit mit den derzeitigen Regelungen der DSGVO. Die Vereinbarkeit lässt sich nicht aus dem Gesetz selbst herleiten. Vielmehr übersteigt sie das Gesetz. Der Broad Consent genügt nicht den Anforderungen an eine Einwilligung nach Art. 7, 9 Abs. 2 lit. a DSGVO.[531] Damit verkörpert der Broad Consent eine gesetzesübersteigende Begründung und stellt eine Rechtsfortbildung *contra legem* dar.

f) Bündelung der Defizite

Der Broad Consent kollidiert mit gewichtigen Grundprinzipien der DSGVO, wie der Informiertheit der Betroffenen, der Spezifität der Einwilligung und der Zweckbindung. Mit Nutzung der weiten Einwilligung geht ein Verlust an Transparenz einher, der in Vertrauensverluste in die medizinische Forschung münden kann. Zudem kann mangels ausreichender Informiertheit des Betroffenen keinerlei Einwilligung, welcher Art auch immer, abgegeben werden. Vielmehr gleicht diese einer Blankoermächtigung für die medizinische Forschung. Dadurch würde ein möglicher Widerruf durch zahlreiche Verwendungen der Daten unübersichtlich und komplex bis gar unmöglich. Fehlt es zudem – wie beim Broad Consent der MII[532] –

---

[531] A. A. ohne Begründung angenommen von *Werry/Ntanas*, MMR 2024, 641 (641), lediglich mit dem Hinweis, dass der Broad Consent des MII nur unter „Verwendung eines sehr umfangreichen und damit nicht patientenfreundlichen Einwilligungsformulars" möglich sei.

[532] Dieser schließt lediglich die Datennutzung zur Entwicklung biologischer Waffen und zu diskriminierenden Forschungszwecken aus.

an Beschränkungen auf breit in der Bevölkerung akzeptierte Forschung, können die Daten für nicht intendierte Zwecke (z. B. medizinisch-militärische oder Human-Enhancement-Forschung) genutzt werden, was dem Willen der Betroffenen zuwiderlaufen kann.

2. Irreversibilität der Datenspende im Widerspruch zur DSGVO

Die grundsätzliche Irreversibilität als Kennzeichen der Spende steht im Widerspruch zur jederzeitigen Widerruflichkeit einer Einwilligung bzw. zum Widerspruchsrecht für andere Verarbeitungsgrundlagen (Art. 21 DSGVO) als Grundprinzipien der DSGVO. Unklarheiten bei der Frage, ob die Einwilligung ein Verfallsdatum hat oder haben sollte, führen zu Rechtsunsicherheiten, die den Weg einer rechtmäßigen Datenspende versperren können.[533] Aus rechtlicher Sicht ist die Frage nicht eindeutig zu beantworten: ErwG 39 S. 8 DSGVO verlangt neben dem Datenminimierungsgrundsatz (Art. 5 Abs. 1 lit. c DSGVO) eine zeitliche Beschränkung von Verarbeitungsvorgängen „auf das unbedingt erforderliche Mindestmaß". Indes macht der Grundsatz der Speicherbegrenzung selbst eine Ausnahme, wenn Daten für wissenschaftliche Forschungszwecke nach Art. 89 Abs. 1 DSGVO verarbeitet werden (Art. 5 Abs. 1 lit. e Hs. 2 DSGVO).

Bei der Datenspende kann nicht sichergestellt werden, dass Daten re-identifizierbar bleiben, und der Widerruf des Betroffenen zu einer Löschung dieser Daten führt. Damit verliert der Betroffene nicht nur teilweise, sondern vollständig die Kontrolle sowie das Mitbestimmungsrecht über seine Daten. Auch die Informiertheit ist hochproblematisch. Denn durch die fehlende zeitliche Bindung der Datenspende ist eine Präzisierung der Forschungsvorhaben unmöglich. Somit kann nicht sichergestellt werden, dass der Wille des Spenders befolgt und seine Zweckbestimmung geachtet wird. Es fehlen Kontrollmöglichkeiten und Auskunftsrechte.

Insgesamt bestehen dieselben rechtlichen Probleme und Unsicherheiten wie beim Broad Consent, teilweise werden diese durch die fehlende Widerrufbarkeit weiter verschärft. Die Datenspende ist somit aus multiplen Gründen problematisch: Auch hier kollidieren Grundprinzipien der DSGVO mit dem Lösungsvorschlag. Die Datenspende soll nicht zweckgebunden abgegeben werden, das Zweckbindungselement soll ähnlich wie beim Broad Consent umgangen werden. Die Einwilligung/ Spende soll nicht widerrufbar, sondern grundsätzlich irreversibel sein. Allerdings hinkt der Vergleich mit anderen Spenden, die schnell aufgebraucht sein können. Denn Daten sind beliebig häufig replizierbar und können unendlich oft verarbeitet werden. Damit ist eine Widerrufsmöglichkeit oder ein Recht auf Vergessen faktisch nicht ausübbar, wenngleich man es rechtlich einräumen wollte. Ebenso scheiden Informations- und Transparenzrechte des Betroffenen aus. Wenngleich eine Kontrolle anderer Grundsätze (wie dem Datenminimierungsgrundsatz) möglich bleibt,

---

[533] *Freiherr von Ulmenstein*, PinG 2020, 47 (51).

dürfen Forschungsvorhaben nicht bloß aufgrund einer Spende deutlich mehr Daten als unbedingt notwendig verarbeiten. Die Datenspende führt zu einer noch massiveren Aushöhlung der Datenschutzrechte als der Broad Consent und ist daher mit der DSGVO unvereinbar.

3. Dynamische Einwilligungen und das Recht auf Nichtwissen

Teilweise wird aus dem ErwG 33 DSGVO gefolgert, dass eine gestufte Einwilligung notwendig sei. Es bestünde eine Pflicht zur Informierung des Betroffenen, sobald sich der Forschungszweck präzisieren oder bestimmen lässt.[534] Dabei sind dynamische Einwilligungsmodelle zwar datenschutzfreundlicher im Sinne einer besseren Vereinbarkeit mit den Datenschutzgrundsätzen aus Art. 5 DSGVO, gleichwohl besteht ein Spannungsverhältnis zum Recht auf Nichtwissen.

Das Recht auf Nichtwissen leitet sich als negative Variante des Rechts auf informationelle Selbstbestimmung ab und ist nicht nur bei Zufallsfunden relevant, sondern auch bei regelmäßigen Befundmitteilungen im Rahmen genetischer Untersuchungen.[535] Dynamische Einwilligungen informieren Betroffene kontinuierlich über neue Forschungsvorhaben und stellen Aufklärungsmaterialien zur Verfügung, während auf der anderen Seite das Recht des Betroffenen tangiert sein kann, bestimmte Informationen nicht erhalten zu wollen. Denn sensible Informationen etwa über genetische Dispositionen für schwerwiegende Erkrankungen können die weitere Lebensführung massiv beeinträchtigen.

Im Idealfall der dynamischen Einwilligung trifft der Patient aktiv und kontinuierlich Entscheidungen darüber, wie viele Daten er für welche Forschungsvorhaben zur Verfügung stellen möchte – oder eben nicht. Problematisch ist es, wenn der Betroffene eine unbeabsichtigte Information erhält, noch bevor er eine bewusste Entscheidung treffen kann, ob er über diese Krankheit informiert werden möchte. Sein Recht, passiv zu bleiben und gleichzeitig von seinem Recht auf Nichtwissen Gebrauch zu machen, wird durch zahlreiche Updates und neue Informationen über gestartete Forschungsvorhaben erschwert. Dies gilt umso mehr, wenn diese ihn zwingen, sich aktiv mit ungewünschten Informationen und Krankheitsbildern auseinanderzusetzen. Dies kann insbesondere der Fall sein, wenn der Betroffene bewusst seine Einwilligung in die Erforschung von genetischen Dispositionen be-

[534] *Schiemann/Weinert*, in: Spickhoff/Handorn, Medizinisches ForschungsR-HdB, 2024, § 11 Rn. 27.

[535] *Di Fabio*, in: Dürig/Herzog/Scholz, GG, 107. EL März 2025, Art. 2 Abs. 1 GG Rn. 192; *Spranger*, in: Rieger u. a. (Hrsg.), Heidelberger Kommentar: Arztrecht – Krankenhausrecht – Medizinrecht Bd. 3 (F-M), 102. Aufl. Oktober 2025, 2090 – Genomanalyse Rn. 34 f.; Das Recht auf Nichtwissen, das als Freiheit von Informationen keine verfassungsrechtliche Grundlage habe, ablehnend: *Lorenz*, in: Kahl/Waldhoff/Walter, BK Bd. 2, 228. EL März 2025, Art. 2 Abs. 1 GG Rn. 256. Zur Herleitung des Rechts auf Nichtwissen bereits § 3 II. 2. b) cc) (2).

stimmter Krankheiten gibt und danach beispielsweise zu maßgeschneiderten Demenz-Studien eingeladen wird.

Dynamische Einwilligungsmodelle können leicht um Wahlmöglichkeiten ergänzt werden, die es Patienten erlauben, detailliert festzulegen, welche Informationen sie erhalten möchten. Etwa bei Ergebnissen, deren Rückmeldung dem Gesundheitsschutz des Betroffenen dienlich ist, und bei behandelbaren Erkrankungen, jedoch nicht bei Erkrankungen, die beim Abschluss eines Versicherungs- oder Arbeitsvertrages angegeben werden müssen.[536] Für die Einwilligung müssen Patienten über die grundsätzliche Möglichkeit des Auffindens von Zufallsfunden sowie deren rechtliche Folgen wie einer Mitteilungspflicht nach dem Gesetz über den Versicherungsvertrag (VVG) für den Versicherungsstatus aufgeklärt werden. Ebenso müssen sie darüber informiert werden, dass aufgrund der Zielgerichtetheit von Untersuchungen, Anomalitäten oftmals nicht entdeckt werden.[537] Im Forschungskontext muss ergänzt werden, dass mögliche Untersuchungen lediglich Forschungszwecken dienen und keine diagnostischen oder therapeutischen Ziele verfolgen.[538] Dies führt wiederum zu einer Vielzahl von Wahlmöglichkeiten und Optionen, die den Patienten überfordern oder gar überwältigen. Dem Einzelnen wird häufig unklar sein, über welche Krankheiten er wann informiert werden und von welchen er nichts wissen möchte, denn auch mit zeitlichen Abständen ändern sich Präferenzen.

Forschende können diese Unsicherheiten vor Gewissenskonflikte stellen: Was ist, wenn die Krankheit mittlerweile behandelbar ist, soll der Patient dann entgegen seines (unter Umständen veralteten) Willens nicht informiert werden?[539] Das Recht auf Nichtwissen lässt die Forschenden mit einem ethischen Dilemma allein und blendet berechtigte Interessen genetischer Verwandter aus.[540] Denn Informationen, die aus einer Genomanalyse gewonnen werden, können eine Verkürzung der konkreten Lebenserwartung aufgrund des drohenden Ausbruchs bestimmter Krankheiten aufzeigen, was sich auf die Psyche und Lebensplanung des Betroffenen auswirken kann.[541] Niemand darf zu solch einem existenziellen Wissen gezwungen werden.[542]

---

[536] *Herbst*, DuD 2016, 371 (375).

[537] *Spranger*, in: Rieger u. a. (Hrsg.), Heidelberger Kommentar: Arztrecht – Krankenhausrecht – Medizinrecht Bd. 3 (F-M), 102. Aufl. Oktober 2025, 2090 – Genomanalyse Rn. 29.

[538] *Spranger*, in: Rieger u. a. (Hrsg.), Heidelberger Kommentar: Arztrecht – Krankenhausrecht – Medizinrecht Bd. 3 (F-M), 102. Aufl. Oktober 2025, 2090 – Genomanalyse Rn. 33.

[539] Ähnlich *Herbst*, RphZ 2019, 271 (284).

[540] *Spranger*, in: Rieger u. a. (Hrsg.), Heidelberger Kommentar: Arztrecht – Krankenhausrecht – Medizinrecht Bd. 3 (F-M), 102. Aufl. Oktober 2025, 2090 – Genomanalyse Rn. 38.

[541] *Di Fabio*, in: Dürig/Herzog/Scholz, GG, 107. EL März 2025, Art. 2 Abs. 1 GG Rn. 192.

Eine praktikable Möglichkeit wäre, den Verzicht auf das Recht auf Nichtwissen und damit eine Rückmeldeverpflichtung als Voraussetzung für die Studienteilnahme zu avancieren.[543] Dies ist leicht bei einer direkten Studienteilnahme umsetzbar, denn dort wird der Proband über das konkrete Forschungsvorhaben informiert, weiß um die Nutzung seiner Gesundheitsdaten und kann sich auf eine mögliche Rückmeldung psychisch vorbereiten. So möchte der Patient vielleicht von physischen Krankheiten erfahren, nicht aber von psychischen (etwa einer drohenden hohen Wahrscheinlichkeit, an Alzheimer zu erkranken). Es ist aber unmöglich, sich im Rahmen der Einwilligung zu jeder spezifischen Krankheit zu verhalten und nur in manchen Fällen eine Rückmeldung über Zufallsfunde zu erhalten.

Es bleibt die Möglichkeit einer Art dynamischen Verzichts auf das Recht auf Nichtwissen. Danach kann der Patient nicht über jede potenzielle Erkrankung informiert werden, sondern nur über die, die behandelbar sind oder werden. Dies stellt Forschende nicht vor Gewissenskonflikte, sondern vor einen erhöhten Arbeitsaufwand, bei dem sie in regelmäßigen Zeitabständen überprüfen müssen, ob eine ursprünglich gefundene Krankheit mit der Zeit heilbar geworden ist, was erhebliche Schwierigkeiten birgt und Arbeitskraft bindet. Ein genereller, zwingender Ausschluss des Rechts auf Nichtwissen birgt die Gefahr, dass mehr Patienten eine Einwilligung verweigern und sich gegen eine Nutzung ihrer Daten für medizinische Forschungszwecke sperren. Auch entspricht ein genereller Verzicht nicht einem schonenden Ausgleich bei einer Grundrechtskollision.[544] Vielmehr sollte der Patient Optionen erhalten, die seine Ängste um existenzielle Erkrankungen, die seine Lebensplanung umwerfen können, berücksichtigen. Dieses Recht wird derzeit bei dynamischen Einwilligungsmodellen komplett ausgeblendet.

Ein weiterer Aspekt ist, dass die Grenzen der technischen Realisierung von Wünschen der Betroffenen bereits erreicht sind, wenn diese womöglich spezielle Bereiche medizinischer Forschung wie medizinisch-militärische, kommerzielle

[542] *Kunig/Kämmerer*, in: von Münch/Kunig (Hrsg.), GG-Kommentar Bd. I, 7. Aufl. 2021, Art. 2 GG Rn. 80; *Laufs/Rehborn*, in: Laufs/Kern/Rehborn, Arzt-HdB, 5. Aufl. 2019, § 130 Rn. 85. Ein absolutes Recht auf Nichtwissen wird gerade bei Betroffenheit von Verwandten, etwa bei genetischen Befunden, als kritisch angesehen: *Spranger*, in: Rieger u. a. (Hrsg.), Heidelberger Kommentar: Arztrecht – Krankenhausrecht – Medizinrecht Bd. 3 (F-M), 102. Aufl. Oktober 2025, 2090 – Genomanalyse Rn. 30.

[543] *Herbst*, RphZ 2019, 271 (285).

[544] Die Neuerungen im SGB V, die das Recht auf Nichtwissen beinahe leerlaufen lässt, ist kritisch zu betrachten. Danach ist es Kranken- und Pflegekassen seit Ende März 2024 erlaubt, den Versicherten ohne dessen Einwilligung nach einer Datenauswertungen, u. a. über die Erkennung von Krebserkrankungen, seltenen Erkrankungen oder das Vorliegen einer bloßen Impfindikation hinzuweisen (§ 25b Abs. 1 SGB V). Zwar wird dem Versicherten das Recht eingeräumt, einer solchen Datenverarbeitung ausdrücklich zu widersprechen (§ 25b Abs. 3 S. 1 SGB V). Dies geht in derzeitiger Form jedoch nicht graduell, sondern nur ganz oder gar nicht. Damit können Versicherte nicht wählen, über welche Erkrankungen o. Ä. sie informiert werden wollen.

oder Human-Enhancement-Forschung ausschließen möchten.[545] Aber auch die Aufklärung gestaltet sich in der Praxis als schwierig.[546] Der Patient muss grob wissen, worin er einwilligt. Die Absprache von Modalitäten und abstrakten Möglichkeiten ist komplexer als bei einer konkret bevorstehenden Studienteilnahme. Ebenfalls bestehen hier die allgemeinen Probleme der Einwilligung fort.[547]

4. Weitere Defizite der digitalen Einwilligungsmodelle

Neben Problemen wie einer bislang fehlenden einheitlichen Benutzeroberfläche für die Datennutzung aus der elektronischen Patientenakte und einem Information Overload, zeichnen sich digitale Einwilligungsmodelle durch weitere spezifische Probleme aus. Dazu zählen besonders die ungleiche Verteilung von Zugang zum Internet und die häufige Re-Kontaktierung.

a) Digital Divide

Digital Divide beschreibt das Phänomen ungleicher Verteilungen von Zugang zu digitalen Technologien und zum Internet einerseits und andererseits die ungleichen Fähigkeiten, diese zu nutzen. Dies betrifft vorrangig ältere oder sonstige Personen mit geringem Kontakt zu digitalen Medien. Die gestuften Einwilligungsmodelle schließen weniger technikaffine, und damit vor allem ältere Menschen aus, was diese vor Herausforderungen und Schwierigkeiten stellt.[548] Infolgedessen können sich solche Personen weniger gut informieren. Es lauert die Gefahr, dass diese Gruppen in der medizinischen Forschung mangels Möglichkeit der Nutzbarmachung ihrer Daten unsichtbar bleiben und Forschung nicht mehr gesellschaftlich repräsentativ ist.

b) Re-Kontaktierung als rechtliches und tatsächliches Problem

Neben dem hohen technischen Aufwand bergen die gestuften Einwilligungsmodelle zusätzliche Datenschutzprobleme, denn für jede Re-Kontaktierung der

---

[545] *Spitz/Cornelius*, MedR 2022, 191 (192).

[546] *Hofmann*, DuD 2022, 756 (756).

[547] Für die Frage, wie mit Einwilligungsunfähigen oder solchen Personen, die binnen der 30 Jahre einwilligungsunfähig werden, zu verfahren ist, kann § 40b AMG entsprechend angewendet werden. Danach könnte das Einwilligungsformular bei allen Betroffenen ergänzt werden, nachdem in gruppennützige Forschung noch zum Zeitpunkt der Einwilligungsfähigkeit für den Zeitpunkt einer fehlenden Einsichtsfähigkeit eingewilligt wird (sog. Vorausverfügung).

[548] *Jungkunz/Köngeter/Spitz u. a.*, Stellungnahme zur Etablierung der sekundären Forschungsnutzung von Behandlungsdaten in Deutschland, 2022, S. 65.

Betroffenen muss ein erneuter Personenbezug zum Datensatz hergestellt werden.[549] Dies ist eine erneute rechtfertigungsbedürftige Datenverarbeitung.[550] Gleichwohl bietet es erhebliche Vorteile, wenn beim Betroffenen die Daten (aus der ePA) auf seinem Endgerät auswählbar und steuerbar bleiben. Einerseits sollte der Einzelne so auf den Inhalt der Daten selbst zugreifen können, andererseits muss er auswählen, welche Daten er freigeben möchte und welche nicht. Die Pseudonymisierung erfolgt dann erst nach Einwilligungserteilung, entweder in ständig aktualisierter oder in einmaliger Form, wenn der Betroffene dies im Rahmen des Meta-Consent wünscht. Durch die Möglichkeit eines jederzeitigen Zugriffs auf seine Daten und die Möglichkeit der Wiederherstellung bei Verlust oder Beschädigung des digitalen Endgeräts, bleiben bisherige Probleme aus.[551]

5. Vereinbarkeit von Opt-out und DSGVO

Einen großen Datenschatz[552] kann die am 1.7.2021 eingeführte elektronische Patientenakte (ePA) bieten. Diese eröffnet der gesetzlichen Krankenversicherung, ihren Mitgliedern sowie den Leistungserbringern die Möglichkeit, sämtliche Behandlungsdaten, Medikationspläne und Erkrankungen an einem Ort zu speichern.[553] Der Ausbau ist nicht nur ein Milliardenprojekt, sondern zugleich ein politisches Prestigeobjekt.[554] Der Gewinn für die medizinische Forschung liegt nicht nur im quantitativen Zugriff auf Gesundheitsdaten von bis zu 72 Millionen gesetzlich Versicherten, sondern zugleich im qualitativen Zugriff auf standardisierte und zentral gespeicherte Daten. Bis jetzt mangelt es an einer erfolgreichen Umsetzung, obgleich der Rückhalt in der Bevölkerung groß ist: Rund 78 Prozent der Befragten befürworten die ePA und ihren Nutzen.[555] Es gilt, diese Disparität zwischen Per-

---

[549] *Jungkunz/Köngeter/Spitz u. a.*, Stellungnahme zur Etablierung der sekundären Forschungsnutzung von Behandlungsdaten in Deutschland, 2022, S. 65.

[550] § 4 I. 1. b) dd).

[551] Bei postalischen oder telefonischen Einwilligungen besteht häufig das Problem, dass Personen nicht immer re-kontaktierbar bleiben: *von Hagen/Völzmann*, MMR 2022, 176 (177); *Hennemann*, in: HK-DA/DGA, 2. Aufl. 2025, Art. 21 DGA Rn. 14; Eine Kontaktaufnahme ist nicht nur zeit- und kostenintensiv, sondern kann aufgrund von Nichterreichbarkeiten infolge eines nicht mit den Forschenden kommunizierten Umzugs oder eines Wechsels der Telefonnummer zu hohen Ausfallquoten führen: *Jendges/Koeppe/Letter u. a.*, Datenschutz bei klinischen Studien, 2019, S. 13; *Kaye/Whitley/Lund u. a.*, EJHG 2015, 141 (141). Dieses Problem umgehen digitale Einwilligungsmodelle.

[552] „ePA als langlebiger, alles potenziell Wichtige bevorratende Datenspeicher“: *Dochow*, DuD 2022, 747 (747) und als wichtigste Informationssäule für eine optimierte Gesundheitsversorgung: *Dochow*, MedR 2023, 608 (608).

[553] *Eichenhofer*, NVwZ 2021, 1090 (1092).

[554] *Lorenz*, GuP 2023, 132 (132).

[555] Gleichzeitig fürchten rund 60 % der Befragten zum „gläsernen Patienten“ zu werden: *Ärztezeitung*, Patienten zur ePA: Aus Unwissenheit wächst Skepsis, 18.6.2021, https://tinyurl.com/2zzmne3j (letzter Abruf: 1.11.2025).

sonen, die die Einführung der ePA akzeptieren, und der Zahl der tatsächlichen Nutzer zu verkleinern, ohne dabei die hohe Akzeptanz zu gefährden. Dabei soll die Patientensouveränität im Mittelpunkt stehen, weshalb die Nutzung freiwillig ist (§ 341 Abs. 1 S. 2 SGB V). Dabei wurde das strenge Opt-in-Konzept, das bis zu vier Zustimmungsstufen vorsah,[556] 2025 in ein Widerspruchsverfahren geändert.

Diese Änderung ist rechtspolitisch fragwürdig, denn die geringe Beteiligung an der ePA von drei Prozent[557] (vom anfänglich stagnierenden einen Prozent[558]) der Versicherten vor Einführung der Widerspruchslösung,[559] ist nach Erkenntnissen des damaligen Bundesbeauftragten für Datenschutz und Informationstechnologie (BfDI) auf den nicht erkennbaren Mehrwert für die Nutzer zurückzuführen, weniger auf die Opt-in-Lösung.[560] Gleichwohl wurde seit der von der *Bertelsmann Stiftung* und *Münch Stiftung* in Auftrag gegebenen Studie von Mai 2022 die Möglichkeit eines Opt-out-Verfahrens auf allen Stufen der ePA vielfach diskutiert.[561]

Der Gesetzgeber hat auf dieser Diskussionsgrundlage die Einrichtung der ePA ab dem 15.1.2025 nach § 344 SGB V von dem Einwilligungsmodell auf ein Opt-out-Modell umgestellt. Opt-out meint dabei einen aktiven Widerspruch hinsichtlich der Errichtung und Nutzung der ePA, sodass die Daten bei Unwissenheit, bloßer Untätigkeit oder mangelndem Interesse verarbeitet werden können.[562] Der Betroffene muss sich reflektierend mit der Thematik auseinandersetzen, wenn er die vorgegebene Entscheidung nicht nur beibehalten will.[563]

Grundrechtsrelevant ist ein solches Opt-out bereits, weil es als Nudging-Regelung das Verhalten steuert und Menschen in bestimmte Richtungen beeinflusst („indirekte Verhaltenslenkung"). Denn Personen bevorzugen den Status quo und

---

[556] Neben der Freiwilligkeit der Nutzung, die der Versicherte bei seiner Krankenkasse beantragen musste, bedurfte es einer schriftlichen Einwilligung zur Anlange und Einrichtung der ePA (1. Opt-in): *Krönke*, NZS 2021, 949 (954); *Dochow*, MedR 2023, 608 (609). Sodann bedurfte es einer erneuten Einwilligung, wenn Gesundheitsdiensteanbieter auf die Informationen zurückgreifen sollten (2. Opt-in), bei Einschaltung weiterer Leistungserbringer wie Apotheker (ggf. 3. Opt-in) und für die Freigabe für Forschungszwecke (4. Opt-in): *Krönke*, NZS 2021, 949 (954). Nicht zwischen verschiedenen Gesundheitsdiensteanbietern unterscheidend und somit „nur" drei Opt-in-Stufen zählend: *Dochow*, DuD 2022, 747 (748).

[557] Es wurden seit Anfang 2025 knapp 50 Millionen ePAs für Versicherte eingerichtet, die nicht widersprochen haben. Davon haben sich erst 1,5 Millionen Versicherte (3 %) einen Zugang zu ihrer ePA verschafft (Stand: September 2025): Tagesschau, Nur wenige nutzen ihre ePA, https://tinyurl.com/2zzmne3j (letzter Abruf: 1.11.2025).

[558] Antwort der damaligen Bundesregierung auf die Kleine Anfrage der Linksfraktion: BT-Drs. 20/7896, S. 2.

[559] Zur repräsentativen Befragung zur ePA: Zahnärztliche Mitteilungen (zm), Vor allem Jüngere nutzen die ePA aktiv, https://tinyurl.com/383supwm (letzter Abruf: 1.11.2025).

[560] *BfDI*, Tätigkeitsbericht 2022, S. 74.

[561] *Krönke/Tschachler*, Rechtswissenschaftliche Studie zum Thema Opt-out-Modelle für die Elektronische Patientenakte aus datenschutzrechtlicher Perspektive, S. 1 ff.

[562] *Dochow*, DuD 2022, 747 (749).

[563] *Lorenz*, GuP 2023, 132 (149).

vorausgewählte Punkte gegenüber Veränderungen.[564] *Nudging* (dt. „schubsen") will das Verhalten der Menschen auf die staatlich gewollte Lösung hin beeinflussen, bei gleichzeitig bestehender Möglichkeit, sich anders zu entscheiden.[565] Insofern liegt ein Eingriff in das Recht auf informationelle Selbstbestimmung vor.[566] Gleichwohl ist dieser Eingriff gerechtfertigt. Dass der Einzelne sich mit dem Thema auseinandersetzen muss, um seinen Widerspruch zu veranlassen, ist zumutbar: Der Einzelne ist Teil der Gemeinschaft, weswegen ihm Verpflichtungen gegenüber der Gemeinschaft erwachsen. Die Zulässigkeit solcher Verpflichtungen zeigt sich in den (minimalen) Solidaritätspflichten des § 323c StGB. Aber auch andere Vorschriften verlangen ein aktives Tätigwerden, um die gesetzlichen Rechtsfolgen zu vermeiden, wie die Anfertigung eines Testaments oder die Möglichkeit der Erstellung einer Patientenverfügung.[567]

Häufig wird deshalb der Einwand vorgebracht, dass eine Widerspruchslösung mit der DSGVO unvereinbar sei. In dieser Pauschalität lässt sich diese Aussage nicht verifizieren. Richtig ist vielmehr, dass eine informierte Einwilligung nicht durch bereits gesetzte Häkchen ersetzt werden darf, die ggf. von dem Betroffenen erst noch zu entfernen sind. Denn dies entspricht nicht den Anforderungen an eine informierte Einwilligung, die einer „eindeutig bestätigende[n] Handlung" nach ErwG 32 S. 2 DSGVO bedarf.[568] Damit genügt die Möglichkeit eines Widerspruchs nicht den Anforderungen an eine informierte Einwilligung. Dies ergibt sich auch schon aus den anspruchsvollen Voraussetzungen einer solchen Einwilligung. Das bedeutet aber nur, dass bei einem Widerspruchsrecht nicht die Einwilligung als Erlaubnisnorm in Betracht kommt. Gleichwohl können gesetzliche Verarbeitungsgrundlagen geschaffen werden. Dem steht ein Widerspruchsrecht nicht entgegen. Vielmehr stellt die Widerspruchsmöglichkeit den Regelfall nach Art. 21 Abs. 6 DSGVO bei wissenschaftlichen Forschungszwecken dar.[569] Das Widerspruchsrecht

---

[564] *Lorenz*, GuP 2023, 132 (147 f.). Das Nudging-Konzept beruht als Steuerungs- bzw. Regulierungskonzept auf verhaltenspsychologischen und verhaltensökonomischen Forschungsergebnissen. Dabei soll der Einzelne fürsorglich vom Staat gesteuert seine präferierte Entscheidung wählen. Dadurch sollen die unvereinbar scheinenden Positionen zwischen Autonomie und Paternalismus verbunden werden.

[565] *Flick*, MedR 2023, 287 (290).

[566] Ein Eingriff in das Grundrecht auf Gewährleistung der Vertraulichkeit und Integrität informationstechnischer Systeme liegt nicht vor, da das Grundrecht nicht den Betroffenen vor Errichtung eines solchen Systems an sich schützt, sondern erst den staatlichen Zugang (wie den Zugriff und Übermittlung der Daten an das Forschungsdatenzentrum Gesundheit) dazu beschränkt. Einschränkend sollen nur Systeme erfasst sein, über die der Betroffene als selbstbestimmt verfügt (relevant bei Befüllung der Akte). In diese Richtung *Lorenz*, GuP 2023, 132 (149).

[567] *Flick*, MedR 2023, 287 (291).

[568] *Lorenz*, GuP 2023, 132 (135).

[569] Die Möglichkeit eines Opt-out wird als Widerspruchsrecht i. S. d. Art. 21 DSGVO angesehen, das bei wissenschaftlichen Forschungszwecken nach Abs. 6 ausgeschlossen werden kann – sofern man das Widerspruchsrecht nicht auf Grundlage des Art. 9 Abs. 2 lit. j i. V. m. Art. 89 Abs. 1 DSGVO als unabdingbar für „angemessene und spezifische Maßnahmen zur

darf also nicht alleinige Erlaubnisnorm sein, sondern muss sich auf andere gesetzliche Ermächtigungen zur Datenverarbeitung stützen.

Es bestehen gewisse Parallelen zwischen den Argumenten für eine Opt-out-Struktur bei der ePA zur Datenfreigabe für Forschungszwecke und dem Broad Consent: Beide Ansätze gehen davon aus, dass ein zu hoher Aufwand für den Betroffenen seinem Recht auf informationelle Selbstbestimmung konträr zuwiderläuft.[570] Obgleich die Opt-out-Lösung den Vorzug leichter Praktikabilität besitzt, schränkt sie die informationelle Selbstbestimmung ein, da Daten ohne individuelle Aufklärung und aktive Einwilligung genutzt werden dürfen.[571]

Gegen das Opt-out wird harsche Kritik vorgebracht, die sich virulent in der parallelen Debatte zur Frage Einwilligungs- vs. Widerspruchslösung bei postmortalen Transplantationen zeigt. Die Widerspruchslösung tangiere das negative Selbstbestimmungsrecht, wonach ein Recht auf „Nichtbefassung" bestehe. Danach müsse sich niemand mit Dingen beschäftigen, mit denen er sich nicht auseinandersetzen möchte.[572] Ähnlich der Transplantationsbereitschaft, besteht auch bei der Daten(weiter)verarbeitung eine große, potenzielle Bereitschaft in der Bevölkerung ihre Gesundheitsdaten für die medizinische Forschung bereitzustellen. In der verwandten Diskussion um die Einführung einer Widerspruchslösung für postmortale Organspenden wird der Eingriff mit dem Ziel der Lebensrettung anderer Menschen gerechtfertigt; selbst die Pflicht zur aktiven Äußerung des Willens entspräche dem in Art. 1 GRC bzw. Art. 1 Abs. 1 GG zugrunde liegenden Menschenbild.[573]

Man könnte überlegen, diese Argumente auf die Datenverarbeitung zugunsten medizinischer Forschung zu übertragen. Zwar dient auch medizinische Forschung gewichtigen Allgemeinwohlinteressen und kann Leben retten, doch nicht so unmittelbar wie eine Organspende an einen Kranken. Bedeutender ist, dass die Datenfreigabe für medizinische Forschungszwecke sich anders als die postmortale Organspende nach der DSGVO richtet, welche bereits ein Widerspruchsrecht vorsieht. Zudem werden vorliegend keine ethischen und grundrechtlichen Fragen hinsichtlich der körperlichen Selbstbestimmung relevant, die einer gesetzlichen Grundlage bedürfen. Vielmehr statuiert die DSGVO bereits ein Fundament für die informationelle Selbstbestimmung.

Wichtig ist, dass bei einem Opt-out eine Aufklärung in der Bevölkerung stattfindet, um Transparenz zu sichern. Betroffene müssen über Art und Verwendung der Datenverarbeitung informiert werden, um die Nutzung ihrer Daten widerrufen

---

Wahrung der Grundrechte und Interessen der betroffenen Person" auffasst: *Gassner*, ZRP 2023, 34 (36).

[570] *Lorenz*, GuP 2023, 132 (151).

[571] *Jungkunz/Köngeter/Spitz u. a.*, Stellungnahme zur Etablierung der sekundären Forschungsnutzung von Behandlungsdaten in Deutschland, 2022, S. 67.

[572] Für das TPG: *Flick*, MedR 2023, 287 (289).

[573] Zur Vereinbarkeit der Widerspruchslösung im TPG mit der Menschenwürdegarantie: *Flick*, MedR 2023, 287 (288 f.) m. w. N.

zu können. Eine nationale Grundlage des Widerspruchs muss sich im Rahmen der Öffnungsklauseln der DSGVO bewegen, wobei als solche Klausel hauptsächlich Art. 9 Abs. 2 lit. g, Abs. 4 DSGVO in Betracht kommt, deren Rahmen weiter durch Art. 9 Abs. 2 lit. j bei wissenschaftlicher Forschung abgesteckt wird.[574] Da das Gesundheitsdatenschutzrecht nicht unionsweit harmonisiert ist,[575] kann der nationale Gesetzgeber tätig werden. Im Folgenden soll geschaut werden, ob ein Opt-out für alle Stufen der Datenverarbeitung im Rahmen der ePA in Betracht kommt, wobei ein Schwerpunkt auf der Freigabe für Forschungszwecke („3. Stufe") liegt.

a) Stufe 1 und 2

Bei Einrichtung der ePA werden Daten verarbeitet, die den Krankenkassen als Stammdaten ohnehin vorliegen – in der Konsequenz erhält der Versicherte eine ePA, die keine verfassungs- oder datenschutzrechtlichen Bedenken verursacht, sofern eine zunächst „leere" ePA angelegt wird.[576] Entscheidungen über Einspeisungen und ein Abruf der Daten in die ePA werden dem Gesetz oder Dritten überlassen, was zu einem unüberschaubaren Kreis von Zugriffsberechtigten führt, sodass hier höhere Transparenzanforderungen sowie Mitwirkungsrechte des Versicherten gesichert werden müssen.[577] Da eine Einwilligung bei dem Opt-out-Modell gerade ausscheidet, müssen andere Verarbeitungsgrundlagen greifen. Dabei können Art. 9 Abs. 2 lit. g, h, Abs. 3 sowie Art. 9 Abs. 2 lit. i DSGVO als tauglich angesehen werden.[578]

Hinzu kommen Probleme mit der ärztlichen Schweigepflicht, wenn nicht nur eine standardmäßige Anlegung der ePA, sondern auch eine standardmäßige Befüllung der Akte vorgesehen wird.[579] Es würde mit Befüllung der ePA die Möglichkeit geschaffen, dass andere zugriffsberechtigte Leistungsträger (vgl. Aufzählung in § 352 SGB V) Zugang zu einer (digitalen) Kopie der Primärdokumentation erhalten, ohne dass der Patient ausdrücklich in die Offenbarung seines Patientengeheimnisses einwilligt.[580] Die Übermittlung von Daten an solche Dritte ist ein rechtfertigungsbedürftiger Verarbeitungsschritt, der Risiken eines missbräuchlichen Bekanntwerdens der Daten durch Hacking oder Datenpannen beinhaltet und daher einer Rechtsgrundlage bedarf. Diese sind insbesondere für den behandelnden Arzt in § 295 SGB V geregelt, wonach dieser Leistungsdaten übermitteln soll. Sodann werden die Daten von den Kranken- und Pflegekassen an den Spitzenverband Bund

---

574 *Dochow*, DuD 2022, 747 (750).

575 § 2 II. 3.

576 *Dochow*, DuD 2022, 747 (751).

577 *Dochow*, DuD 2022, 747 (752).

578 Näher dazu: *Krönke/Tschachler*, Rechtswissenschaftliche Studie zum Thema Opt-out-Modelle für die Elektronische Patientenakte aus datenschutzrechtlicher Perspektive, S. 34.

579 *Dochow*, MedR 2023, 608 (609); zur ärztlichen Schweigepflicht § 6 I. 3. c).

580 *Dochow*, MedR 2023, 608 (612 f.).

der Krankenkassen als Datensammelstelle übermittelt, wobei die Daten der Versicherten durch ein Lieferpseudonym verschlüsselt werden (§ 303b SGB V). Schließlich gibt der Spitzenverband diese Daten ohne sowie mit Lieferpseudonym an die Vertrauensstelle weiter (§ 303b Abs. 3 SGB V).

b) Stufe der Forschungsfreigabe

Parallel zur Diskussion um einen Wechsel vom Opt-in zum Opt-out-Verfahren bei der Organspende,[581] steht auch bei einer Änderung der Daten(weiter)verarbeitung von einer strikten Einwilligung zum bloßen Widerspruch der Konflikt von Fremdbestimmung und Staatspaternalismus im Fokus. Es bleibt dem Einzelnen und dessen Wissens- und Bildungsstand überantwortet, aktiv zu werden und zu widersprechen.[582] Teils wird die Vereinbarkeit eines Opt-out-Verfahrens auf dieser Stufe mit der DSGVO mit dem Hinweis abgelehnt, dass anders als bei der Einrichtung der ePA, die Freigabe für (irgendwelche) Forschungszwecke nicht mit dem Zweckbindungsgrundsatz der DSGVO vereinbar wäre und die restriktiven Vorgaben zum Schutz sensibler Daten aushebeln würde.[583]

Auch hier gilt: Sollen Daten aus der ePA für Forschungszwecke genutzt werden, könnte die Rechtsgrundlage für die Datenverarbeitung wiederum die Interessenabwägungsklausel (§ 27 BDSG oder entsprechende Normen der LKHG) sein. Zudem müssen kompensierende Maßnahmen bei einem Opt-out-Verfahren etabliert werden, wie die Möglichkeit eines unbürokratischen, niederschwelligen sowie vorbehaltslosen Widerspruchs als auch die Option eines Zugriffs über analoge Zugangswege.[584]

Neben der Möglichkeit eines situativen Opt-outs bei besonders sensiblen Gesundheitsdaten (HIV-Infektion; psychische Erkrankungen) sollte auch die Möglichkeit einer punktuellen Verschattung oder Ausblendung bestehen,[585] denn ansonsten scheint eine Widerspruchslösung für sämtliche Daten unzureichend.[586]

---

[581] Zur Rechtmäßigkeit der Widerspruchslösung bei Organspenden: *Wissenschaftliche Dienste*, Einführung einer verpflichtenden, rechtsverbindlichen Erklärung zur Organspendebereitschaft, 2011.

[582] *Dochow*, DuD 2022, 747 (755).

[583] *Orak*, DuD 2023, 571 (573). Sofern man den Eingriff in das Datenschutzgrundrecht auf dieser Eben durch die erwartbar höhere Mobilisierung an Gesundheitsdaten durch Opt-out gegenüber dem Opt-in-Konzept rechtfertigen will, müssen zur Validität dieses Arguments auch die ersten beiden Stufen auf der Widerspruchslösung beruhen, um das Argument der Nutzbarmachung von Daten nicht zu relativieren: *Lorenz*, GuP 2023, 132 (150).

[584] *Lorenz*, GuP 2023, 132 (152).

[585] *Krönke/Tschachler*, Rechtswissenschaftliche Studie zum Thema Opt-out-Modelle für die Elektronische Patientenakte aus datenschutzrechtlicher Perspektive, S. 29.

[586] *Rauch/Richters/Naucke*, GesR 2024, 218 (222).

c) Zwischenfazit

Das Opt-out ist nur dann mit der DSGVO unvereinbar, wenn sie sich auf die Einwilligung als Erlaubnisnorm stützt. Ein Opt-out kann eine Einwilligung nicht ersetzen, muss sich vielmehr auf alternative Verarbeitungsgrundlagen stützen. In diesem Fall ist eine Widerspruchsoption sodann möglich und in der DSGVO bereits vorgesehen.

6. Resümee

Die bisherigen Konzepte alternativer Einwilligungsformen sind unzureichend und mit der bisherigen Ausgestaltung der DSGVO nicht vereinbar. Insbesondere genügen sie nicht ihren strengen Anforderungen an eine Einwilligung. Auch wenn es rechtspolitisch wünschenswert ist, einige Voraussetzungen der informierten Einwilligung „auszusetzen", wenn es um ein solch hohes Schutzgut wie die Forschungsfreiheit geht, ist dies nur innerhalb der Forschungsprivilegierungen der DSGVO möglich. Denn der Gesetzgeber hat die Notwendigkeit einer Privilegierung erkannt, weshalb sich nicht leichtfertig über den Gesetzestext hinweggesetzt werden darf.

IV. Lösung: Konzept der begleitenden Schutzgarantien

Es gibt keine allgemeine Regelung, dass die Einwilligung für die Verarbeitung von sensiblen Daten zwingend einzuholen ist.[587] Dies gilt auch nicht für solche Daten, die zeitgleich der beruflichen Schweigepflicht unterliegen, denn durch den reformierten § 203 StGB unterfallen auch solche an der Datenverarbeitung (technisch) mitwirkenden Personen der Strafnorm.[588] Teils wird deshalb vorgeschlagen, Forschungsklauseln, die grundsätzlich ohne Einwilligung des Betroffenen auskommen, mit dem Broad Consent zu kombinieren (im Folgenden: „Kombinationslösung").[589] Dabei wird die Forschungsklausel durch das überobligatorische Sicherungselement einer breiten Einwilligung ergänzt. Damit kann im Rahmen der Interessenabwägung das Betroffeneninteresse wegen der (weiten) erteilten Einwilligung als weniger schützenswert eingestuft werden, sodass die Abwägung tendenziell eher zugunsten der Forschenden ausfällt.[590]

---

[587] *Weichert*, in: Kühling/Buchner, DS-GVO/BDSG, 4. Aufl. 2024, Art. 9 DSGVO Rn. 52a.

[588] *Weichert*, in: Kühling/Buchner, DS-GVO/BDSG, 4. Aufl. 2024, Art. 9 DSGVO Rn. 52a.

[589] Sog. „Konzept der begleitenden Schutzgarantien": *Spitz/Cornelius*, MedR 2022, 191 (196).

[590] *Spitz/Cornelius*, MedR 2022, 191 (196). Metzger u. a. plädieren sogar für die Berücksichtigung des Wissens des Betroffenen als Art konkludente Zustimmung in die Datenverar-

1. Kombination zweier Erlaubnistatbestände

Eine solche Kombination zweier Erlaubnistatbestände scheint ein gangbares Konzept. Richtig ist, dass jede Mitwirkungsmöglichkeit des Betroffenen positiv in die Interessenabwägung eingestellt werden kann. Diese Mitwirkung muss aber nicht die Voraussetzungen der informierten Einwilligung einhalten, denn Rechtsgrundlage der Datenverarbeitung ist gerade nicht die (informierte) Einwilligung, sondern die auf den Öffnungsklauseln des Art. 9 Abs. 2 lit. j, Art. 89 DSGVO beruhende Forschungsklausel (z. B. § 27 BDSG). Damit entscheidet eine Interessenabwägung, ob eine Datenverarbeitung möglich ist. Dies ist grundsätzlich ohne Einwilligung und unter Einschränkung der Betroffenenrechte möglich. Gleichwohl spricht für einen besseren Schutz der Betroffenen nichts dagegen, weitere Schutzelemente, insbesondere Mitwirkungsrechte, zu implementieren. Dies muss aber nicht zwingend eine irgendwie geartete Einwilligungsform sein, sondern kann sich auch in einem simplen Widerspruchsrecht erschöpfen – oder in ausreichenden organisatorischen und technischen Maßnahmen zum Schutz vor einem missbräuchlichen Bekanntwerden. Mit der Kombination von Interessenabwägungsklausel und Mitwirkung des Betroffenen findet die Selbstbestimmung der Patienten Berücksichtigung und wird nicht vollständig negiert.[591]

Bei dieser Kombinationslösung kommt es zu keiner Kumulation der Probleme von Einwilligung und Forschungsklausel, da das strenge Zweckbindungserfordernis der Einwilligung wegfällt. Gleichwohl bleibt das Problem der Rechtszersplitterung bei Forschungsklauseln, dem begegnet werden sollte.[592]

2. Wind aus den Segeln der Kritiker

Ist die Einwilligung alleinige Erlaubnisnorm für die Datenverarbeitungen, darf wegen ErwG 32 S. 3 DSGVO keine Ersetzung durch eine Widerspruchslösung (Opt-out) erfolgen. Die strengen Kriterien einer informierten Einwilligung gelten indes nicht, wenn die Datenverarbeitung auf eine Forschungsklausel gestützt wird. Denn dann ist Grundlage der rechtmäßigen Datenverarbeitung die Forschungsklausel, die ohne Einwilligung eine Datenverarbeitung erlaubt. Der Kritik, wonach eine größere Nutzung der Forschungsklauseln als zentrale Legitimationsgrundlage für Datenverarbeitungen zu einer Reduktion der Einwilligungseinholung und damit zu einem Zurückdrängen dieser autonomiebasierten Erlaubnisnorm führt,[593] wird

---

beitung: Schon die Entgegennahme von Dienstleistungen in Kenntnis bzw. mit dem Bewusstsein, dass Daten im Gegenzug gesammelt und verarbeitet werden, soll positiv in der Interessenabwägung berücksichtigt werden, wenngleich eine solche Kenntnis deutlich unter der Schwelle einer informierten Einwilligung nach Art. 7 DSGVO liege: *Metzger/Schweitzer/Wagner*, ZfPW 2023, 227 (240).

[591] I. E. ähnlich *Metzger/Schweitzer/Wagner*, ZfPW 2023, 227 (241).

[592] Zur möglichen Lösung über Kollisionsnormen § 6 I. 3. c) aa) (2).

[593] *Metzger/Schweitzer/Wagner*, ZfPW 2023, 227 (239).

durch Implementierung von Mitwirkungsrechten der Betroffenen entgegengesteuert. Jedes Mitwirkungselement des Betroffenen führt dazu, dass dessen Interessen in einer Interessenabwägung als weniger gewichtig oder als gewahrt anzusehen sind, sodass die Forschungsinteressen leichter überwiegen. Dem Datenverarbeitenden steht es dabei frei, zusätzliche, engere Voraussetzungen an die Datenverarbeitung zu wählen.

Nutzt man eine Forschungsklausel als Erlaubnisgrundlage für die Datenverarbeitung, kann man diese überobligatorisch um Mitwirkungselemente des Betroffenen ergänzen. Diese Mitwirkung kann auch in einem Broad Consent oder nur in einem Widerspruch (Opt-out) bestehen.

Die DSGVO hat sich nicht klar für einen Weg bekannt: Weder bevorzugt sie rechtlich die Einwilligung noch die Interessenabwägung als Teilausprägung der Forschungsklauseln. Hinter diesen zwei Möglichkeiten liegt die „fundamentale Frage zwischen einem individualistisch-autonomiebasierten Legitimationsmodell der Datenverarbeitung oder einem heteronom-interessenbasierten Rechtfertigungszusammenhang“.[594] Aufbauend auf dieser Kombinationslösung, soll im Folgenden ein schonender Ausgleich zwischen Datenschutzrecht, Wissenschaftsfreiheit, Transparenz und Datensouveränität gefunden werden.

---

[594] *Metzger/Schweitzer/Wagner*, ZfPW 2023, 227 (238 f.).

Teil 3

Ausgestaltungsvorschlag de lege ferenda

Medizinische Forschung benötigt Daten.[1] Ohne Daten gibt es weder Forschungsvorhaben noch aus diesen Unternehmungen resultierende neue Erkenntnisse. Nur durch eine wachsende Verzahnung von Behandlungsdaten zu Forschungszwecken, wird eine schnellere praktische Anwendung (Translation) von Forschungsergebnissen zur Behandlung ermöglicht.[2] Bislang wird der gesellschaftlich wünschenswerte Datenaustausch ausgebremst.[3] Dies liegt unter anderem an der unüberschaubaren Anzahl verschiedener Gesetze mit überschneidenden Anwendungsbereichen und damit verbundenen Rechtsunsicherheiten. Forschungsdaten müssen in größerem Maße geteilt werden, um Anschlussforschung sowie die Qualität durch Reproduzierbarkeit zu fördern.[4]

Oftmals kann nur das Teilen von Studiendaten zu signifikanten Forschungsergebnissen führen.[5] Denn einzelne medizinische Studien werden häufig mit wenigen Personen durchgeführt, sodass keine signifikanten Ergebnisse generiert werden können. Erst durch ergänzende Daten von ähnlichen Studien im Rahmen von Forschungskooperationen können größere Studienkohorten und damit ein größeres Maß an Diversität erreicht werden. Es existiert somit ein hoher Bedarf an der Mobilisierung bereits erhobener Daten für Zwecke medizinischer Forschung, der bislang durch bestehende Datenschutzanforderungen behindert wird. Lediglich für die Eigenforschung wurde eine Privilegierung im neuen GDNG geschaffen, deren Abgrenzung zu den Landeskrankenhausgesetzen mit teilweise eigenen Forschungsregeln unklar bleibt.[6] Im Folgenden soll ein Vorschlag unterbreitet werden, der die Spezifika medizinischer Forschungen, aber auch ethische Besonderheiten

[1] Es sei eine Binsenweisheit, dass medizinische Forschung Daten benötigt: *Graf von Kielmansegg*, GesR 2023, 681 (681).

[2] Zur Beschleunigung der Nutzung von Erkenntnissen aus der Forschung für Patienten, hat sich die *translationale Medizin* als spezielle Forschungsrichtung entwickelt: *Spitz*, Sekundärnutzung von Behandlungsdaten für medizinische Forschungszwecke, 2024, S. 87.

[3] Ebenso *Blankertz/Specht*, Wie eine Regulierung für Datentreuhänder aussehen sollte, 2021, S. 24 f.

[4] *Fehling/Tormin/Wendelborn u. a.*, MedR 2023, 869 (869).

[5] *Blecha/Thomann-Hackner/Brandstetter u. a.*, Dtsch Med Wochenschr 2015; 140, e186 (e186). Um entsprechend hohe Fallzahlen und eine externe Validität (Repräsentativität) zu generieren, müssen Studien oftmals an verschiedenen Standorten durchgeführt werden (sog. multizentrische Studien).

[6] § 4 II. 3. a).

beachtet. Dazu bedarf es einiger Anpassungen im einfachen Bundesrecht, die im zweiten Teil beschrieben werden.

§ 6 Reformvorschläge für Datenschutzbestimmungen im Bereich medizinischer Forschung de lege ferenda

Die Einwilligung wird als Erlaubnisnorm für Datenverarbeitungen aufgrund bestehender Unsicherheiten im Umgang mit Forschungsklauseln faktisch bevorzugt. Dies führt zu Folgeproblemen: Oft kann im Datenerhebungszeitpunkt der genaue Zweck eines späteren Forschungsvorhabens (sog. Sekundärnutzung) nicht konkretisiert werden, sodass die informierte Einwilligung mangels Zweckbestimmtheit als Erlaubnisnorm für die Forschung ausscheidet. Eben darum werden zahlreiche alternative Einwilligungsmodelle vorgeschlagen. Diese zeichnen sich durch rechtliche Unvereinbarkeiten und praktische Nachteile aus.[7] Dabei ist die Einwilligung aus grundrechtlicher Sicht nicht zwingend erforderlich und stellt nur *ein* Mittel zur Ausübung der Datensouveränität dar. Es kommen andere Eingriffsrechtfertigungen in das Datenschutzgrundrecht des Betroffenen in Betracht. Deswegen soll im Folgenden ein Konzept entwickelt werden, welches auf der modifizierten Bundesforschungsklausel des § 27 BDSG aufbaut und bei Bund-Länder-Kooperationen einheitlich anwendbar sein sollte. Daneben bedarf es bei Forschungsklauseln keiner informierten Einwilligung, da diese zur Einwilligung rechtlich gleichrangige Erlaubnisnormen darstellen.

Gleichwohl läuft medizinische Forschung, die Gesundheitsdaten ohne jegliche Mitwirkungsmöglichkeiten der Betroffenen weiterverarbeitet, Gefahr, an Akzeptanz und Rückhalt in der Bevölkerung einzubüßen, weshalb nach Möglichkeit Mitwirkungselemente implementiert werden sollten. Diese müssen nicht den strengen Anforderungen einer informierten Einwilligung standhalten, da die Erlaubnisnorm der Datenverarbeitung gerade nicht die (informierte) Einwilligung nach der DSGVO ist, sondern die Forschungsklausel. Zusätzliche Mitwirkungselemente lassen das Betroffeneninteresse des Patienten in der Interessenabwägung am Ausschluss der Verarbeitung seiner Daten als weniger gewichtig erscheinen, sodass ein Überwiegen der Forschungsinteressen tendenziell eher angenommen werden kann.[8]

---

[7] § 5 III.

[8] S. „Konzept der begleitenden Schutzgarantien“ § 5 IV.

I. Mobilisierung von Forschungsklauseln bei Sekundärnutzungen

Um Forschungsklauseln attraktiver für die datenverarbeitenden Stellen zu gestalten, bedarf es gesetzlicher Anpassungen. Zuvor sollte jedoch eine wichtige Differenzierung hinsichtlich der Zweckidentität der Datenverarbeitung vorgenommen werden.

1. Abgrenzung Primär- zur Sekundärnutzung

Die Begriffe Primär- und Sekundärnutzung von Daten werden teils uneinheitlich verwendet. Dabei ist hauptsächlich der Begriff der Sekundärnutzung unscharf. Teilweise wird dieser mit der Nutzung von Behandlungsdaten aus dem Arzt-Patienten-Verhältnis für Forschungszwecke gleichgesetzt.[9] Damit bleibt unklar, unter welche der beiden Begrifflichkeiten Datenerhebungen zu fassen sind, bei denen Daten für Forschungszwecke im Rahmen einer Studie direkt am Probanden erhoben werden. Ein solch enges Verständnis ist abzulehnen.

Neue Anhaltspunkte für ein gesetzesübergreifendes Begriffsverständnis kann der Europäische Gesundheitsdatenraum (European Health Data Space) liefern. Nach Art. 2 Abs. 2 lit. d EHDS-VO[10] wird „Primärnutzung elektronischer Gesundheitsdaten“ legaldefiniert als

> „Verarbeitung elektronischer Gesundheitsdaten für die Gesundheitsversorgung zur Beurteilung, Erhaltung oder Wiederherstellung des Gesundheitszustands der natürlichen Person, auf die sich die Daten beziehen, einschließlich der Verschreibung, Abgabe und Bereitstellung von Arzneimitteln und Medizinprodukten, sowie für die einschlägigen Sozialleistungen und für die einschlägigen Dienste der Verwaltung oder Kostenerstattung“.

---

[9] *Hofmann*, DuD 2022, 756 (756), welcher Sekundärnutzung von Gesundheitsdaten mit i. R. d. Behandlungsverhältnisses erhobenen Patientendaten für Forschungszwecke gleichsetzt. *Lesch/Richter/Semler*, Daten teilen für die Forschung: Einstellungen und Perspektiven zur Datenspende in Deutschland, in: Richter u. a. (Hrsg.), Datenreiche Medizin und das Problem der Einwilligung – Ethische, rechtliche und sozialwissenschaftliche Perspektiven, 2022, S. 211 setzen Sekundärnutzung mit Nutzung von Daten in der medizinischen Forschung gleich. *Jungkunz/Köngeter/Winkler u. a.*, Sekundärnutzung klinischer Daten in datensammelnden, nicht-interventionellen Forschungs- oder Lernaktivitäten – Begriff, Studientypen und ethische Herausforderungen, in: Richter u. a. (Hrsg.), Datenreiche Medizin und das Problem der Einwilligung – Ethische, rechtliche und sozialwissenschaftliche Perspektiven, 2022, S. 74 f.

[10] Der EHDS besteht aus „Vorschriften, gemeinsamen Standards und Verfahren, Infrastrukturen und einem Governance-Rahmen“ (Art. 1 Abs. 1 EHDS-VO), der nach Angaben der Kommission auf die Schaffung eines kohärenten, effektiven und gleichzeitig vertrauenswürdigen Umfelds für die Forschung, aber auch für Innovationen, Politikgestaltung sowie Regulierungstätigkeit zielt. Vor allem soll die Nutzung von Gesundheitsdaten für die Forschung gefördert werden. Vertiefend § 4 I. 4. c).

Danach umfasst Primärnutzung sämtliche Verarbeitungsvorgänge im unmittelbaren Zusammenhang mit Gesundheitsdienstleistungen.[11]

Diese Definition könnte wegen ihrer eindeutigen Begrifflichkeiten Klarheit bringen und auf andere Gesetze wie die DSGVO übertragbar sein. Schließlich kann das Merkmal der *elektronischen* Gesundheitsdaten hinweggedacht werden, ohne dass die Definition ihren Sinn verlöre. Danach wären alle Datenverarbeitungen, die dem Zwecke der Gesundheitsbehandlung dienen, der Primärnutzung zuzuordnen.

Dagegen sprechen indes Wortlaut und Systematik des EHDS, welcher ausdrücklich nur Daten in *elektronischer* Form umfasst. Zwar nimmt der EHDS in seinen Begriffsbestimmungen (Art. 2) auf Definitionen der DSGVO Bezug und übernimmt diese größtenteils (Art. 2 Abs. 1 lit. a EHDS-VO), beschränkt sich aber ausdrücklich auf die elektronische Form.

Die Begriffsbestimmung in der DSGVO unterscheidet sich damit partiell von der in der EHDS-VO gewählten und kann nicht von letzterer übertragen werden. Vorzugswürdig ist daher eine Orientierung an der Zweckbestimmung, als elementare Voraussetzung jeder Datenverarbeitung.[12]

Primärnutzung meint damit die Nutzung der Daten zu dem ursprünglich (bei Datenerhebung) vorgesehenen Zweck. Der Begriff umfasst vorrangig Datenerhebungen bei der Untersuchung des Patienten zu Behandlungszwecken in der Arztpraxis oder im Krankenhaus. Aber auch die Teilnahme von Probanden an Studien mit dem Wissen, dass ihre Daten für dieses Forschungsvorhaben erhoben werden, gehört dazu. Unter Primärnutzung fällt damit nicht die Nutzung für gänzlich ungewisse Studien in ferner Zukunft, die zum Zeitpunkt der Datenerhebung nicht konkretisierbar sind.

Sekundärnutzung meint die zweckgeänderte Weiterverarbeitung von Daten, die einen anderen Zweck als die Datenerhebung aufweisen.[13] Jungkunz et al. präzisieren sekundäre Forschungsnutzen von Behandlungsdaten als

> „Analysen von Daten, die im Rahmen und zum Zwecke der Krankenversorgung erhoben wurden, innerhalb von Forschungs- oder Lernaktivitäten zur Verbesserung des biomedizinischen Wissens und der medizinischen Versorgung [eingesetzt werden].“[14]

---

[11] Ebenso *Petri*, DuD 2022, 413 (415 f.); *Molnár-Gábor*, DuD 2021, 799 (800).

[12] Dafür spricht auch die Änderung der Definition in Art. 2 Abs. 2 lit. e EHDS-VO, der sich nunmehr auch am Zweck orientiert – anders als die Ursprungsfassung. Dort wird nun festgestellt, dass Sekundärnutzung „die Verarbeitung elektronischer Gesundheitsdaten für die in Kapitel IV [Anm.: Sekundärnutzung] der vorliegenden Verordnung genannten Zwecke [meint], sofern es sich nicht um Zwecke handelt, für die sie ursprünglich erhoben oder erstellt wurden“.

[13] U. a. *Bronner/Wiedemann*, ZD 2023, 77 (79); *Dierks/Roßnagel*, Sekundärnutzung von Sozial- und Gesundheitsdaten – Rechtliche Rahmenbedingungen, 2019, S. 208. Dazu bereits § 1 II. 2.

[14] Dabei betonen die Autoren die Erzeugung eines „überindividuellen“ Wissens als Charakteristika der sekundären Forschungsnutzung: *Jungkunz/Köngeter/Spitz u. a.*, Stellungnah-

Entscheidend ist, ob eine *Zweckidentität* mit dem Zweck der Verarbeitung und dem ursprünglichen Zweck der erhobenen Daten besteht. Liegt eine solche Zweckidentität vor, werden Daten zu ihrem ursprünglich erhobenen Zweck verarbeitet (etwa bei der Behandlung zur individuellen Krankenvorsorge bzw. als Proband für die medizinische Forschung). Liegt keine Zweckidentität vor, wird der Zweck der ursprünglichen Erhebung geändert, handelt es sich nicht mehr um eine Primärnutzung; die Daten werden dann vielmehr im Rahmen eines sekundären Zweckes verarbeitet.

2. Grundsätzliche Einwilligung bei Datenerhebungen im Rahmen der Primärnutzung

Trotz der in § 5 aufgezeigten Defizite der informierten Einwilligung, die vorwiegend die Sekundärnutzung betreffen, kann sie im Falle der Primärnutzung der Privatautonomie gerecht werden. Mit der Einwilligung kann die Selbstbestimmung gewährleistet werden, was aufgrund der Freiwilligkeit und Transparenz der Datennutzung in der Folge zu weniger möglichen Klagen und damit zu einem verminderten Haftungsrisiko führt. Bei einem Direktkontakt zum Patienten bzw. Probanden kann oftmals eine bessere Aufklärung erfolgen als bei einer postalischen oder digitalen Aufklärung, sodass die Einwilligung sinnvoll ist. Hinzu kommt, dass neben der datenschutzrechtlichen Einwilligung bei der Gesundheitsbehandlung weitere Einwilligungen einzuholen sind: Neben der datenschutzrechtlichen Einwilligung bedarf es einer Einwilligung in den ärztlichen Heileingriff[15] und bei Weitergabe der Daten an Dritte einer Einwilligung in den Verzicht auf die ärztliche Schweigepflicht. Eine Einwilligung aufgrund eines drohenden Eingriffs/Übergriffs

---

me zur Etablierung der sekundären Forschungsnutzung von Behandlungsdaten in Deutschland, 2022, S. 37.

[15] Die meisten Einwilligungsvorschriften zielen auf den Schutz der körperlichen Integrität ab, wohingegen die DSGVO das Selbstbestimmungsrecht über die eigenen Daten schützt. Diese Trennung ist nicht so eindeutig, wie es auf den ersten Blick scheint. So wird auch im Kontext des § 630e BGB die Selbstbestimmungsaufklärung geschützt, die eine vollständige „Aufklärung in Kenntnis aller für die Entscheidung relevanten Umstände" fordert (§ 630d Abs. 2 BGB): *Wagner*, in: MüKo-BGB Bd. 5, 9. Aufl. 2023, § 630d BGB Rn. 28. Dabei muss dem Patienten deutlich werden, worin er genau einwilligt und wie hoch die Chance eines Heilungserfolges durch die Maßnahme ist, welche Risiken mit dem Eingriff verbunden sind, welche alternative Behandlungsmethoden bestehen und wie deren Erfolgschancen als auch Schadensrisiken aussehen: *Wagner*, in: MüKo-BGB Bd. 5, 9. Aufl. 2023, § 630e BGB Rn. 4. Wenngleich die informierte Einwilligung sowohl bei der DSGVO als auch bei § 630e BGB in beiden Fällen die Selbstbestimmung schützt, wird einmal das „Verfügungsrecht über den eigenen Körper" (*Di Fabio*, in: Dürig/Herzog/Scholz, GG, 107. EL März 2025, Art. 2 Abs. 1 GG Rn. 204) (durch die Einwilligung nach § 630e BGB) und im anderen Fall das informationelle Selbstbestimmungsrecht geschützt, „grundsätzlich selbst zu entscheiden, wann und innerhalb welcher Grenzen persönliche Lebenssachverhalte offenbart werden": BVerfGE 65, 1 (42). Der Einzelne ist grundsätzlich selbst befugt, über Preisgabe und Verwendung seiner persönlichen Daten zu bestimmen: BVerfGE 113, 29 (46).

auf das Recht auf Unversehrtheit ist ausweislich des Art. 3 Abs. 2 GRC bei jedem ärztlichen Handeln notwendig.[16] Zwar ist Art. 3 GRC wie andere Grundrechte in erster Linie ein Abwehrrecht. Ärzte und Patienten stehen sich indes als Privatpersonen gegenüber. Gleichwohl wird die grundrechtliche Schutzpflicht durch den Unionsgesetzgeber derart konkretisiert, dass Patienten für jedes ärztliche Handeln, das zugleich einen Eingriff in die körperliche Unversehrtheit darstellt, einwilligen müssen.[17] Trotz unterschiedlicher Schutzrichtungen können die drei Einwilligungen gemeinsam, aber unterscheidbar, in einer einheitlichen Erklärung erfolgen.[18]

Bei der Primärnutzung müssen Daten in einem ersten Schritt erhoben werden. Bei der Verarbeitung von Gesundheitsdaten für wissenschaftliche Forschungszwecke bezeichnet Primärnutzung die Forschung, bei der personenbezogene (Gesundheits-)Daten genutzt werden, die direkt für wissenschaftliche Studien erhoben werden.[19] Eine Primärerhebung der Daten kann auch bei Ärzten und in Kliniken für Zwecke der Behandlung erfolgen. Diese Datenschätze sollten im Wege der Sekundärnutzung unter bestimmten, noch aufzuzeigenden Bedingungen nutzbar gemacht werden.[20] Dies geschieht durch Untersuchungen, bei denen ein persönlicher Kontakt zwischen Arzt bzw. Forschenden und Patient besteht. Dieser Direktkontakt kann für Aufklärungen und zur Einholung von Einwilligungen genutzt werden. Im Falle der Behandlung steht die Zweckbestimmung fest: Die Datenerhebung und anschließende Weiterverarbeitung und Auswertung erfolgt zur Diagnoseerstellung und anschließenden Behandlung.

Davon zu unterscheiden ist die Konstellation, in der ein Proband direkt an einer Studie teilnimmt. Die Gründe können in altruistischen Motiven bestehen, weil man sich einen Eigennutzen von den Forschungsergebnissen erhofft, oder in finanziellen Anreizen. Unabhängig vom Motiv, besteht auch in diesem Kontext ein direkter

---

[16] Es soll umfassend vor psychischen Beeinträchtigungen Schutz gewährt werden, sodass es keine Bagatell- oder Belästigungsgrenze gibt, die überschritten werden muss: *Calliess*, in: Calliess/Ruffert, EUV/AEUV, 6. Aufl. 2022, Art. 3 GRC Rn. 9. Für das Überschreiten einer gewissen Schwelle: *Borowsky*, in: Meyer/Hölscheidt, GRC, 6. Aufl. 2024, Art. 3 GRC Rn. 37; *Heselhaus*, in: Pechstein/Nowak/Häde, Frankfurter Kommentar, 2. Aufl. 2023, Art. 3 GRC Rn. 15, da nicht jegliches subjektives Wohlbefinden geschützt sein soll. Frage offenlassend: *Jarass*, in: Jarass, GRC, 4. Aufl. 2021, Art. 3 GRC Rn. 7.

[17] *Calliess*, in: Calliess/Ruffert, EUV/AEUV, 6. Aufl. 2022, Art. 3 GRC Rn. 12 f. Inhaltlich muss eine freie Einwilligung nach vorheriger Aufklärung (sog. informierte Einwilligung) eingeholt werden.

[18] *Weichert*, Datenschutzrechtliche Rahmenbedingungen medizinischer Forschung – Vorgaben der EU-Datenschutz-Grundverordnung und national geltender Gesetze, 2022, S. 96; *Weichert*, in: Kühling/Buchner, DS-GVO/BDSG, 4. Aufl. 2024, Art. 9 DSGVO Rn. 49 f. Dabei muss die datenschutzrechtliche Einwilligung nach Art. 7 Abs. 2 DSGVO hervorgehoben werden.

[19] Ebenso *European Data Protection Board*, Leitlinien 3/2020 für die Verarbeitung von Gesundheitsdaten für wissenschaftliche Forschungszwecke im Zusammenhang mit dem COVID-19-Ausbruch, 2020, Rn. 11.

[20] § 6 I. 3.

Kontakt zu den Probanden, die aufgeklärt werden und in die Nutzung ihrer Daten einwilligen können. Erfolgt die Datenerhebung direkt für eine Studienteilnahme und steht der Zweck der Verarbeitung (die Nutzung im Rahmen der schon konkretisierten Studie) fest, können sowohl die Datenerhebung als auch die Verarbeitung zum festgelegten Zweck auf die informierte Einwilligung des Betroffenen gestützt werden.

Weitgehend synonym zur Primär- und Sekundärnutzung lassen sich innerhalb der medizinischen Forschung verschiedene zeitliche Rahmen unterscheiden: der prospektive und der retrospektive Studientyp.

Bei einer *prospektiven* Studie werden Daten ab dem Zeitpunkt des Studienbeginns und der genauen Zweckfestlegung erhoben. Wegen des bereits festgelegten Zwecks bietet sich eine informierte Einwilligung an. Die Daten werden zum Zweck eines bestimmten Forschungsvorhabens erhoben. Dabei besteht bei der Datenerhebung ein Direktkontakt zu den Betroffenen bzw. Probanden, der genutzt werden sollte. Ein Unterschied zwischen prospektiver Studie und Primärnutzung besteht dann, wenn Daten für eine Studie vor deren Beginn erhoben werden, der genaue Zweck oder die zu überprüfende Hypothese sich aber erst im Rahmen des Forschungsvorhabens konkretisiert. In dem Fall handelt es sich nicht mehr um eine prospektive, sondern um eine retrospektive Primärnutzung.

Bei *retrospektiven* Studien finden die Datenerhebungen bereits vor Studienbeginn für die medizinische Studie statt. Dies ist ein Zeitpunkt, zu dem die Zweckbestimmung oftmals noch nicht präzise möglich ist, da sich die Forschungshypothese und genauen Parameter der Studie ändern können, sodass eine informierte Einwilligung nach der DSGVO als untauglich ausscheidet. Gleichwohl werden in dem Fall Daten direkt beim Betroffenen erhoben, sodass dieser auch aus datenschutzrechtlicher Sicht mitwirken und wegen der notwendigen Einwilligung (aufgrund des regelmäßig zeitgleich stattfindenden Eingriffs in die körperliche Unversehrtheit (Art. 3 Abs. 2 GRC)) auch auf eine datenschutzrechtliche Einwilligung nicht verzichtet werden sollte. Für die Erhebung steht fest, welche Daten vom Betroffenen verarbeitet werden, wenngleich der Zweck des späteren Forschungsvorhabens weiterhin nicht hinreichend konkretisiert ist. Für die Erhebung kommt somit eine informierte Einwilligung in Betracht. Für die (Weiter-)Verwendung dieser Daten taugt die informierte Einwilligung nicht als Verarbeitungsgrundlage, da der Zweck nicht feststeht. Daher sollten für die spätere (Weiter-)Verarbeitung die gleichen Erlaubnisnormen wie bei der Sekundärnutzung greifen. Denn in beiden Fällen steht zum Zeitpunkt der Datenerhebung der genaue spätere Verarbeitungszweck nicht fest.

Die medizinische Forschung kann inhaltlich in drei grobe Richtungen untergliedert werden: die klinische Forschung (1.), die epidemiologische Forschung (2.) und die Grundlagenforschung (3.).

a) Klinische Forschung

Bei der klinischen Forschung geht es um das Elaborieren neuer medizinischer Behandlungsmethoden, Untersuchungen sowie Diagnosen. Sie trägt einer evidenzbasierten Entscheidung in der Patientenversorgung Rechnung. Kennzeichen sind die Durchführung von klinischen Studien, die in Art. 2 Abs. 2 Nr. 1 VO (EU) 536/2014 über klinische Prüfungen mit Humanarzneimitteln legal definiert sind.

Danach versteht man unter *klinischer Studie* „jede am Menschen durchgeführte Untersuchung […] mit dem Ziel, die Sicherheit und/oder Wirksamkeit dieser Arzneimittel festzustellen". Dies bezieht sich nur auf Studien über Humanarzneimittel – was dem Anwendungsbereich der Verordnung entspricht. Verallgemeinernd formuliert fällt die experimentelle Prüfung einer Intervention (z. B. Therapie, Operation, Präventionsmittel) unter definierten Rahmenbedingungen unter eine klinische Studie.[21] Damit sind sie nicht auf Sicherheit oder Wirksamkeit von Arzneimitteln beschränkt. Eine *klinische Prüfung* nach Art. 2 Abs. 2 Nr. 2 VO (EU) 536/2014 ist eine besondere klinische Studie, die engeren Voraussetzungen unterliegt. Insbesondere bekommt der Prüfungsteilnehmer eine Behandlungsstrategie zugewiesen, die nicht der normalen klinischen Praxis der betroffenen Mitgliedstaaten entspricht.

Bei der klinischen Forschung werden Untersuchungen am Patienten vorgenommen, sodass wegen des Personenbezuges Datenschutzregelungen Anwendung finden.[22] Sinn und Zweck klinischer Forschung sind die Überprüfung bzw. das Vergleichen von Wirksamkeit, Verträglichkeit sowie die Sicherheit von Untersuchungs- und Behandlungsmethoden.[23] Bei klinischen Studien werden zahlreiche Daten generiert, um die Wirksamkeit und Sicherheit des Prüfpräparats zu beweisen; die Behandlung von Patienten ist lediglich ein gewünschter Nebeneffekt. Vor dem eigentlichen Studienbeginn finden Beobachtungen über eine definierte Zeitspanne unter natürlichen Bedingungen hinsichtlich eines oder mehrerer relevanter Merkmale statt (sog. nicht-interventionelle Forschung).[24] Teilnehmende erhalten dabei eine von ihrem behandelnden Arzt ins Ermessen gestellte und individuell festgelegte Therapie.[25] Nach der Beobachtungsstudie beginnen die Interventionen, um zu überprüfen, ob sich der beobachtete Zusammenhang zwischen Einflussfaktor und Krankheit bestätigt.

Dabei untergliedern sich klinische Studien zumeist in fünf Phasen. Bei der *Phase 0* werden an ca. 10 – 15 gesunden Probanden Therapiestudien durchgeführt.[26] Daran schließt sich *Phase I* an, bei der neue Behandlungen an rund 20 – 80 gesunden Personen getestet werden. Dabei stehen Verträglichkeit, Sicherheit und Nebenwir-

---

[21] *BfArM*, FAQ und Glossar, 2023, s. „klinische Studie".

[22] *Jendges/Koeppe/Letter u. a.*, Datenschutz bei klinischen Studien, 2019, S. 6.

[23] *Jendges/Koeppe/Letter u. a.*, Datenschutz bei klinischen Studien, 2019, S. 7.

[24] *Jendges/Koeppe/Letter u. a.*, Datenschutz bei klinischen Studien, 2019, S. 8.

[25] *Röhrig/du Prel/Wachtlin u. a.*, Dtsch Arztebl. 2009, 262 (265).

[26] *Jendges/Koeppe/Letter u. a.*, Datenschutz bei klinischen Studien, 2019, S. 8.

kungen der neuen Behandlung im Mittelpunkt.[27] Darauf folgt die therapeutische Exploration (*Phase II*), welche zwischen 50 und 200 Erkrankte umfasst, die zugleich die spätere Zielgruppe der Behandlung sind. In dieser Phase werden die Wirksamkeit und die optimale Dosierung der Behandlung/Medikamente ermittelt.[28] Sodann folgt die therapeutische Bestätigung in *Phase III*, bei der es sich um eine großangelegte Studie mit bis zu 10.000 Personen handelt. Dabei werden präzise Auswirkungen, Wirksamkeit sowie Verträglichkeit getestet und in der Regel mit einer Kontrollgruppe verglichen.[29] Schließlich folgt mit der *Phase IV* die therapeutische Anwendung. Dabei ist die Behandlung bereits auf dem Markt und dient neben Marketingzwecken vorwiegend der Identifikation seltener Nebenwirkungen sowie unerwünschter Arzneimittelreaktionen.[30]

Den Studienphasen ist gemeinsam, dass ein Direktkontakt mit Patienten besteht und Daten durch eine Intervention generiert werden. Bei einer solchen Intervention muss bereits wegen Art. 3 Abs. 2 lit. a GRC eine Einwilligung aufgrund des regelmäßig erfolgenden Eingriffs in die körperliche Unversehrtheit eingeholt werden.[31] Dies bezeichnet etwa Art. 29 VO (EU) 536/2014 bei Prüfungen mit Humanarzneimitteln als „Einwilligung nach Aufklärung" und ist nach Art. 2 Abs. 2 Nr. 21 der Verordnung eine

> „aus freien Stücken erfolgende, freiwillige Erklärung der Bereitschaft, an einer bestimmten klinischen Prüfung teilzunehmen, durch einen Prüfungsteilnehmer, nachdem dieser über alle Aspekte der klinischen Prüfung, die für die Entscheidungsfindung bezüglich der Teilnahme relevant sind, aufgeklärt wurde […]".

Wer eine solche Einwilligung erteilt, wird regelmäßig zugleich eine Einwilligung zur datenschutzrechtlichen Nutzung seiner Daten erteilen; diese kann an die Teilnahme zu dem medizinischen Forschungsvorhaben gekoppelt werden. Wenngleich die informierte Einwilligung auch Defizite aufweist,[32] ist sie in dem Fall das vorzugswürdige Mittel, um Autonomie und Datensouveränität zu sichern.[33]

---

[27] *Jendges/Koeppe/Letter u. a.*, Datenschutz bei klinischen Studien, 2019, S. 8.

[28] Teils erfolgt noch eine Unterteilung in *Phase IIa* und *IIb*, wobei es bei ersterer um Arzneimittelsicherheit und bei letzterer um Wirksamkeit sowie Dosierungsrahmen und Sicherheit geht: *BfArM*, FAQ und Glossar, 2023, s. „Studienphasen"; *Jendges/Koeppe/Letter u. a.*, Datenschutz bei klinischen Studien, 2019, S. 8.

[29] Teilweise wird noch in *Phase IIIa* differenziert, die nach einem Nachweis des Arzneimittels, aber vor dessen Zulassung durchgeführt wird, sowie in *Phase IIIb*, bei der die Studien vom Marketing verwendet werden, um das Arzneimittel nach Zulassung weiter zu fördern: *BfArM*, FAQ und Glossar, 2023, s. „Studienphasen"; *Jendges/Koeppe/Letter u. a.*, Datenschutz bei klinischen Studien, 2019, S. 9.

[30] *Jendges/Koeppe/Letter u. a.*, Datenschutz bei klinischen Studien, 2019, S. 9.

[31] *Gerst/Zier/Ahmed*, MedR 2023, 275 (281). Diese Einwilligung dient nicht der Einhaltung von Datenschutzregelungen, was aus ErwG 161 DSGVO deutlich wird.

[32] § 5 I.

[33] Ethikkommissionen können durch ihre stellvertretende Einwilligung Defizite der informierten Einwilligung kompensieren, etwa indem sie Machtasymmetrien ausgleichen.

Dabei bestimmen sich die datenschutzrechtlichen Vorschriften vorrangig nach der DSGVO, können aber (etwa bei Humanarzneimitteln) durch punktuelle Spezialvorschriften verdrängt werden, insbesondere durch das gegenüber dem BDSG vorrangige Arzneimittelgesetz, insofern diese Spezialvorschriften nicht ihrerseits gegen die DSGVO verstoßen.[34]

Für klinische Forschung gilt: Werden Daten für den Zweck medizinischer Forschung erhoben und steht der genaue Zweck bereits fest (prospektive Primärnutzung), bietet sich eine Mitwirkung der Betroffenen an. Diese können um eine informierte Einwilligung gebeten werden. Denn der Grund der Umgehungsversuche besteht darin, dass der genaue Zweck des medizinischen Forschungsvorhabens zum Zeitpunkt der Datenerhebung (noch) nicht ausreichend feststeht.

Bei der prospektiven Datenerhebung steht der Zweck der Datenverarbeitung jedoch hinreichend fest. So ist der Zweck etwa bei Phase IV-Studien vorab festgelegt, da Wirkung und Dosierung schon umfangreich geprüft wurden. Aber auch in den anderen Phasen 0–III, bei denen zu Beginn der Phase, die genaue Wirkung und mögliche Nebenwirkungen nicht hinreichend klar sind, kann eine informierte Einwilligung abgegeben werden, vorausgesetzt, eine ausführliche Aufklärung über mögliche Nebenwirkungen ist erfolgt.

Bei retrospektiven Studien fand die Datenerhebung vor Studienbeginn statt. Es werden somit (auch) Daten aus der Vergangenheit ausgewertet. Ein Beispiel für eine retrospektive klinische Studie, bei der die Wirksamkeit eines Behandlungsverfahrens oder Einflussgrößen für Erkrankungen empirisch überprüft werden, sind Fall-Kontroll-Studien. Die bereits vorhandenen Daten (z. B. Vorliegen einer bestimmten Krankheit) werden mit vermuteten Ursachen von Personen ohne diese Erkrankung als Kontrollgruppe verglichen. Wurden die Daten mit unbekanntem Zweck für eine spätere Studie erhoben (retrospektive Primärnutzung), muss zwischen dem Zeitpunkt der Erhebung, bei der eine Einwilligung vorliegen kann, und der Datenweiterverarbeitung, die als Sekundärnutzung anzusehen ist, unterschieden werden.

---

[34] *Gerst/Zier/Ahmed*, MedR 2023, 275 (279). Es gibt hier zu beachtende Spezialvorschriften. So verlangt etwa § 40b Abs. 6 S. 1 AMG eine ausdrückliche schriftliche (§ 126 BGB) oder elektronische (§ 126a BGB) Einwilligung in die Datenverarbeitung und verschärft damit i. S. d. Art. 9 Abs. 4 DSGVO die Voraussetzungen für eine Datenverarbeitung. Anders als bei den Grundrechten, bei denen keine Veröffentlichung erfolgen muss, um den Schutz der Forschungsfreiheit zu genießen (§ 3 I. 2. b) cc)), wird der Sponsor (der Generalunternehmer i. S. v. Art. 2 Abs. 2 Nr. 14 VO (EU) 536/2014) nach Art. 37 Abs 4 VO (EU) 536/2014 unabhängig vom Ergebnis der klinischen Prüfung verpflichtet, innerhalb eines Jahres ab Ende der klinischen Prüfung eine Zusammenfassung der Ergebnisse in eine EU-Datenbank zu übermitteln: *Gerst/Geyken/Ahmed*, MedR 2023, 204 (205 f.).

b) Epidemiologische Forschung

Epidemiologische Forschung befasst sich mit der Ursachenermittlung sowie der Untersuchung von Verteilungsmustern und Krankheitsauswirkungen in einer spezifischen Bevölkerungsgruppe.[35] Es sollen Faktoren, die das Auftreten von Krankheiten beeinflussen, gefunden und damit Risiken identifiziert werden, um geeignete Präventionsmaßnahmen zu ergreifen. Die Epidemiologie kann bis zu Hippokrates zurückverfolgt werden, der bereits erkannte, dass das Auftreten von Krankheiten von Umweltfaktoren beeinflusst werden kann.[36] Die moderne Epidemiologie hingegen ist eine junge Wissenschaft, welche sich quantitativer Methoden zur Untersuchung von Krankheiten in verschiedenen Bevölkerungsgruppen bedient.[37]

In einer epidemiologischen Studie wird der Zusammenhang zwischen der Exposition gegenüber einem Risikofaktor und dem Auftreten einer Krankheit untersucht, wobei neben Fragebögen und Interviews (sog. klassische Epidemiologie) teils auch biologische Proben genutzt werden.[38] Interventionelle epidemiologische Studien sind selten. Hier werden bestimmte Interventionen, wie das Hinzufügen von Fluorid ins Trinkwasser in den 1940er Jahren in den USA, untersucht.[39]

Häufiger sind (nichtinterventionelle) Beobachtungsstudien. Diese können mehrere Tausend Individuen umfassen und sind deswegen sehr zeitaufwendig.[40] Dabei kommen Fall-Kontroll-Studien in Betracht, etwa um den möglichen Nachweis zu erbringen, dass bestimmte Krebsarten wie Leukämie mit Nähe zu einem Kernkraftwerk zunehmen.

Auch bei der epidemiologischen Forschung kann man prospektive von retrospektiver Forschung unterscheiden. Bei der prospektiven Forschung werden Daten nach Festlegung des Zwecks erhoben. In diesen Fällen kann eine informierte Einwilligung mit konkretem Zweck erfolgen. Erfolgte die Datenerhebung vor Start des Forschungsvorhabens, und zugleich zum Zweck der medizinischen Forschung (sog. retrospektive Primärnutzung), kann die exakte Frage häufig nicht ganz präzise bezeichnet werden, da sich die Forschungshypothese noch ändern kann. Dann müssen andere Erlaubnisnormen als die informierte Einwilligung gewählt werden. Dies ist der Fall, wenn Betroffene nicht befragt werden können oder rückblickend Auswirkungen untersucht werden sollen. Hilfsmittel können dabei Krankheitsregister,

---

[35] *Klug/Bender/Blettner u. a.*, Dtsch Med Wochenschr 2004; 129, T7 (T7).

[36] *Bonita/Beaglehole/Kjellström*, Einführung in die Epidemiologie, 3. Aufl. 2013, S. 17.

[37] *Bonita/Beaglehole/Kjellström*, Einführung in die Epidemiologie, 3. Aufl. 2013, S. 19.

[38] *Klug/Bender/Blettner u. a.*, Dtsch Med Wochenschr 2004; 129, T7 (T7).

[39] Bsp. nach *Gordon-Dseugo*, Types of Primary Medical Research, 2019; *Röhrig/du Prel/Wachtlin u. a.*, Dtsch Arztebl. 2009, 262 (266) mit dem Hinweis, dass die Exposition von bestimmten Interventionen gegenüber Versuchsteilnehmenden häufig aus ethischen, gesellschaftlichen oder politischen Ursachen ungeeignet ist.

[40] Aus diesem Grund werden oft nur bestimmte Personengruppen (sog. Kohorten) analysiert: *Gordon-Dseugo*, Types of Primary Medical Research, 2019.

Gesundheitsamt oder Einwohnermeldeamt sein. Dabei ist zwischen der ursprünglichen Erhebung mit ihrer Rechtsgrundlage (z. B. für das Einwohnermeldeamt) und einer Sekundärnutzung zu Forschungszwecken zu unterscheiden. Während bei der Erhebung die informierte Einwilligung oder gesetzliche Spezialregelungen für das Sammeln von Daten in Krankheitsregistern oder beim Einwohnermeldeamt in Betracht kommen, kann sich die spätere Sekundärnutzung auf die modifizierten Forschungsklauseln mit zusätzlichen Sicherungselementen stützen.

c) Grundlagenforschung

Die Grundlagenforschung, genauer gesagt biomedizinische Forschung, bezieht sich auf grundlegende biologische Mechanismen von Krankheiten und versucht durch Immunologie, Immunbiologie, Zell- und Molekularbiologie oder Genetik neue Erkenntnisse über das Entstehen und Verhindern von Krankheiten zu gewinnen.[41] Dies geschieht durch die Analyse von menschlichen Bioproben in Laborstudien, aber auch mittels Tierversuche. Die Grundlagenforschung dient klinischer und epidemiologischer Forschung als Vorarbeit.[42] Zu ihr gehört die Entwicklung von neuen Untersuchungsverfahren und Messtechniken, um physiologische Abläufe und pathologische Veränderungen genauer messen zu können.[43] Das vorrangige Ziel der Grundlagenforschung besteht nicht in der Verbesserung der Krankenbehandlung, sondern im Erkenntnisgewinn.[44]

Bei der Grundlagenforschung können sowohl das Vorgehen als auch der Versuchsaufbau genau festgelegt und präzisiert werden. Dies ist wichtig, um gezielte Kontrolle auszuüben und Störfaktoren zu reduzieren. Damit bietet sich eine informierte Einwilligung bei Datenerhebung an.[45]

d) Überblick Primärnutzung

Während Forschung im Allgemeinen Erkenntnisgewinne anvisiert, zielt medizinische Forschung im Besonderen auf verallgemeinerbare Erkenntnisse, die direkt oder indirekt einer unbestimmten Zahl möglicher Betroffener zugutekommen. Dabei steht nicht der Nutzen des Individuums im Vordergrund – anders als bei der ärztlichen Behandlung –, sondern der Nutzen einer unbestimmten Anzahl Betroffener.[46] Es geht um die Loslösung von der individuellen Behandlungssituation,

---

[41] *BfArM*, FAQ und Glossar, 2023, s. „Grundlagenforschung".

[42] *Gordon-Dseugo*, Types of Primary Medical Research, 2019.

[43] *Jassoy/Eilers/Sönnichsen*, Wissenschaftskompetenz in der Medizin, 2022, S. 24.

[44] *Jassoy/Eilers/Sönnichsen*, Wissenschaftskompetenz in der Medizin, 2022, S. 24.

[45] Nichteinwilligungsfähige können nicht an der Grundlagenforschung partizipieren. Allerdings können ihre Daten dazu weiter i.R.d. Sekundärnutzung verarbeitet werden. § 6 I. 3. b).

[46] *Ethikkommission*, Dtsch Arztebl. v. 8.3.2019, A1 (A3).

wobei Grundlagenforschung die Erkenntnisse und Hypothesen liefern soll, die anschließend von der angewandten Forschung genutzt werden, um weitere Erkenntnisse zu generieren.[47]

Obwohl medizinische Forschung nicht am einzelnen Individuum interessiert ist,[48] liegen nur selten anonymisierte Daten vor. Insbesondere, wenn Daten einer Person miteinander verknüpft werden (etwa im Rahmen von Querschnittsstudien, bei denen verschiedene Daten zu einem bestimmten Zeitpunkt vernetzt werden) oder bei Längsschnittstudien, bei denen in wiederkehrenden Intervallen dieselben Personen untersucht und die Ergebnisse diesen Personen wieder zugeordnet werden, ist eine Anonymisierung ausgeschlossen.[49]

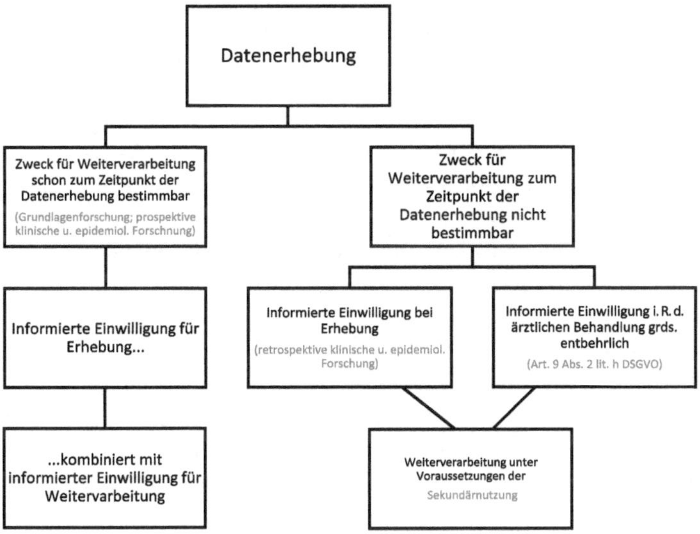

Abb. 1: Vorschlag bei der Primärnutzung

Für die rechtliche Unterscheidung ist die Frage relevant, ob zum Zeitpunkt der Datenerhebung das konkrete Vorhaben, der Zweck der Forschung, schon hinreichend feststeht. Ist dies der Fall, kann eine informierte Einwilligung eingeholt werden. Mit Erhebung ist das Beschaffen personenbezogener Daten bei dem Betroffenen selbst gemeint.[50] Bei der Datenerhebung wird oftmals eine Einwilligung

[47] *Huber*, in: Spickhoff/Handorn, Medizinisches ForschungsR-HdB, 2024, § 1 Rn. 10 f.

[48] Schon BVerfGE 65, 1 (69) konstatierte, dass „der Wissenschaftler […] regelmäßig nicht an der einzelnen Person interessiert [sei], sondern an dem Individuum als Träger bestimmter Merkmale“.

[49] *Pöttgen*, Medizinische Forschung und Datenschutz, 2009, S. 22 f.

[50] *Schild*, in: Wolff/Brink/v. Ungern-Sternberg, BeckOK DatenschutzR, 53. Aufl. v. 1.8. 2025, Art. 4 DSGVO Rn. 35.

wegen Eingriffs in die körperliche Unversehrtheit im Rahmen ärztlicher Untersuchungen erfolgen, sodass bereits eine Einwilligung in die Untersuchung nach Art. 3 Abs. 2 GRC erfolgen muss. Die datenschutzrechtlich informierte Einwilligung kann daneben genutzt werden, ebenso kann die Verarbeitung im Rahmen der Gesundheitsversorgung auf Grundlage der Art. 9 Abs. 2 lit. h oder lit. i DSGVO erfolgen. Bei einer Weiterverarbeitung der zuvor erhobenen Daten handelt es sich um eine Sekundärnutzung, die sich nach deren Bedingungen richtet.[51]

3. Problemschwerpunkt: Sekundärnutzung

Während die informierte Einwilligung bei Zweckkenntnis im Rahmen der Primärnutzung bei Datenerhebungen, d. h. mit direktem Kontakt zu den Patienten, genutzt werden kann, bleiben zahlreiche Herausforderungen bei der Sekundärnutzung. Die Sekundärnutzung meint bereits im Kontext der Behandlung oder im Rahmen anderer Forschungsstudien erhobene Daten, die im Rahmen der medizinischen Forschung weiterverarbeitet werden. In dieser Konstellation streben Forschende Zugriff auf bereits erhobene und gespeicherte Daten an, die sie weiter auswerten und verarbeiten möchten. Die Forschenden stehen dabei oftmals in keinem Kontakt zu den Betroffenen; die Daten, auf die sie Zugriff begehren, sind zudem meistens als Sicherungsmechanismus gegen ein ungewolltes Bekanntwerden der Identität der Betroffenen (mindestens) pseudonymisiert.

Einerseits bietet die Sekundärnutzung von Behandlungsdaten wegen ihrer Realbedingungen und Nähe zum Versorgungskontext und ihrer thematischen als auch methodischen Breite Vorteile, die ein hohes Potenzial für die medizinische Forschung beinhalten.[52] Hinzu kommt, dass Behandlungsdaten bereits in digital gespeicherter Form in Arztpraxen und Kliniken abrufbar sind. Dieses bestehende Risiko eines beabsichtigten oder unbeabsichtigten Bekanntwerdens von Daten durch Datenpannen oder -missbrauch wird durch eine sekundäre Nutzung für Forschungszwecke nur minimal erhöht.[53]

Hinzu kommen Vorteile bereits vorhandener Behandlungsdaten gegenüber Forschungsdaten, bei denen Probanden um ihre Studienteilnahme wissen. Denn die Kenntnis der Probanden um ihre Teilnahme kann zu Verzerrungen der Ergebnisse führen, indem Beschwerden schneller als sonst gemeldet oder überhaupt erst in Betracht gezogen werden. Die Realbedingungen des Arztalltags ermöglichen den

---

[51] § 6 I. 3.

[52] *Jungkunz/Köngeter/Spitz u. a.*, Stellungnahme zur Etablierung der sekundären Forschungsnutzung von Behandlungsdaten in Deutschland, 2022, S. 82.

[53] *Jungkunz/Köngeter/Spitz u. a.*, Stellungnahme zur Etablierung der sekundären Forschungsnutzung von Behandlungsdaten in Deutschland, 2022, S. 82 gehen angesichts des großen Nutzenpotenzials und des geringen Risikos eines Datenmissbrauchs (unter flankierenden Schutzmaßnahmen) von einer moralischen Pflicht der Patienten aus, ihre Daten der Forschung zur Verfügung zu stellen.

Forschenden ein erhöhtes Maß externer Validität der (späteren) Forschungsergebnisse.[54] Es bestehen neben diesen forschungsmethodischen und -ökonomischen Aspekten der Zeit- und Geldeinsparung zudem forschungsethische Vorteile:[55] Bei bloßer Weiterverarbeitung der Daten wird kein erneutes Eingreifen in die körperliche Unversehrtheit nötig. Zudem wird das ethische Verbot, Probanden vorsätzlich schädlicher Exposition auszusetzen, durch die (bloße) Weiterverarbeitung von Behandlungsdaten ohne Eingriff in die körperliche Integrität überflüssig.

Es gehen aber auch Probleme mit der Nutzung bereits erhobener Behandlungsdaten einher. Ihnen kann es an Vollständigkeit und Strukturierung fehlen, auf die es bei der ärztlichen Beratung nicht ankommen mag, die aber für die Forschung wichtig sind (Problem mangelnder Datenqualität). Verzerrungen können dadurch entstehen, dass etwa Dokumentationen bei leichteren Krankheitsverläufen viel oberflächlicher und weniger ausführlich erfolgen als bei schweren Verläufen, was mitbedacht werden muss.[56] Hinzu kommt, dass Arztpraxen und Kliniken stellenweise stark divergierende Dokumentationssysteme und Dateiformate haben (Problem fehlender Interoperabilität), die eine Zusammenfassung für Forschungszwecke erschweren.[57] Statt den organisatorischen Dokumentationsaufwand der Ärzte und des Klinikpersonals weiter zu erhöhen, sollten technische Innovationen vorangetrieben werden.

Häufig werden Standards wie der Nürnberger Kodex herangezogen, um ethische Grundsätze von freiwilliger Teilnahme, informierter Aufklärung und Zustimmung zu postulieren.[58] Damit wird partiell begründet, warum der Betroffene einwilligen muss. Hintergrund dieser Strenge bilden der drohende Übergriff in die körperliche Unversehrtheit und die Vermeidung desaströser Menschenversuche wie in Zeiten des Nationalsozialismus oder davor.[59] Dem Forschungsdrang wurde uneingeschränkt Vorrang eingeräumt, unabhängig vom Nutzen der Patienten. Eine solche Abkopplung der Medizin vom Patientenwohl muss verhindert werden, denn dies verkennt den Gemeinnutzen der Forschung.

---

[54] *Spitz*, Sekundärnutzung von Behandlungsdaten für medizinische Forschungszwecke, 2024, S. 109.

[55] *Jungkunz/Köngeter/Spitz u. a.*, Stellungnahme zur Etablierung der sekundären Forschungsnutzung von Behandlungsdaten in Deutschland, 2022, S. 41.

[56] *Spitz*, Sekundärnutzung von Behandlungsdaten für medizinische Forschungszwecke, 2024, S. 107.

[57] *Spitz*, Sekundärnutzung von Behandlungsdaten für medizinische Forschungszwecke, 2024, S. 106.

[58] Vgl. beispielhaft *Pramann*, in: Spickhoff/Handorn, Medizinisches ForschungsR-HdB, 2024, § 9 Rn. 4, 7; In diese Richtung etwa *Graumann*, Fremdnützige Forschung nur mit eigener, gegebenenfalls assistierter Einwilligung?, in: Aichele (Hrsg.), Das Menschenrecht auf gleiche Anerkennung vor dem Recht, 2013, S. 231.

[59] So wurden in der „Blütezeit der Bakteriologie" mittellose und ungebildete Kranke mit Erregern wie Syphilis oder Scharlach künstlich infiziert: *Reuland*, Menschenversuche in der Weimarer Republik, 2004, S. 7.

Gleichwohl ist die Gefahr einer Instrumentalisierung der Patienten und der Würdeverlust bei einer Datenweiternutzung bereits rechtlich-ethisch rechtmäßig erhobener Informationen zu medizinischen Forschungszwecken nicht vergleichbar mit der Gefahr bei der Primärerhebung.

Zwar verlangt die Deklaration von Helsinki, die ausweislich ihrer Präambel auch für die Forschung an identifizierbaren Daten gilt (Punkt 1 und 32), die Einholung einer informierten Einwilligung.[60] Dabei sind Ärzte im Rahmen des Berufsrechts insbesondere bei Forschungsvorhaben nach § 15 Abs. 3 MBO-Ä (Musterberufsordnung-Ärzte) an die aktuelle Fassung der Deklaration von Helsinki gebunden.[61] Bei der Sekundärnutzung wird jedoch regelmäßig die Ausnahme nach Punkt 32 der Deklaration greifen, denn die Einwilligungseinholung ist unmöglich oder nicht praktikabel.

Der Hintergrund liegt darin, dass die Daten als Sicherungsmaßnahme zumeist mindestens in pseudonymisierter Form gespeichert werden – etwa die zentral gespeicherten Daten der ePA beim Forschungsdatenzentrum.[62] Für die Einholung einer Einwilligung müsste ein Personenbezug erst wiederhergestellt werden. Dies ist wiederum ein rechtfertigungsbedürftiger Verarbeitungsschritt, der mit einem erneuten, unnötigen Re-Identifikationsrisiko einhergeht. Dies ist unpraktikabel und widerspräche dem Datenminimierungsgrundsatz.

Die Abweichungsmöglichkeit des Punktes 32 sollte deshalb entgegen seiner Bezeichnung als „Ausnahmesituation“ nicht zu restriktiv genutzt werden. Das Erfordernis der informierten Einwilligung sollte vorrangig auf Datenerhebungen im Rahmen der Primärnutzung beschränkt werden.[63] Das fehlende Einholen der Einwilligung muss ausweislich der Deklaration von Helsinki durch Beurteilung und Zustimmung einer Forschungsethikkommission zusätzlich abgesichert werden.

---

[60] *Weltärztebund*, Deklaration von Helsinki, 1964, zuletzt geändert 2013.

[61] *Bundesärztekammer*, (Muster-)Berufsordnung für die in Deutschland tätigen Ärztinnen und Ärzte, 1997, in der Fassung v. 9. 5. 2024.

[62] § 5 III. 5.

[63] Art. 9 Abs. 2 DSGVO sieht die Einwilligung als eine von mehreren gleichwertigen Erlaubnisnormen an, s. auch § 4 I 3. Bei der ärztlichen Behandlung ist die datenschutzrechtliche Einwilligung häufig wegen Art. 9 Abs. 2 lit. h DSGVO i. V. m. § 22 Abs. 1 Nr. 1 lit. b BDSG entbehrlich. Danach ist eine Verarbeitung von Gesundheitsdaten zulässig, wenn sie „zum Zweck der Gesundheitsvorsorge, für die Beurteilung der Arbeitsfähigkeit des Beschäftigten, für die medizinische Diagnostik [...] erforderlich ist und diese Daten von ärztlichem Personal oder durch sonstige Personen, die einer entsprechenden Geheimhaltungspflicht unterliegen, oder unter deren Verantwortung verarbeitet werden“. *Bundesärztekammer*, Deutsches Ärzteblatt 2018, A6 f.; *Ulsenheimer*, in: Laufs/Kern/Rehborn (Hrsg.), ArztR-HdB, 5. Aufl. 2019, § 146 Rn. 52. Gleichwohl kann die Einwilligung eingeholt werden. Zudem bleibt für die Einwilligung Raum i. R. d. Primärnutzung medizinischer Forschung.

a) Idealbild der Einwilligung geht bei Sekundärnutzung fehl

Die informierte Einwilligung ist aufgrund ihrer jederzeitigen Widerrufbarkeit kein Rechtsgeschäft, sodass die §§ 104 ff. BGB keine direkte Anwendung finden und auf die natürliche Willensfähigkeit des Betroffenen abzustellen ist, der Risiken und Nutzen gegeneinander abwägen muss.[64] Es gibt etablierte ethisch und rechtlich festgeschriebene Regelungen, wie in solchen Fällen mit Nichteinwilligungsfähigen umgegangen werden soll. Daraus lassen sich allgemeine Prinzipien ableiten, die einen verallgemeinerbaren und auf Einwilligungsfähige übertragbaren Gedanken beinhalten können.

Eine Einwilligung ist bei jedem Eingriff in das Recht auf körperliche Unversehrtheit nach Art. 3 Abs. 2 GRC erforderlich. Dieses Erfordernis gilt nach der rechtlichen Ausgestaltung nicht bei einer Verarbeitung bereits in anderem Kontext erhobener Daten. Insbesondere für die medizinische Forschung können Union sowie Mitgliedstaaten auf Grundlage der Art. 9 Abs. 2 lit. j, Art. 89 DSGVO Erlaubnistatbestände für Datenverarbeitungen schaffen, die den Wesensgehalt des Datenschutzrechtes wahren sowie ausreichende Sicherheitsvorkehrungen zum Schutz der Betroffenen vorsehen.[65] Es bedarf somit rechtlich nicht stets einer Einwilligung des Betroffenen, um sein Datenschutzgrundrecht zu wahren. Es gibt weder ein rechtliches noch ein ethisch zwingendes Erfordernis, die Datenverarbeitungen ausschließlich auf Grundlage einer Einwilligung zu gestatten[66] – anders als bei Eingriffen in die körperliche Integrität.[67]

b) Ethische Erkenntnisse aus dem Umgang mit Nichteinwilligungsfähigen

Bei medizinischer Forschung kann weiter differenziert werden, ob ein Forschungsvorhaben eigen-, gruppen-, oder fremdnützig ist. Findet medizinische Forschung mit Nichteinwilligungsfähigen statt, greifen strenge ethische und rechtliche Regelungen. Derjenige, der nicht selbstbestimmt einwilligen kann, darf keinen unnötigen Risiken oder Belastungen ausgesetzt werden. Daher ist Forschung an nichteinwilligungsfähigen Personen nur bei Eigen- oder Gruppennutzen möglich, aber nicht bei fremdnütziger Forschung, die weder dem Betroffenen noch Erkrankten mit ähnlichem Krankheitsbild dient.

Hintergrund ist der Schutz der Menschenwürde und der Autonomie des Einzelnen. Es wäre unangebracht, Nichteinwilligungsfähige[68] Forschungsrisiken auszu-

---

[64] *Wagner*, in: MüKo-BGB Bd. 5, 9. Aufl. 2023, § 630d BGB Rn. 26.

[65] Vgl. Wortlaut des Art. 9 Abs. 2 lit. j DSVO.

[66] Ebenso *Bronner/Wiedemann*, ZD 2023, 77 (82).

[67] S. Art. 3 Abs. 2 GRC sowie § 6 I. 2.

[68] Dazu zählen Personen mit eingeschränkter Selbstbestimmungsfähigkeit (schwer Kranke, Kinder). Anders als bei Nichteinwilligungsfähigen, fehlt es an einem Verbot fremdnütziger Forschung bei Personen mit beschränkter Selbstbestimmungsmöglichkeit (Gefangene, Heim-

setzen, von denen weder sie noch ihre Gruppe profitieren. Es soll vermieden werden, dass vulnerable Gruppen ausgenutzt werden. Zwar werden Betroffene auch bei Einbeziehung im Rahmen des Gruppennutzens gewissermaßen „instrumentalisiert“. Dennoch sprechen Gemeinwohl- und Solidaritätsgesichtspunkte für die Zulassung einer solchen Forschung.[69] Sowohl bei der eigennützigen als auch bei der gruppennützigen Forschung bedarf es aus ethischer Sicht nicht zwingend einer Einwilligung.[70] Denn es besteht keine Gefahr der Instrumentalisierung von bestimmten Gruppen für eine Art übergeordnetes Allgemeinwohl. Daraus kann im Umkehrschluss gefolgert werden, dass nur bei Eigen- und Gruppennutzen eine Einwilligung des Betroffenen durch eine andere Rechtsgrundlage ersetzt werden kann.

aa) Klinische Forschung mit Eigen- oder Gruppennutzen

Bei der klinischen Forschung kann der Betroffene selbst von der Forschung profitieren. Dies wird als eigennützige Forschung bezeichnet und bestimmt sich danach, ob die Ergebnisse den Forschungsteilnehmenden direkt zugutekommen, sie also nach einer Risiko-Nutzen-Abwägung vom Erfolg profitieren.[71] Sobald Betroffene selbst nicht (mehr) durch eine Studienteilnahme profitieren, aber andere Betroffene aus der Gruppe derjenigen mit gleicher Erkrankung oder mit ähnlichem klinischem Zustand, spricht man von gruppennütziger Forschung.[72]

Dabei bestehen im Rahmen klinischer Prüfungen mit Humanarzneimitteln spezielle Regelungen, die für Gruppennutzen gegenüber Eigennutzen strengere Vorgaben vorsehen. Diese erlauben eine Ersetzung der Einwilligung für Nichteinwilligungsfähige. Nach der VO (EU) 536/2014 über klinische Prüfungen mit Humanarzneimitteln sind klinische Prüfungen an Nichteinwilligungsfähigen erlaubt, sofern sie für den Patienten Eigennutzen (Ziff. i) oder mindestens Gruppennutzen (Ziff. ii) bringen (Art. 31 Abs. 1 lit. g VO (EU) 536/2014).

---

bewohner, die in einem besonderen Abhängigkeitsverhältnis stehen): *Graumann*, Fremdnützige Forschung nur mit eigener, gegebenenfalls assistierter Einwilligung?, in: Aichele (Hrsg.), Das Menschenrecht auf gleiche Anerkennung vor dem Recht, 2013, S. 235 f.

[69] *Ethikkommission*, Dtsch Arztebl. v. 8.3.2019, A1 (A3). A. A. *Wapler*, in: Dreier, GG, 4. Aufl. 2023, Art. 1 Abs. 1 GG Rn. 127 nach der fremd- und gruppennützige Forschung bei Einwilligungsunfähigen bei geringer Tangierung der Menschenwürde möglich sei.

[70] S. dazu auch § 6 I. 3. b).

[71] *Aufenanger/Götz*, Erziehungswissenschaft 2020, 21 (22).

[72] Beurteilungsmaßstab für die Einordnung ist die *ex-ante*-Perspektive: *Ethikkommission*, Dtsch Arztebl. v. 8.3.2019, A1 (A3); *Aufenanger/Götz*, Erziehungswissenschaft 2020, 21 (21 f.). Gruppennützige Forschung soll prinzipiellen Nutzen für die Gruppe gleichartig Betroffener bringen, wobei der deutsche Gesetzgeber diesen Begriff etwas weiter definiert, wonach auch ein Nutzen für die repräsentative Bevölkerungsgruppe gegeben sein muss. Bei einem solchen ist sogar im Falle der Nichteinwilligungsfähigen eine Teilnahme an der Studie möglich. Dabei gilt bei Kindern die jeweilige Altersgruppe als Bezugsgruppe, bei Volljährigen Personen mit ähnlichem Krankheitsbild: *Aufenanger/Götz*, Erziehungswissenschaft 2020, 21 (22).

Hinzu kommen weitere Erfordernisse, wie die Einwilligung des gesetzlichen Vertreters (lit. a). Der Nichteinwilligungsfähige soll die Informationen zu seiner Forschungsteilnahme so erhalten, dass er in die Lage versetzt wird, diese zu verstehen (lit. b). Der ausdrückliche Wunsch des Nichteinwilligungsfähigen soll beachtet werden (lit. c). Die Durchführung der klinischen Prüfung mit Nichteinwilligungsfähigen muss unerlässlich sein, d. h. sie darf nicht mit vergleichbarer Aussagekraft mit Einwilligungsfähigen möglich sein (lit. e), und die Prüfung muss in direktem Zusammenhang mit dem klinischen Zustand des Studienteilnehmers stehen, unter dem er leidet (lit. f). Dabei sind strengere nationale Regelungen für gruppennützige Forschung möglich (Art. 31 Abs. 2, 1 lit. g Ziff. ii VO (EU) 536/2014).[73] Von dieser strengeren Regelung macht Art. 40b Abs. 4 S. 3 AMG Gebrauch. Danach darf gruppennützige Forschung nur an Nichteinwilligungsfähigen erfolgen,

> „soweit die betroffene Person als einwilligungsfähige volljährige Person für den Fall ihrer Einwilligungsunfähigkeit schriftlich nach ärztlicher Aufklärung festgelegt hat, dass sie in bestimmte, zum Zeitpunkt der Festlegung noch nicht unmittelbar bevorstehende gruppennützige Forschung einwilligt."

Damit gibt es in Deutschland das – gegenüber dem Unionsrecht – strengere Erfordernis einer Vorausverfügung (§ 40b Abs. 4 S. 3 AMG). Eine solche vorhergehende Verfügung beinhaltet erhebliche Probleme: Denn wer lässt sich im Voraus auf die Teilnahme an einem medizinischen Forschungsvorhaben ein, wenn unklar ist, wie dieses aussieht und welche Folgen und Nutzen dieses haben wird?[74] Außerhalb der Studien mit Humanarzneimitteln fehlt es zudem an rechtlichen Vorgaben. Die Regelungen im AMG sind zu restriktiv und sollten gestrichen werden. Die unionsrechtlichen Maßgaben bieten ausreichenden Schutz.

---

[73] Auch für Minderjährige gelten Spezialregelungen: Für die „Einwilligung nach Aufklärung" gilt: Nach Art. 32 Abs. 1 lit. a VO (EU) 536/2014 muss der gesetzliche Vertreter (i. d. R. die Eltern nach § 1626 Abs. 1 BGB) die Einwilligung des Minderjährigen an der klinischen Prüfung erklären. Der Minderjährige ist altersgerecht und seiner geistigen Reife entsprechend aufzuklären (Art. 32 Abs. 1 lit. b VO (EU) 536/2014) und sein entgegenstehender ausdrückliche Wille muss respektiert werden (Art. 32 Abs. 1 lit. c VO (EU) 536/2014). Das deutsche Recht ist strenger und macht von der Regelung des Art. 29 Abs. 8 VO (EU) 536/2014 Gebrauch, wonach auch der Minderjährige für eine Teilnahme (schriftlich) einwilligen muss (§ 40b Abs. 3 S. 1 AMG): Dazu und zur Problematik, dass ein Minderjähriger mit dem Erlangen seiner Einwilligungsfähigkeit vor weiteren Studienteilnahmen seine Einwilligung selbst einmal erteilen muss: *Gerst/Zier/Ahmed*, MedR 2023, 275 (284 f.). Das Arzneimittelgesetz regelt nur die Einwilligung in eine klinische Prüfung. Bei der datenschutzrechtlichen Einwilligung bedarf es nicht zwingend einer Einwilligung der gesetzlichen Vertreter, denn der Minderjährige kann schon einwilligungsfähig sein. Die starre Altersgrenze des Art. 8 DSGVO ist außerhalb seines Anwendungsgebietes nur als Indiz heranzuziehen. Es kommt hier auf die individuelle Einsichtsfähigkeit an. Dabei ist die individuelle Einsichtsfähigkeit ebenso wie in der Verordnung über klinische Prüfungen mit Humanarzneimitteln zu verstehen: Muss der Minderjährige in die Teilnahme an der klinischen Prüfung zustimmen, kann er auch die datenschutzrechtliche Einwilligung und ihre damit verbundene Tragweite überblicken.

[74] *Aufenanger/Götz*, Erziehungswissenschaft 2020, 21 (23).

bb) Epidemiologische Forschung mit Gruppennutzen

Die Ergebnisse der Epidemiologie dienen nicht der späteren (potenziellen) individuellen Behandlung, sondern der Prävention. Die Forschungsergebnisse treffen keine Aussagen über Einzelpersonen, sondern über Populationen. Dennoch benötigt die epidemiologische Forschung personenbezogene Daten als Rohmaterial. Obgleich die gewonnenen Erkenntnisse nicht den Betroffenen selbst dienen, helfen sie zukünftigen Betroffenen der Krankheitsgruppe und sind somit zumeist gruppennützig. In dem Fall ist auch aus ethischer Sicht eine Ersetzung der Einwilligung möglich, sofern kompensierende Schutzmaßnahmen getroffen werden. Damit kann man den Schluss ziehen, dass hier die Möglichkeit besteht, eine Einwilligung zu ersetzen.

cc) Grundlagenforschung mit Fremdnutzen

Ein direkter Nutzen ist bei der Grundlagenforschung aufgrund langwieriger Implementierungs-, insbesondere Qualitätssicherungs- und Verbesserungsprozesse, nicht zu erwarten.[75] Es ist unklar, wer und wann von den Forschungsergebnissen profitiert. Die Grundlagenforschung bildet die Vorarbeit für andere Studientypen. Sie ist als fremdnützig anzusehen. Personen, die nicht einwilligen können, dürfen daran nicht partizipieren.

Hintergrund der Privilegierung gruppennütziger gegenüber fremdnütziger Forschung sind zwei ethische Prinzipien. Zunächst die Gruppensolidarität: Es besteht eine gesundheitliche Situation, die nur in dieser Gruppe erforscht werden kann. Zweitens, das Prinzip der Gleichbehandlung, das verhindern soll, dass diejenigen, die von einer solchen Forschung profitieren könnten, nicht durch einen Ausschluss aus der Forschung diskriminiert werden.[76] Beide Gründe fehlen bei der fremdnützigen Forschung, mit der Folge, dass Nichteinwilligungsfähige für fremdnützige Forschung nicht „benutzt“ werden dürfen. Daraus kann der Schluss gezogen werden, dass der Wille der Betroffenen nicht durch andere Erlaubnistatbestände als die Einwilligung ersetzt werden darf. Fremdnützige Forschung könnte somit grundsätzlich nur mit einer wirksamen Einwilligung möglich sein.

dd) Daraus resultierende Schlüsse für Einwilligungsfähige

Aus den Vorschriften über die Durchführung medizinischer Forschung mit und an Nichteinwilligungsfähigen können rechtlich-ethische Gedanken aufgegriffen und auf Konstellationen mit Einwilligungsfähigen übertragen werden. In einem

---

[75] *Jungkunz/Köngeter/Winkler u. a.*, Sekundärnutzung klinischer Daten in datensammelnden, nicht-interventionellen Forschungs- oder Lernaktivitäten – Begriff, Studientypen und ethische Herausforderungen, in: Richter u. a. (Hrsg.), Datenreiche Medizin und das Problem der Einwilligung – Ethische, rechtliche und sozialwissenschaftliche Perspektiven, 2022, S. 76.

[76] *Aufenanger/Götz*, Erziehungswissenschaft 2020, 21 (23).

Umkehrschluss kann rein fremdnützige Forschung und damit die gesamte Grundlagenforschung nur nach einer ausdrücklichen Willensbetätigung in Form einer Einwilligung erfolgen. Nur durch einen ausdrücklichen und informierten Entschluss könnte man von seinem Selbstbestimmungsrecht Gebrauch machen und seine Daten für fremdnützige medizinische Forschung zur Verfügung stellen. Denn eine einwilligungsfähige Person ist in der Lage, die Risiken wie auch Vorteile bei einer Studienteilnahme einzuschätzen, sodass diese auch bei reinem Fremdnutzen partizipieren kann. Nur durch bewusste Ausübung des Selbstbestimmungsrechts – so der Gedanke – kann der Einzelne seiner Instrumentalisierung vorbeugen.[77]

So kann man den Schluss ziehen, dass eine Einwilligung nur bei Eigen- und/oder Gruppennutzen entbehrlich sein darf – sofern bestimmte Schutzmechanismen greifen. Denn dies sind Konstellationen, in denen Forschung mit Nichteinwilligungsfähigen möglich sein kann – wenngleich nur unter zusätzlichen Sicherungselementen (wie dem Einwilligungserfordernis des gesetzlichen Vertreters).

Bereits der Nürnberger Kodex von 1947 fordert in seiner ersten Bestimmung: „Die freiwillige Zustimmung der Versuchsperson ist unbedingt erforderlich. Das heißt, dass die betreffende Person im juristischen Sinne fähig sein muß, ihre Einwilligung zu geben."[78] Zuvor wurde schon im Preußischen Erlass über Menschenversuche vom 29.12.1900 medizinische Eingriffe zu anderen als diagnostischen Heil- und Immunisierungszwecken verboten, sofern die Volljährigen und Einwilligungsfähigen (an allen anderen durfte nicht geforscht oder damals wohl eher noch „experimentiert" werden) nicht ihre ausdrückliche Zustimmung erteilt hatten.[79]

Im Nürnberger Kodex 1997 wird unter Punkt 2 der *informed consent* besonders betont, indem medizinische Versuche, die „einen Nutzen für andere als die Versuchsperson haben sollen, [...] der freiwilligen und informierten Einwilligung in besonderem Maße" bedürfen. Während der Nürnberger Kodex nur für Versuche an Menschen gilt, „im Gedenken an die Opfer gewissenloser Menschenversuche" und „getragen von dem Wunsch, Kranke und Heilkundige vor der Bedrohung durch kommerzielle und andere fremdnützige Interessen zu schützen" (vgl. Präambel), gilt die Deklaration von Helsinki nicht nur für medizinische Forschung am Menschen, sondern nach Punkt 1 der Präambel explizit auch für Forschung an identifizierbaren menschlichen Materialien und Daten. Fremdnützige Forschung wird ausgeschlossen.

So heißt es unter Punkt 20 der Deklaration:

> „Medizinische Forschung mit einer vulnerablen Gruppe ist nur gerechtfertigt, wenn das Forschungsvorhaben auf die gesundheitlichen Bedürfnisse oder Prioritäten dieser Gruppe

---

[77] Bezogen auf Einwilligungsunfähige bei fremd- und gruppennütziger Forschung: *Wapler*, in: Dreier, GG, 4. Aufl. 2023, Art. 1 Abs. 1 GG Rn. 127.

[78] Nürnberger Kodex von 1947: http://www.ippnw-nuernberg.de/aktivitaet2_1.html (letzter Abruf: 1.11.2025).

[79] *Reuland*, Menschenversuche in der Weimarer Republik, 2004, S. 15.

reagiert und das Forschungsvorhaben nicht an einer nicht-vulnerablen Gruppe durchgeführt werden kann.“

Die einzige Möglichkeit, fremdnützige Forschung vorzunehmen, könnte damit die Einwilligung darstellen. Es kann jedoch nicht im gesamtgesellschaftlichen Interesse liegen, dass bereits erhobene Daten im Falle der fehlenden Möglichkeit einer Einwilligung bei Fremdnutzen brachliegen. Denn selbst bei Einwilligungsfähigen ist die Einholung einer Einwilligung im Rahmen der Sekundärnutzung wegen des häufig noch unbestimmten Zweckes schwer möglich. Die Einschränkung, dass bei fremdnütziger Forschung stets eine Einwilligung vorliegen muss, ist nicht auf Sekundärdatennutzungen übertragbar. Dennoch sollte der Gedanke derart aufgegriffen werden, dass im Falle fehlender Einwilligungen, also bei Nutzung von Forschungsklauseln, partizipative Elemente und andere Sicherungselemente wie eine Forschungsethikkommission ergänzt werden, um einer Instrumentalisierung des Einzelnen vorzubeugen.[80]

c) Zwischenfazit: Mehr Mut zur Nutzung von Forschungsklauseln

Der Grund des überwiegenden Festhaltens an der Einwilligungslösung ist weder rechtlicher noch ethischer, sondern tatsächlicher Natur: Die Einwilligung verspricht Rechtssicherheit. Dennoch birgt sie strenge Voraussetzungen, die unzulänglich umgesetzt werden.[81] Deswegen sollten alternative Wege gesucht werden, um Daten in größerem Umfang für medizinische Forschung zu mobilisieren. Mangels Vereinbarkeit des Broad Consent oder des Dynamic Consent mit der DSGVO kann nicht auf diese Mittel als Erlaubnistatbestand verwiesen werden. Aus ethisch-rechtlicher Sicht eignen sich Forschungsklauseln, die um partizipative Elemente ergänzt werden.

Dabei ist überraschend, dass den Öffnungsklauseln des Art. 9 Abs. 2 DSGVO und den nationalen Umsetzungen wenig Beachtung geschenkt wird. Der häufigeren Nutzung von Forschungsklauseln stehen keine faktischen Hindernisse wie eine fehlende Akzeptanz in der Bevölkerung entgegen. Ergebnisse einer Umfrage unter Krebspatienten zeigen eine hohe Bereitschaft der Befragten zur Verfügungstellung ihrer Behandlungsdaten für die sekundäre medizinische Forschungsnutzung (97 %),[82] wobei ein Großteil ihre Daten sogar ohne jegliche Einschränkungen (63 %) oder unter gewissen Rahmenbedingungen (34 %) teilen würden.[83] Nur 0,7 %

---

[80] § 6 I. 3. c).

[81] Zu den Nachteilen der Einwilligung: § 5 I.

[82] Es wird darauf hingewiesen, dass bei Krebspatienten die Bereitschaft zur Sekundärnutzung der Daten höher sein kann, weil sie hoffen, von der Forschung zu profitieren, sie größere Verantwortung gegenüber anderen Patientengruppen verspüren und künftigen Generationen helfen wollen: *Köngeter/Schickhardt/Jungkunz u. a.*, J Med Internet Res 2022:e37665, 1 (8).

[83] Näher zur Studie: *Köngeter/Schickhardt/Jungkunz u. a.*, J Med Internet Res 2022: e37665, 1 (1 ff.); *Jungkunz/Köngeter/Spitz u. a.*, Stellungnahme zur Etablierung der sekundären Forschungsnutzung von Behandlungsdaten in Deutschland, 2022, S. 52. Aus dem Krebs-

der Befragten lehnen eine Weitergabe ihrer klinischen Daten generell ab.[84] Bedingungen der Befragung waren die Wahrung bestmöglicher datenschutzrechtlicher Rahmenbedingungen, die Wahlmöglichkeit, ob eine Weitergabe an Länder wie die USA mit niedrigerem Datenschutzstandard möglich sei, sowie die Entschließung, ob die Daten auch an privatwirtschaftliche Unternehmen weitergegeben werden dürften.[85]

Im Sinne des Konzeptes der begleitenden Schutzgarantien[86] sollten nicht noch weitere Einwilligungsmodelle etabliert werden, sondern bestehende Forschungsklauseln vermehrt genutzt und um partizipative Elemente ergänzt werden.

aa) Bundesweite Vereinheitlichungsnotwendigkeit der Forschungsklauseln

Einzelvorhaben bilden in einer sich immer weiter vernetzenden, globalisierten Welt die Ausnahme. Verbundforschung nimmt stetig zu. Das bedeutet, dass nicht nur Verbundpartner aus unterschiedlichen Ländern oder Bundesländern zusammenarbeiten, sondern auch verschiedene Rechtsformen, wie öffentliche Hochschulen (Landesrecht) mit der *Frauenhofer*- oder *Helmholtz-Gesellschaft*, für die ebenso wie für private Unternehmen und Organisationen Bundesrecht gilt.[87]

Medizinische Forschung findet damit häufig unter Austausch von Daten bereichs-, bundesländer- und teils grenzüberschreitend statt.[88] Infolgedessen finden Datenschutzvorschriften von Bund, Ländern sowie der Union kumulativ Anwendung. Aufgrund der verstreuten Kompetenzen[89] ist es schwierig, alle Forschungsklauseln zu streichen und durch eine Bundesforschungsklausel zu ersetzen. Gleichwohl wäre es vorteilhaft, wenn nicht 16 Landesdatenschutzaufsichtsbehörden sowie eine Bundesdatenschutzaufsicht tätig werden und länderübergreifende For-

---

register BW wurden 4155 Krebspatienten angeschrieben, von denen rund 20% (838) an der Umfrage teilnahmen.

[84] *Köngeter/Schickhardt/Jungkunz u. a.*, J Med Internet Res 2022:e37665, 1 (5).

[85] So möchten 22,7 % der Befragten ihre Daten nicht mit kommerziellen Unternehmen teilen: *Köngeter/Schickhardt/Jungkunz u. a.*, J Med Internet Res 2022:e37665, 1 (6, 10): *Jungkunz/Köngeter/Spitz u. a.*, Stellungnahme zur Etablierung der sekundären Forschungsnutzung von Behandlungsdaten in Deutschland, 2022, S. 61. Dabei ist jedoch zu beachten, dass ein Großteil der Befragten (57,9 %) fälschlicherweise davon ausging, persönlich von der Datenfreigabe für sekundäre Forschungszwecke zu profitieren. Deshalb ist es umso wichtiger, dass vulnerable Gruppen mit schweren Krankheiten, besonders über die Unwahrscheinlichkeit eines direkten Profitierens von Forschungsergebnissen aufgeklärt werden.

[86] § 5 IV.

[87] *Bernhardt/Ruhmann/Weichert*, Netzwerk Datenschutzexpertise – Die Forschungsklauseln im neuen Datenschutzrecht, 2018, S. 4.

[88] *Taupitz*, Biobanken: Forschungsprivilegien im Datenschutzrecht, in: Katzenmeier (Hrsg.), Festschrift für Dieter Hart, 2020, S. 604.

[89] § 2 II. 3.

schung in Kooperation mit Bundeseinrichtungen auf 17 verschiedenen gesetzlichen Grundlagen stattfinden müsste.

(1) „Große" Lösungen

Es bestehen verschiedene Ansatzpunkte, um den „Kompetenzdschungel" zu durchbrechen. Teilweise wird eine Mustergesetzgebung vorgeschlagen, die als Orientierung für die Bundesländer dienen soll, um eine Vereinheitlichung zu schaffen und den gesetzgeberischen „Flickenteppich" aufzulösen.[90] Ein Mustergesetz ist nicht bindend, sodass weiterhin die Gefahr besteht, dass Länder abweichende Regelungen treffen. Daraus wird gefolgert, dass der Abschluss eines Bund-Länder-Staatsvertrages für eine vereinfachte Kooperation zwischen den beiden Staatsebenen vorzugswürdig sei.[91] Beim Bund-Länder-Staatsvertrag bestehen indes Zweifel, dass alle Bundesländer mit ihren unterschiedlichen Regierungszusammensetzungen zustimmen.[92] Der Vorteil eines solchen Staatsvertrages liegt in der gegenüber Gesetzen höheren Verbindlichkeit, insofern als ein solcher Vertrag zwar durch Zeitablauf oder durch Abschluss eines Aufhebungs- bzw. Änderungsvertrages enden könnte.[93] Gegen den Abschluss eines Staatsvertrages spricht indes die hohe Hürde, wonach alle Vertragsparteien zustimmen müssen.[94] Ein Staatsvertrag steht zwar im Rang des Zustimmungsgesetzes, sodass die vertraglich geregelte Materie durch ein nachfolgendes Gesetz aufgehoben werden könnte (*lex posterior*-Grundsatz).[95] Dies stellt jedoch einen Vertragsbruch dar, weshalb dies in der Praxis nicht zu erwarten ist.[96] Neben der Tatsache, dass ein solcher Vertrag schwerlich zwischen allen Bundesländern und dem Bund zu vereinbaren ist, weist er verfassungsrechtliche Bedenken auf. Mit dem Abschluss eines unbefristeten Vertrags läuft der Einfluss nachkommender Landtage und des Bundestages in der Zukunft faktisch leer: Denn diese könnten bei einer Gesetzesänderung vertragsbrüchig

---

[90] *Bernhardt/Ruhmann/Weichert*, Netzwerk Datenschutzexpertise – Die Forschungsklauseln im neuen Datenschutzrecht, 2018, S. 9.

[91] *Weichert*, Datenschutzrechtliche Rahmenbedingungen medizinischer Forschung – Vorgaben der EU-Datenschutz-Grundverordnung und national geltender Gesetze, 2022, S. 3; *Weichert*, Plädoyer für ein Bund-Länder-Forschungsgremium – Medizinische Forschung und der Datenschutz, in: Stiftung Datenschutz (Hrsg.), Big Data und E-Health, 2017, S. 191; *Weichert*, ZD 2020, 18 (23); *Buchner*, DuD 2022, 555 (559).

[92] *Dierks/Kircher/Husemann u. a.*, Rechtsgutachten – Lösungsvorschläge für ein neues Gesundheitsforschungsdatenschutzrecht in Bund und Ländern, 2019, S. 112.

[93] *Rudolf*, § 141 Kooperation im Bundesstaat, in: Isensee/Kirchhof (Hrsg.), Handbuch des Staatsrecht Bd. VI: Bundesstaat, 3. Aufl. 2008, Rn. 62.

[94] *Rudolf*, § 141 Kooperation im Bundesstaat, in: Isensee/Kirchhof (Hrsg.), Handbuch des Staatsrecht Bd. VI: Bundesstaat, 3. Aufl. 2008, Rn. 62. Dies gilt nicht bei einer Kündigung, bei der vertraglich vereinbarte Ausschluss- und Kündigungsfristen gelten können.

[95] *Rudolf*, § 141 Kooperation im Bundesstaat, in: Isensee/Kirchhof (Hrsg.), Handbuch des Staatsrecht Bd. VI: Bundesstaat, 3. Aufl. 2008, Rn. 62.

[96] *Rudolf*, § 141 Kooperation im Bundesstaat, in: Isensee/Kirchhof (Hrsg.), Handbuch des Staatsrecht Bd. VI: Bundesstaat, 3. Aufl. 2008, Rn. 62.

werden. Zeitgleich ist dieses Recht weder Landes- noch Bundesrecht, da mehrere Länder und der Bund an einer intraföderativen Vereinbarung beteiligt sind und damit solche Akte in eine komplexe weitere, neue Rechtskategorie fallen.[97] Daher ist der Abschluss eines Bund-Länder-Staatsvertrages unwahrscheinlich und insgesamt kein vorzugswürdiges Instrumentarium.

Teils werden Reformvorschläge von einer Verfassungsänderung zur Schaffung einer umfassenden Bundeskompetenz für die medizinische Forschung unterbreitet, damit ein eigenes Bundesforschungsdatenschutzgesetz verabschiedet werden kann.[98] Dem werden die hohen Hürden einer Verfassungsänderung entgegengesetzt. Obgleich Grundgesetzänderungen zur Schaffung von Bundeskompetenzen für die Einführung eines einheitlichen Gesundheitsdatenschutzgesetzes hochkomplex und langwierig sind,[99] besteht eine Bundeskompetenz zur Förderung der Wissenschaft in Art. 74 Abs. 1 Nr. 13 GG, die extensiver genutzt werden könnte.[100] Damit wäre ein Bundesforschungsdatenschutzgesetz grundsätzlich möglich. Daneben sollten Alternativen gefunden werden, die später in einem neuen Bundesgesetz zusammengeführt werden könnten.

(2) „Kleine" Lösung: Kollisionsregel

Eine weniger aufwendige Maßnahme zur Vereinheitlichung der Anwendung von Forschungsklauseln ist die Etablierung einer Norm wie § 287a SGB V a. F. Diese Norm entstammte der Notstandsgesetzgebung zur Bewältigung der Corona-Pandemie, wurde „versteckt" (alle drei Lesungen im Bundestag fanden an einem Tag statt) etabliert und im Zuge des Gesetzgebungsprozesses des GDNG gestrichen.[101] Die Norm lautete:

> „Bei länderübergreifenden Vorhaben der Versorgungs- und Gesundheitsforschung, an denen nicht-öffentliche Stellen oder öffentliche Stellen des Bundes oder der Länder aus zwei oder mehr Ländern als Verantwortliche beteiligt sind, findet § 27 des Bundesdatenschutzgesetzes Anwendung. Die beteiligten Verantwortlichen benennen einen Hauptverantwortlichen und melden diesen der für die Hauptniederlassung des Hauptverantwortlichen zuständigen Aufsichtsbehörde. Die Artikel 56 und 60 der Verordnung (EU) 2016/679 sind entsprechend anzuwenden."

---

[97] *Rudolf*, § 141 Kooperation im Bundesstaat, in: Isensee/Kirchhof (Hrsg.), Handbuch des Staatsrecht Bd. VI: Bundesstaat, 3. Aufl. 2008, Rn. 87 f.

[98] *Dierks/Kircher/Husemann u. a.*, Rechtsgutachten – Lösungsvorschläge für ein neues Gesundheitsforschungsdatenschutzrecht in Bund und Ländern, 2019, S. 90.

[99] *Dierks/Kircher/Husemann u. a.*, Rechtsgutachten – Lösungsvorschläge für ein neues Gesundheitsforschungsdatenschutzrecht in Bund und Ländern, 2019, S. 112.

[100] Vertiefend dazu § 2 II. 3. c).

[101] *Graf von Kielmansegg*, VerwArch 2021, 133 (134). Elemente des § 287a SGB V a. F. wurden in § 5 GDNG übernommen.

Sobald mehrere Datenschutzgesetze unterschiedlicher Länder greifen, sollte einheitlich die Forschungsklausel des § 27 BDSG anwendbar sein.[102] § 287a SGB V a. F. hätte nicht gestrichen, sondern extensiv angewandt werden sollen. Denn der Normzweck in Form der Vereinheitlichung datenschutzrechtlicher Regelungen und bundesweiter Harmonisierung,[103] ist gleichbleibend bedeutsam.[104] Anstatt auf den besonderen Forschungsdrang in epidemischen Notlagen mit einer Novelle im Infektionsschutzgesetz (IfSG) zu reagieren, hat der Gesetzgeber während der Pandemie mit der Norm allgemeine forschungspolitische Bestreben genutzt.[105] Diese Norm war sogar außerhalb des Sozialdatenschutzes anwendbar: Denn hätte sie nur im Sozialdatenschutz gegriffen, hätte das einheitliche Bundessozialdatenschutz gegolten. Vielmehr war jedoch in § 287a SGB V a. F. eine Rechtsgrundverweisung auf § 27 BDSG zu sehen.[106] Dafür sprach auch die fehlende Begrenzung der Norm auf Sozialdaten oder auf Daten ausschließlich von gesetzlich Krankenversicherten.[107] Die Norm wies keinerlei Beschränkungen auf, sondern stellte ausschließlich auf den Verwendungszweck ab.[108] Um eine Klarstellung dahingehend zu erreichen, dass der Regelungsinhalt außerhalb des Sozialdatenschutzes anwendbar ist, hätte die Vereinheitlichung der Rechtsgrundlage und damit § 287a S. 1 SGB V a. F. in den § 5 GDNG verschoben werden sollen.[109]

---

[102] Die Gesetzgebungskompetenz des Bundes beruhte für § 287a S. 1 SGB V a. F. („*Lex Corona*") auf Art. 74 Abs. 1 Nr. 11, 13 und 19a GG, wobei sich die Erforderlichkeit nach Art. 72 Abs. 2 GG aus der im aktuellen Recht problematischen Rechtszersplitterung im Forschungskontext ergibt: *Spitz*, Sekundärnutzung von Behandlungsdaten für medizinische Forschungszwecke, 2024, S. 469; § 287a SGB V war als Fremdkörper im SGB V anzusehen und betraf als Datenschutzrecht nicht (nur) das Sozialrecht, sodass sich der Gesetzgeber nicht auf sozialrechtliche Kompetenztitel wie Art. 74 Abs. 1 Nr. 7 („öffentliche Fürsorge") und Nr. 12 GG („Sozialversicherung") stützen konnte: *Graf von Kielmansegg*, VerwArch 2021, 133 (139). Zur treffenden Verwendung des Kompetenztitels des Art. 74 Abs. 1 Nr. 13 („Förderung der wissenschaftlichen Forschung"): § 2 II. 3. b). Binnen weniger Tage durchlief das Pandemiegesetz das Gesetzgebungsverfahren und trat ohne echte Beratungszeit in Kraft. Dabei hatte § 287a SGB V unmittelbar nichts mit der Corona-Krise zu tun: *Graf von Kielmansegg*, VerwArch 2021, 133 (133 f.).

[103] *Kircher*, in: Becker/Kingreen, SGB V, 8. Aufl. 2022, § 287a SGB V a. F. Rn. 1.

[104] In der Gesetzesbegründung wird Forschung i. R. d. Corona-Pandemie als nicht abschließend genannt („nicht zuletzt im Kontext der Forschung zu COVID-19"): BT-Drs. 19/18111, S. 26.

[105] *Graf von Kielmansegg*, VerwArch 2021, 133 (136).

[106] Ausführlich *Spitz*, Sekundärnutzung von Behandlungsdaten für medizinische Forschungszwecke, 2024, S. 472.

[107] *Graf von Kielmansegg*, VerwArch 2021, 133 (136, 138). A. A. nach der § 287a SGB V nur Sozialdaten umfasste: *Gassner*, ZRP 2023, 34 (36).

[108] *Graf von Kielmansegg*, VerwArch 2021, 133 (136 ff.): Dies sei kein vollständiger Systembruch, da das SGB V ähnliche Funktionserweiterungen bei der ePA kennt, die partiell über Sozial- und Leistungsdaten hinausgreifen.

[109] Zum konkreten Gesetzesvorschlag, s. § 6 II. Kritisch wäre, dass die materielle Regelung des § 287a S. 1 SGB V im GDNG für öffentliche Stellen der Länder Geltung beanspruchen würde, sodass die Bejahung der Bundeskompetenz schwierig, aber nicht unmöglich wäre.

Neben der vereinheitlichten Anwendung einer Forschungsklausel im Kollisionsfall, muss eine Lösung für die parallele Zuständigkeit verschiedener Länderaufsichtsbehörden und der Aufsicht der BfDI gefunden werden.[110] Auch dafür hielt der § 287a SGB V a. F. mit der Option der federführenden Aufsicht eine „innovative One-Stop-Shop-Lösung" mit Blick auf die Zuständigkeiten von Datenschutzaufsichtsbehörden im Bereich der „länderübergreifenden Versorgungs- und Gesundheitsforschung in Gestalt des Federführungsprinzips" vor.[111]

Anders als die Behauptung der Gesetzesbegründung, wurde § 287a SGB V a. F. lediglich partiell in das GDNG überführt und nur sehr spezifisch erweitert.[112] Der Bundesrat wies vielmehr korrekt darauf hin, dass es sich bei § 5 GDNG „um eine fakultative Regelung [handelt], die einen neuen, vergleichsweise aufwändig ausgestalteten Prozess zur Bestimmung der zuständigen federführenden Aufsichtsbehörde vorsieht".[113] Damit bietet § 5 GDNG zwar die Möglichkeit einer fakultativen federführenden Aufsichtsbehörde, hätte aber eine obligatorische Lösung vorsehen sollen, die mehr Rechtssicherheit birgt. Ferner löst § 5 GDNG nicht das Problem der Rechtszersplitterung durch unterschiedliche Rechtsgrundlagen von Ländern und Bund. Hier hätte eine Regelung, vergleichbar mit § 287a SGB V a. F., Abhilfe schaffen können.[114]

bb) Konkreter Anpassungsbedarf

§ 27 BDSG sollte im Kollisionsfall die Ländergesetze verdrängen. Dabei weist die Regelung selbst noch Modifizierungsbedarf auf. Im Folgenden soll beispielhaft auf § 27 BDSG eingegangen werden, die Änderungen können aber auch von den Landesgesetzgebern adaptiert werden (vorwiegend für Fälle, in denen keine Kollision mit anderen Landesrechten oder Bundesrecht vorliegt).

(1) Anpassungsbedarf des § 27 BDSG

In jedem Datenschutzgesetz finden sich Forschungsklauseln – mal für sensitive Daten, mal für sämtliche personenbezogene Daten. Selbst wenn man – wie der

---

Ähnlich zur Kritik am Vorliegen der Bundesgesetzgebungskompetenz: *Graf von Kielmansegg*, VerwArch 2021, 133 (139, 144), die durch Art. 74 Abs. 1 Nr. 13 GG (§ 2 II. 3. b)) durch die Kompetenz zur Herstellung eines einheitlichen Datenschutzregimes bei länderübergreifender Verbundforschung gegeben wäre.

[110] Öffentliche Forschungseinrichtungen des Bundes unterliegen der Aufsicht der BfDI (§ 9 Abs. 1 BDSG), bei länderübergreifenden Verbundprojekten sind mehrere Landesaufsichtsbehörden (§ 40 Abs. 1 BDSG) zuständig, sodass trotz einheitlicher Forschungsklausel bei (rein nationalen) Verbundprojekten bis zu 17 Datenschutzaufsichtsbehörden beteiligt sein können: zutreffend *Graf von Kielmansegg*, VerwArch 2021, 133 (162).

[111] *Gassner*, ZRP 2023, 34 (36).

[112] A. A. BT-Drs. 20/9046, S. 55.

[113] BT-Drs. 20/9046, S. 95.

[114] Für eine mögliche Lösung: § 6 II. 2.

deutsche Gesetzgeber – davon ausgeht, dass neben Art. 9 Abs. 2 DSGVO noch eine Rechtsgrundlage nach Art. 6 Abs. 1 DSGVO gegeben sein muss,[115] fordert die Interessenabwägung nach Art. 6 Abs. 1 lit. f DSGVO nur ein *Überwiegen* der Interessen der Forschenden. Die strengere nationale Regelung in § 27 BDSG ist aus verfassungsrechtlicher Sicht unnötig. Bereits nach dem Volkszählungsurteil des Bundesverfassungsgerichts genügen für Einschränkungen des Rechts auf informationelle Selbstbestimmung *überwiegende* Allgemeininteressen.[116] Eine stärkere Einschränkung bedarf es auch nicht aus dem Grund, dass es sich bei § 27 BDSG um besonders sensible Daten handelt. Denn durch diese bedingte erhöhte Missbrauchsgefahr wird bereits bei der Interessenabwägung berücksichtigt. Dafür spricht auch, dass zahlreiche Landesdatenschutzgesetze ein *Überwiegen* ausreichen lassen.[117]

Sodann sollte die Interessenabwägung in Anlehnung an § 13 Abs. 1 S. 2 NDSG transparent gemacht werden, indem die Begründung aufgezeichnet wird. Dabei sollten auch die relevanten Abwägungskriterien, die im grundrechtlichen § 3 herausgearbeitet wurden, deklaratorisch und nicht abschließend benannt werden.

(2) Ethikkommissionen als Datentreuhänder

Das Einschalten eines pluralistischen, unabhängigen Kontrollgremiums wie einer Ethikkommission wird dem Umstand gerecht, dass Informationsasymmetrien zwischen Patienten und datensammelnden Institutionen bestehen. Eine solche Stelle könnte einen gerechten Interessenausgleich schaffen und den Betroffenen durch Kompetenzbündelung effektiver zu ihren Rechten verhelfen, als es der Einzelne vermag. Denn der Betroffene ist von langen Einwilligungsformularen überfordert. Überdies hat er im Falle eines fortlaufenden Dynamic Consent weder Zeit noch Muße, sich fortwährend Gedanken über die Verwendung seiner Daten zu machen. Mit der Einschaltung einer neutralen Stelle, könnte dem Mangel begegnet werden, dass es bislang an einem einfach zugänglichen Instrumentarium für die individuelle Kontrolle eigener Daten fehlt. Eine Datentreuhand kann Überforderungen des Einzelnen begegnen, indem diese für den Einzelnen Entscheidungen trifft. Hinzu kommt, dass eine solche Stelle das Vertrauen der Betroffenen in medizinische Forschung stärkt. Denn dies kann nicht nur durch Mitwirkung (via Einwilligung), sondern auch durch ausreichende Transparenz geschehen. Obgleich sich aufgrund der Vielzahl verschiedener Modelle noch kein einheitlicher Begriff der Datentreuhand entwickelt hat, ist ihnen der Charakter als Intermediär gemein, der zu Zwecken des Datenteilens oder als Datenzugangsmittelung genutzt wird und dabei im Fremdinteresse handelt.[118] Ein weiterer gemeinsamer Nenner ist, dass ein Daten-

---

[115] Für § 27 BDSG feststellend: BT-Drs. 18/11325, S. 99.

[116] BVerfGE 65, 1 (44).

[117] § 13 LDSG BW; § 25 BbgDSG; § 24 HDSG; § 13 NDSG; § 17 DSG NRW; § 12 SächsDSG; § 13 LDSG SH.

[118] *Specht-Riemenschneider/Blankertz/Sierek u. a.*, MMR-Beil. 2021, 25 (25 f.).

treuhänder eine Vertrauensinstanz ist, die schützenswerte Daten zwischen Datengebern und Datennutzern unter Wahrung der Interessen beider Seiten digital vermittelt.[119] Ethikkommissionen könnten nicht nur im Einzelfall das Forschungsvorhaben prüfen, sondern darüber hinaus überlegen, ob es ethisch-rechtlich vertretbar ist, dass eine Mitwirkung des Einzelnen entbehrlich ist, z. B. wenn Forschung gesamtgesellschaftlich hohe Zustimmung findet. Wird die Entscheidung über eine Einwilligung auf eine Ethikkommission als Datentreuhänder übertragen, wird sie im Interesse desjenigen tätig, der die Entscheidung im Ausgangspunkt zu treffen hätte (hier: der Patient).[120] Da eine Stellvertretung bei der datenschutzrechtlichen Einwilligung als Ausprägung des informationellen Selbstbestimmungsrechts möglich ist,[121] können Ethikkommissionen selbst auch eigene datenschutzrechtliche Einwilligungen im fremden Namen abgeben.

Für den weiteren Einsatz von Ethikkommissionen spricht auch, dass medizinische und medizinisch-technische Entwicklungen immer komplexer werden und ständiger Anpassung an den aktuellen Stand von Wissenschaft und Forschung bedürfen; für eine solche dynamische Regulierung bedarf es Abwägungen zwischen einer Förderung der Forschungsentwicklung und dem Schutz von Patienten.[122] Forschende Ärzte müssen sich bislang nach § 15 Abs. 1 MBO-Ä durch Ethikkommissionen beraten lassen. Dafür spricht auch der Gedanke des § 32 Deklaration von Helsinki, bei dem eine fehlende informierte Einwilligung durch Zustimmung einer Ethikkommission kompensiert werden kann.[123] Bereits heute sind solche Kommissionen bei den meisten medizinischen Forschungsvorhaben zwingend zu beteiligen.[124] Zwar unterfallen nur rund 13 Prozent aller medizinischen Forschungsvorhaben den strengen Bestimmungen des AMG und des MPDG, Ethikkommissionen nehmen aber auch außerhalb dieser Vorhaben wichtige Funktionen für den Patien-

---

[119] *Feth/Rauch*, DuD 2024, 103 (103).

[120] *Specht-Riemenschneider/Blankertz/Sierek u. a.*, MMR-Beil. 2021, 25 (27).

[121] Dazu § 3 II. 5. a) aa); I. E. ebenso *Specht-Riemenschneider/Blankertz/Sierek u. a.*, MMR-Beil. 2021, 25 (41; 44). Selbst die Ausübung der Betroffenenrechte ist in Stellvertretung möglich, da diese entgegen einigen Stimmen nicht als höchstpersönlich einzuordnen sind. Denn anders als Eheschließung und Testamentserrichtung stellen diese „Alltagsgeschäfte" dar, sodass der Ausschluss der Stellvertretung das RiS übermäßig einschränken würde.

[122] *Kersten*, § 54 Technische und ethische Fragen der Medizin, in: Ehlers/Fehling/Pünder (Hrsg.), Besonderes Verwaltungsrecht – Bd. 2, 4. Aufl. 2020, Rn. 7.

[123] *Herbst*, DuD 2016, 371 (374).

[124] Ethikkommissionen bestehen auf verschiedenen Ebenen: Auf Ebene der Rechtsetzung (z. B. der *Deutsche Ethikrat*, welcher der Politik rechtsunverbindliche Vorschläge für mögliche Gesetzesreformen unterbreitet), der Rechtskonkretisierung (wie die *Gendiagnostik-Kommission*, deren Aufgabe die Konkretisierung des Standes von Wissenschaft und Technik in Form von Richtlinien ist, § 23 Abs. 2 GenDG) und der Rechtsanwendung. Ethikkommissionen im Bereich der Rechtsanwendung verfassen Stellungnahmen, die in das Verwaltungsverfahren etwa nach dem Arzneimittelrecht integriert werden: *Berry*, Die Ethisierung des Rechts – Ethikkommissionen als Beispiel gelungener rechtlicher Interdisziplinarität, in: Bahmer u. a. (Hrsg.), Interaktionen: Internationalität, Intra- und Interdisziplinarität, 2024, S. 105 f.

tenschutz und die Qualitätssicherung wahr.[125] Interne Erhebungen belegen, dass Ethikkommissionen nur ca. zwei Prozent aller Anträge definitiv ablehnen, gleichwohl akzeptieren sie lediglich rund fünf Prozent aller Anträge im ersten Anlauf ohne Änderungen, sodass in über 90 Prozent der Fälle Modifikationen aufgrund der Intervention von Ethikkommissionen vorgenommen werden, die im Idealfall zu einer Verbesserung für die Patienten führen.[126] Ethikkommissionen können damit die Funktion einer (doppelseitigen) Datentreuhand[127] einnehmen.[128]

Dabei sollte die stellvertretende Einwilligung durch die Ethikkommission nicht nur als positive Bewertung im Rahmen der Interessenabwägung einfließen, sondern kumulativ als Voraussetzung zu einer für die Forschenden ausfallenden Güterabwägung benannt werden. Damit gilt die Zustimmung der Ethikkommissionen als zwingend, sodass das Votum nicht übergangen werden kann. Dies entspricht auch der Ausnahmeregelung der Deklaration von Helsinki, nach der bei fehlender Einwilligung des Betroffenen die Zustimmung einer Ethikkommission eingeholt werden muss.[129]

Der möglichen Überforderung bestehender Kommissionen durch zusätzliche Arbeit könnte entgegengewirkt werden, indem eine zusätzliche Ethikkommission auf Bundesebene eingerichtet würde. Dass dies möglich ist, zeigt die mit dem 30.10.2024 durch das Medizinforschungsgesetz eingeführte spezialisierte Ethikkommission nach § 41c AMG. Diese soll beim Bundesinstitut für Arzneimittel und Medizinprodukte (BfArM) eingerichtet werden. Diese Anbindung ist jedoch problematisch und lässt Zweifel an der Unabhängigkeit aufkommen, wie sie etwa in Punkt 23 der Deklaration von Helsinki für Ethikkommissionen verlangt wird. Denn das BfArM wird damit sowohl Genehmigungs- als auch Zulassungsstelle für Arzneimittel. Daneben sollen die spezialisierten Ethikkommissionen nur bei den enu-

---

[125] *Doppelfeld/Hasford*, Bundesgesundheitsbl. 2019, 682 (683).

[126] *Doppelfeld/Hasford*, Bundesgesundheitsbl. 2019, 682 (683); *Berry*, Die Ethisierung des Rechts – Ethikkommissionen als Beispiel gelungener rechtlicher Interdisziplinarität, in: Bahmer u. a. (Hrsg.), Interaktionen: Internationalität, Intra- und Interdisziplinarität, 2024, S. 115 f.

[127] Dabei ist die Funktion des Datentreuhänders, die Ethikkommissionen nach vorliegendem Konzept einnehmen, nicht mit den als „Vertrauensstellen" im Kontext medizinischer Forschung bezeichneten Stellen zu verwechseln, die eine Verbindung zwischen datenhaltender Sammelstelle und datenverwendender Forschungseinrichtung herstellen. Die Vertrauensstelle verschlüsselt die Daten mittels Pseudonymisierung oder Anonymisierung, um sie dann an die Forschungsstellen zuzuleiten: *Freiherr von Ulmenstein*, DuD 2020, 528 (529); *DSK*, Petersberger Erklärung zur datenschutzkonformen Verarbeitung von Gesundheitsdaten in der wissenschaftlichen Forschung, 2022, S. 6 f.

[128] Als solche müsste sie die Interessen in einen schonenden Ausgleich bringen: *Specht-Riemenschneider/Blankertz/Sierek u. a.*, MMR-Beil. 2021, 25 (35). Ethikkommissionen als Datentreuhänder, die sowohl im Interesse der Forschenden als auch der Betroffenen tätig werden, die Einwilligung für den Betroffenen abgeben, indem sie als stellvertretende Einwilligungsassistenten agieren, ist mit einem ethischen Leitbild der „Datensouveränität" vereinbar. Allgemein für Datentreuhänder feststellend: *Freiherr von Ulmenstein*, DuD 2020, 528 (531).

[129] § 6 I. 3. b) dd).

merativ benannten klinischen Prüfungen nach der VO (EU) Nr. 536/2014 eingesetzt werden, bei denen der Antrag auf Genehmigung nach dem 30.6.2025 gestellt wird (§ 41c Abs. 3 AMG). Somit ist der Anwendungsbereich dieser Ethikkommission zu eng. Neben der fragwürdigen Unabhängigkeit und dem engen Anwendungsbereich, führt die Etablierung einer spezialisierten Ethikkommission nicht zur Entbürokratisierung und Beschleunigung, wie vom Gesetzgeber intendiert, sondern bei der derzeitigen Gestaltung zu einer aufwendigen Parallelstruktur durch die zusätzliche Einschaltung einer weiteren (spezialisierten) Kommission.[130] Die Funktion der spezialisierten Kommission bleibt wegen der bereits landesrechtlich vorhandenen Ethikkommissionen, die die Voraussetzungen an die Verordnung über klinische Prüfungen mit Humanarzneimitteln erfüllen, unklar. Außerdem bietet sich eine Ausweitung der spezialisierten Ethikkommission nicht an. Diese greift nur im Bereich des Arzneimittelgesetzes und nicht für alle Fälle der klinischen Prüfungen (etwa die nach dem MPDG), für die jedoch ebenfalls ein eindeutiges Votum einer Ethikkommission erforderlich ist.

Als Ausgangspunkt der Gesetzesnovelle kommt das GDNG in Betracht, das um eine weitere Norm ergänzt werden sollte. In Betracht kommt ein neuer § 3a, der sich an die Einrichtung einer Datenzugangs- und Koordinierungsstelle für Gesundheitsdaten beim BfArM anschließt. Wegen des Problems fehlender Unabhängigkeit sollten die (zusätzlichen) Ethikkommissionen jedoch nicht – wie die spezialisierte Ethikkommission nach § 41c AMG – beim BfArM etabliert werden. Vielmehr sollte man das Registrierungsverfahren nach § 41a AMG nutzen und damit die Aufgabe auf die bereits bestehenden 32 registrierten Kommissionen verlagern. Dabei genehmigt das BfArM im Einvernehmen mit dem Paul-Ehrlich-Institut den Antrag auf Registrierung als öffentlich-rechtliche Kommission der Länder. Für die Spezialverfahren nach dem AMG und MPDG soll keine aufwendige Parallelstruktur geschaffen werden, vielmehr sollen die dortigen Ethikkommissionen auch prüfen, ob bei der Sekundärnutzung die Einwilligung in Stellvertretung abgegeben werden kann. Dabei kann nicht nur auf Formulierungen im AMG, sondern auch auf die mit dem Medizinforschungsgesetz geänderte Fassung des seit Juli 2025 geltenden § 36 Strahlenschutzgesetz (StrlSchG) zurückgegriffen werden.

Schließlich sollte gesetzlich erwähnt werden, dass partizipative Elemente wie eine stellvertretende Einwilligung durch eine Ethikkommission die Interessen des Betroffenen im Rahmen der Abwägung als weniger schutzwürdig erscheinen lassen. Nur bei einem Opt-out sollte die Datenverarbeitung für die personenbezogenen Daten des widersprechenden Betroffenen gesperrt sein. Dies kann in einem modifizierten § 27 BDSG klargestellt werden, der für die Nutzung von Gesundheitsdaten für gemeinwohlorientierte Forschungszwecke auf das GDNG verweist. Dabei schließen sich die Geltung des GDNG und die Forschungsklausel des § 27 BDSG gerade nicht aus. Denn § 6 Abs 3 S. 2 GDNG verweist für den Großteil der Fälle, in denen das GDNG keine Spezialregelung normiert, für die Weiterverarbeitung per-

[130] BT-Drs. 20/11561, S. 93.

sonenbezogener Daten durch Dritte auf die anderen gesetzlichen Vorschriften des Bundes- oder Landes- bzw. Unionsrechts.

(3) Aufgaben der Datenschutzaufsichtsbehörden

Die Aufgaben der Datenschutzbehörden sollten weiterhin darin bestehen, Verantwortliche bei der Erstellung einer Datenschutz-Folgenabschätzung zu unterstützen. Bei sensiblen Gesundheitsdaten sollte stets eine solche Folgenabschätzung durchgeführt werden und nicht nur, sofern Art. 35 DSGVO eine solche fordert. Dabei sollte die Abwägung umso detaillierter erfolgen, je höherrangige Rechte der Patienten betroffen sind. Dem sollte ein sog. risikobasierter Ansatz zugrunde liegen, bei dem das Risiko der Re-identifizierung des Patienten eingeschätzt wird.[131] Denn eine Re-Identifizierung kann bei missbräuchlichem Bekanntwerden schwerwiegende Folgen für den Betroffenen haben, wie Erpressung, Diskriminierung oder Stigmatisierung. Dabei dient die *Wahrscheinlichkeit* einer solchen Re-Identifizierung als Eintrittswahrscheinlichkeit, die kombiniert mit dem *Schweregrad des negativen Ereignisses* das *Risiko* definiert.[132] Dabei hängt die Wahrscheinlichkeit des Risikoeintritts maßgeblich von Art und Struktur der Daten als auch vom Kontext der sekundären Nutzung ab. Die Schwere des potenziellen Schadens hängt somit vom Inhalt der Daten ab und davon, inwieweit diese relevanten Informationen enthalten, die gegen den jeweiligen Betroffenen gerichtet werden können.[133]

Dabei unterscheiden Jungkunz u. a. zwischen verschiedenen relevanten Risikofaktoren: Für die Wahrscheinlichkeit eines missbräuchlichen Bekanntwerdens unterscheiden die Autoren datenspezifische Faktoren wie Einzigartigkeit (eindeutige Herstellung des Personenbezugs), Stabilität (bleiben Informationen über die Zeit relevant?), Interpretierbarkeit (sind die Informationen auswertbar und damit interpretierbar?) von kontextuellen Faktoren wie dem Datenschutzniveau, den technologischen und technischen Möglichkeiten und eingesetzten Maßnahmen, dem Bestehen externer Datenbanken, mit denen die Gesundheitsdaten abgeglichen werden können, der Dauer der Aufbewahrung, der Anzahl der Zugriffsberechtigten und der Vertrauenswürdigkeit des Empfängers.[134] Relevant zur Einstufung des Schweregrades eines potenziellen Schadens beim Datenmissbrauch sind das Diskriminierungspotential, das Vorhersagepotential (Rückschlüsse auf den zukünftigen Gesundheitszustand), Reichweite (Informationen tangieren nicht nur den Patienten, sondern auch genetische Verwandte), welcher Zeitraum von den missbräuchlich

---

[131] *Jungkunz/Köngeter/Spitz u. a.*, Stellungnahme zur Etablierung der sekundären Forschungsnutzung von Behandlungsdaten in Deutschland, 2022, S. 72.

[132] *Jungkunz/Köngeter/Spitz u. a.*, Stellungnahme zur Etablierung der sekundären Forschungsnutzung von Behandlungsdaten in Deutschland, 2022, S. 71 f.

[133] *Jungkunz/Köngeter/Spitz u. a.*, Stellungnahme zur Etablierung der sekundären Forschungsnutzung von Behandlungsdaten in Deutschland, 2022, S. 72.

[134] *Jungkunz/Köngeter/Spitz u. a.*, Stellungnahme zur Etablierung der sekundären Forschungsnutzung von Behandlungsdaten in Deutschland, 2022, S. 73.

bekannt gewordenen Daten abgedeckt wird und wie sich das Informationspotential der Daten in den nächsten Jahren verändern wird, indem es an Aussagekraft gewinnt.[135] Je höher die Wahrscheinlichkeit der Re-Identifikation ist, desto schutzwürdiger ist in einer Abwägung das Interesse der Betroffenen an dem Ausschluss der Verarbeitung ihrer Daten einzustufen und desto höhere Anstrengungen müssen die verantwortlichen Forschenden unternehmen, um das Re-Identifikationsrisiko zu senken. Bislang sieht nur § 13 Abs. 1 S. 2 NDSG vor, dass der Abwägungsprozess nachvollziehbar gemacht werden muss und insofern dokumentiert werden muss.[136] Diese Dokumentationspflicht sollte in § 27 BDSG ergänzt werden.

(4) Personal Information Management-System (PIMS)

Die Betroffenen sollten sich jederzeit über die Forschungsvorhaben und ihre Datennutzung informieren können. Solche Mitwirkungs- und Kontrollrechte können Personal-Information-Management-Systeme (kurz: PIMS) bieten. Solche PIMS sollen natürlichen Personen mehr Kontrolle über den Verbleib und die Verwendung ihrer personenbeziehbaren Daten geben. Sobald der Gesetzgeber die Datenverarbeitung zu Forschungszwecken nicht auf eine Einwilligung, sondern auf eine gesetzliche Grundlage stützt, sollte der Betroffene eingebunden werden.[137]

Dabei darf der Betroffene so viel entscheiden, wie er möchte: Er kann in jedes einzelne Forschungsvorhaben einwilligen, er kann sich dazu gar nicht verhalten oder von seinem Widerspruchsrecht Gebrauch machen. Zudem sollten graduelle Stufen zwischen diesen Extremen möglich sein.

Gesteuert werden sollte dies über die Benutzeroberfläche, die Krankenkassen ihren Versicherten im Rahmen der ePA-Nutzung zur Verfügung stellen. Dafür könnten Webportale eingerichtet werden, die über die zu erforschenden Krankheitsbilder informieren. Newsletter, Veröffentlichungen von Datenauswertungen und Diskussionsforen können für eine angemessene Teilhabe sorgen.[138] Weiterhin sollen für jeden Verarbeitungsschritt Verantwortliche klar benannt werden – insbesondere bei Datenübermittlungen, um zu garantieren, dass Betroffene ihre Datenschutzrechte ausüben können.[139] Den Betroffenen soll damit ermöglicht werden, die Daten frei zu teilen, und zwar wann, soweit und mit wem sie möchten. PIMS können Datentreuhandmodelle ergänzen, indem sie Privatpersonen ermöglichen,

---

[135] *Jungkunz/Köngeter/Spitz u. a.*, Stellungnahme zur Etablierung der sekundären Forschungsnutzung von Behandlungsdaten in Deutschland, 2022, S. 73.

[136] Dazu § 4 III. 1.

[137] *DSK*, Petersberger Erklärung zur datenschutzkonformen Verarbeitung von Gesundheitsdaten in der wissenschaftlichen Forschung, 2022, S. 7.

[138] *DSK*, Petersberger Erklärung zur datenschutzkonformen Verarbeitung von Gesundheitsdaten in der wissenschaftlichen Forschung, 2022, S. 9.

[139] *DSK*, Petersberger Erklärung zur datenschutzkonformen Verarbeitung von Gesundheitsdaten in der wissenschaftlichen Forschung, 2022, S. 9.

ihre personenbezogenen Daten zu hinterlegen, um diese für die Forschung bereitzustellen.[140]

Dabei gibt es mehrere Möglichkeiten einer Ausgestaltung solcher Systeme. Denkbar wäre, dass die Grundeinstellung eine Datenfreigabe durch Datenintermediäre wie eine Ethikkommission vorsieht. Betroffene könnten dann diese Voreinstellung auf eine individuelle Freigabe im Einzelfall durch sich selbst umstellen oder einer Datenverarbeitung komplett widersprechen. Gerade im Bereich seltener Erkrankungen ist wegen der bestehenden erhöhten Gefahren der Re-Identifikation die Änderung hin zur Möglichkeit eines Opt-outs zu begrüßen. Weiterhin führen Wahlmöglichkeiten zu einer erhöhten Transparenz und damit Akzeptanz beim Betroffenen. Denn so entsteht nicht der Eindruck, dass Daten gegen dessen Willen genutzt werden. Diese Voreinstellungen sollten nur für die *medizinische*, wissenschaftliche Forschung gelten. Kommerzielle Forschung sollte bei Allgemeinwohlinteressen unter strengen Voraussetzungen wie gewisser Unabhängigkeit, Transparenz und Offenheit der Ergebnisse umfasst werden. Sobald Betroffene die Verwendung ihrer Daten zu kommerziellen Zwecken nicht wünschen, können sie einer Datennutzung durch private Forschungseinrichtungen widersprechen.

cc) Flankierendes Problem der ärztlichen Schweigepflicht

Gesundheitsdaten, die Ärzte und Kliniken speichern, unterliegen der ärztlichen Schweigepflicht. Diese schützt sämtliche Angaben eines Patienten hinsichtlich persönlicher, familiärer, beruflicher, wirtschaftlicher, kultureller und sonstiger sozialer Situationen, sofern die jeweilige Information dem Arzt in seinem gewollten oder faktischen Bezug zu seiner Berufsausübung zugänglich gemacht wurde.[141] Die ärztliche Schweigepflicht wird in § 9 Abs. 1 S. 1 MBO-Ä sowie den Berufsordnungen der Landesärztekammern geregelt und gilt über den Tod des Patienten hinaus. Daneben ergibt sie sich als Nebenpflicht aus §§ 630a ff. BGB und korrespondiert mit dem in § 203 StGB geschützten Patientengeheimnis.[142] Damit bedarf es einer Schweigepflichtentbindung, um Daten an Dritte (hier: Forschende) weiterzugeben und Patientengeheimnisse (ausgewählter) Betroffener zu offenbaren.[143] Eine Weitergabe an Dritte ist jedoch problematisch, selbst wenn diese Ärzte im Sinne des § 203 Abs. 1 Nr. 1 Var. 1 StGB sind und selbst einer Schweigepflicht

---

[140] *Feth/Rauch*, DuD 2024, 103 (109).

[141] BVerfGE 141, 82 (104) Rn. 62.

[142] *Bundesärztekammer*, Deutsches Ärzteblatt 2018, A2; *Ulsenheimer*, in: Laufs/Kern/Rehborn (Hrsg.), ArztR-HdB, 5. Aufl. 2019, § 146 Rn. 52. § 203 StGB statuiert keine Geheimhaltungspflicht, sondern sanktioniert allein die Verletzung teilweise nicht-gesetzlich festgeschriebener Geheimhaltungspflichten: *Gola/Reif*, in: Gola/Heckmann, DSGVO/BDSG, 3. Aufl. 2022, § 1 BDSG Rn. 12.

[143] *Weichert*, in: Kühling/Buchner, DS-GVO/BDSG, 4. Aufl. 2024, Art. 9 DSGVO Rn. 49.

unterliegen.[144] Denn es liegt auch ein „Offenbaren“ vor, wenn der Empfänger des Geheimnisses selbst schweigepflichtig ist – vorausgesetzt, er steht außerhalb des Kreises derjenigen, denen das Geheimnis in beruflicher Eigenschaft zugänglich war.[145] Hinzu kommt, dass Daten bei Forschenden nicht dem gleichen Schutz vor staatlichem Zugriff unterliegen, wie bei der Behandlungsstelle, also Arztpraxis oder Krankenhaus.[146] Angesichts dessen wird schon seit Jahren ein sog. Forschungsgeheimnis gefordert.[147] Es ist problematisch, dass Forschende oftmals keiner Geheimhaltungspflicht unterliegen. Damit verlieren die ursprünglich besonders geschützten Daten an bedeutendem Schutz mangels flankierender Zeugnisverweigerungsrechte und Beschlagnahmeverbote.

(1) Zwei-Schranken-Prinzip

Die Weitergabe von anonymisierten Daten birgt mangels Re-Identifizierbarkeit und mangels Personenbezugs geringere Gefahren für den Betroffenen. Deshalb greift nach Sinn und Zweck weder das Datenschutzrecht noch die ärztliche Schweigepflicht. Der Gesundheitsdatenschutz und die ärztliche Schweigepflicht sind historisch miteinander verknüpft, wirken aber unabhängig voneinander.[148] Das Datenschutzrecht tangiert die Verpflichtung zur Wahrung der ärztlichen Schweigepflicht nicht und ändert auch nicht deren Umfang (§ 1 Abs. 2 S. 3 BDSG): Das Offenbaren von Daten, die der Geheimhaltung unterliegen, wird weder erleichtert noch erschwert.[149] Dahinter steht die Aufrechterhaltung eines gegenüber dem allgemeinen Datenschutzrecht weitergehenden Schutzes; ist das Schutzniveau gleich, gibt es keine Besonderheiten; ist das Schutzniveau der geheimhaltungspflichtigen Daten hingegen geringer als nach dem BDSG, greift das BDSG als Auffanggesetz.[150] Liegen Datenverarbeitungsprozesse vor, die von Datenschutzregelungen wie auch von Berufsgeheimnisregelungen wie der ärztlichen Schweigepflicht reguliert werden, sind beide Rechtsgebiete unabhängig voneinander anwendbar.[151]

---

[144] Zur Schweigepflicht, die auch im Verhältnis von Ärzten untereinander gilt: *Kargl*, in: Kindhäuser u. a. (Hrsg.), NK-StGB, 6. Aufl. 2023, § 203 StGB Rn. 34.

[145] *Cierniak/Niehaus*, in: MüKo-StGB, 5. Aufl. 2025, § 203 StGB Rn. 55.

[146] *Jungkunz/Köngeter/Spitz u. a.*, Stellungnahme zur Etablierung der sekundären Forschungsnutzung von Behandlungsdaten in Deutschland, 2022, S. 101.

[147] Dieses besteht aus dem Verbot der Weitergabe oder Re-Identifikation von Forschungsdaten, der flankierenden Ausweitung des Zeugnisverweigerungsrechtes und des Beschlagnahmeverbots für Daten, die zum Zwecke medizinischer Forschung verarbeitet werden, s. auch § 3 I. 2. d).

[148] *Spitz*, Sekundärnutzung von Behandlungsdaten für medizinische Forschungszwecke, 2024, S. 489.

[149] *Ulsenheimer*, in: Laufs/Kern/Rehborn (Hrsg.), ArztR-HdB, 5. Aufl. 2019, § 146 Rn. 30.

[150] *Gola/Reif*, in: Gola/Heckmann, DSGVO/BDSG, 3. Aufl. 2022, § 1 BDSG Rn. 11.

[151] *Weichert*, in: Kühling/Buchner, DS-GVO/BDSG, 4. Aufl. 2024, Art. 9 DSGVO Rn. 146.

Folgt man dem Zwei-Schranken-Prinzip, können zwei Einwilligungen erforderlich werden: erstens die für die Datenverarbeitung und zweitens die für eine Entbindung von der Schweigepflicht, wobei deren Anforderungen abweichen können.[152] Hinzu kann noch eine Einwilligung für ärztliche Eingriffe in die körperliche Unversehrtheit kommen.

Damit ist die Schweigepflicht von Ärzten in zweierlei Hinsicht problematisch: Einerseits verhindert sie, dass Ärzte den Forschenden geheimhaltungsbedürftige (pseudonymisierte) Daten übermitteln können. Als Ausnahme bleibt die aktive Schweigepflichtentbindung in Form einer ausdrücklichen Einwilligung der Betroffenen.[153] Es lässt sich keine mutmaßliche Einwilligung mit Verweis auf den großen gesellschaftlichen und ggf. individuellen Nutzen der medizinischen Forschung für den Betroffenen konstruieren, da die mutmaßliche Einwilligung bei bestehender Möglichkeit einer ausdrücklichen Einwilligung als subsidiär ausscheidet.[154] Dies wäre zudem eine „paternalistische, das Schutzgut ignorierende und letztlich Patientengeheimnisse kollektivierende Sichtweise".[155]

Andererseits werden die einst sensiblen Daten bei Forschenden nicht mehr vor einem ungewollten Offenbaren geschützt. Dabei erlaubt Art. 9 Abs. 3 DSGVO die Regelung des Berufsgeheimnisses durch den nationalen Gesetzgeber.[156] Danach ist eine Verarbeitung sensibler (Gesundheits-)Daten „zu den in Absatz 2 Buchstabe h genannten Zwecken" erlaubt, „wenn diese Daten von Fachpersonal oder unter dessen Verantwortung verarbeitet werden und dieses Fachpersonal […] dem Berufsgeheimnis unterliegt, oder wenn die Verarbeitung durch eine andere Person erfolgt, die ebenfalls […] einer Geheimhaltungspflicht unterliegt." Dabei regelt Art. 9 Abs. 3 DSGVO nur eine Datenverarbeitung zu Zwecken des Art. 9 Abs. 2 lit. h und gerade nicht für Forschungszwecke nach lit. j. Damit dürfen Gesundheitsdaten, die ein Arzt während der Behandlung erhoben hat, zwar für allgemeine Qualitätskontrollen durch die dem Sozialgeheimnis unterliegenden Krankenkassen verwendet werden, sobald eine entsprechende gesetzliche Regelung (z. B. § 299 SGB V) besteht.[157] Diese Behandlungsdaten sind indes nicht für die medizinische Forschung nutzbar: Erstens ist der Zweck des lit. h bei wissenschaftlicher Forschung nicht berührt. Zweitens unterliegen Forschende keiner Geheimhaltungspflicht. Wenngleich die Forschenden zugleich Ärzte sind, die der ärztlichen Schweigepflicht unterfallen, sind die Forschungsdaten bei einer Sekundärnutzung

[152] *Weichert*, in: Kühling/Buchner, DS-GVO/BDSG, 4. Aufl. 2024, Art. 9 DSGVO Rn. 49.

[153] *Bernhardt/Ruhmann/Weichert*, Netzwerk Datenschutzexpertise – Die Forschungsklauseln im neuen Datenschutzrecht, 2018, S. 9 f.

[154] *Dochow*, MedR 2023, 608 (611, 613 f.).

[155] *Dochow*, MedR 2023, 608 (611).

[156] *Bernhardt/Ruhmann/Weichert*, Netzwerk Datenschutzexpertise – Die Forschungsklauseln im neuen Datenschutzrecht, 2018, S. 9.

[157] *Weichert*, in: Kühling/Buchner, DS-GVO/BDSG, 4. Aufl. 2024, Art. 9 DSGVO Rn. 145.

nicht im Rahmen der ärztlichen Behandlung, also „in ihrer Eigenschaft als Ärztin oder Arzt anvertraut oder bekannt geworden“ (§ 9 Abs. 1 S. 1 MBO-Ä).

(2) Befugnis zum Offenbaren von Berufsgeheimnissen

Sind Daten zugleich Sozialdaten nach § 67 Abs. 2 S. 1 SGB X, greift § 75 Abs. 1 SGB X. Dieser regelt die Übermittlung von Sozialdaten, also die Weitergabe an Dritte, sofern die Übermittlung für ein bestimmtes Vorhaben der wissenschaftlichen Forschung erforderlich ist und das öffentliche Interesse an der Forschung das Geheimhaltungsinteresse der betroffenen Person erheblich überwiegt. Keine Sozialdaten liegen bei der bloßen Erhebung von Gesundheitsdaten (etwa Befundtatsachen) durch einen Arzt vor, sofern dieser nicht Teil einer in § 35 SGB I genannten Stelle („Leistungsträger“) ist.[158] Es fehlt damit an einer Erlaubnisnorm zur Übermittlung von Behandlungsdaten an Dritte. Damit laufen datenschutzrechtliche Befugnisse, insbesondere solche, die wissenschaftliche Forschungszwecke privilegieren, leer. Daraus könnte geschlussfolgert werden, dass neben den Datenschutzregelungen zugleich die ärztliche Schweigepflicht Beachtung finden muss, wenn Daten aus dem primären Behandlungszusammenhang sekundär zu Forschungszwecken verarbeitet werden sollen. Die rechtliche Empfehlung müsste lauten, dass Daten mindestens faktisch anonymisiert werden müssen, um keine Schweigepflichtentbindung zu benötigen. Im Umkehrschluss folgt daraus, dass, sobald personenbezogene Daten geteilt werden, es einer Einwilligung des Betroffenen in die Schweigepflichtentbindung bedarf.[159]

Teils wird darauf hingewiesen, dass dies in einer solchen Pauschalität nicht gelte, wenn datenschutzrechtliche Regelungen sich explizit auf ein Berufsgeheimnis beziehen oder Fallkonstellationen Datenschutzregelungen tangieren, die regelmäßig einem Berufsgeheimnis unterliegen.[160] Bei datenschutzrechtlichen Regelungen, die medizinische Forschung privilegieren, handelt es sich oftmals um unspezifische Klauseln, die pauschal „wissenschaftliche Forschungszwecke“ tangieren und damit gleichermaßen Daten innerhalb und außerhalb von Berufsgeheimnispflichten umfassen. Deshalb könne man davon ausgehen, dass der Gesetzgeber in der Regel keine Offenbarungsbefugnis statuieren wollte, oder dass Forschungsklauseln aufgrund der strengen Vorgaben, wie den Pseudonymisierungspflichten und dem strengen Zweckbindungsgrundsatz, eine Übermittlung bzw. Erhebung von Daten erlauben, die einem Berufsgeheimnis unterliegen.[161] Bei Forschungsregeln im na-

[158] *Herbst*, in: Körner u. a. (Hrsg.), BeckOGK SGB X, Stand: 15.5.2025, § 75 SGB X Rn. 43.

[159] *Jungkunz/Köngeter/Spitz u. a.*, Stellungnahme zur Etablierung der sekundären Forschungsnutzung von Behandlungsdaten in Deutschland, 2022, S. 100 f.

[160] *Weichert*, in: Kühling/Buchner, DS-GVO/BDSG, 4. Aufl. 2024, Art. 9 DSGVO Rn. 147.

[161] *Weichert*, in: Kühling/Buchner, DS-GVO/BDSG, 4. Aufl. 2024, Art. 9 DSGVO Rn. 148.

tionalen Recht, die eine Zweckänderung für wissenschaftliche Forschungszwecke erlauben, und aufgrund ihrer hohen organisatorischen, technischen und prozeduralen Sicherungsmaßnahmen, ist davon auszugehen, dass sie auch auf Patientengeheimnisse anwendbar sind.[162] Diese Auslegung sollte der Gesetzgeber klarstellen. Denn würde man in Forschungsklauseln bei der Weitergabe von Behandlungsdaten zu medizinischen Forschungszwecken keine konkludente Schweigepflichtentbindung sehen, müsste immer eine ausdrückliche Schweigepflichtentbindung eingeholt werden, sodass Forschungsklauseln (ohne Einwilligungserfordernis des Betroffenen) vollkommen ihren Sinn verlören.[163] Nur eine gesetzlich geregelte Offenbarungspflicht bringt Klarheit im Verhältnis zur ärztlichen Geheimhaltungspflicht bezüglich der personenbezogenen Daten und sollte in Anlehnung an § 100 Abs. 1 SGB X beispielsweise im § 27 BDSG eingefügt werden.

d) Verrechtlichung der Anonymisierung

Angesichts technischer Entwicklungen gilt, dass in regelmäßigen Abständen geprüft werden muss, ob für die jeweilige Stelle ein Personenbezug herstellbar ist oder nicht. Um die rechtlichen Unsicherheiten, die mit einer Anonymisierung einhergehen, zu mindern, sollte der Gesetzgeber mithilfe technisch-faktischer Maßnahmen konkretisieren, wann eine Anonymisierung vorliegt.[164] Es gibt verschiedene denkbare Szenarien, mit denen dem aktuellen Stand der Technik Rechnung getragen werden könnte. So stammt die Idee der Pseudonymisierung aus den 2010er Jahren und wurde als Instrument eines angemessenen Interessenausgleichs zwischen Individuum und Allgemeinheit angesehen, was jedoch die heutigen und künftigen Möglichkeiten von Künstlicher Intelligenz ausblendet.[165] Die Pseudonymisierung ist selten allein ein geeignetes Sicherungsmittel. Vielmehr sollten Maßnahmen der (faktischen) Anonymisierung festgeschrieben werden. Dafür bieten sich verschiedene Möglichkeiten an.

aa) Normkonkretisierende Verwaltungsvorschriften

Normkonkretisierende Verwaltungsvorschriften können dabei helfen, den aktuellen Stand der Technik festzuschreiben. Als Vorbild können die technischen Anleitungen zum Schutz gegen Lärm (TA Lärm) und zur Reinhaltung der Luft (TA Luft) dienen. Technische Anleitungen sind vom zuständigen Bundesministerium

---

[162] *Weichert*, in: Kühling/Buchner, DS-GVO/BDSG, 4. Aufl. 2024, Art. 9 DSGVO Rn. 148.

[163] Schließt man aus den allgemeinen Forschungsklauseln (insb. § 27 BDSG) keine Befugnis zum Offenbaren, ist wenigstens bei einer anonymisierenden Pseudonymisierung bei der datenverarbeitenden Stelle kein Offenbaren fremder Geheimnisse anzunehmen: *Spitz*, Sekundärnutzung von Behandlungsdaten für medizinische Forschungszwecke, 2024, S. 521 f.

[164] Vgl. bereits § 3 II. 2. b).

[165] *Rauch/Richters/Naucke*, GesR 2024, 218 (221).

erlassene Verwaltungsvorschriften zu technischen Voraussetzungen des Gesetzesvollzugs.[166] Dabei ist fraglich, welches Ministerium für eine Querschnittsmaterie zuständig wäre. So kann das Bundesministerium für Digitales und Staatsmodernisierung, das Bundesministerium für Forschung oder ganz allgemein das Justizministerium zuständig sein. Für eine normkonkretisierende Verwaltungsvorschrift nach Maßgabe einer technischen Anleitung, die den unklaren und damit unbestimmten Rechtsbegriff der Anonymisierung ausfüllt, spricht ihr Charakter als antizipiertes Gutachten, das dem Gericht nur eine beschränkte Überprüfbarkeit einräumt.[167] Verwaltungsvorschriften (auch nicht solche in Form von technischen Anleitungen) haben zwar gegenüber dem Bürger keine Außenwirkung. Gleichwohl könnte ein Verstoß gegen eine solche Norm mittelbar nach außen wirken, indem der für die Datenverarbeitung Verantwortliche gegen die geltende Verwaltungspraxis und Selbstbindung der Verwaltung nach Art. 3 Abs. 1 GG klagt.

bb) Beschlüsse der DSK

Die Beschlüsse der Konferenz der unabhängigen Datenschutzbehörden des Bundes und der Länder (DSK) sind rechtsunverbindlich, da die Zusammenarbeit auf freiwilliger Basis erfolgt, sodass Datenschutzbehörden nicht an die Beschlüsse gebunden sind.[168] Die DSK hat bisher keine Handlungsempfehlung abgegeben, wie eine Anonymisierung vorgenommen werden soll. Erfreulich ist, dass das European Data Protection Board (EDPB) plant, dazu eine Richtlinie zu verabschieden. Dies hat sie zum Thema Pseudonymisierung bereits im Januar 2025 gemacht.[169]

4. Resümee

Die bisherigen Regelungen unterscheiden nicht zwischen Primärnutzung der Daten, mit eigener Erhebung zu Forschungszwecken, und Sekundärnutzung, bei der bereits erhobene Daten weiterverarbeitet werden. Bei der Sekundärnutzung ist die Risikolage eine andere als bei der Primärerhebung, bei der zusätzlich zu den Gefahren einer missbräuchlichen Bekanntgabe der Daten, oftmals zugleich die körperliche Unversehrtheit tangiert ist und deshalb eine verbundene informierte Einwilligung zweckmäßig ist. Zwar muss auch bei der Sekundärnutzung der volle Schutz des Datenschutzgrundrechts greifen, der seine Berechtigung hat, gleichwohl müssen die Anforderungen an Art. 3 Abs. 2 GRC nicht eingehalten werden. Die

---

[166] *Lohse*, Technische Anleitung (TA), in: Weber (Hrsg.), Rechtswörterbuch, 33. Aufl. 2024.

[167] *Lohse*, Technische Anleitung (TA), in: Weber (Hrsg.), Rechtswörterbuch, 33. Aufl. 2024.

[168] *Richter/Spiecker gen. Döhmann*, Rechtliche Möglichkeiten zur Stärkung und Institutionalisierung der Kooperation der Datenschutzaufsichtsbehörden des Bundes und der Länder (DSK 2.0), 2022, S. 9.

[169] *European Data Protection Board*, Guidelines 01/2025 on Pseudonymisation, 2025.

informierte Einwilligung ist wegen der Unbestimmtheit des Zwecks kaum einholbar, zudem müsste bei pseudonymisierten Daten ein Personenbezug zur Einwilligungseinholung wiederhergestellt werden, was einen zusätzlichen, rechtfertigungsbedürftigen Verarbeitungsschritt darstellt.

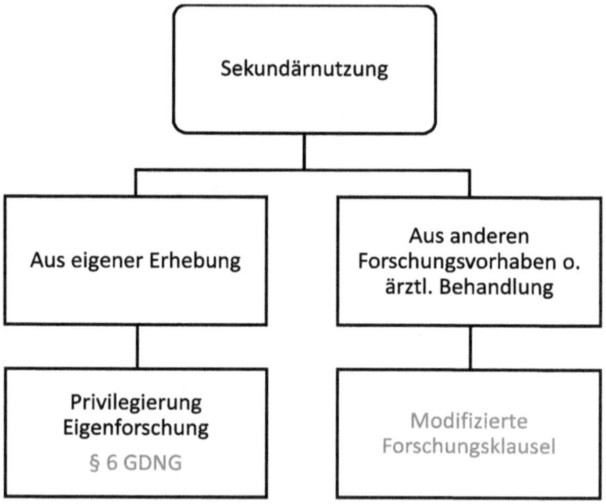

Abb. 2: Vorschlag bei der Sekundärnutzung

Deshalb sollten Forschungsklauseln (v.a. § 27 BDSG) zunehmend genutzt werden. Zwar besteht bei ihnen Änderungsbedarf, weil sie oftmals zu strenge Voraussetzungen an Forschende formulieren, indem deren Interessen teilweise *erheblich* überwiegen müssen. Durch die Mobilisierung einer einheitlichen (Bundes-) Klausel kann durch Einführung einer Bundeskollisionsregel – ähnlich dem § 287a SGB V a.F. – verhindert werden, dass bis zu 17 Gesetze bei länderübergreifenden Forschungsvorhaben notwendig werden. Der Kritik des fehlenden partizipativen Elements sollte bei Forschungsklauseln zur Akzeptanzsteigerung innerhalb der Bevölkerung derart begegnet werden, dass die Betroffenen von ihrem Widerspruchsrecht Gebrauch machen oder selbst die Option einer aktiven Einwilligungseinholung einstellen. Bei der Notwendigkeit eines aktiven Widerspruchs durch technische Voreinstellungen werden voraussichtlich viele Betroffene nicht aktiv und nehmen keine Umstellung auf Einwilligungen vor, sodass eine zusätzliche Absicherung durch Ethikkommissionen sinnvoll erscheint.

II. Konkrete Gesetzesreformvorschläge

Die Interessenabwägung hat ein erhebliches Potenzial, welches sich aufgrund bestehender Rechtsunsicherheiten (noch) nicht voll entfaltet. Sie bietet sich bei fehlendem Direktkontakt mit Patienten an oder wenn (bei retrospektiver) Forschung der Zweck der Datenverarbeitung zum Erhebungszeitpunkt bislang nicht feststeht. In beiden Fällen ist die Einholung einer informierten Einwilligung kaum möglich.

1. Änderung des § 27 BDSG

Der § 27 Abs. 1 BDSG sollte modifiziert werden, indem das Wort „erheblich" ersatzlos gestrichen wird. Sodann sollte in Anlehnung an § 13 Abs. 1 S. 2 NDSG die Interessenabwägung für die Datenschutzaufsichtsbehörde überprüfbar gemacht werden. Die relevanten Abwägungskriterien, die im grundrechtlichen Teil § 3 herausgearbeitet wurden, sollten deklaratorisch und nicht abschließend aufgezählt werden. Schließlich kann erwähnt werden, dass Elemente wie eine stellvertretende Einwilligung durch eine Ethikkommission die Interessen des Betroffenen in einer Interessenabwägung als weniger schutzwürdig erscheinen lassen. Nur bei einem Widerspruch oder einer Ablehnung durch die Ethikkommission sollte die Datenverarbeitung gesperrt sein. Eine gesetzlich geregelte Offenbarungspflicht würde Klarheit im Verhältnis zur ärztlichen Geheimhaltungspflicht der Daten bringen und sollte in Anlehnung an § 100 Abs. 1 SGB X als neuer Abs. 5 eingefügt werden.

Im Folgenden sind die Ergänzungen kursiv gesetzt. Insgesamt sollte § 27 Abs. 1 BDSG wie folgt geändert werden:

§ 27 Datenverarbeitung zu wissenschaftlichen oder historischen Forschungszwecken und zu statistischen Zwecken

(1) Abweichend von Artikel 9 Absatz 1 der Verordnung (EU) 2016/679 ist die Verarbeitung besonderer Kategorien personenbezogener Daten im Sinne des Artikel 9 Absatz 1 der Verordnung (EU) 2016/679 auch ohne Einwilligung für wissenschaftliche oder historische Forschungszwecke zulässig, wenn die Verarbeitung zu diesen Zwecken erforderlich ist und die Interessen des Verantwortlichen an der Verarbeitung der Interessen der betroffenen Person an einem Ausschluss seiner Verarbeitung ~~erheblich~~ überwiegen. Der Verantwortliche sieht angemessene und spezifische Maßnahmen zur Wahrung der Interessen der betroffenen Person gemäß Art. 22 Absatz 2 Satz 2 vor. *Das Ergebnis der Abwägung und seine Begründung sind aufzuzeichnen.*

(1a) Bei der Interessenabwägung nach Absatz 1 sind insbesondere folgende Punkte im Rahmen medizinischer, wissenschaftlicher Forschungsvorhaben zu berücksichtigen: Die Forschung muss transparent, unabhängig sowie ergebnisoffen erfolgen, und im Allgemeinwohlinteresse liegen, um datenschutzrechtlich privilegiert zu werden. Auf Seite des Betroffenen gilt es, die Speicherdauer, die mit fortschreitendem Zeitverlauf zur erhöhten Eingriffsintensität aufgrund ansteigender Missbrauchsrisiken und damit zur Unverhältnismäßigkeit des Forschungsvorhabens führen kann, mit Art und Zweck der Datenverarbeitung abzuwägen. Zu Gunsten der Forschungsfreiheit sollte sich die Einschaltung von Ethikkommissionen als Datentreuhänder auswirken, die anstelle des Betroffenen einwilli-

gen können. Diese Einwilligung ist positiv in die Interessenabwägung einzustellen. Sobald ein negatives Votum der Ethikkommission oder ein Widerspruch des Betroffenen vorliegt, darf der Verantwortliche die Daten nicht verarbeiten. Dabei gilt im Rahmen der Verarbeitung von Gesundheitsdaten zu Forschungszwecken, zur Verbesserung der Gesundheitsversorgung und Pflege sowie zu weiteren im Gemeinwohl liegenden Zwecken das Gesundheitsdatennutzungsgesetz (GDNG) ergänzend.

[…]

(5) Der Arzt oder andere Angehörige eines Heilberufs sind verpflichtet, dem Verantwortlichen im Einzelfall auf Verlangen Auskunft zu erteilen, soweit es für die Durchführung der medizinischen, wissenschaftlichen Forschung erforderlich ist und

1. es gesetzlich vorgesehen ist oder

2. der Betroffene eingewilligt hat.

Die Einwilligung soll zum Nachweis des Artikels 7 Absatz 1 der Verordnung (EU) 2016/679, dass die betroffene Person in die Verarbeitung ihrer personenbezogenen Daten eingewilligt hat, schriftlich oder elektronisch erfolgen.

2. Änderungen im GDNG

Es sollte eine Neuregelung über Ethikkommissionen in § 3a GDNG etabliert werden, die bei Forschungsvorhaben gelten. Dafür kann der Gesetzgeber an die Formulierung des § 36 StrlSchG anknüpfen.

§ 3a Aufgaben der Ethik-Kommission

(1) Im Anwendungsbereich dieses Gesetzes dürfen nur öffentlich-rechtliche, nach Landesrecht gebildete Ethik-Kommissionen Stellungnahmen abgeben. Sie müssen unabhängig und interdisziplinär besetzt sein und aus medizinischen Sachverständigen und nichtmedizinischen Mitgliedern bestehen, die die jeweils erforderliche Fachkompetenz aufweisen.

(2) Die Ethik-Kommission prüft, ob das Forschungsvorhaben ethisch vertretbar ist. Sie gibt eine Stellungnahme dazu ab, ob

1. das Forschungsvorhaben, einschließlich der Anzahl der in das Forschungsvorhaben eingeschlossenen Personen bzw. Datensätze, zur Beantwortung der wissenschaftlichen Frage geeignet ist,

2. das Risiko für die einzelne Person im Hinblick auf den potenziellen Nutzen für die Gesellschaft vertretbar ist,

3. die Einbeziehung vertretbar ist, soweit eine besonders schutzwürdige Personengruppe in das Forschungsvorhaben einbezogen werden soll,

4. die Möglichkeit des Betroffenen besteht, sämtlichen oder einzelnen Forschungsvorhaben zu widersprechen.

(3) Die Stellungnahme der Ethik-Kommission muss ein klares Votum im Sinne einer Zustimmung, einer Zustimmung unter Bedingung, Befristung oder Auflage oder eine Ablehnung sein.

Die fakultative Möglichkeit einer federführenden Aufsicht sollte durch eine obligatorische Regelung ersetzt werden. In Anlehnung an § 287a SGB V a. F. sollte § 5 Abs. 4 GDNG wie folgt geändert werden:

§ 5 Datenschutzaufsicht bei länderübergreifenden Gesundheitsforschungsvorhaben

(1) Sind an einem Vorhaben der Versorgungs- oder Gesundheitsforschung, bei dem Gesundheitsdaten verarbeitet werden, eine oder mehrere öffentliche oder nicht öffentliche Stellen als Verantwortliche derart beteiligt, dass mehr als eine Datenschutzaufsichtsbehörde des Bundes oder der Länder nach Kapitel VI der Verordnung (EU) 2016/679 zuständig ist, und sind diese Stellen nicht gemeinsam Verantwortliche gemäß Artikel 26 der Verordnung (EU) 2016/679, so kann dieses Vorhaben den Datenschutzaufsichtsbehörden zur federführenden Datenschutzaufsicht angezeigt werden.

[…]

(4) Sind an einem Vorhaben der Gesundheits- oder Versorgungsforschung, bei dem Gesundheitsdaten verarbeitet werden, eine oder mehrere nicht öffentliche Stellen als Verantwortliche derart beteiligt, dass mehr als eine Datenschutzaufsichtsbehörde der Länder zuständig ist, und sind die beteiligten nicht öffentlichen Stellen gemeinsam Verantwortliche gemäß Artikel 26 der Verordnung (EU) 2016/679, ~~können diese gemeinsam anzeigen, dass sie gemeinsam Verantwortliche sind und deshalb für die von ihnen gemeinsam verantwortete Datenverarbeitung allein die Datenschutzaufsichtsbehörde zuständig sein soll, in deren Zuständigkeitsbereich die nicht öffentliche Stelle fällt, die in dem der Antragsstellung vorangegangenen Geschäftsjahr den größten Umsatz erzielt hat.~~ *benennen die beteiligten Verantwortlichen den Hauptverantwortlichen und melden diesen der Hauptniederlassung des Hauptverantwortlichen zuständigen Aufsichtsbehörde. Die Artikel 56 und 60 der Verordnung (EU) 2016/679 sind entsprechend anzuwenden. Hauptverantwortlicher ist, wer im der Antragsstellung vorausgehenden Geschäftsjahr den größten Jahresumsatz erzielt hat.* Die gemeinsame Anzeige ist an alle Datenschutzaufsichtsbehörden zu richten, die für die gemeinsam Verantwortlichen zuständig sind, und muss die die umsatzstärkste nicht öffentliche Stelle nachweisenden Unterlagen enthalten. Ab dem Zeitpunkt, zu dem die in den Sätzen 1 und 2 genannte Anzeige bei der für die umsatzstärkste nicht öffentliche Stelle zuständige Behörde eingegangen ist, wird diese allein zuständige Datenschutzaufsichtsbehörde. Für nicht öffentliche Stellen, die gemeinsam Verantwortliche gemäß Artikel 26 der Verordnung (EU) 2016/679 sind, jedoch keinen Jahresumsatz erzielen, gelten die Sätze 1 bis 3 entsprechend mit der Maßgabe, dass die Behörde allein zuständig ist, die für den Verantwortlichen zuständig ist, der die meisten Personen beschäftigt, welche ständig personenbezogene Daten automatisiert verarbeiten. § 3 Absatz 3 und 4 des Verwaltungsverfahrensgesetzes findet entsprechende Anwendung.

Es fehlt durch Streichung des § 287a SGB V a. F. an einer Kollisionsregel, die einheitlich den § 27 BDSG für anwendbar erklärt, sollten multizentrische Studien mit der Geltung verschiedener Landesdatenschutzgesetze durchgeführt werden. Dafür könnte in Anlehnung an § 287a S. 1 SGB V a. F. der § 6 Abs. 3 GDNG ergänzt werden. Dieser stellt in S. 1 noch einmal klar, dass Datenweitergaben an Dritte grundsätzlich verboten sind, sofern nicht nach dem deklaratorischen S. 2 eine Vorschrift des Unions-, Bundes- oder Landesrechts diese Weitergabe erlaubt. Eine Erlaubnisnorm stellt dabei § 27 BDSG dar, der die Funktion der Vereinheitlichung erfüllt.

§ 6 Weiterverarbeitung von Versorgungsdaten zur Qualitätssicherung, zur Förderung der Patientensicherheit und zu Forschungszwecken

(1) Datenverarbeitende Gesundheitseinrichtungen dürfen die bei ihnen gemäß Artikel 9 Absatz 2 Buchstabe h und i der Verordnung (EU) 2016/679 rechtmäßig gespeicherten Daten weiterverarbeiten, soweit dies erforderlich ist,

[…]

2. zur medizinischen, zur rehabilitativen und zur pflegerischen Forschung […].

[…]

(3) Die Weitergabe der personenbezogenen Daten an Dritte ist im Rahmen der Weiterverarbeitung nach Absatz 1 untersagt. Abweichend von Satz 1 ist die Weitergabe von personenbezogenen Daten im Rahmen der Weiterverarbeitung nach Absatz 1 zulässig, soweit die betroffene Person eingewilligt hat oder eine andere gesetzliche Vorschrift des Bundesrechts, des Landesrechts oder unmittelbar geltender Rechtsakte der Europäischen Union dies vorsieht. *Bei länderübergreifenden Vorhaben der Versorgungs- oder Gesundheitsforschung, an denen nicht-öffentliche oder öffentliche Stellen des Bundes oder der Länder aus zwei oder mehreren Ländern als Verantwortliche beteiligt sind, findet § 27 Bundesdatenschutzgesetz Anwendung.* Die datenverarbeitenden Gesundheitseinrichtungen dürfen die gemäß Artikel 9 Absatz 2 Buchstabe h der Verordnung (EU) 2016/679 rechtmäßig gespeicherten Gesundheitsdaten anonymisieren, um die anonymisierten Daten zu den in Absatz 1 Satz 1 genannten Zwecken an Dritte zu übermitteln. […]

Schluss

§ 7 Schlussbemerkungen und Ausblick

Während medizinische Forschung immer größere Bestände an Daten für Fortschritte benötigt, scheint das Datenschutzgrundrecht der Betroffenen diesen Interessen diametral entgegenzustehen. Richtig ist, dass die Interessen der Forschenden im Rahmen medizinischer Forschung und die Datenschutzinteressen der Betroffenen zwar in einem Spannungsverhältnis stehen, sich aber nicht gegenseitig konterkarieren. Denn medizinische Forschung ist nicht nur auf Daten, sondern auch auf das Vertrauen der Patienten durch Wahrung der ärztlichen Schweigepflicht und das Datenschutzgrundrecht angewiesen.

I. Antagonistische Positionen auf Grundrechts- und Metaebene

Gleichwohl besteht ein Konflikt zwischen beiden grundrechtlichen Positionen: Ohne wissenschaftliche Forschung gäbe es die heutige Medizin mit ihren vielfältigen Möglichkeiten nicht. Ohne Datenschutzgrundrecht wären die Betroffenen nicht Herr ihrer Daten. Mächtige Pharmakonzerne und der Staat würden zu viel über die Betroffenen wissen, sie wären *gläserne Patienten.* Hinter diesem grundrechtlichen Konflikt schwebt der übergeordnete Konflikt zwischen Wahrung der individuellen Autonomie und dem vornehmlichen Allgemeinwohl. Dieser Konflikt wurde vorliegend auf grundrechtlicher Ebene untersucht und Abwägungskriterien benannt, die der Praxis ein taugliches Instrumentarium an die Hand geben, um zu einzelfallspezifischen Lösungen zu gelangen. Dabei ist die medizinische Forschung für die Forschungsfrage prädestiniert, weil sie auf der einen Seite besonders sensitive (Gesundheits-)Daten verarbeitet und jeder zugleich Betroffener ärztlicher Heilbehandlungen ist und von vergangenen Forschungsergebnissen profitiert.

Obgleich deutsche Grundrechte sowohl die unionsrechtliche Wissenschaftsfreiheit als auch das Datenschutzgrundrecht wesentlich geprägt haben, ist keine pauschale Gleichsetzung möglich. Das Grundgesetz ist nur *eine* Erkenntnisquelle aus vielen verschiedenen mitgliedstaatlichen Verfassungen. Deswegen sollte vorliegend die Chance ergriffen werden, um die Definition des Bundesverfassungsgerichts von „Wissenschaft" zu aktualisieren und an Naturwissenschaften anzupassen, die weniger die Wahrheit erforschen als vielmehr neues Wissen generieren. Nach der hiesigen Auslegung sollten die Unionsgrundrechte auch kommerzielle Forschungsvorhaben schützen, die mittlerweile einen Großteil der Forschung ausmachen, und zur verfassungskonformen Auslegung der verschiedenen Forschungsbegriffe in DSGVO, BDSG und Landeskrankenhausgesetzen herangezogen werden, um eine einheitliche Orientierung zu bieten.

II. Datenschutzrecht behindert medizinische Forschung

Anhand der bisherigen Literatur und Gesetzeslage beantwortet sich die Frage, ob das Datenschutzrecht die medizinische Forschung behindert, mit einem klaren „Ja". Verantwortlich dafür ist aber nicht das Datenschutzrecht per se, sondern seine derzeitige gesetzliche Ausgestaltung.

1. Querschnittsmaterie auf allen Gesetzesebenen

Es bestehen Unsicherheiten durch fehlende Kompetenzbündelungen. Datenschutzregelungen finden sich in allgemeinen Datenschutzgesetzen der Union, des Bundes und der Länder sowie in zahlreichen bereichsspezifischen Klauseln auf allen Gesetzesebenen. Die bisherigen unionsrechtlichen Datenschutzregelungen belassen den Mitgliedstaaten große Handlungsspielräume, vorwiegend durch Öffnungsklauseln der DSGVO. Dadurch sind neben den Unionsgrundrechten auch die Grundrechte des Grundgesetzes zu beachten. Für die Verarbeitung von Gesundheitsdaten ist primär Art. 9 Abs. 2 DSGVO relevant. Dieser erlaubt die Verarbeitung von sensiblen Daten durch Einwilligung (lit. a) oder privilegiert unter den Voraussetzungen des lit. j die wissenschaftliche, und damit auch die medizinische, Forschung.

2. Bisherige Fokussierung auf die Betroffeneneinwilligung

In der Praxis wird vor allem von der Einwilligung als Erlaubnisnorm für Datenverarbeitungen Gebrauch gemacht: Denn nur eine selbstbestimmte, informierte und zweckgebundene Einwilligung werde – so die häufige Annahme – der Selbstbestimmung des Einzelnen gerecht. Dieses Argument überzeugt aus rechtlicher Sicht nicht, denn neben der Ausnahme in Art. 9 Abs. 2 lit. a DSGVO stehen rechtlich gleichberechtigt die Ausnahmen lit. b–j. Auch aus grundrechtlicher Sicht ist eine Betroffeneneinwilligung nicht zwingend nötig. Andere autonomie- und transparenzsichernde Elemente können an ihre Stelle treten. Daneben existieren zahlreiche praktische Hürden einer Einwilligungseinholung, insbesondere wenn bereits erhobene Behandlungsdaten für die medizinische Forschung im Wege der Sekundärnutzung weiterverarbeitet werden. Es besteht dann regelmäßig kein Direktkontakt mit den Patienten. Eine Re-Kontaktierung der Patienten stellt einen erneuten, rechtfertigungsbedürftigen Datenverarbeitungsschritt dar. Hinzu kommt, dass zum Zeitpunkt der Einwilligungseinholung das Forschungsvorhaben oftmals nicht genau präzisiert werden kann, sodass die Zweckbestimmung nicht so konkret ausfallen kann, wie es die informierte Einwilligung fordert. Es werden bislang zu wenig die Besonderheiten medizinischer Forschung in den Blickpunkt genommen.

III. Lösung: Modifizierung der Forschungsklauseln

Forschungsklauseln ermöglichen unabhängig von der Betroffeneneinwilligung personenbezogene Daten für wissenschaftliche Forschungszwecke zu nutzen. Dies geschieht im nationalen Recht durch sog. Interessenabwägungsklauseln auf Grundlage des Art. 9 Abs. 2 lit. j DSGVO.

1. Mobilisierung des § 27 BDSG

Bedeutsamste Forschungsklausel auf Bundesebene ist der § 27 BDSG. Danach muss das Interesse der Forschenden an ihrem Vorhaben das Interesse des Betroffenen an der Wahrung seines Datenschutzgrundrechts überwiegen. Noch enthält § 27 BDSG unnötige Erschwernisse, indem er u. a. ein *erhebliches* Überwiegen der Forschungsinteressen gegenüber den Betroffeneninteressen fordert. Überdies sollte die Norm angepasst und durch konkrete Abwägungskriterien ergänzt werden.[1] Um von der Norm vermehrt Gebrauch machen zu können, und damit eine Vereinheitlichung herbeizuführen, sollte die Kompetenz nach Möglichkeit beim Bund gebündelt werden. Durch das GDNG wurde § 287a S. 2 SGB V a.F. erheblich modifiziert und S. 1 ersatzlos gestrichen. Damit fehlt vorwiegend der Verweis auf § 27 BDSG, der im Kollisionsfall mehrerer Ländergesetze vereinheitlicht anwendbar sein sollte. Neben der Übernahme des § 287a SGB V a.F. in das GDNG, sollten weitere Anpassungen des § 27 BDSG vorgenommen werden. Es sollte eine Klarstellung erfolgen, dass – sofern die Voraussetzungen des § 27 Abs. 1 BDSG vorliegen und die Sekundärdatennutzung ohne Betroffeneneinwilligung möglich ist – eine gesetzliche Offenbarungspflicht für den behandelnden Arzt vorliegt. Vorlage kann dafür § 100 Abs. 1 SGB X bilden. Damit könnte der Weg einer Datenweitergabe außerhalb der strengen Vorgaben um das Forschungsdatenzentrum ermöglicht werden.

2. Stärkung der Datensouveränität durch Mitwirkungselemente

Die Nutzbarmachung bestehender Datenbestände muss erleichtert werden. Dennoch reichen die Forschungsklauseln und ihre flankierenden technischen und organisatorischen Maßnahmen nicht aus, um die mangelnde Möglichkeit der Betroffenenmitwirkung zu kompensieren. Ein grundsätzlicher Ausschluss der Mitwirkungsmöglichkeit kann nicht die Lösung sein, da dies mit Akzeptanzverlusten der Datenverarbeitungen zu medizinischen Forschungszwecken einhergehen

[1] Dazu § 6 II.

würde. Gleichwohl sollte der große Rückhalt in der Bevölkerung gegenüber der medizinischen Forschung nicht unberücksichtigt bleiben. Dieser erlaubt es, aufbauend auf der Forschungsklausel als Erlaubnisnorm zusätzliche Partizipationselemente zu implementieren. Dies soll durch Verwendung von *Personal-Information-Management-Systemen*, die bei Nutzung der elektronischen Patientenakte mittels mobiler Endgeräte oder Computer eingeführt werden sollten, erfolgen. Dabei können die Betroffenen ihre Präferenzen fortlaufend aktualisieren. Nach Aufklärung der Öffentlichkeit und einer Sperrfrist von sechs Monaten, die dem Einzelnen Zeit gibt, sich zu informieren und eine Vorauswahl nach seinen Vorstellungen zu wählen, sollten alle Daten – voreingestellt – für die medizinische Forschung nutzbar gemacht werden. Ausgespart werden könnten ethisch besonders kritische Forschungsvorhaben, die keinen breiten Rückhalt in der Bevölkerung finden, wie Human-Enhancement oder medizinisch-militärische Forschung. Ebenso müsste eine ausdrückliche Freigabe bei besonders sensiblen Daten erfolgen, wie psychischen Erkrankungen oder Geschlechtskrankheiten, die ein hohes Stigmatisierungsrisiko bergen. Die Einordnung als besonders sensibel soll dem einzelnen Arzt bei Einpflegen der Daten in die ePA ermöglicht werden, aber auch der Betroffene soll selbst über das Datencockpit manche Diagnosen als besonders sensibel kennzeichnen können. Auch für die restlichen Gesundheitsdaten besteht die Möglichkeit eines jederzeitigen Widerspruchs der Datennutzung beim Behandelnden, der Krankenkasse oder im Datencockpit auf digitalen Endgeräten. Als zusätzlichen Sicherungsmechanismus sollte bei der Opt-out-Voreinstellung durch den Betroffenen, eine stellvertretende Einwilligung einer Forschungsethikkommission eingeholt werden, welche ihre Zustimmung für das jeweilige Forschungsvorhaben erteilt.

Die Einwilligung in die Datenverarbeitung zu medizinischen Forschungszwecken ist nach dieser Gangart nur bei der Primärnutzung vermehrt einzuholen, nicht aber bei der Sekundärnutzung. Bei letzterer ist sie nicht nötig, da die Interessenabwägung in Form der Forschungsklausel als Erlaubnisnorm fungiert. Die Widerspruchsmöglichkeit und die Auswahl via Datencockpit implementieren weitere Elemente der Betroffenenmitwirkung. Diese dienen dem Schutz der Patienten, etwa mit seltenen Erkrankungen oder anderen, die Zweifel an einem sicheren Umgang mit ihren Daten hegen. Gleichzeitig werden Vertrauen und Akzeptanz in die medizinische Forschung gestärkt.

IV. Schlussfolgerung

Vertrauen in medizinische Forschung gibt es nicht ohne flankierenden Datenschutz. Datenschutz ohne medizinische Forschung ist zwar möglich, jedoch bleibt dann nur ein dezimierter Bevölkerungsbestand, der dieses Recht geltend machen kann. Das bedeutet, dass beide Rechte in einer Wechselbeziehung stehen; trotz unterschiedlicher Stoßrichtungen sind sie aufeinander angewiesen. Aus grundrechtlicher Perspektive sollte ein schonender Ausgleich gefunden werden, bei dem kein Grundrecht vollständig hinter dem anderen zurücktritt. Weder darf medizinische Forschung grenzenlos Daten verarbeiten, noch darf es ein zu starkes, alles be- und verhinderndes Datenschutzrecht geben.

Auf medizinische Forschung zu verzichten oder diese ins außereuropäische Ausland abwandern zu lassen, ist keine Option. Aus diesem Grund sollten die geltenden datenschutzrechtlichen Regelungen vereinfacht werden. Es besteht Handlungsbedarf für den Gesetzgeber, damit beide grundrechtlichen Interessen, die Wissenschaftsfreiheit und das Datenschutzgrundrecht, in einen angemessenen, optimalen Ausgleich gebracht werden. Nur durch Stärkung beider Positionen „kann die Dystopie eines gläsernen Patienten der Vision digitaler Patientensouveränität weichen".[2] Nur durch die Einsetzung zusätzlicher Sicherungsstellen (wie Ethikkommissionen als Datentreuhänder, die stellvertretend Einwilligungen abgeben) wird ausreichend Transparenz ermöglicht, sodass das Vertrauen in die medizinische Forschung gestärkt wird.

Der Großteil der Bevölkerung plädiert für eine Nutzung seiner Gesundheitsdaten für medizinische Forschungsvorhaben. Deshalb sollte man diese Akzeptanz beanspruchen und in die richtige Richtung (nämlich: *für* eine Forschungsfreigabe) schubsen (engl. *nudging*). Dafür bedarf es einer Abkehr von der Einwilligung als einzigem – vermeintlich rechtssicherem – Erlaubnistatbestand für Datenverarbeitungen. Statt die Einwilligung um eine weite Zweckbindung zu modifizieren (z. B. Broad Consent) und sie so entgegen den engen Voraussetzungen der DSGVO zu gestalten, sollte der Blick auf alternative Erlaubnisnormen gerichtet werden. Forschungsklauseln stellen eine bereits bestehende Alternative dar, die durch Modifikationen und Reduktion von Rechtsunsicherheiten zu einer *echten* Alternative ausgestaltet werden sollten.

§ 8 Zusammenfassung in Leitsätzen

I. Verfassungsrechtlicher Rahmen

1. Bei der Verarbeitung von Gesundheitsdaten zum Zwecke medizinischer Forschung schützen internationale, europäische und nationale Grundrechte sowohl die Forschungsfreiheit als auch das Datenschutzgrundrecht.
2. Die Grundrechte der EMRK bilden einen Mindeststandard im Bereich der Unionsgrundrechte wie auch bei den nationalen Grundrechten.
3. Der EuGH liest die Schutzziele und Gewährleistungen der EMRK-Grundrechte in die Unionsgrundrechte hinein, sodass sich die Forschungsfreiheit und das Datenschutzgrundrecht in beiden Rechtsregimen entsprechen und jeweils durch Rechte Dritter beschränkt werden können.

---

[2] Zitat nach *Martini/Hohmann*, NJW 2020, 3573 (3578).

4. Auch das Bundesverfassungsgericht bezieht die EMRK und die Rechtsprechung des EGMR bei der Auslegung nationaler Grundrechte aufgrund der programmatischen völkerrechtsfreundlichen Auslegung des Grundgesetzes mit ein, sodass ein Mindestniveau der Menschenrechte etabliert wird.
5. Das Unionsrecht zeichnet sich durch einen Anwendungsvorrang vor nationalen (Grund-)Rechten aus, was auch das Bundesverfassungsgericht anerkennt. Gleichwohl will das Bundesverfassungsgericht in unionsrechtlich nicht vollständig determinierten Bereichen wie der Datenschutzgrundverordnung, die den Mitgliedstaaten durch Öffnungsklauseln teils erhebliche Gestaltungsspielräume belässt, vorrangig am Maßstab nationaler Grundrechte prüfen. Dabei sollen die nationalen Grundrechte die Unionsgrundrechte regelmäßig mitverwirklichen.
6. In der zu untersuchenden Konstellation der Öffnungsklauseln (Art. 9 Abs. 2 lit. j, Art. 89 DSGVO) greifen nach dem Bundesverfassungsgericht sowohl nationale als auch unionsrechtliche Grundrechte, wobei von einem grundsätzlichen Gleichlauf beider Regime ausgegangen werden kann.
7. Wegen des großen deutschen Einflusses bei der Schaffung des Datenschutzgrundrechtes und der Wissenschaftsfreiheit kann – unter dogmatischer Durchbrechung – partiell die Rechtsprechung des Bundesverfassungsgerichtes zur Auslegung dieser beiden Unionsgrundrechte herangezogen werden.
8. Sowohl für das Datenschutzgrundrecht als auch für die Wissenschaftsfreiheit gibt es keine singulären Kompetenzen, sondern ein Durcheinander verschiedener Gesetzeskompetenzen.
9. Es könnten sowohl mehr Kompetenzen auf die Union (Art. 16 AEUV) übertragen als auch nationale Kompetenzen (Stichwort: Art. 74 Abs. 1 Nr. 13 i. V. m. Art. 72 GG) weiter ausgelegt und genutzt werden.
10. Wissenschaft ist im Unionsrecht weiter als im Deutschen zu verstehen und meint das methodisch geleitete Generieren neuen Wissens, worunter auch die kommerzielle Forschung fallen kann, sofern sie unabhängig, transparent und ergebnisoffen betrieben wird.
11. Das Datenschutzgrundrecht greift nicht bei faktischer Anonymisierung. Diese liegt vor, wenn die personellen, zeitlichen, technologischen oder finanziellen Kosten einer Re-Identifikation so groß sind, dass vernünftigerweise nicht mit ihr gerechnet werden muss. Dabei ist für die Frage der Kosten für eine Re-Identifikation auf die subjektive Betrachtungsweise des Verantwortlichen abzustellen.
12. Medizinische Forschung nutzt dem Gemeinwohl, was i. R. d. Herstellung praktischer Konkordanz bei Einschränkung des Datenschutzgrundrechtes durch eine Privilegierung berücksichtigt werden kann.

13. Die Einwilligung ist weder für den Betroffenen noch für die Forschenden ein milderes, gleich geeignetes Mittel und damit nicht zwingend für die Datenverarbeitung erforderlich.

14. Datenverarbeitungen ohne Einwilligungen sollten aus einer Abwägung mit materiellen, prozeduralen und institutionellen Vorgaben bestehen.

15. Zu den materiellen Abwägungskriterien gehören u. a. die Intensität der Beeinträchtigung, die Speicherdauer, die Datenkategorie, der Grad der Verschlüsselung und der Verarbeitungszweck.

16. Daneben treten prozedurale Kriterien wie bestehende Mitwirkungs-, Berichtigungs- und Auskunftsrechte, Transparenzmaßnahmen, welche durch technische und organisatorische Maßnahmen (wie datenschutzfreundliche Voreinstellungen „Privacy by Design" und „Privacy by Default") flankiert werden.

17. Die Datenverarbeitung ohne Einwilligung kann durch institutionelle Sicherungsmechanismen, die neben die bestehende Datenschutzaufsichtsbehördenstruktur treten, geschützt werden. Dabei kommt eine größere Einbeziehung bestehender unabhängiger Ethikkommissionen, die in Stellvertretung des Betroffenen Einwilligungen für Datenverarbeitungen erteilen können, in Betracht.

II. Ausgestaltung des Spannungsverhältnisses de lege lata

18. Auf Unionsebene gibt es zahlreiche datenschutzrechtliche Regelungen, von denen die DSGVO die zentrale Kodifikation darstellt und den nationalen Gesetzgebern große Gestaltungsspielräume belässt.

19. In der Bundesrepublik hat der Gesetzgeber wegen der unionsrechtlichen Öffnungsklauseln und wegen der Querschnittsmaterie des Datenschutzrechtes mit zahlreichen Gesetzen auf Bundes- und Länderebene reagiert.

20. Diese Rechtszersplitterung führt aufgrund von Rechtsunsicherheiten zu einer Flucht in die Einwilligung, die auf Unions-, Bundes- und Landesebene den gleichen Voraussetzungen unterliegt.

21. Gleichwohl weist die Einwilligung praktische Defizite wie ethische Bedenken auf. Sie bildet nur eine Momentaufnahme des Betroffenenwillens und ist trotz ihrer engen Zweckbindung kein Garant ausreichender Informiertheit.

22. Ohne Lockerungen der Zweckbindung bedürfen Forschungsvorhaben einer Vielzahl von Einwilligungen, die zugleich Planungsunsicherheiten durch Freiwilligkeit und jederzeitige Widerrufbarkeit bedeuten. Daher ist Konsens, dass die informierte Einwilligung vorrangig bei der Sekundärnutzung kein taugliches Instrumentarium zur Auflösung des Konflikts zwischen Datenschutzgrundrecht und Forschungsfreiheit darstellt.

23. Der Versuch der Umgehung der engen Zweckbindung ist populär, insbesondere in Form des Broad Consent, bei dem der Betroffene die Nutzung seiner Daten für die medizinische Forschung in ihrer Gänze oder für einzelne, bestimmte Bereiche erlaubt.

24. Der Broad Consent ist trotz des weiten ErwG 33 DSGVO mit den Grundprinzipien der Einwilligung nach der DSGVO (bzgl. Informiertheit des Betroffenen, Spezifität und Zweckbindung) unvereinbar. Der Broad Consent will den Bedürfnissen der Praxis gerecht werden, stellt dabei aber eine Rechtsfortbildung *contra legem* dar.

25. Relativ neu ist die Etablierung einer Datenspende, die freiwillig und unentgeltlich erfolgt. Dabei ist die Datenspende wie der Broad Consent nicht (eng) zweckgebunden. Anders als die breite Einwilligung ist die Datenspende unwiderrufbar. Widerrufs-, Informations-, Transparenzrechte und das Recht auf Vergessen scheiden bei ihr aus. Damit wird die DSGVO noch weitergehend als beim Broad Consent ausgehöhlt und ist ebenfalls mit geltendem Recht unvereinbar.

26. Die digitalen, gestuften Einwilligungsmodelle wollen dem phasenweisen Datenschutz Rechnung tragen, indem Betroffene ihre Einwilligung in Echtzeit ändern können. Sie sind gegenüber einmaligen Einwilligungen datenschutzfreundlicher. Neben Problemen wie einem *Information Overload*, besteht jedoch ein Konflikt zum Recht auf Nichtwissen. Ein solches kann man schwer partiell ausüben. Ein kompletter Verzicht oder stete Rückmeldungen entsprechen oftmals nicht dem Willen der Betroffenen, die ggf. nur über heilbare Krankheiten informiert werden möchten.

27. Digitale Einwilligungsmodelle, wie auch der Meta-Consent, der dem Betroffenen die Entscheidungshoheit überlässt, inwieweit er in Forschungsvorhaben einwilligt, einwilligen lässt oder widerspricht, kommen an die Grenzen technischer und tatsächlicher Realisierung. Aufklärungen über abstrakte Möglichkeiten sind zudem noch komplexer als bei einer direkten Studienteilnahme.

28. Diskutiert wird – ähnlich zur Organspende – ein Widerspruchsverfahren (Opt-out) bei Datenverarbeitungen. Danach dürfen sämtliche Daten (z. B. aus der ePA) verarbeitet werden, sofern der Betroffene nicht aktiv wird und widerspricht. Dies stellt eine indirekte Verhaltenslenkung dar, da Personen den *Status quo* bevorzugen.

29. Eine solche Verhaltenssteuerung wird vielfach abgelehnt, mit Verweis darauf, dass die DSGVO ein passives Verhalten nicht zulässt. Dies gilt aber nur für die Einwilligung, die in Form einer eindeutig bestätigenden Handlung erfolgen muss. Nutzt man andere Verarbeitungsgrundlagen, bedarf es gerade keiner Einwilligung als Erlaubnisnorm. Die Verarbeitung erfolgt dann auf Grundlage eines Gesetzes (v. a. Forschungsklauseln wie § 27 BDSG), welches durch zu-

sätzliche partizipative Mitwirkungselemente ergänzt werden kann (sog. Kombinationslösung).

30. Eine solche zusätzliche Mitwirkung des Betroffenen wirkt sich positiv im Rahmen der Forschungsklausel vorzunehmenden Interessenabwägung aus, indem seine Interessen gegenüber den Interessen der Forschenden als weniger gewichtig erscheinen.

III. Ausgestaltungsvorschlag de lege ferenda

31. Für die Wahl der Datenverarbeitungsgrundlage ist die Frage relevant, ob der Zweck der Datenerhebung zu diesem Zeitpunkt schon hinreichend feststeht. Nur in diesem Fall kann die informierte Einwilligung als Erlaubnisnorm fungieren.

32. Die informierte Einwilligung kann im Rahmen der Primärnutzung Sinn ergeben. Primärnutzung meint die Datenverarbeitung zu dem ursprünglich (bei Erhebung) vorgesehenen Zweck. Der Hintergrund der Umgehungsversuche der Einwilligung (etwa mittels Broad Consent) ist die enge Zweckbindung.

33. Bei der Forschung können Daten zu dem Zweck medizinischer Forschung erhoben werden, wobei der Zweck und das Studiendesign schon feststehen (sog. prospektive Primärnutzung). Dabei besteht ein Direktkontakt zu den Probanden, die bei dem regelmäßig stattfindenden Eingriff in die körperliche Unversehrtheit eine Einwilligung nach Art. 3 Abs. 2 GRC abgeben müssen. Dabei kann diese um eine datenschutzrechtliche Einwilligung ergänzt werden.

34. Steht die spätere Studie zum Zeitpunkt der Erhebung noch nicht konkret fest (sog. retrospektive Primärnutzung), muss zwischen dem Zeitpunkt der Erhebung, bei der eine Einwilligung vorliegen kann, und der späteren Daten(weiter)verarbeitung unterschieden werden. Letztere sollte denselben rechtlichen Voraussetzungen wie die Sekundärnutzung unterliegen.

35. Die Grundlagenforschung dient sowohl der klinischen als auch der epidemiologischen Forschung als Vorarbeit. Bei ihr können sowohl das Vorgehen als auch der Versuchsaufbau präzise festgelegt werden. Dies dient der Reduktion von Störfaktoren und einer gezielten Kontrolle. Somit kann hier stets eine informierte Einwilligung eingeholt werden.

36. Nach dem hiesigen Vorschlag können beim Arzt erhobene Daten, bei denen i. R. d. Behandlung eine datenschutzrechtliche Einwilligung wegen Art. 9 Abs. 2 lit. h, i DSGVO regelmäßig entbehrlich ist, unter den strengen Bedingungen der Sekundärnutzung (Stichwort: modifizierte Forschungsklausel) für medizinische Forschung ohne Einwilligung (weiter) genutzt werden.

37. Mit Sekundärnutzung wird die zweckgeänderte Weiterverarbeitung bereits im Kontext der Behandlung oder im Rahmen anderer Forschungsstudien erhobe-

ner Daten bezeichnet. Forschende begehren Zugriff auf bereits erhobene Daten, die wegen Missbrauchsrisiken regelmäßig pseudonymisiert sind. Damit stellt eine Re-Kontaktierung der Betroffenen einen rechtfertigungsbedürftigen Verarbeitungsschritt dar.

38. Die Gefahren der Instrumentalisierung und der Würdeverlust der Patienten bei einer Weiterverarbeitung ihrer Daten sind nicht mit den Gefahren bei der Primärerhebung vergleichbar. Daher gelten für die Datenweiterverarbeitungen die (ethischen) Einwilligungserfordernisse des Nürnberger Kodexes nicht. Zwar gilt die (nicht unmittelbar rechtlich bindende) Deklaration von Helsinki auch für Daten, sieht aber (für die Sekundärverarbeitung nutzbar) eine Ausnahme der Einwilligung vor, wenn diese nicht praktikabel einholbar ist.

39. Bei eigen- und gruppennütziger (klinischer und epidemiologischer) Forschung ist eine Einwilligung aus ethischer und rechtlicher Sicht entbehrlich. Das Vorhandensein von Regelungen über das Vorgehen bei Nichteinwilligungsfähigen in diesen Konstellationen verdeutlicht, dass eine Einwilligung hier nicht zwingend ist.

40. Probleme ergeben sich bei der fremdnützigen Grundlagenforschung. An dieser dürfen Nichteinwilligungsfähige nicht partizipieren, um nicht instrumentalisiert zu werden. In einem Umkehrschluss könnte man daraus folgern, dass eine Einwilligung hier zwingend erforderlich ist. Auch hier gilt jedoch, dass die Gefahren bei einer Datenweiternutzung andere sind als bei der Primärerhebung und die Deklaration von Helsinki in ihrem Wortlaut überschießend ist.

41. Die fehlende Einwilligung bei der Sekundärnutzung sollte durch zusätzliche Sicherungselemente wie eine Ethikkommission, die stellvertretend für den Betroffenen die Einwilligung erteilt, ergänzt werden. Ebenso sollten partizipative Elemente für den Betroffenen in einem Datencockpit ermöglicht werden (z. B. Opt-out, Meta-Consent).

42. Die Forschungsklausel des § 27 BDSG hat ein enormes Potenzial, das sich aufgrund bestehender Unsicherheiten bislang nicht voll entfaltet. Dabei sollte § 27 BDSG derart geändert werden, dass das Wort „erheblich" im Rahmen der Interessenabwägung gestrichen wird. Die Interessenabwägung sollte aufgezeichnet und um zu prüfende Kriterien ergänzt werden. Schließlich würde eine gesetzliche Offenbarungspflicht im Verhältnis zur ärztlichen Schweigepflicht Klarheit bringen.

43. Das GDNG sollte überarbeitet werden, indem eine Regelung über Ethikkommissionen eingefügt und die Regelung des § 287a SGB V a. F. eingefügt wird.

Literaturverzeichnis

Albers, Marion/*Veit*, Raoul-Darius, in: Heinrich Amadeus Wolff/Stefan Brink/Antje v. Ungern-Sternberg (Hrsg.), BeckOK DatenschutzR; 53. Aufl., München v. 1.8.2025.

Alexy, Robert: Theorie der Grundrechte, Baden-Baden 1985.

Appenzeller, Arno/*Bretthauer*, Sebastian/*Birnstill*, Pascal: Datensouveränität für Patienten im Gesundheitswesen, in: DuD 2021, 173–179.

Arning, Marian Alexander/*Rothkegel*, Tobias, in: Jürgen Taeger/Detlev Gabel (Hrsg.), DSGVO – BDSG – TTDSG; 4. Aufl., Frankfurt 2022.

Article 29 Data Protection Working Party: Advice paper on special categories of data („sensitive data"), 2011, zuletzt abgerufen am 1.11.2025, https://tinyurl.com/348cbkyj.

Artikel-29-Datenschutzgruppe: Leitlinien in Bezug auf die Einwilligung gemäß Verordnung 2016/679, WP259 rev.01, 2017, zuletzt abgerufen am 1.11.2025, https://tinyurl.com/rprw3h7r.

Artikel-29-Datenschutzgruppe: Stellungnahme 5/2014 zu Anonymisierungstechniken, WP216, 2014, zuletzt abgerufen am 1.11.2025, https://tinyurl.com/72bwch8t.

Ärztezeitung: Patienten zur ePA: Aus Unwissenheit wächst Skepsis, 18.6.2021, zuletzt abgerufen am 1.11.2025, https://tinyurl.com/3c4ptnn3.

Aufenanger, Stefan/*Götz*, Margarete: Gruppennützige Forschung mit nichteinwilligungsfähigen Personen, in: Erziehungswissenschaft 2020, 21–28.

Augsberg, Ino, in: Hans von der Groeben/Jürgen Schwarze/Armin Hatje (Hrsg.), EUV/AEUV/GRC; 7. Aufl., Baden-Baden 2015.

Bäcker, Matthias, in: Bernhard W. Wegener (Hrsg.), EnzEur. Bd. 8; 2. Aufl., Baden-Baden 2021.

Barczak, Tristan, in: Frauke Brosius-Gersdorf (Hrsg.), Dreier, GG; 4. Aufl., Tübingen 2023.

Barendt, Eric: Academic Freedom and the Law: A Comparative Study, London 2010.

Bender-Säbelkampf, Sophia/*Troschütz*, Stephan/*Graw*, Matthias u. a.: Effekte des Organspendeskandals 2012 auf die Gewebespende am Institut für Rechtsmedizin München, in: Rechtsmedizin 2022, 452–457.

Bering, Sebastian: Solange bis Vergessen – Kritische Analyse der Entwicklung der gegenwärtigen Position der BVerfG-Rechtsprechung zum Verhältnis von EU-Recht und den Grundrechten des Grundgesetzes, in: Christian Tietje (Hrsg.), Beiträge zum Europa- und Völkerrecht Heft 21, Halle (Saale) 2020.

Berndt, Christina: „Besserer Datenschutz ist eine moralische Pflicht", Süddeutsche Zeitung v. 8.12.2022, zuletzt abgerufen am 1.11.2025, https://tinyurl.com/2p3u97zf.

Bernhardt, Ute/*Ruhmann*, Ingo/*Weichert*, Thilo: Netzwerk Datenschutzexpertise – Die Forschungsklauseln im neuen Datenschutzrecht, 2018, zuletzt abgerufen am 1. 11. 2025, https://tinyurl.com/mw2nadxk.

Bernsdorff, Norbert, in: Jürgen Meyer/Sven Hölscheidt (Hrsg.): GRC; 6. Aufl., Baden-Baden 2024.

Berry, Anna: Die Ethisierung des Rechts – Ethikkommissionen als Beispiel gelungener rechtlicher Interdisziplinarität, in: Larissa Bahmer/Clarissa Barth/Hannah Franz u. a. (Hrsg.), Interaktionen: Internationalität, Intra- und Interdisziplinarität, Baden-Baden 2024.

Berry, Anna: Kein gehobener Datenschatz für medizinische Forschung, in: DuD 2025, 115–119.

Berry, Anna: Vereinfachung der medizinischen Forschung durch Nutzung von Datenbeständen der elektronischen Patientenakte? Das Potential des § 363 Abs. 8 SGB V im Gefüge des Datenschutzrechtes, in: GesR 2021, 553–556.

Beyvers, Eva Miriam/*Gärtner*, Hauke/*Kipker*, Dennis-Kenji: Data Processing for research Purposes, in: PinG 2015, 241–249.

BfArM: FAQ und Glossar, 2023, zuletzt abgerufen am 1. 11. 2025, https://tinyurl.com/mrxd7j6j.

BfDI: Positionspapier zur Anonymisierung unter der DSGVO unter besonderer Berücksichtigung der TK-Branche, 2020, zuletzt abgerufen am 1. 11. 2025, https://tinyurl.com/279csdwc.

BfDI: Tätigkeitsbericht 2022, zuletzt abgerufen am 1. 11. 2025, https://tinyurl.com/hymyhp2n.

BGH: Auskunft über Bestandsdaten auch bei Individualkommunikation, in: NJW 2020, 536–543.

BGH: Haftung des Arztes wegen Information über Erbkrankheit des geschiedenen Ehepartners, in: NJW 2014, 2190–2192.

Bizer, Johann: Forschungsfreiheit und Informationelle Selbstbestimmung – Gesetzliche Forschungsregelungen zwischen grundrechtlicher Förderungspflicht und grundrechtlichem Abwehrrecht, Baden-Baden 1992.

Blankertz, Aline/*Specht*, Louisa: Wie eine Regulierung für Datentreuhänder aussehen sollte, 2021, zuletzt abgerufen am 1. 11. 2025, https://tinyurl.com/3cx7643d.

Blecha, Sebastian/*Thomann-Hackner*, Kathrin/*Brandstetter*, Susanne u. a.: Die Rolle von Ethikkommissionen für die nationale Versorgungsforschung – eine Querschnittstudie des Aufwandes zur Erlangung von Sekundärvoten anhand der DACAPO-Studie, in: Dtsch Med Wochenschr 2015; 140, e186–e193.

Blobel, Bernd/*Koeppe*, David: Handbuch Datenschutz und Datensicherheit im Gesundheits- und Sozialwesen, 4. Aufl., Frechen 2016.

Bochnik, Hans Joachim: Bestehen Datenschützer auf Forschungsblockaden? – Zur Ablehnung eines „medizinischen Forschungsgeheimnisses“ durch Thilo Weichert, in: MedR 1996, 262–264.

Bochnik, Hans Joachim: Ein „medizinisches Forschungsgeheimnis“ im Datenschutzgesetz könnte deutsche Forschungsblockaden beseitigen, in: MedR 1994, 398–400.

Bochnik, Hans Joachim: Patientendaten als Grundlagen medizinischen Fortschritts, in: Georg Dhom (Hrsg.), Epidemiologische Forschung und Datenschutz in der Medizin: Symposium der Akademie der Wissenschaften und der Literatur, Mainz am 22.–23. Februar 1991, Stuttgart 1992.

Boehm, Franziska/*Hallinan*, Dara: Der besondere Schutz der Forschung in der Datenschutz-Grundverordnung, in: Alexander Roßnagel/Astrid Wallmann (Hrsg.), Stärkung der Forschung durch Datenschutz, Baden-Baden 2023.

Boehme-Neßler, Volker: Das Ende der Anonymität – Wie Big Data das Datenschutzrecht verändert, in: DuD 2016, 419–423.

Bomhard, David: Der Anwendungsbereich des Data Act, in: MMR 2024, 71–75.

Böning, Fabiola: EHDS: Ein ambitioniertes Projekt mit Folgefragen, in: ZD-Aktuell 2024, 01695.

Böning, Fabiola/*Riechert*, Anne: Der europäische Gesundheitsdatenraum: Ein Paradigmenwechsel in der Verarbeitung von Gesundheitsdaten?, in: Steffen Augsberg/Marcus Düwell/Benjamin Müller (Hrsg.), Datenzugangsregeln – Zwischen Freigabe und Kontrolle, Frankfurt 2024.

Bonita, Ruth/*Beaglehole*, Robert/*Kjellström*, Tord: Einführung in die Epidemiologie, 3. Aufl., Bern 2013.

Borges, Georg: Der Mann mit der Brille und die DSGVO – Der Begriff des Gesundheitsdatums, in: RW 2023, 159–198.

Borowsky, Martin, in: Jürgen Meyer/Sven Hölscheidt (Hrsg.), GRC; 6. Aufl., Baden-Baden 2024.

Bretthauer, Sebastian, in: Louisa Specht/Reto Mantz (Hrsg.), DatenschutzR-HdB; München 2019.

Bronner, Pascal/*Wiedemann*, Fabian: Rechtmäßigkeit der Datenverarbeitung bei wissenschaftlichtlicher Forschung an staatlichen Hochschulen, in: ZD 2023, 77–85.

Buchheim, Johannes: Die elektronische Patientenakte als Datenfundus für Pharmaindustrie und Gesundheitssektor, in: PharmR 2022, 546–555.

Buchner, Benedikt: Forschungsdaten effektiver nutzen – Zur Diskussion um ein künftiges Forschungsdatengesetz, in: DuD 2022, 555–560.

Buchner, Benedikt/*Kipker*, Dennis-Kenji: Datenschutz und Forschungsfreiheit, in: Christian Lenk/Gunnar Duttge/Heiner Fangerau (Hrsg.), Handbuch Ethik und Recht der Forschung am Menschen, Heidelberg 2014.

Buchner, Benedikt/*Kühling*, Jürgen, in: Jürgen Kühling/Benedikt Buchner (Hrsg.), DS-GVO/BDSG; 4. Aufl., München 2024.

Buchner, Benedikt/*Petri*, Thomas, in: Jürgen Kühling/Benedikt Buchner (Hrsg.), DS-GVO/BDSG; 4. Aufl., München 2024.

Buchner, Benedikt/*Tinnefeld*, Marie-Theres, in: Jürgen Kühling/Benedikt Buchner (Hrsg.), DS-GVO/BDSG; 4. Aufl., München 2024.

Bundesärztekammer: Hinweise und Empfehlungen zur ärztlichen Schweigepflicht, Datenschutz und Datenverarbeitung in der Arztpraxis, in: Deutsches Ärzteblatt 2018, A1–A22.

Bundesärztekammer: (Muster-)Berufsordnung für die in Deutschland tätigen Ärztinnen und Ärzte, 1997, in der Fassung v. 9.5.2024, zuletzt abgerufen am 1.11.2025, https://tinyurl.com/5zs8d6z6.

Burchardt, Dana: Die Ausübung der Identitätskontrolle durch das Bundesverfassungsgericht – Zugleich Besprechung des Beschlusses 2 BvR 2735/14 des BVerfG vom 15.12.2015 („Solange III"/„Europäischer Haftbefehl II"), in: ZaöRV 2016, 527–551.

Büscher, Maximilian/*Gutjahr*, Amina/*Hornung*, Gerrit u. a.: Abschreckungseffekte und Überwachungsgefühl im Datenschutzrecht – Auswirkungen auf betroffene Personen, in: DuD 2023, 503–512.

Calliess, Christian, in: Christian Calliess/Matthias Ruffert (Hrsg.): EUV/AEUV; 6. Aufl., München 2022.

Calliess, Christian, in: Günter Dürig/Roman Herzog/Rupert Scholz (Hrsg.): GG; München 107. EL März 2025.

Cepic, Michael: Broad Consent: Die erweiterte Einwilligung in der Forschung, in: ZD-Aktuell 2021, 05214.

Cierniak, Jürgen/*Niehaus*, Holger, in: Volker Erb/Jürgen Schäfer (Hrsg.), MüKo-StGB; 5. Aufl., München 2025.

Coelln, Christian von: § 124 Wissenschaftsfreiheit, in: Klaus Stern/Helge Sodan/Markus Möstl (Hrsg.), StaatsR IV, München 2022.

Cornelius, Kai: Die Bereitstellung humaner Alt-Bioproben durch eine Biobank zu Zwecken der medizinischen Genomforschung, in: MedR 2017, 15–20.

Cornils, Matthias, in: Christoph Grabenwarter (Hrsg.), EnzEur Bd. 2; 2. Aufl., Baden-Baden 2022.

Cremer, Hans-Joachim, in: Christoph Grabenwarter (Hrsg.), EnzEur Bd. 2; 2. Aufl., Baden-Baden 2022.

Daiber, Birgit, in: Jens Meyer-Ladewig/Martin Nettesheim/Stefan von Raumer (Hrsg.), HK-EMRK; 5. Aufl., Baden-Baden 2023.

Datenethikkommission: Gutachten, 2019, zuletzt abgerufen am 1.11.2025, https://tinyurl.com/yx5x79c3.

Depenheuer, Otto: § 194 Solidarität und Freiheit, in: Josef Isensee/Paul Kirchhof (Hrsg.), Handbuch des Staatsrechts Bd. IX: Allgemeine Grundrechtslehren, Heidelberg 2011.

Deutscher Ethikrat: Big Data und Gesundheit – Datensouveränität als informationelle Freiheitsgestaltung – Stellungnahme, Berlin 2018.

Di Fabio, Udo, in: Günter Dürig/Roman Herzog/Rupert Scholz (Hrsg.), GG; München 107. EL März 2025.

Dierks, Christian/*Kircher*, Philipp/*Husemann*, Charlotte u. a.: Data Privacy in European Medical Research: A Contemporary Legal Opinion, Berlin 2021.

Dierks, Christian/*Kircher*, Philipp/*Husemann*, Charlotte u. a.: Rechtsgutachten – Lösungsvorschläge für ein neues Gesundheitsforschungsdatenschutzrecht in Bund und Ländern, 2019, zuletzt abgerufen am 1.11.2025, https://tinyurl.com/mrxp3jdv.

Dierks, Christian/*Roßnagel*, Alexander: Sekundärnutzung von Sozial- und Gesundheitsdaten – Rechtliche Rahmenbedingungen, Berlin 2019.

Dix, Alexander, in: Spiros Simitis/Gerrit Hornung/Indra Spiecker gen. Döhmann (Hrsg.), Datenschutzrecht; 2. Aufl., Baden-Baden 2025.

Dochow, Carsten: Gesundheitsdatenschutz gemäß der EU-Datenschutzgrundverordnung, in: GesR 2016, 401–409.

Dochow, Carsten: Grundlagen und normativer Rahmen der Telematik im Gesundheitswesen – Zugleich eine Betrachtung des Systems der Schutzebenen des Gesundheitsdaten- und Patientenschutzrechtes, Baden-Baden 2017.

Dochow, Carsten: Opt-ionen für die elektronische Patientenakte – Einwilligungs- oder Widerspruchsmodell?, in: DuD 2022, 747–755.

Dochow, Carsten: Opt-out für die elektronische Patientenakte und die ärztliche Schweigepflicht, in: MedR 2023, 608–620.

Doppelfeld, Elmar/*Hasford*, Joerg: Medizinische Ethikkommissionen in der Bundesrepublik Deutschland: Entstehung und Einbindung in die medizinische Forschung, in: Bundesgesundheitsbl. 2019, 682–689.

Dorneck, Carina/*Gassner*, Ulrich M./*Kersten*, Jens u. a.: Contextual Consent – Selbstbestimmung diesseits der Illusionen des Medizinrechts, in: MedR 2019, 431–439.

DSK: Beschluss der 97. Konferenz der unabhängigen Datenschutzaufsichtsbehörde des Bundes und der Länder zur Auslegung des Begriffs „bestimmte Bereiche wissenschaftlicher Forschung" im Erwägungsgrund 33 der DS-GVO, 2019, zuletzt abgerufen am 1. 11. 2025, https://tinyurl.com/yeysf6jt.

DSK: Beschluss der Konferenz der unabhängigen Datenschutzaufsichtsbehörden des Bundes und der Länder zu den Einwilligungsdokumenten der Medizininformatik-Initiative des Bundesministeriums für Bildung und Forschung, 2020, zuletzt abgerufen am 1. 11. 2025, https://tinyurl.com/rnw4ukp2.

DSK: Datenschutzkonforme Verarbeitung von Gesundheitsdaten in der wissenschaftlichen Forschung, in: ZD-Aktuell 2022, 01417.

DSK: Petersberger Erklärung zur datenschutzkonformen Verarbeitung von Gesundheitsdaten in der wissenschaftlichen Forschung, 2022, zuletzt abgerufen am 1. 11. 2025, https://tinyurl.com/8yuk9w5v.

Duisberg, Alexander, in: Georg Borges/Ulrich Keil (Hrsg.), Big Data – Grundlagen, Rechtsfragen, Vertragspraxis, Baden-Baden 2024.

Eckart, Wolfgang U.: Geschichte, Theorie und Ethik der Medizin, 9. Aufl. Berlin 2021.

Ehlers, Dirk, in: Reiner Schulze/André Janssen/Stefan Kadelbach (Hrsg.), Europarecht – Handbuch für die deutsche Rechtspraxis; 4. Aufl., Baden-Baden 2020.

Ehlers, Dirk/*Germelmann*, Claas Friedrich, in: Dirk Ehlers/Claas Friedrich Germelmann (Hrsg.), Europäische Grundrechte und Grundfreiheiten; 5. Aufl., Berlin/Boston 2023.

Eibach, Gerhard, in: Indra Spiecker gen. Döhmann/Sebastian Bretthauer (Hrsg.), Dokumentation zum Datenschutz; 92. Aufl., Baden-Baden 2023.

Eichberger, Michael, in: Peter M. Huber/Andreas Voßkuhle (Hrsg.), GG-Kommentar Bd. 1; 8. Aufl., München 2024.

Eichenhofer, Johannes: Die elektronische Patientenakte – aus sozial-, datenschutz- und verfassungsrechtlicher Sicht, in: NVwZ 2021, 1090–1094.

Engeler, Malte: Der Konflikt zwischen Datenmarkt und Datenschutz, in: NJW 2022, 3398–3405.

Engelke, Karsten/*Kipker*, Dennis-Kenji/*Voskamp*, Friederike: A. Sozialdatenschutz – Allgemeiner Teil, Kap. 1 Allgemeiner Teil, in: Dennis-Kenji Kipker/Friederike Voskamp (Hrsg.), Sozialdatenschutz in der Praxis, Baden-Baden 2021.

Europarat: Übereinkommen zum Schutz des Menschen bei der automatischen Verarbeitung personenbezogener Daten, 1981, zuletzt abgerufen am 1.11.2025, https://rm.coe.int/1680078b38.

European Data Protection Board: Guidelines 01/2025 on Pseudonymisation, 2025, zuletzt abgerufen am 1.11.2025, https://tinyurl.com/4nxrsmse.

European Data Protection Board: Leitlinien 3/2020 für die Verarbeitung von Gesundheitsdaten für wissenschaftliche Forschungszwecke im Zusammenhang mit dem COVID-19-Ausbruch, 2020, zuletzt abgerufen am 1.11.2025, https://tinyurl.com/3vp974rk.

European Data Protection Board: Leitlinien 05/2020 zur Einwilligung gemäß Verordnung 2016/679 Version 1.1, 2020, zuletzt abgerufen am 1.11.2025, https://tinyurl.com/pua4upuu.

Federrath, Hannes: Datenschutzwahrende Methoden der Forschungsdatenverarbeitung, in: Alexander Roßnagel/Astrid Wallmann (Hrsg.), Stärkung der Forschung durch Datenschutz, Baden-Baden 2023.

Fehling, Michael: Ethikkommissionen: Gefahr oder Chance für die Wissenschaftsfreiheit, in: OdW 2021, 103–115.

Fehling, Michael: Gesetzgebungskompetenzen im Verfassungsrecht und im Unionsrecht, in: JA 2016, 498–510.

Fehling, Michael/*Tormin*, Miriam/*Wendelborn*, Christian u. a.: Forschungsförderorganisationen in der Verantwortung zwischen Data Sharing und dem Schutz von Datensubjekten, in: MedR 2023, 869–878.

Feth, Denis/*Rauch*, Bernd: Datentreuhänder in der Praxis – Vertrauensvoller Austausch zwischen Datengebern und -nutzern mittels Datentreuhändern, in: DuD 2024, 103–109.

Flick, Johanna: Alle Jahre wieder – Erneuter Anlauf für die Einführung einer Widerspruchslösung im Transplantationsgesetz?, in: MedR 2023, 287–292.

Freiherr von Ulmenstein, Ulrich, Datensouveränität durch repräsentative Rechtswahrnehmung – Begriffliche Prägung und normative Gestaltung sogenannter „Datentreuhänder", in: DuD 2020, 528–534.

Freiherr von Ulmenstein, Ulrich: Spende personenbzeogener Daten, in: PinG 2020, 47–52.

Frenzel, Eike Michael: in: Boris P. Paal/Daniel A. Pauly (Hrsg.), DS-GVO/BDSG; 3. Aufl., München 2021.

Freye, Merle/*Buchner*, Benedikt: Digitale Gesundheitstechnologien – das Recht als Hemmschuh oder Wegbereiter?, in: Bundesgesundheitsbl. 2024, 285–291.

Frick, Marie-Luisa: Umkämpfte Wissenschaft, komplizierte Freiheit. Ein philosophischer Beitrag zur Debatte um die Lage der Wissenschaftsfreiheit, in: ZfP (Sonderband 10) 2022, 55–71.

Fricke, Anno: Datenschutz in Europa bremst den Kampf gegen Krebs ab, ÄrzteZeitung v. 11.2.2022., zuletzt abgerufen am 1.11.2025, https://tinyurl.com/5n7nhzzs.

Fröhlich, Wiebke/*Spiecker gen. Döhmann*, Indra: Die breite Einwilligung (Broad Consent) in die Datenverarbeitung zu medizinischen Forschungszwecken – der aktuelle Irrweg der MII, in: GesR 2022, 346–353.

Gärditz, Klaus Ferdinand, in: Dürig/Herzog/Scholz (Hrsg.), GG; München 107. EL März 2025.

Gärditz, Klaus Ferdinand: Beschlagnahmeverbot, Zeugnisverweigerungsrechte und Wissenschaftsfreiheit im Strafprozess, in: StV 2020, 716–721.

Gärditz, Klaus Ferdinand: Die politische Grammatik der Wissenschaftsfreiheit, in: APuZ 2021 (46), 10–16.

Gärditz, Klaus Ferdinand: Forschungsfreiheit, in: Christian Lenk/Gunnar Duttge/Heiner Fangerau (Hrsg.), Handbuch Ethik und Recht der Forschung am Menschen, Heidelberg 2014.

Gassner, Ulrich M.: Essentialia eines Gesundheitsdatennutzungsgesetzes, in: ZRP 2023, 34–37.

Gassner, Ulrich M.: Informed Consent und Digital Health, in: Stiftung Datenschutz (Hrsg.), Big Data und E-Health, Berlin 2017.

Geiger, Andreas: Die Einwilligung in die Verarbeitung von persönlichen Daten als Ausübung des Rechts auf informationelle Selbstbestimmung, in: NVwZ 1989, 35–38.

Geminn, Christian L.: Wissenschaftliche Forschung und Datenschutz – Neuerungen durch die Datenschutz-Grundverordnung, in: DuD 2018, 640–646.

Gerst, Christoph/*Zier*, Angelina/*Ahmed*, Raees: Das Verhältnis der Datenschutzgrundverordnung zur Verordnung über klinische Prüfungen, im Hinblick auf die Einwilligungserfordernisse, in: MedR 2023, 275–286.

Gerst, Christoph/*Geyken*, Sven/*Ahmed*, Raees: Die Bereitstellung von Daten aus klinischen Prüfungen, in: MedR 2023, 204–210.

Gola, Peter, in: Peter Gola/Dirk Heckmann (Hrsg.), DS-GVO/BDSG; 3. Aufl., München 2022.

Gola, Peter/*Reif*, Yvette, in: Peter Gola/Dirk Heckmann (Hrsg.), DS-GVO/BDSG; 3. Aufl., München 2022.

Golla, Sebastian, in: Louisa Specht/Reto Mantz (Hrsg.), DatenschutzR-HdB, München 2019.

Gordon-Dseugo, Vanessa: Types of Primary Medical Research, 2019, zuletzt abgerufen am 1.11.2025, https://openmd.com/guide/medical-research.

Grabenwarter, Christoph, in: Christoph Grabenwarter (Hrsg.), EnzEur Bd. 2; 2. Aufl., Baden-Baden 2022.

Grabenwarter, Christoph, in: Detlef Merten/Hans-Jürgen Papier (Hrsg.), HGR VI/2, Heidelberg 2009.

Grabenwarter, Christoph/*Pabel*, Katharina: Europäische Menschenrechtskonvention, Ein Studienbuch, 7. Aufl. München 2021.

Graf von Kielmansegg, Sebastian: Der „Broad Consent“ in der medizinischen Forschung – kein datenschutzrechtlicher „Irrweg“, in: GesR 2023, 681–689.

Graf von Kielmansegg, Sebastian: Forschungsklauseln, Register und Datenbanken, in: GesR 2022, 409–414.

Graf von Kielmansegg, Sebastian: Gesetzgebung im Windschatten der Pandemie: § 287a SGB V und der Datenschutz in der Gesundheitsforschung, in: VerwArch 2021, 133–168.

Graf von Kielmansegg, Sebastian/*Benda*, Norbert/*Grass*, Guido u. a., in: Bundesgesundheitsbl. 2019, 706–712.

Graumann, Sigrid: Freiwillige und informierte Einwilligung – ein forschungsethisches Auslaufmodell?, in: JRE 2007, 291–305.

Graumann, Sigrid: Fremdnützige Forschung nur mit eigener, gegebenenfalls assistierter Einwilligung?, in: Valentin Aichele (Hrsg.), Das Menschenrecht auf gleiche Anerkennung vor dem Recht, Baden-Baden 2013.

Grimm, Dieter, in: Detlef Merten/Hans-Jürgen Papier (Hrsg.), HGR VI/2, Heidelberg 2009.

Grimm, Dieter: Der Datenschutz vor einer Neuorientierung, in: JZ 2013, 585–636.

Grimm, Dieter: Gemeinwohl in der Rechtsprechung des Bundesverfassungsgerichts, in: Herfried Münkler/Karsten Fischer (Hrsg.), Gemeinwohl und Gemeinsinn im Recht – Konkretisierung und Realisierung öffentlicher Interessen, Berlin 2002.

Grote, Rainer/*Wenzel*, Nicola, in: Oliver Dörr/Rainer Grote/Thilo Marauhn (Hrsg.), EMRK/GG Bd. I; 3. Aufl., Tübingen 2022.

Grzeszick, Bernd: Nationale Parlamente und EU-Datenschutzgrundverordnung, in: NVwZ 2018, 1505–1512.

Günay, Buket: Biometrische Daten aus der Perspektive der DSGVO, in: DuD 2023, 96–99.

Gundel, Jörg, in: Christoph Grabenwarter (Hrsg.), EnzEur Bd. 2; 2. Aufl., Baden-Baden 2022.

Gusy, Christoph/*Eichenhofer*, Johannes, in: Heinrich Amadeus Wolff/Stefan Brink/Antje v. Ungern-Sternberg (Hrsg.), BeckOK DatenschutzR; 53. Aufl., München v. 1.8.2025.

Hagen, Prisca von/*Völzmann*, Lisa: Datenaltruismus aus datenschutzrechtlicher Perspektive – Wechselwirkungen zwischen DGA und DSGVO, in: MMR 2022, 176–181.

Hahn, Erik: Das „Recht auf Nichtwissen“ des Patienten bei algorithmengesteuerter Auswertung von Big Data, in: MedR 2019, 197–202.

Hailbronner, Kay: Die Freiheit der Forschung und Lehre als Funktionsgrundrecht, Hamburg 1979.

Haimberger, Klara: Datenschutz in der medizinischen und pharmazeutischen Forschung, Wien 2021.

Haltern, Ulrich: Europarecht Bd. II, 3. Aufl. Tübingen 2017.

Hammer, Felix, in: Gernot Sydow (Hrsg.), HK-Kirchliches Datenschutzrecht, Baden-Baden 2021.

Hansen, Marit, in: Heinrich Amadeus Wolff/Stefan Brink/Antje v. Ungern-Sternberg (Hrsg.), BeckOK DatenschutzR; 53. Aufl., München v. 1.8.2025.

Haratsch, Andreas: Die *Solange*-Rechtsprechung des Europäischen Gerichtshofs für Menschenrechte – Das Kooperationsverhältnis zwischen EGMR und EuGH, in: ZaöRV 2006, 927–947.

Heckmann, Dirk/*Paschke*, Anne: § 103 Datenschutz, in: Klaus Stern/Helge Sodan/Markus Möstl (Hrsg.), StaatsR IV; 2. Aufl., München 2022.

Heller, Piotr: Wenn Datenschutz den medizinischen Fortschritt gefährdet, Frankfurter Allgemeine Zeitung v. 7.5.2021., zuletzt abgerufen am 1.11.2025, https://www.faz.net/-gx3-abgcs.

Hennemann, Moritz, in: HK-DA/DGA; 2. Aufl., Baden-Baden 2025.

Herbst, Tobias, in: Anne Körner/Martin Krasney/Bernd Mutschler, u. a. (Hrsg.), BeckOGK SGB X; München Stand: 15.5.2025.

Herbst, Tobias, in: Jürgen Kühling/Benedikt Buchner (Hrsg.), DS-GVO/BDSG; 4. Aufl., München 2024.

Herbst, Tobias: Autonomie und broad consent in der medizinischen Forschung, in: RphZ 2019, 271–287.

Herbst, Tobias: Rechtliche und ethische Probleme des Umgangs mit Proben und Daten bei großen Biobanken, in: DuD 2016, 371–375.

Herrmann, Christoph/*Michl*, Walther: Examens-Repetitorium Europarecht, 8. Aufl. Heidelberg 2022.

Heselhaus, Sebastian, in: Matthias Pechstein/Carsten Nowak/Ulrich Häde (Hrsg.), Frankfurter Kommentar; 2. Aufl., Tübingen 2023.

Hevers, Erik: Informationszugangsansprüche des forschenden Wissenschaftlers, Berlin 2015.

Hilgendorf, Eric: Vom Datenschutz zum Datenhandel – Friktionen in der europäischen Digitalpolitik, in: Alexander Roßnagel/Astrid Wallmann (Hrsg.), Stärkung der Forschung durch Datenschutz, Baden-Baden 2023.

Hobe, Stephan/*Fremuth*, Michael Lysander: Europarecht, 11. Aufl. München 2023.

Hochschulmedizin, Deutsche: Medizinische Forschung braucht Patientendaten, Faktenblätter 3, 2016, zuletzt abgerufen am 1.11.2025, https://tinyurl.com/czwb794s.

Hoepman, Jaap-Henk: Privacy Design Strategies (The Little Blue Book), 2022.

Hoffmann, Jan Martin: Unionsgrundrechte als verfassungsrechtlicher Prüfungsmaßstab, in: NVwZ 2020, 33–37.

Hoffmann-Riem, Wolfgang: Rechtliche Rahmenbedingungen für und regulative Herausforderungen durch Big Data, in: Wolfgang Hoffmann-Riem (Hrsg.), Big Data – Regulative Herausforderungen, Baden-Baden 2018.

Hofmann, Sebastian: Forschungsklauseln statt *Broad Consent* – Sekundärnutzung von Patientendaten ohne Einwilligung, dafür mit Opt-Out, in: DuD 2022, 756–761.

Holoubek, Michael, in: Christoph Grabenwarter (Hrsg.), EnzEur Bd. 2; 2. Aufl., Baden-Baden 2022.

Honer, Mathias: Die Grundrechte der EU-Grundrechtecharta, in: JA 2021, 219–224.

Hoppe, Tilman, in: Jürgen Meyer/Sven Hölscheidt (Hrsg.), GRC; 6. Aufl., Baden-Baden 2024.

Hornung, Gerrit: Erosion traditioneller Prinzipien des Datenschutzrechts durch Big Data, in: Wolfgang Hoffmann-Riem (Hrsg.), Big Data – Regulative Herausforderungen, Baden-Baden 2018.

Hornung, Gerrit/*Wagner*, Bernd: Anonymisierung als datenschutzrelevante Verarbeitung? Rechtliche Anforderungen und Grenzen für die Anonymisierung personenbezogener Daten, in: ZD 2020, 223–228.

Hornung, Gerrit/*Schomberg*, Sabrina: Datensouveränität im Spannungsfeld zwischen Datenschutz und Datennutzung: das Beispiel des Data Governance Acts, in: CR 2022, 508–516.

Huber, Ernst Rudolf: Grundrechte im Bismarckschen Reichssystem, in: Horst Ehmke/Joseph H. Kaiser/Wilhelm A. Kewenig, u. a. (Hrsg.), FS für Ulrich Scheuner, Berlin 1973.

Huber, Fabian, in: Andreas Spickhoff/Boris Handorn (Hrsg.), Medizinisches ForschungsR-HdB, München 2024.

Hufen, Friedhelm: StaatsR II, 10. Aufl. München 2023.

Hummel, Patrik/*Braun*, Matthias/*Augsberg*, Steffen u. a.: Datensouveränität – Governance-Ansätze für den Gesundheitsbereich, Wiesbaden 2021.

Isensee, Josef: § 191 Das Grundrecht als Abwehrrecht und als staatliche Schutzpflicht, in: Josef Isensee/Paul Kirchhof (Hrsg.), Handbuch des Staatsrechts Bd. IX: Allgemeine Grundrechtslehren, Heidelberg 2011.

Jandt, Silke, in: Jürgen Kühling/Benedikt Buchner (Hrsg.), DS-GVO/BDSG; 4. Aufl., München 2024.

Jarass, Hans D., in: Hans D. Jarass (Hrsg.), GRC; 4. Aufl., München 2021.

Jarass, Hans D., in: Hans D. Jarass/Martin Kment (Hrsg.), Jarass/Pieroth, GG; 18. Aufl., München 2024.

Jaspers, Andreas/*Schwartmann*, Rolf/*Mühlenbeck*, Robin L., in: Rolf Schwartmann/Andreas Jaspers/Gregor Thüsing, u. a. (Hrsg.), DS-GVO/BDSG; 3. Aufl., Heidelberg 2024.

Jassoy, Christian/*Eilers*, Jens-Karl/*Sönnichsen*, Andreas: Wissenschaftskompetenz in der Medizin, Stuttgart 2022.

Jendges, Susanne/*Koeppe*, David/*Letter*, Michael u. a.: Datenschutz bei klinischen Studien, 2019, zuletzt abgerufen am 1. 11. 2025, https://tinyurl.com/b26rft8d.

Johann, Christian, in: Ulrich Karpenstein/Franz C. Mayer (Hrsg.), EMRK; 3. Aufl., München 2022.

Jungkunz, Martin/*Köngeter*, Anja/*Winkler*, Eva C. u. a.: Sekundärnutzung klinischer Daten in datensammelnden, nicht-interventionellen Forschungs- oder Lernaktivitäten – Begriff, Studientypen und ethische Herausforderungen, in: Gesine Richter/Wulf Loh/Alena Buyx, u. a. (Hrsg.), Datenreiche Medizin und das Problem der Einwilligung – Ethische, rechtliche und sozialwissenschaftliche Perspektiven, Heidelberg 2022.

Jungkunz, Martin/*Köngeter*, Anja/*Spitz*, Markus u. a.: Stellungnahme zur Etablierung der sekundären Forschungsnutzung von Behandlungsdaten in Deutschland, 2022, zuletzt abgerufen am 1. 11. 2025, https://tinyurl.com/3a9cptcz.

Kamann, Hans-Georg/*Braun*, Martin, in: Eugen Ehmann/Martin Selmayr (Hrsg.), DS-GVO; 3. Aufl., München 2024.

Karg, Moritz, in: Spiros Simitis/Gerrit Hornung/Indra Spiecker gen. Döhmann (Hrsg.): Datenschutzrecht; 2. Aufl., Baden-Baden 2025.

Kargl, Walter, in: Urs Kindhäuser/Ulfrid Neumann/Hans-Ullrich Paeffgen, u. a. (Hrsg.): NK-StGB; 6. Aufl., Baden-Baden 2023.

Kaye, Jane/*Whitley*, Edgar A./*Lund*, David u. a.: Dynamic consent: a patient interface for twenty-first century research networks, in: EJHG 2015, 141–146.

Kelber, Ulrich: Wissenschaftliche Forschung – selbstverständlich mit Datenschutz, in: Alexander Roßnagel/Astrid Wallmann (Hrsg.), Stärkung der Forschung durch Datenschutz, Baden-Baden 2023.

Kersten, Jens: § 54 Technische und ethische Fragen der Medizin, in: Dirk Ehlers/Michael Fehling/Herrmann Pünder (Hrsg.), Besonderes Verwaltungsrecht – Bd. 2. Heidelberg 2020.

Kingreen, Thorsten, in: Christian Calliess/Matthias Ruffert (Hrsg.), EUV/AEUV; 6. Aufl., München 2022.

Kingreen, Thorsten: Die Unionsgrundrechte, in: JURA 2014, 295–304.

Kingreen, Thorsten/*Poscher*, Ralf: Grundrechte – Staatsrecht II, 40. Aufl. Heidelberg 2024.

Kipker, Dennis-Kenji: Forschungsklauseln, in: DuD 2016, 394.

Kircher, Philipp: Der Schutz personenbezogener Gesundheitsdaten im Gesundheitswesen, Baden-Baden 2016.

Kircher, Philipp, in: Ulrich Becker/Thorsten Kingreen (Hrsg.), SGB V; 8. Aufl., München 2022.

Kircher, Philipp, in: Ulrich Becker/Thorsten Kingreen (Hrsg.), SGB V; 9. Aufl., München 2024.

Kirchhof, Ferdinand: Kooperation zwischen nationalen und europäischen Gerichten, in: EuR 2014, 267–276.

Klar, Manuel/*Kühling*, Jürgen, in: Jürgen Kühling/Benedikt Buchner (Hrsg.), DS-GVO/BDSG; 4. Aufl., München 2024.

Klatt, Matthias: Die praktische Konkordanz von Kompetenzen – Entwickelt anhand der Jurisdiktionskonflikte im europäischen Grundrechtsschutz, Tübingen 2014.

Klement, Jan Henrik, Öffentliches Interesse an Privatheit, in: JZ 2017, 161–170.

Klug, Stefanie J./*Bender*, Ralf/*Blettner*, Maria u. a.: Wichtige epidemiologische Studientypen, in: Dtsch Med Wochenschr 2004; 129, T7–T10.

Knecht, Matthias, in: Jürgen Schwarze/Ulrich Becker/Armin Hatje/Johann Schoo (Hrsg.), EU-Kommentar; 4. Aufl., Baden-Baden 2019.

Kneuper, Ralf: Anonymisierte Daten brauchen keinen Datenschutz – wirklich nicht, in: Michael Friedewald/Michael Kreutzer/Marit Hansen (Hrsg.), Selbstbestimmung, Privatheit und Datenschutz, Wiesbaden 2022.

Koalitionsparteien: Mehr Fortschritt wagen – Bündnis für Freiheit, Gerechtigkeit und Nachhaltigkeit, Koalitionsvertrag zwischen SPD, Die Grünen und FDP, 2021–2025, zuletzt abgerufen am 1.11.2025, https://tinyurl.com/242mnw5e.

Koalitionsparteien: Verantwortung für Deutschland, 2025–2029, zuletzt abgerufen am 1.11. 2025, https://tinyurl.com/2uk8pbem.

Koch, Holger/*Schütze*, Bernd/*Spyra*, Gerald u. a.: Datenschutzrechtliche Anforderungen an die medizinische Forschung unter Berücksichtigung der EU Datenschutz-Grundverordnung (DS-GVO), 2017, zuletzt abgerufen am 1.11.2025, https://tinyurl.com/ycxvr8jh.

Koch, Susanne, in: Heinrich Amadeus Wolff/Stefan Brink/Antje v. Ungern-Sternberg (Hrsg.), BeckOK DatenschutzR; 53. Aufl., München v. 1.8.2025.

Köngeter, Anja/*Schickhardt*, Christoph/*Jungkunz*, Martin u. a.: Patients' willingness to provide their clinical data for research purposes and acceptance of different consent models: findings from a representative survey of patients with cancer, in: J Med Internet Res 2022: e37665, 1–14.

Kraus, Dieter, in: Oliver Dörr/Rainer Grote/Thilo Marauhn (Hrsg.): EMRK/GG Bd. I; 3. Aufl., Tübingen 2022.

Krause, Lisa-Charlotte: Der Schutz des postmortalen Persönlichkeitsrechts im Internet: Internationale Zuständigkeit und Kollisionsrecht, Berlin 2022.

Kreitz, Benedict: Gedanken zum Schutzbereich des europäischen Datenschutzgrundrechts, in: NJOZ 2024, 65–72.

Krönke, Christoph: Die elektronische Patientenakte (ePA) im europäischen Datenschutzrechtsvergleich – Kritik der deutschen ePA-Konzeption im Liche der Patientenaktensysteme Österreichs, Estlands und Spaniens, in: NZS 2021, 949–957.

Krönke, Christoph/*Tschachler*, Elissa: Rechtswissenschaftliche Studie zum Thema Opt-out-Modelle für die Elektronische Patientenakte aus datenschutzrechtlicher Perspektive, Mai 2022, zuletzt abgerufen am 1.11.2025, https://tinyurl.com/4m74j3d5.

Krügel, Tina, in: Tina Krügel/Fabian Schmieder (Hrsg.), HK-NDSG, Baden-Baden 2023.

Krüper, Julian, in: Frauke Brosius-Gersdorf (Hrsg.), Dreier, GG; 4. Aufl., Tübingen 2023.

Kühling, Jürgen, in: Matthias Pechstein/Carsten Nowak/Ulrich Häde (Hrsg.), Frankfurter Kommentar; 2. Aufl., Tübingen 2023.

Kühling, Jürgen: Gesundheitsdatenschutzrecht im Zeitalter von „Big Data" – Zeit für eine Neukonzeption nach den Vorschlägen des Ethikrates zur Sicherung einer „Datensouveränität"?, in: DuD 2020, 182–188.

Kühling, Jürgen/*Drechsler*, Stefan: Alles „acte clair"? – Die Vorlage an den EuGH als Chance, in: NJW 2017, 2950–2955.

Kühling, Jürgen/*Klar*, Manuel: Unsicherheitsfaktor Datenschutzrecht – Das Beispiel des Personenbezugs und der Anonymität, in: NJW 2013, 3611–3617.

Kühling, Jürgen/*Martini*, Mario, Die Datenschutz-Grundverordnung: Revolution oder Evolution im europäischen und deutschen Datenschutzrecht?, in: EuZW 2016, 448–454.

Kühling, Jürgen/*Raab*, Johannes, in: Jürgen Kühling/Benedikt Buchner (Hrsg.), DS-GVO/BDSG; 4. Aufl., München 2024.

Kühling, Jürgen/*Schildbach*, Roman: Datenschutzrechtliche Spielräume für eine forschungsfreundliche digitale Gesundheitsversorgung, in: ZfDR 2024, 1–26.

Kühling, Jürgen/*Schildbach*, Roman: Die Reform der Datentransparenzvorschriften im SGB V, in: NZS 2020, 41–50.

Kühling, Jürgen/*Seidel*, Christian: Grundlagen – Allgemeiner Teil, in: Thorsten Kingreen/Jürgen Kühling (Hrsg.), Gesundheitsdatenschutzrecht, Baden-Baden 2015.

Kühling, Jürgen/*Sackmann*, Florian/*Schildbach*, Roman: Rechtsgutachten über den sozialdatenschutzrechtlichen Weiterentwicklungsbedarf im SGB V und SGB X im Hinblick auf Big-Data-Anwendungen, 2019, zuletzt abgerufen am 1.11.2025, https://tinyurl.com/uewyjjh8.

Kühling, Jürgen/*Klar*, Manuel/*Sackmann*, Florian: Datenschutzrecht, 5. Aufl. Heidelberg 2025.

Kunig, Philip/*Kämmerer*, Jörn Axel, in: Ingo von Münch/Philip Kunig (Hrsg.), GG-Kommentar Bd. I; 7. Aufl., München 2021.

Laufs, Adolf/*Rehborn*, Martin, in: Adolf Laufs/Bernd-Rüdiger Kern/Martin Rehborn (Hrsg.), Arzt-HdB; 5. Aufl., München 2019.

Lesch, Wiebke/*Richter*, Gesine/*Semler*, Sebastian C.: Daten teilen für die Forschung: Einstellungen und Perspektiven zur Datenspende in Deutschland, in: Gesine Richter/Wulf Loh/Alena Buyx, u. a. (Hrsg.), Datenreiche Medizin und das Problem der Einwilligung – Ethische, rechtliche und sozialwissenschaftliche Perspektiven, Heidelberg 2022.

Lohse, Eva: Technische Anleitung (TA), in: Klaus Weber (Hrsg.), Rechtswörterbuch, 33. Ed. München 2024.

Lorenz, Dieter, in: Wolfgang Kahl/Christian Waldhoff/Christian Walter (Hrsg.): BK Bd. 2; Heidelberg 228. EL März 2025.

Lorenz, Luisa: Die „ePA für alle" zwischen Gesundheits- und Datenschutz (Teil 1), in: GuP 2023, 132–154.

Lorenzen, Jacqueline: Grundlagen des Europarechts (Teil I): Europäische Grundrechte, in: JURA 2021, 482–491.

Loser, Kai-Uwe/*Lentzsch*, Christoph: Forschungsprivilegien im neuen Datenschutzrecht, in: Caroline Richter/Katharina Mojescik (Hrsg.), Qualitative Sekundäranalysen – Daten der Sozialforschung aufbereiten und nachnutzen, Wiesbaden 2021.

Louven, Sebastian, in: Jürgen Taeger/Detlev Gabel (Hrsg.), DSGVO – BDSG – TTDSG; 4. Aufl., Frankfurt 2022.

Ludwigs, Markus/*Sikora*, Patrick: Grundrechtsschutz im Spannungsfeld von Grundgesetz, EMRK und Grundrechtecharta, in: JuS 2017, 385–393.

Marauhn, Thilo/*Jaś-Nowopolska*, Magdalena, in: Dirk Ehlers/Claas Friedrich Germelmann (Hrsg.), Europäische Grundrechte und Grundfreiheiten; 5. Aufl., Berlin/Boston 2023.

Marsch, Nikolaus: Das europäische Datenschutzgrundrecht, Tübingen 2018.

Martini, Mario/*Hohmann*, Matthias: Der gläserne Patient: Dystopie oder Zukunftsrealität? Perspektiven datengetriebener Gesundheitsforschung unter der DS-GVO und dem Digitale-Versorgung-Gesetz, in: NJW 2020, 3573–3578.

Masing, Johannes, in: Matthias Herdegen/Johannes Masing/Ralf Poscher, u. a. (Hrsg.), VerfassungsR-HdB, München 2021.

Masing, Johannes: Einheit und Vielfalt des Europäischen Grundrechtsschutzes, in: JZ 2015, 477–487.

Masing, Johannes: Herausforderungen des Datenschutzes, in: NJW 2012, 2305–2311.

Masing, Johannes: Vorrang des Europarechts bei umsetzungsgebundenen Rechtsakten, in: NJW 2006, 264–268.

Matejek, Michael/*Kremer*, Sascha: Sensible Daten soweit das Auge reicht: Der EuGH zapft den „hidden layer" an, in: CR 2023, 218–228.

Mayen, Thomas: Der grundrechtliche Informationsanspruch des Forschers gegenüber dem Staat, Berlin 1992.

Mayer, Franz C.: Der Ultra vires-Akt, zum PSPP-Urteil des BVerfG v. 5. 5. 2020 – 2 BvR 859/15 u. a., in: JZ 2020, 725–734.

Mayer, Franz C.: Verfassungsgerichtsbarkeit, in: Armin von Bogdandy/Jürgen Bast (Hrsg.), Europäisches Verfassungsrecht, Heidelberg 2009.

Mester, Britta Alexandra, in: Jürgen Taeger/Detlev Gabel (Hrsg.), DSGVO – BDSG – TTDSG; 4. Aufl., Frankfurt 2022.

Metzger, Axel/*Schweitzer*, Heike/*Wagner*, Gerhard: Datenschutz und Datenmarkt: Grundzüge einer Marktordnung für die europäische Datenwirtschaft, in: ZfPW 2023, 227–266.

MII: Arbeitsgruppe Consent Mustertext Patienteneinwilligung, 2021, zuletzt abgerufen am 1. 11. 2025, https://tinyurl.com/2w56xu4h.

Misselwitz, Arne: Der Umgang mit Zufalls(be)funden bei der ärztlichen Behandlung aus rechtlicher Sicht, in: GesR 2023, 694–700.

Molnár-Gábor, Fruzsina: Ausgestaltung der Einwilligung in die Datenspende für die Gesundheitsforschung – Der Blick auf Europa, in: DuD 2021, 799–805.

Morlok, Martin: Selbstverständnis als Rechtskriterium, Tübingen 1993.

Müller-Jung, Joachim: Immer mehr Gesundheitsdaten – Ein digitaler Sommer für Deutschlands Medizin, Frankfurter Allgemeine Zeitung v. 2. 5. 2022, zuletzt abgerufen am 1. 11. 2025, https://tinyurl.com/57xtw478.

Müri, Walter: Der Arzt im Altertum – Griechische und lateinische Quellenstücke von Hippokrates bis Galen mit der Übertragung ins Deutsche, 6. Aufl., Zürich 2001.

Nabulsi, Selma: Alles sensibel? Die aktuelle Rechtsprechung des EuGH zu Art. 9 Abs. 1 DSGVO, in: PinG 2024, 12–16.

Nettesheim, Martin, in: Eberhard Grabitz/Meinhard Hilf/Martin Nettesheim (Hrsg.), Das Recht der Europäischen Union, München 85. EL Mai 2025.

Nettesheim, Martin: Die Kompetenzordnung im Vertrag über eine Verfassung für Europa, in: EuR 2004, 511–546.

Nettesheim, Martin: Kompetenzen, in: Armin von Bogdandy/Jürgen Bast (Hrsg.), Europäisches Verfassungsrecht, Heidelberg 2009.

Neuner, Jörg: Das Recht auf Uninformiertheit – Zum privatrechtlichen Schutz der negativen Informationsfreiheit, in: ZfpW 2015, 257–281.

Niemeyer, Anna/*Semler*, Sebastian C./*Veit*, Christof u. a.: Gutachten zur Weiterentwicklung medizinischer Register zur Verbesserung der Dateneinspeisung und -anschlussfähigkeit, 2021, zuletzt abgerufen am 1. 11. 2025, https://tinyurl.com/yc8abwm3.

Nowak, Carsten, in: Matthias Pechstein/Carsten Nowak/Ulrich Häde (Hrsg.), Frankfurter Kommentar; 2. Aufl., Tübingen 2023.

Ooyen, Robert Chr. van: Die Staatstheorie des Bundesverfassungsgerichts und Europa – von Solange über Maastricht und Lissabon zur EU-Grundrechtecharta und EZB, 9. Aufl., Baden-Baden 2022.

Orak, Berna: Eine Digitalisierungsstrategie ab initio zum Scheitern verurteilt?, in: DuD 2023, 571–573.

Özmen, Elif: Wissenschaftsfreiheit: normative Grundlagen und aktuelle Herausforderungen, in: APuZ 2021 (46), 4–8.

Pache, Eckhard, in: Matthias Pechstein/Carsten Nowak/Ulrich Häde (Hrsg.), Frankfurter Kommentar; 2. Aufl., Tübingen 2023.

Pache, Eckhard: Die Europäische Menschenrechtskonvention und die deutsche Rechtsordnung, in: EuR 2004, 393–415.

Paulus, Andreas L., in: Peter M. Huber/Andreas Voßkuhle (Hrsg.), GG; 8. Aufl., München 2024.

Petri, Thomas, in: Spiros Simitis/Gerrit Hornung/Indra Spiecker gen. Döhmann (Hrsg.), Datenschutzrecht; 2. Aufl., Baden-Baden 2025.

Petri, Thomas: Die primäre und sekundäre Nutzung elektronischer Gesundheitsdaten – Zum Vorschlag der EU-Kommission für einen Europäischen Gesundheitsdatenraum, in: DuD 2022, 413–418.

Pommerening, Klaus/*Drepper*, Johannes/*Helbing*, Krister u. a.: Leitfaden zum Datenschutz in medizinischen Forschungsprojekten – Generische Lösungen der TMF 2.0, Berlin 2015.

Pötters, Stephan, in: Peter Gola/Dirk Heckmann (Hrsg.), DS-GVO/BDSG; 3. Aufl., München 2022.

Pöttgen, Nicole: Medizinische Forschung und Datenschutz, Frankfurt a. M. 2009.

Pramann, Oliver, in: Andreas Spickhoff/Boris Handorn (Hrsg.), Medizinisches ForschungsR-HdB, München 2024.

Quinn, Paul: Research under the GDPR – a level playing field for public and private sector research?, in: Life Sciences, Society and Policy 17:4, 2021, 1–33.

Rauch, Pauline/*Richters*, Carina/*Naucke*, Christoph: Gesundheitsdatennutzungsgesetz: Der Zielkonflikt zwischen Datenschutz und Datennutzung, in: GesR 2024, 218–223.

Raum, Bertram, in: Eugen Ehmann/Martin Selmayr (Hrsg.), DS-GVO; 3. Aufl., München 2024.

Raum, Bertram: E-Health, Big Data, Gesundheits-Apps und Wearables – Neue Herausforderungen für den Gesundheitsdatenschutz im digitalen Zeitalter, in: Stiftung Datenschutz (Hrsg.), Big Data und E-Health, Berlin 2017.

Reuland, Andreas: Menschenversuche in der Weimarer Republik, Heidelberg 2004.

Richter, Caroline/*Borzikowsky*, Christoph/*Lesch*, Wiebke u. a.: Secondary research use of personal medical data: attitudes from patient and population surveys in The Netherlands and Germany, in: EJHG 2021, 495–502.

Richter, Eike/*Spiecker gen. Döhmann*, Indra: Rechtliche Möglichkeiten zur Stärkung und Institutionalisierung der Kooperation der Datenschutzaufsichtsbehörden des Bundes und der Länder (DSK 2.0), 2022, zuletzt abgerufen am 1. 11. 2025, https://tinyurl.com/2p38xfe2.

Riedel, Christian G. H.: Die Grundrechtsprüfung durch den EuGH, Tübingen 2020.

Röder, Sonja: Der Gesetzesvorbehalt der Charta der Grundrechte der Union im Lichte einer europäischen Wesentlichkeitstheorie, Baden-Baden 2007.

Röhrig, Bernd/*du Prel*, Jean-Baptist/*Wachtlin*, Daniel u. a.: Studientypen in der medizinischen Forschung, in: Dtsch Arztebl. 2009, 262–268.

Roos, Philipp/*Maddaloni*, John-Markus: Regulierter Datenaustausch zur Gesundheitsforschung – Die legislativen Vorhaben für einen Europäischen Gesundheitsdatenraum und ein Gesundheitsdatennutzungsgesetz, in: RDi 2023, 225–232.

Roßnagel, Alexander: Datenschutz in der Forschung – Die neuen Datenschutzregelungen in der Forschungspraxis von Hochschulen, in: ZD 2019, 157–164.

Roßnagel, Alexander: Kein „Verbotsprinzip" und kein „Verbot mit Erlaubnisvorbehalt" im Datenschutzrecht, in: NJW 2019, 1–5.

Roßnagel, Alexander: Pseudonymisierung personenbezogener Daten – Ein zentrales Instrument im Datenschutz nach der DS-GVO, in: ZD 2018, 243–247.

Roßnagel, Alexander/*Geminn*, Christian L.: Vertrauen in Anonymisierung – Regulierung der Anonymisierung zur Förderung Künstlicher Intelligenz, in: ZD 2021, 487–490.

Rudolf, Walter: § 141 Kooperation im Bundesstaat, in: Josef Isensee/Paul Kirchhof (Hrsg.), Handbuch des Staatsrecht Bd. VI: Bundesstaat, Heidelberg 2008.

Ruffert, Matthias, in: Christian Calliess/Matthias Ruffert (Hrsg.), EUV/AEUV; 6. Aufl., München 2022.

Ruffert, Matthias: Grund und Grenzen der Wissenschaftsfreiheit, in: VVDStRL (Hrsg.), Bd. 65 (Kultur und Wissenschaft), Berlin 2006.

Sachverständigenrat: Digitalisierung für Gesundheit – Ziele und Rahmenbedingungen eines dynamisch lernenden Gesundheitssystems, 2021, zuletzt abgerufen am 1. 11. 2025, https://tinyurl.com/342ze5ee.

Sackmann, Florian: Datenspende als gesetzlicher Zulässigkeitstatbestand mit Zustimmungsvorbehalt, in: PinG 2019, 277–279.

Sattler, Andreas: Notwendige Synchronisierung von Data Act und DSGVO – Auf die Einwilligung kommt es an, in: CR 2024, 383–393.

Sauer, Heiko, in: Frauke Brosius-Gersdorf (Hrsg.), Dreier, GG; 4. Aufl., Tübingen 2023.

Schantz, Peter, in: Heinrich Amadeus Wolff/Stefan Brink/Antje v. Ungern-Sternberg (Hrsg.), BeckOK DatenschutzR; 53. Aufl., München v. 1. 8. 2025.

Schiemann, Cornelia/*Weinert*, Luka, in: Andreas Spickhoff/Boris Handorn (Hrsg.), Medizinisches ForschungsR-HdB, München 2024.

Schiff, Alexander, in: Eugen Ehmann/Martin Selmayr (Hrsg.), DS-GVO; 3. Aufl., München 2024.

Schifferdecker, Stefan, in: Anne Körner/Martin Krasney/Bernd Mutschler, u. a. (Hrsg.), BeckOGK SGB I; München Stand: 15. 5. 2024.

Schild, Hans Hermann, in: Heinrich Amadeus Wolff/Stefan Brink/Antje v. Ungern-Sternberg (Hrsg.), BeckOK DatenschutzR; 53. Aufl., München v. 1. 8. 2025.

Schladebach, Marcus: Praktische Konkordanz als verfassungsrechtliches Kollisionsprinzip: Eine Verteidigung, in: Der Staat 2014, 263–283.

Schneider, Felix: EuGH zur Auslegung des Anwendungsbereichs des Art. 9 DSGVO, 2022, zuletzt abgerufen am 1. 11. 2025, https://tinyurl.com/2k3zku73.

Schneider, Jens-Peter, in: Heinrich Amadeus Wolff/Stefan Brink/Antje v. Ungern-Sternberg (Hrsg.), BeckOK DatenschutzR; 53. Aufl., München v. 1. 8. 2025.

Schneider, Uwe K.: Sekundärnutzung klinischer Daten – Rechtliche Rahmenbedingungen, Berlin 2015.

Schorkopf, Frank, in: Eberhard Grabitz/Meinhard Hilf/Martin Nettesheim (Hrsg.), Das Recht der Europäischen Union; München 85. EL Mai 2025.

Schreiber, Kristina/*Pommerening*, Patrick/*Schoel*, Philipp, in: Kristina Schreiber/Patrick Pommerening/Philipp Schoel (Hrsg.), Der neue Data Act; 2. Aufl., Baden-Baden 2024.

Schröder, Dominique: Sachverständigengutachten zum Schutz medizinischer Daten, 2022, zuletzt abgerufen am 1. 11. 2025, https://tinyurl.com/yc6d9x44.

Schröder, Meinhard, in: Rudolf Streinz (Hrsg.), EUV/AEUV; 3. Aufl., München 2018.

Schulte, Martin: Grund und Grenzen der Wissenschaftsfreiheit, in: VVDStRL (Hrsg.), Bd. 65 (Kultur und Wissenschaft), Berlin 2006.

Schulz, Sebastian, in: Peter Gola/Dirk Heckmann, DS-GVO/BDSG; 3. Aufl., München 2022.

Schuppert, Gunnar Folke: Gemeinwohldefinition im kooperativen Staat, in: Herfried Münkler/Karsten Fischer (Hrsg.), Gemeinwohl und Gemeinsinn im Recht – Konkretisisierung und Realisierung öffentlicher Interessen, Berlin 2002.

Schwerdtfeger, Angela, in: Jürgen Meyer/Sven Hölscheidt (Hrsg.), GRC; 6. Aufl., Baden-Baden 2024.

Schwerdtfeger, Angela: Europäisches Unionsrecht in der Rechtsprechung des Bundesverfassungsgerichts – Grundrechts-, ultra-vires- und Identitätskontrolle im gewaltenteiligen Mehrebenensystem, in: EuR 2015, 290–310.

Sicko, Corinna, in: Alfred G. Debus/Corinna Sicko (Hrsg.), HK-LDSG BW, Baden-Baden 2022.

Simitis, Spiros: Datenschutz – Ende der medizinischen Forschung?, in: Kurt Abt/Wolfgang Giere/Bernhard Leiber (Hrsg.), Krankendaten, Krankheitsregister, Datenschutz, 29. Jahrestagung der GMDS Frankfurt, Oktober 1984, Heidelberg 1985.

Sparr, Jürgen, in: Jürgen Schwarze/Ulrich Becker/Armin Hatje/Johann Schoo (Hrsg.), EU-Kommentar; 4. Aufl., Baden-Baden 2019.

Specht-Riemenschneider, Louisa: Datennutz und Datenschutz: Zum Verhältnis zwischen Datenwirtschaftsrecht und DSGVO, in: ZEuP 2023, 638–672.

Specht-Riemenschneider, Louisa: Studie zur Regulierung eines privilegierten Zugangs zu Daten für Wissenschaft und Forschung durch die regulatorische Verankerung von Forschungsklauseln in den Sektoren Gesundheit, Online-Wirtschaft, Energie und Mobilität, 2021, zuletzt abgerufen am 1.11.2025, https://tinyurl.com/mrbz8uw7.

Specht-Riemenschneider, Louisa/*Heineking*, Bernadette: Datenverarbeitung in sicheren Verarbeitungsumgebungen am Beispiel von MRT-Gehirnscans – Zugleich ein Plädoyer für eine rechtssichere Forschungsgrundlage, in: DuD 2024, 110–117.

Specht-Riemenschneider, Louisa/*Radbruch*, Alexander: Datennutzung und -schutz in der Medizin: Forschung braucht Daten, in: Dtsch Arztebl. 2021, Jg. 118 (Heft 27–28): A 1358–A 1361.

Specht-Riemenschneider, Louisa/*Blankertz*, Aline/*Sierek*, Pascal u. a.: Die Datentreuhand – Ein Beitrag zur Modellbildung und rechtlichen Strukturierung zwecks Identifizierung der Regulierungserfordernisse für Datentreuhandmodelle, in: MMR-Beil. 2021, 25–48.

Spiecker gen. Döhmann, Indra: Wissensverarbeitung im Öffentlichen Recht, in: RW 2010, 247–282.

Spiecker gen. Döhmann, Indra/*Eisenbarth*, Markus: Kommt das „Volkszählungsurteil" nun durch den EuGH? – Der Europäische Datenschutz nach Inkrafttreten des Vertrags von Lissabon, in: JZ 2011, 169–177.

Spitz, Markus: Sekundärnutzung von Behandlungsdaten für medizinische Forschungszwecke, Baden-Baden 2024.

Spitz, Markus/*Cornelius*, Kai: Einwilligung und gesetzliche Forschungsklausel als Rechtsgrundlagen für die Sekundärnutzung klinischer Daten zu Forschungszwecken, in: MedR 2022, 191–198.

Spranger, Tade Matthias, in: Hans-Jürgen Rieger/Franz-Josef Dahm/Christian Katzenmeier, u. a. (Hrsg.), Heidelberger Kommentar: Arztrecht – Krankenhausrecht – Medizinrecht Bd. 3 (F-M); 102. Aufl., Heidelberg Oktober 2025.

Starck, Christian, in: Hermann von Mangold/Friedrich Klein/Christian Starck (Hrsg.), GG; 7. Aufl., München 2018.

Stern, Klaus/*Sachs*, Michael/*Dietlein*, Johannes: § 117 Die Freiheit der Kunst und der Wissenschaft, in: Klaus Stern (Hrsg.), StaatsR IV/2, München 2011.

Strech, Daniel/*Graf von Kielmansegg*, Sebastian/*Zenker*, Sven u. a.: Wissenschaftliches Gutachten: „Datenspende" – Bedarf für die Forschung, ethische Bewertung, rechtliche, informationstechnologische und organisatorische Rahmenbedingungen, 2020, zuletzt abgerufen am 1.11.2025, https://tinyurl.com/4dtu5xt6.

Streinz, Rudolf, in: Rudolf Streinz (Hrsg.), EUV/AEUV; 3. Aufl., München 2018.

Sweeney, Latanya: Only You, Your Doctor, and Many Others May Know, 2015, zuletzt abgerufen am 1. 11. 2025, https://techscience.org/a/2015092903/.

Taeger, Jürgen, in: Jürgen Taeger/Detlev Gabel (Hrsg.), DSGVO – BDSG – TTDSG; 4. Aufl., Frankfurt 2022.

Tag, Brigitte, in: Dieter Dölling/Gunnar Duttge/Stefan König, u. a. (Hrsg.), HK-Gesamtes Strafrecht; 5. Aufl., 2022.

Taupitz, Jochen: Biobanken: Forschungsprivilegien im Datenschutzrecht, in: Christian Katzenmeier (Hrsg.), Festschrift für Dieter Hart, Berlin 2020.

Teare, Harriet/*Prictor*, Megan/*Kaye*, Jane: Reflections on dynamic consent in biomedical research: the story so far, in: EJHG 2021, 649–656.

Thiel, Rainer/*Deimel*, Lucas/*Schmidtmann*, Daniel u. a.: #SmartHealthSystems – Digitalisierungsstrategien im internationalen Vergleich, 2018, zuletzt abgerufen am 1. 11. 2025, https://tinyurl.com/tykyctbb.

Thiele, Carmen, in: Matthias Pechstein/Carsten Nowak/Ulrich Häde (Hrsg.): Frankfurter Kommentar; 2. Aufl., Tübingen 2023.

Thüsing, Gregor/*Rombey*, Sebastian: Anonymisierung an sich ist keine rechtfertigungsbedürftige Datenverarbeitung, in: ZD 2021, 548–553.

Tinnefeld, Marie-Theres/*Buchner*, Benedikt/*Petri*, Thomas u. a.: Einführung in das Datenschutzrecht, 8. Aufl. Berlin/Boston 2024.

Trute, Hans-Heinrich: Die Forschung zwischen grundrechtlicher Freiheit und staatlicher Institutionalisierung, Tübingen 1994.

Uerpmann-Wittzack, Robert, in: Ingo von Münch/Philip Kunig (Hrsg.), GG-Kommentar Bd. I; 7. Aufl., München 2021.

Ulsenheimer, Klaus, in: Adolf Laufs/Bernd-Rüdiger Kern/Martin Rehborn (Hrsg.), ArztR-HdB; 5. Aufl., München 2019.

UNESCO-Kommission: Wissenschaftsfreiheit weltweit, Bonn 2017, zuletzt abgerufen am 1. 11. 2025, https://www.unesco.de/node/1715.

Wagner, Gerhard, in: Franz Jürgen Säcker/Roland Rixecker/Helmut Oetker/Bettina Limperg/Claudia Schubert (Hrsg.), MüKo-BGB Bd. 5; 9. Aufl., München 2023.

Wagner, Hellmut: Forschungsfreiheit und Regulierungsdichte, in: NVwZ 1998, 1235–1242.

Wapler, Friederike, in: Frauke Brosius-Gersdorf (Hrsg.), Dreier, GG; 4. Aufl., Tübingen 2023.

Weichert, Thilo, in: Jürgen Kühling/Benedikt Buchner (Hrsg.), DS-GVO/BDSG; 4. Aufl., München 2024.

Weichert, Thilo: Datenschutz und medizinische Forschung – Was nützt ein „medizinisches Forschungsgeheimnis"?, in: MedR 1996, 258–261.

Weichert, Thilo: Datenschutzrechtliche Rahmenbedingungen medizinischer Forschung – Vorgaben der EU-Datenschutz-Grundverordnung und national geltender Gesetze, Berlin 2022.

Weichert, Thilo: „Datentransparenz" und Datenschutz, in: MedR 2020, 539–546.

Weichert, Thilo: Die Forschungsprivilegierung in der DS-GVO – Gesetzlicher Änderungsbedarf bei der Verarbeitung personenbezogener Daten für Forschungszwecke, in: ZD 2020, 18–24.

Weichert, Thilo: Gesundheitsdatennutzung contra heilberufliche Vertraulichkeit, in: GuP 2023, 183–189.

Weichert, Thilo: Plädoyer für ein Bund-Länder-Forschungsgremium – Medizinische Forschung und der Datenschutz, in: Stiftung Datenschutz (Hrsg.), Big Data und E-Health, Berlin 2017.

Weinzierl, Josef: Der EuGH erklärt erstmalig nationales Recht für ungültig – Anmerkung zum Urteil des EuGH v. 26.2.2019, Rs. C-202/18 (Rimševičs), in: EuR 2019, 434–459.

Weltärztebund: Deklaration von Helsinki, 1964, zuletzt geändert 2013, zuletzt abgerufen am 1.11.2025, https://tinyurl.com/yfb54yde.

Werry, Susanne/*Ntanas*, Elena: Sekundärnutzung von Gesundheitsdaten – Quid deinde? – Wie EHDS und GDNG die Landschaft der Gesundheitsvorsorge revolutionieren, in: MMR 2024, 641–646.

Wiesemann, Claudia: Autonomie als Bezugspunkt einer universalen Medizinethik, in: Ethik Med 2012, 287–295.

Wiethoff, Jan Hendrik: Das konzeptionelle Verhältnis von EuGH und EGMR – unter besonderer Berücksichtigung der aktuellen Verfassungsentwicklung der Europäischen Union, Baden-Baden 2008.

Wissenschaftliche Dienste: Die Wissenschaftsfreiheit im Grundgesetz und in der Charta der Grundrechte der Europäischen Union, 2010, zuletzt abgerufen am 1.11.2025, https://tinyurl.com/5h5wa3dh.

Wissenschaftliche Dienste: Einführung einer verpflichtenden, rechtsverbindlichen Erklärung zur Organspendebereitschaft, 2011, zuletzt abgerufen am 1.11.2025, https://tinyurl.com/ycm5pf2x.

Wissenschaftliche Dienste: Sachstand – Rechtsverbindlichkeit völkerrechtlicher Abkommen sowie der Beschlüsse von Einrichtungen der VN, 2019, zuletzt abgerufen am 1.11.2025, https://tinyurl.com/2wbhk7bb.

Wolff, Heinrich Amadeus, in: Heinrich Amadeus Wolff/Stefan Brink/Antje v. Ungern-Sternberg (Hrsg.), BeckOK DatenschutzR; 53. Aufl., München v. 1.8.2025.

Wollenteit, Ulrich: Informationsrechte des Forschers im Spannungsfeld von Transparenzforderungen und Datenschutz, Berlin 1993.

Wolters, Klaus: Datenschutz und medizinische Forschungsfreiheit, München 1988.

ZD-Redaktion: (Datenschutz-)Gesetze für die Nutzung von Forschungs- und Gesundheitsdaten, in: ZD-Aktuell 2023, 01236.

Zentrale Ethikkommission: Stellungnahme „Gruppennützige Forschung mit nicht einwilligungsfähigen Personen", in: Dtsch Arztebl. v. 8.3.2019, A1–A8.

Zier, Angelina: Investitionsschutz für Maschinendaten, Eine Untersuchung des Schutzes maschinengenerierter Daten der Industrie 4.0 durch das Datenbankherstellerrecht, Wiesbaden 2022.

Sachwortverzeichnis

Ioanna Zacharopoulou

Health Care Compliance im Datenschutzbereich

Herausforderung zwischen Big Data und Datenschutzgrundverordnung (DSGVO) – Eine Vergleichsstudie zwischen europäischem und deutschem Datenschutzrecht

Die Verarbeitung von Gesundheitsdaten stellt eines der sensibelsten Spannungsfelder zwischen technologischem Fortschritt und Grundrechtsschutz dar. Dieses Buch analysiert umfassend, wie sich das Recht auf informationelle Selbstbestimmung unter den Bedingungen von Big Data, digitalen Anwendungen und klinischer Forschung bewahren lässt. Im Mittelpunkt stehen die datenschutzrechtlichen Anforderungen der DSGVO, des BDSG und des SGB sowie deren konkrete Auswirkungen auf Forschung, Versorgung und Versicherungswesen. Dabei verbindet die Untersuchung rechtliche, ethische und gesellschaftliche Perspektiven und zeigt auf, wie Datenschutz im Gesundheitswesen nicht als Hindernis, sondern als Gestaltungsrahmen für Innovation verstanden werden kann. Die Arbeit richtet sich an Jurist:innen, Praktiker:innen im Gesundheitswesen sowie an alle, die die digitale Transformation datenschutzkonform mitgestalten wollen.

Schriften zum Gesundheitsrecht, Band 82
221 Seiten, 2025
ISBN 978-3-428-19551-0, € 69,90
Titel auch als E-Book erhältlich.

Duncker & Humblot · Berlin